2€

Handbuch
Schichtpläne

vdf

vdf Hochschulverlag AG
an der ETH Zürich

Johannes Gärtner, Michael Kundi, Sabine Wahl,
Ruth Siglär, Karin Boonstra-Hörwein,
Gregor Herber, Ingmar Carlberg, Michael Janke,
Jürgen Voß, Hanspeter Conrad

Handbuch Schichtpläne

Planungstechnik, Entwicklung, Ergonomie, Umfeld

2., überarbeitete und erweiterte Auflage

Arbeitswelt ∎ Band 15
Eine Schriftenreihe
herausgegeben
von Prof. Dr. Christof Baitsch

Bibliografische Information der Deutschen Nationalbibliothek

Die Deutsche Nationalbibliothek verzeichnet diese Publikation in der Deutschen Nationalbibliografie; detaillierte bibliografische Daten sind im Internet über http://dnb.d-nb.de abrufbar.

Das Werk einschließlich aller seiner Teile ist urheberrechtlich geschützt. Jede Verwertung außerhalb der engen Grenzen des Urheberrechtsgesetzes ist ohne Zustimmung des Verlages unzulässig und strafbar. Das gilt besonders für Vervielfältigungen, Übersetzungen, Mikroverfilmungen und die Einspeicherung und Verarbeitung in elektronischen Systemen.

ISBN 978-3-7281-3109-6

www.vdf.ethz.ch
verlag@vdf.ethz.ch

© 2., überarbeitete und erweiterte Auflage 2008, vdf Hochschulverlag AG an der ETH Zürich

Vorwort zur 2. Auflage

In den neun Jahren seit Erscheinen der ersten Auflage wurden Arbeitszeitgestaltungsansätze und -methoden sowie die entsprechenden Planungswerkzeuge erheblich weiterentwickelt und entsprechend wurde auch dieses Buch ergänzt. Insgesamt nimmt die Differenzierung der Modelle, die Berücksichtigung von Bedarf, die Abstimmung mit anderen Anforderungen – insbesondere auch jenen der Beschäftigten – zu.

Einhergehend mit dieser Entwicklung verstärkt sich die Bedeutung von Schichtplänen als Rahmenplänen, die die Bedingungen für kurzfristigere Anpassungen abbilden und damit wesentlich Möglichkeiten, aber auch Wirkungen dieser Flexibilität beeinflussen. Bei der Überarbeitung wurde dieser Entwicklung Rechnung getragen. Neben vielen kleineren Adaptierungen wurden folgende Bereiche eingeführt bzw. deutlich erweitert:

- Zahlreiche Ergänzungen für die Planung in Dienstleistungs- oder dienstleistungsartigen Unternehmen
- Eine wichtige Kennzahl zur frühen Beurteilung von Plänen wird von der Berechnung und Anwendung her erklärt: Die Zahl der Arbeitseinsätze pro Woche erlaubt es, schnell zu erkennen, ob die spätere Planung einfach oder (sehr, sehr) schwierig wird. Eine kurze Prüfung kann hier viel Zeit sparen und Hinweise geben, ob die Aufgabenstellung zu ändern ist.
- Die Erweiterung des Kapitels Basisschritte um Hinweise zur Gestaltung der Schichtarten
- Erweiterungen im Bereich Reserveplanung
- Das Zusammenspiel von wöchentlicher Sollwochenarbeitszeit und Flexibilität aus betrieblicher Sicht
- Hinweise zur Gestaltung altersgerechter Arbeitszeitmodelle
- Das Zusammenspiel von kurzfristiger Planung, Selbstplanung und Schichtplanung
- Das Kapitel zur Ergonomie wurde aktualisiert und erweitert um die Themen Lange Dienste, Arbeitspausen, Bereitschaftsdienst und Unfallgefahr in Bezug zu Arbeitszeit.

Die Kapitel zum Recht in D, A, CH wurden nicht aktualisiert und entsprechend herausgenommen, da einerseits in Anbetracht der rechtlichen Veränderungen die Wahrscheinlichkeit des Veraltens als zu hoch eingeschätzt wurde und andererseits tarif- oder kollektivvertragliche Rahmenbedingungen die rechtlichen Grenzen oft drastisch erweitern/einschränken.

Über Feedback an gaertner@ximes.com bzw. unter http://wiki.ximes.com freuen wir uns. Letztere Adresse beinhaltet auch immer wieder neue Materialien und Links sowie Beispiele und Übungsaufgaben zum Thema Schichtplanung.

Vorwort zur 1. Auflage

Arbeitszeitmodelle und passende Schichtpläne bieten ein wesentliches Potential für betriebliche Entwicklungsmöglichkeiten. Änderungen der Betriebszeit, Flexibilisierung der Arbeitszeit, Anliegen von Belegschaftsvertretern oder ergonomische Verbesserungen seien hier nur beispielhaft als mögliche Auslöser für Anpassungen angeführt.

Das vorliegende Buch bietet praktische Unterstützung für Anfänger und Fortgeschrittene bei der Planungsarbeit und wurde von Experten für Praktiker konzipiert. Die vorgestellten Ansätze und Methoden entspringen konkreten Planungsprojekten und der aktuellen Fachliteratur, wobei wir aus Gründen der Übersichtlichkeit auf eine genaue wissenschaftliche Zitierweise verzichtet haben.

Unsere Kooperationspartner haben ihr Wissen und ihre Erfahrung ebenfalls eingebracht, wofür wir uns an dieser Stelle herzlich bedanken.

Schichtplanung hat viel mit Mathematik zu tun, geht aber weit über das Anwenden von Formeln und Verfahren hinaus.

Unternehmenskultur und Organisation sind in jedem Unternehmen unterschiedlich, permanenten Änderungen unterworfen und können nicht als fixe Planungsparameter in diesem Handbuch behandelt werden. Dies ist auch der Grund, weshalb immer wieder "bessere Lösungen" gefunden werden können. Was heute in einem Unternehmen als Fortschritt gilt, kann bereits kurze Zeit später wieder überholt sein!

Mit den vorgestellten Methoden werden Sie auch zukünftige Arbeitszeitmodelle in Ihrem Unternehmen gut mitgestalten können.

DIE AUTOREN

DI Dr. Johannes Gärtner
(Geschäftsführer XIMES GmbH[1] Wien und XIMES GmbH Erlangen,
Universitätsdozent an der Fakultät für Informatik –
Technische Universität Wien)

Prof. Dr. Michael Kundi
(Institut für Umwelthygiene – Zentrum für Public Health,
Medizinische Universität Wien)

DI Sabine Wahl (Geschäftsführerin)
Mag. Ruth Siglär (Beraterin)
MMag. Dr. Karin Boonstra-Hörwein (Beraterin)
(XIMES GmbH Wien[1])

Mag. Gregor Herber
Ingmar Carlberg
Michael Janke
Dipl.-Ök. Jürgen Voß

Dr. Hanspeter Conrad
(Gesundheitsdirektion Kanton Zürich)

---

[1] Der frühere Name der jetzigen XIMES GmbH war
ARBEITSZEITLABOR Management Consulting & Research GmbH
(Dieser Name war zu lang für die Arbeit im englischsprachigen Raum.)
www.ximes.com

Die Autoren der 1. Auflage

DI Dr. Johannes Gärtner
(Geschäftsführer ARBEITSZEITLABOR Management Consulting & Research GmbH[2], Universitätsassistent an der Technischen Universität Wien)

Prof. Dr. Michael Kundi
(Professor für Arbeits- und Sozialhygiene, Universität Wien)

DI Sabine Wahl (Geschäftsführerin)
Mag. Dr. Karin Hörwein (Beraterin)
Mag. Gregor Herber
(ARBEITSZEITLABOR Management Consulting & Research GmbH, Wien[2])

Michael Janke (Berater)
Ingmar Carlberg (Geschäftsführer)
Dipl.-Ök. Jürgen Voß
(ARBEITSZEITLABOR Deutschland GbR[2], Bochum)

Dr. Hanspeter Conrad
(METEOR Arbeitsgestaltung und Organisationsberatung AG, Winterthur)

---

[2] Der frühere Name der jetzigen XIMES GmbH war ARBEITSZEITLABOR Management Consulting & Research GmbH. (Dieser Name war zu lang für die Arbeit im englischsprachigen Raum.)

INHALTSVERZEICHNIS

A	Einführung		1
	A.1	Zielsetzung und Übersicht	1
	A.2	Vorgehensmodell XIMES	5
	A.3	Zentrale Begriffe	10
B	Grundlagen		17
	B.1	Übersicht – Wie entwickle ich Pläne?	18
	B.1.1	Ablauf der Planung	18
	B.1.2	Einführungsbeispiel: Diskontinuierlicher Plan ("2-Schicht")	20
	B.2	Was sind die Basisschritte?	23
	B.2.1	Wie lege ich die Schichtarten fest?	27
	B.2.2	Wie lege ich die Bruttobetriebszeit und die Besetzungsstärken fest?	31
	B.2.3	Wie berechne ich den Personalbedarf?	34
	B.3	Welche Planstrukturen gibt es? Wie wähle ich aus?	36
	B.3.1	Übersicht Planstrukturen für Einfache Pläne	37
	B.3.2	Was sind Klassische Gruppen und wie plane ich damit?	42
	B.3.3	Was sind Gruppenkombinationen und wie plane ich damit?	59
	B.3.4	Was sind Übergroße Gruppen und wie plane ich damit?	76
	B.3.5	Wie wähle ich die Planstruktur aus?	90
	B.3.6	Was ist die kürzeste Zykluslänge mit fairer Verteilung der Einsätze?	93
	B.3.7	Wo werden Planeigenschaften festgelegt? Wie hängen sie zusammen?	96
	B.4	Wie beurteile ich einen Plan?	103
	B.4.1	Theoretische Grundlagen und Vorgehen	104
	B.4.2	Beurteilung: Recht	107
	B.4.3	Beurteilung: Betriebswirtschaftliche Aspekte	111
	B.4.4	Beurteilung: Ergonomie	117
	B.4.5	Beurteilung: Praktische Fragen	123
	B.4.6	Kurzübersicht Beurteilung	124
	B.5	Beispiele – Wie entwickle ich Pläne?	125
	B.5.1	Wie entwickle ich diskontinuierliche Pläne?	126
	B.5.2	Wie entwickle ich teilkontinuierliche Pläne?	133
	B.5.3	Wie entwickle ich fast kontinuierliche Pläne?	139
	B.5.4	Wie entwickle ich vollkontinuierliche Pläne?	142

C Komplexe Pläne ... 147

C.1 Wie plane ich Reserven? ... 148
C.1.1 Ablauf der Reserveplanung und Bestimmung des Reservebedarfs ... 148
C.1.2 Wie kann ich Reserven in den Plan integrieren? ... 157
C.1.3 Einplanung von Reserveschichten ... 163
C.1.4 Beispiele ... 164
C.1.5 Wie kann ich den Reservebedarf für Urlaubsperioden planen? ... 166

C.2 Wie baue ich Flexibilität ein? ... 170
C.2.1 Arten von Flexibilität ... 171
C.2.2 Arbeitszeitflexibilität ... 173
C.2.3 Analyse des Flexibilitätsbedarfs ... 176
C.2.4 Arbeitszeitflexibilität auf Tagesebene ... 179
C.2.5 Arbeitszeitflexibilität auf Wochenebene ... 180
C.2.6 Arbeitszeitflexibilität über mehrere Wochen bis auf Jahresebene ... 184
C.2.7 Flexibilitätselemente – Übersicht ... 188
C.2.8 Beispiele im vollkontinuierlichen Bereich ... 190
C.2.9 Beispiele im nicht vollkontinuierlichen Bereich ... 192

C.3 Für welche Organisationsbereiche mache ich eigene Pläne? ... 195

C.4 Komplexe Planstrukturen ... 198
C.4.1 Übersicht ... 198
C.4.2 Was sind Ergänzungsgruppen und wie plane ich damit? ... 199
C.4.3 Wie integriere ich Teilzeitgruppen? ... 203
C.4.4 Wie funktionieren eigene Wochenendgruppen? ... 218
C.4.5 Was sind Asymmetrische Gruppen und wie plane ich damit? ... 220
C.4.6 Wie gehe ich mit Dauernachtschichten um? ... 222
C.4.7 Wie berücksichtige ich unterschiedliche Besetzungsstärken? ... 225
C.4.8 Wie berücksichtige ich Qualifikationsanforderungen? ... 239

C.5 Arbeitszeitverkürzung ... 251
C.5.1 Einleitung ... 251
C.5.2 Gründe für eine Arbeitszeitverkürzung ... 251
C.5.3 Betroffener Personenkreis ... 254
C.5.4 Finanzielle Auswirkungen ... 257
C.5.5 Plangestaltung mit unterschiedlichen Arbeitszeiten ... 258

D Praktische Fragen ... 263

D.1 Was muss ich beim betrieblichen Vorgehen berücksichtigen? ... 263
D.1.1 Herangehensweise ... 263
D.1.2 Mittleres Management ... 266
D.1.3 Führung und Organisation ... 266

	D.1.4	Wie wird die Arbeitszeit verwaltet?	268
	D.1.5	Wie erreiche ich Fairness bezüglich Feiertagen?	269
	D.2	**WIE SOLLEN URLAUB UND ABWESENHEIT ABGERECHNET WERDEN?**	**270**
	D.2.1	Hintergrund	270
	D.2.2	Begriffe und Grundlagen	273
	D.2.3	Ausfallsprinzip auf Basis eigener Planwerte	278
	D.2.4	Durchschnittsprinzip	281
	D.2.5	Eingeschränktes Durchschnittsprinzip	285
	D.2.6	Zeitkontenverfahren zur Urlaubsabrechnung für Flexibilitätsgrade I und II	287
	D.2.7	Laufende Durchschnitte auf Basis eigener Vergangenheitswerte	288
	D.3	**SCHICHTPLANUNG UND EINSATZPLANUNG, FREIE PLANUNG**	**290**
E	**ERGONOMIE**		**295**
	E.1	**DIE MASCHINE SCHLÄFT NICHT**	**295**
	E.2	**RUND UM DIE UHR**	**297**
	E.2.1	Der physiologische Tagesrhythmus	297
	E.2.2	Leistung, Wachsamkeit und Schlaf	300
	E.3	**DESTABILISIERUNG**	**303**
	E.3.1	Schichtarbeit als unspezifischer Risikofaktor	304
	E.3.2	Die Desynchronisationstheorie	305
	E.3.3	Die Destabilisierungstheorie	305
	E.3.4	Bewältigung, Nichtbewältigung und Destabilisierung	308
	E.4	**DIE PHASEN DER WIRKUNGEN VON SCHICHTARBEIT**	**310**
	E.4.1	Die Anpassungsphase	310
	E.4.2	Die Sensibilisierungsphase	311
	E.4.3	Die Akkumulationsphase	312
	E.4.4	Die Manifestationsphase	313
	E.5	**KRITERIEN ZUR GESTALTUNG VON SCHICHTARBEIT**	**314**
	E.5.1	Es gibt keinen idealen Schichtplan	315
	E.5.2	Die Kriterien und ihr Gewicht	316
	E.5.3	Bewertung von Schichtplänen	323
	E.5.4	Partizipation und Akzeptanz	324
	E.5.5	Die Gestaltung der Rahmenbedingungen	325
	E.6	**ÜBERLEGUNGEN ZU 12 H-SCHICHTSYSTEMEN**	**327**
	E.7	**LANGE DIENSTE**	**329**
	E.8	**ZUR FRAGE DER DAUERNACHTARBEIT**	**331**
	E.9	**DAS PROBLEM ARBEITSPAUSEN**	**332**

	E.10	BEREITSCHAFTSDIENST	334
	E.11	UNFALLGEFAHR UND ARBEITSZEIT	335
F	LITERATUR		337
G	INDEX		345

A Einführung

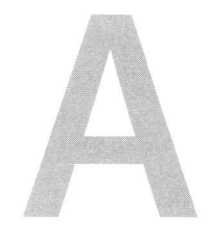

A.1 Zielsetzung und Übersicht

Zielsetzung Dieses Handbuch bietet für Anfänger und Fortgeschrittene praktische Unterstützung bei der Entwicklung von Schichtplänen. Es ist für das Selbststudium und als Nachschlagewerk konzipiert und richtet sich an Arbeitszeitplanende in Industrie und Dienstleistungsbetrieben (soziale Dienste, Verkehr, Handel usw.).

Unter "Schichtplanung" wird die mittelfristige Planung der Arbeitszeit über längere Zeiträume, zumindest über mehrere Wochen, verstanden. Schichtpläne sollen das Grundgerüst für die Arbeitszeitplanung liefern, das dann mehr oder weniger stark im Zuge der Personaleinsatz- bzw. Dienstplanung kurzfristig angepasst wird (z.B. weil eine Person durch Krankheit ausfällt oder einen freien Tag will).

Ziel ist es, durch gute Schichtplanung Zeitmuster zu entwickeln, die bei kurzfristigen Anpassungen nicht zu "bösen Überraschungen" führen und den Aufwand für diese Anpassungen gering halten.

Schwerpunkt des Handbuchs sind technische Aspekte der Planung. Zusätzlich werden Fragen der ergonomischen Gestaltung von Schichtplänen sowie der Planungsprozess und das Umfeld, in dem die betriebliche Planung stattfindet, behandelt.

Aufbau Das Handbuch ist in mehrere Abschnitte gegliedert:

Grundlagen Im Abschnitt B "Grundlagen" werden die Grundlagen der Planentwicklung beschrieben und die Techniken für Pläne mit folgenden Eigenschaften vermittelt:
- einheitliche Größe und Sollwochenarbeitszeit aller Schichtgruppen
- einheitliche Besetzungsstärke
- einheitliche Qualifikationen
- keine Reserveplanung für Abwesenheiten

Folgende graphische Darstellung soll die Einheitlichkeit der Anforderungen verdeutlichen:

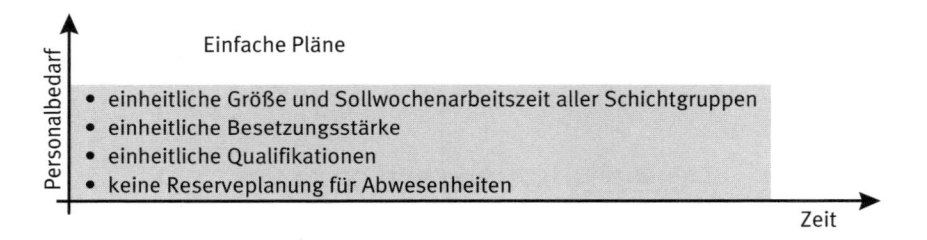

```
Personalbedarf ↑
              │   Einfache Pläne
              │ ┌─────────────────────────────────────────────┐
              │ │ • einheitliche Größe und Sollwochenarbeitszeit aller Schichtgruppen │
              │ │ • einheitliche Besetzungsstärke              │
              │ │ • einheitliche Qualifikationen               │
              │ │ • keine Reserveplanung für Abwesenheiten     │
              │ └─────────────────────────────────────────────┘
              └──────────────────────────────────────────────→ Zeit
```

Komplexe Pläne Im darauf aufbauenden Abschnitt C "Komplexe Pläne" werden folgende Eigenschaften von Plänen genauer behandelt:
- unterschiedliche Größe und Sollwochenarbeitszeit der Schichtgruppen (Teilzeitgruppen)
- unterschiedliche Besetzungsstärken
- unterschiedliche Qualifikationen
- Reserven
- Flexibilität

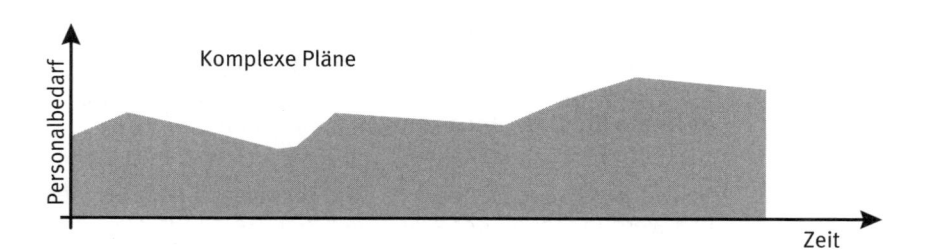

```
Personalbedarf ↑
              │   Komplexe Pläne
              │
              │        ▁▁▁▁▁        ▁▁▁▁▁▁▁▁
              │    ▁▁▁▁     ▁▁▁▁▁▁▁▁         ▁
              │  ▁▁                            ▁
              └──────────────────────────────────→ Zeit
```

Vertiefungen In den Abschnitten D "Praktische Fragen", E "Ergonomie" werden diese zwei Themengebiete ausführlicher behandelt.

Die Abschnitte bieten Grundlagenwissen sowie eine gute Orientierung und sollen das Nachschlagen in der weiterführenden Fachliteratur erleichtern.

Verweisschiene Viele Unterkapitel enden mit diesem Element, in dem
- auf wichtige Querverbindungen zu anderen Planeigenschaften hingewiesen wird;
- Themen aus anderen Kapiteln, in denen einzelne berührte Aspekte vertieft diskutiert werden, aufgelistet sind.

Das folgende Beispiel zeigt die Verweisschiene des Unterkapitels B.2.1 "Wie lege ich die Schichtarten fest?":

In dieser Spalte wird auf wichtige Querverbindungen zu anderen Planeigenschaften hingewiesen.

Hier wird auf Vertiefungsthemen, die in eigenen Kapiteln behandelt werden, hingewiesen.

Verweise	QUERVERBINDUNGEN	VERTIEFUNGSTHEMEN
	• Übergabezeiten führen zu längeren Schichteinsätzen. (Damit reduziert sich die Zahl der Schichteinsätze pro Person.)	Reserven
		Flexibilität
		Komplexe Planstrukturen (unterschiedliche Besetzungsstärken, Qualifikationsanforderungen)
	• (Unbezahlte) Ruhepausen verkürzen Schichten. (Damit erhöht sich die Zahl der Einsätze pro Person und Woche. Mehr als 5 Einsätze pro Woche sind meist problematisch.)	Ergonomische Kriterien
		12 h-Schichtsysteme
	• Längere Schichten können ergonomisch problematisch sein, erlauben aber oft bessere Planrhythmen.	

Beispiele *Beispiele zur Erläuterung des Textes sind kursiv geschrieben.*

Plankurz- Bei den vielen Beispielen im Buch wird zur Erhöhung der Übersicht immer
charakteristik eine Kurzcharakteristik in der linken Spalte angeführt, z.B.:

diskontinuierlich
Klassische Gruppen
WAZ   *40,00 h*
F, S   *8,00 h*
Brutto-BZ   *80,00 h*
Zyklus   *2 Wo*
Einsätze   *5,0 / Wo*

Die Begriffe werden im Folgenden noch genauer definiert. In diesem Beispiel werden

- die Planart
  (diskontinuierlich, d.h. nicht am Wochenende und nicht in der Nacht),
- die Planstruktur
  (klassisch, d.h. gleich große Gruppen),
- die Wochenarbeitszeit, die sich aus dem Plan ergibt,
- die verwendeten Schichtarten und ihre Länge
  (Frühschicht und Spätschicht mit je 8 h),
- die Bruttobetriebszeit (Betriebszeit inkl. bezahlter Pausen),
- die Zykluslänge des Plans angegeben und
- die Zahl der Einsätze pro Person und Woche
  (z.B. 5 Einsätze pro Woche, d.h. 2 freie Tage).

A.2 Vorgehensmodell XIMES

Ausgangspunkt Schichtpläne müssen vielen Anforderungen gerecht werden. Die gute Verbindung von Zielen des Betriebes (Kosten, Organisation und betriebliche Abläufe) mit den Wünschen der Beteiligten und der ergonomischen (menschengerechten) Gestaltung der Arbeitszeit – unter Einhaltung der gesetzlichen Bestimmungen – steht im Vordergrund.

XIMES entwickelt Lösungen, die für alle Beteiligten von Vorteil sind.

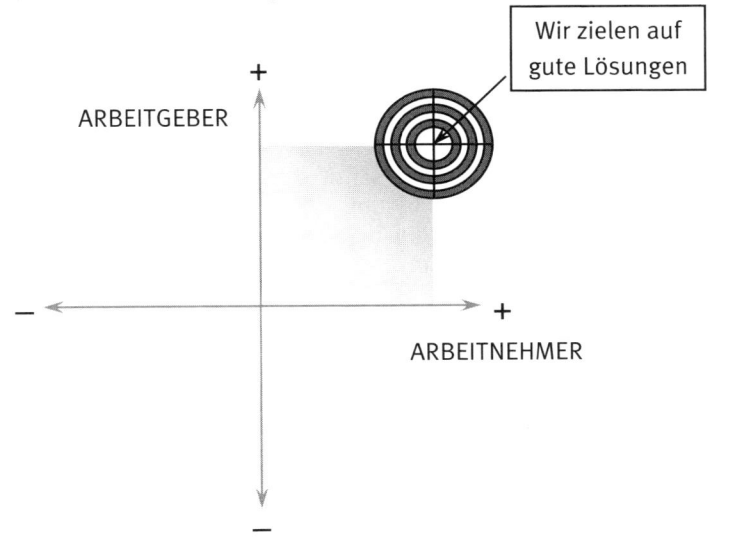

(Diagramm: Koordinatensystem mit Achsen ARBEITGEBER (vertikal) und ARBEITNEHMER (horizontal), Zielscheibe im positiven Quadranten mit Beschriftung "Wir zielen auf gute Lösungen")

Vorgehen Anforderungen an neue Schichtpläne verändern sich oft im Zuge der Planung. Dieser schwierige, aber notwendige Verfeinerungsprozess schafft erst die Voraussetzungen für die Entwicklung der jeweils bestmöglichen Pläne.

Leider können nicht alle Anforderungen und entsprechende Planvarianten im Detail durchleuchtet werden. Dazu sind es zu viele. Möglich und erforderlich ist eine schrittweise Verfeinerung von Planvarianten bei gleichzeitigem Nachdenken über ihre Eigenschaften sowie über die Auswirkungen von Anforderungen auf den Plan. Dies macht einen eng verschränkten Planungs- und Klärungsprozess erforderlich.

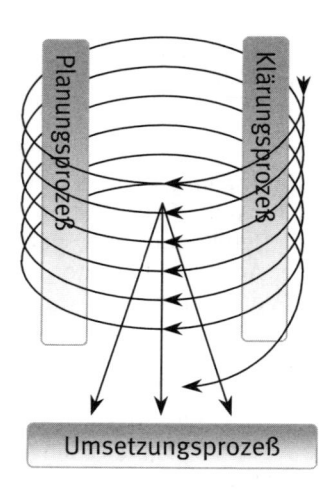

Ablauf Die vorhin beschriebene schrittweise Verfeinerung spiegelt sich im Vorgehensmodell für die Planungsarbeit wider. Eingebettet in diese Herangehensweise kommen die in den folgenden Abschnitten vorgestellten Planungstechniken zur Anwendung.

Die betriebliche Voranalyse setzt den Rahmen für die Entwicklung der Schichtmodelle. Die erforderlichen Betriebszeiten müssen festgelegt werden sowie die Schichtarten, Schichten und erforderlichen Besetzungsstärken. Daraus leitet sich ab, ob einfache Schichtmodelle anwendbar sind oder ob komplexe Anforderungen berücksichtigt werden müssen. Ferner sind die Rahmenbedingungen des Planungsprozesses (z.B. Zeitrahmen für die Planung) zu fixieren. Diese betrieblichen Voranalysen sind manchmal sehr kurz und einfach, fallweise aber deutlich umfangreicher als die Schichtplanung.

Beim Einstieg in die Schichtplanung (in Form eines Workshops) werden Anforderungen an das Schichtmodell gesammelt und erste Grobentwürfe entwickelt. Die Form von Workshops für die Schichtplanung mit ca. 6 bis 8 Personen hat sich besonders gut bewährt. Typischerweise können nach kurzer Zeit so genannte Schlüsselfragen identifiziert werden. Die Beantwortung dieser Schlüsselfragen hat weitreichende Konsequenzen für das spätere Schichtmodell, weshalb sorgfältige Analysen erforderlich sind. Schlüsselfragen können als zentrale "Weggabelungen" in der Planung verstanden werden.

Die schrittweise Verfeinerung der Anforderungen, das Ausleuchten der Gestaltungsmöglichkeiten und die Analyse der Konsequenzen ziehen sich durch den gesamten Planungsprozess.

Darauf aufbauend und nach entsprechender Diskussion erfolgt die Auswahl des zukünftigen Modells. Im Zuge der breiteren Diskussion ergeben sich meist noch kleinere Anpassungen, seltener ein Rücksprung in frühere Phasen der Entwicklung.

Nach der vorläufigen Fertigstellung des Schichtplans beginnt die Planung der Umsetzung, die Pilotphase bis zur breiten Einführung. Gegebenenfalls kommt es dabei noch zu Anpassungen oder Korrekturen.

Workshops Die Arbeitsform Workshop für den Einstieg und die Verfeinerung von Schichtplänen empfiehlt sich, wenn die Moderation durch einen qualifizierten Planer mit Computerunterstützung sichergestellt ist. Dadurch können sehr früh die betroffenen Personen in die Planung einbezogen, Anforderungen geklärt und Gestaltungsmöglichkeiten aufgezeigt werden. Schlüsselfragen sind so am effizientesten zu beantworten.

SCHICHTPLANUNGS-WORKSHOP

Vorteile der Planung in Gruppen Zentrale Unterschiede zur Planung durch einzelne Personen (im "stillen Kämmerlein") mit nachträglicher Diskussion sind die Effizienz und die geringeren Kosten dieses Ansatzes:
+ Mehr Wissen steht zur Verfügung. Fragen können unmittelbar geklärt oder entschieden werden.
+ Die Projektdauer wird verkürzt.

+ Mehr Planvarianten werden durchdacht. Lösungsansätze können sofort diskutiert werden.
+ Das Planergebnis ist für alle Beteiligten nachvollziehbar. Missverständnisse reduzieren sich. Der Erklärungsaufwand sinkt.
+ Die Gefahr, dass sich Interessengruppen im Unternehmen "überrollt fühlen", sinkt.

Dieser Ansatz der Beteiligung mit möglichst offenen Diskussionen hat sich in der Praxis sehr oft bewährt und wird auch in der Wissenschaft und in der Literatur empfohlen. Wie z.B. (Grawert; 1995) richtig betont, wäre eine "Strategie des Bombenwurfs" nicht nur rechtlich und von der Betriebskultur her problematisch, sondern sie scheitert auch häufig am Widerstand der "Überraschten".

Kontraindikationen zur Planung in Gruppen
Wie oben betont hat sich die Schichtplanung in Workshops sehr gut bewährt. Allerdings gibt es Bedingungen, die ein derartiges Vorgehen erschweren oder bestimmte Schritte zur Vorbereitung erforderlich machen. Beispiele dafür sind:

– Starke Ängste oder ausgeprägtes Misstrauen bei Beteiligten, sodass eine offene Diskussion schwer ist.
– Offener Widerstand und/oder Fehlen einer gemeinsamen Orientierung bezüglich der zu erreichenden Ziele.
– Unklarheit bezüglich der zu erfüllenden Personalbedarfsanforderungen und/oder der zu wählenden Schichtarten und Besetzungsstärken. Z.B. ist nicht immer klar beantwortbar, wie viele Personen mit bestimmter Qualifikation zu einer bestimmten Uhrzeit an einem bestimmten Tag erforderlich sind.

Entsprechend sind ergänzend zu Workshops weitere Projektschritte zur Klärung und Festlegung von Anforderungen erforderlich. Einige Hinweise dazu finden sich in (Gärtner; 2005). Die Analyse des Personalbedarfs ist ein noch größeres Thema als die Schichtplanung. Einiges dazu findet sich in (Gärtner und Hörwein; 2001).

Grundregeln **Schichtplanung ist nicht nur Mathematik!**
Gute Schichtplanung besteht nicht nur darin, aus bestehenden Anforderungen Pläne zu entwickeln. Es ist ebenso wichtig, neue Möglichkeiten aufzuzeigen, damit ein wesentlich besserer Plan möglich wird!

In der Praxis können viele Anforderungen ohne große Schwierigkeiten verändert werden. Diese Änderungsmöglichkeiten zu durchdenken schafft oft erst die Voraussetzung für erhebliche Verbesserungen.

Schichtmodelle sind mehr als Schichtpläne!

Jedes Schichtmodell braucht eine Reihe von Regelungen, um zu funktionieren:
- *Urlaubs- und Zeitabrechnung*
- *Infrastruktur (Verpflegung, Sicherheitsmaßnahmen usw.)*
- *organisatorische Rahmenbedingungen (Zugang zum Materiallager usw.)*

Fehler im Berücksichtigen von Rahmenbedingungen können den besten Plan unbrauchbar machen.

(Fast) alle Anforderungen lassen sich erfüllen!
Oft schaut es auf den ersten Blick so aus, als wären bestimmte Anforderungen grundsätzlich nicht zu erfüllen. Bei genauerer Analyse ändert sich dieses Bild fast immer. Allerdings müssen dann häufig andere wichtige Planeigenschaften geändert werden. Viele, aber nicht alle Anforderungen lassen sich gleichzeitig erfüllen.

Legen Sie Pausen ein!
Falls Sie vor schwierigen Planungsproblemen stehen, machen Sie eine Pause. Mit etwas Distanz kommen neue Ideen.

A.3 Zentrale Begriffe

Schichtplan Ein Schichtplan besteht aus vier Basiselementen:
1. Schichtarten
2. Besetzungsstärken
3. Schichtfolgen
4. Schichtgruppen

Schichtarten Schichtarten werden über Beginn, Ende und Pausen definiert.
Eine Schichtart, die
- *um 22:00 beginnt,*
- *bis 6:00 dauert und*
- *drei 10-minütige bezahlte Kurzpausen vorsieht,*

wird meist als "Nachtschicht" bezeichnet.

Schicht Eine Schicht ist die Zuordnung einer Schichtart zu einem bestimmten Tag des Schichtplans.
Die Frühschicht am 2. Montag des 4-wöchigen Schichtplans.

Besetzungs-stärken Besetzungsstärken geben die Anzahl der Personen an, die einer bestimmten Schicht zugeteilt werden (sollen).
In der Frühschicht sollen jeden 2. Montag 5 Personen anwesend sein.

Schichtfolgen Schichtfolgen beschreiben Muster von aufeinander folgenden Arbeitseinsätzen und Freizeiten.
- *Die Schichtfolge* `FFFFF--SSSSS--` *bedeutet, dass eine Person abwechselnd eine Woche (5 Tage) lang in der Schichtart Frühschicht (kurz* `F`*) und eine Woche (5 Tage) lang in der Schichtart Spätschicht (kurz* `S`*) arbeitet.*
- *Die Schichtfolge* `FFSSNN---` *bedeutet, dass eine Person zuerst 2 Tage lang in der Schichtart Frühschicht (kurz* `F`*), dann 2 Tage lang in der Schichtart Spätschicht (kurz* `S`*) und danach 2 Tage lang in der Schichtart Nachtschicht (kurz* `N`*) eingesetzt wird, bevor sie 3 Tage lang frei hat.*

Basisfolgen Schichtfolgen (in der Regel kurze Schichtfolgen) können auch zur Gestaltung von Schichtplänen verwendet werden. Dabei werden diese Schichtfolgen als sich wiederholende Bauelemente eines Schichtplans immer wieder eingesetzt. Derart verwendete Schichtfolgen werden als "Basisfolgen" bezeichnet. Die Technik der Plangestaltung mit Basisfolgen wird im Unterkapitel B.3.2.b) "Plangestaltung mit Basisfolgen" genauer vorgestellt.

Schicht- Schichtgruppen sind Gruppen von Personen, die nach Schichtplan immer
gruppen oder meistens gemeinsame Schichten haben.

Besonders in Dienstleistungsbetrieben, aber auch in der Industrie kann es vorkommen, dass die Schichtgruppen sehr klein sind und z.B. nur aus einer Person bestehen. Die hier vorgestellten Planungstechniken sind auch für diese Anwendungsfälle gut geeignet.

Schichtmodell Ein Schichtmodell besteht aus einem oder mehreren Schichtplänen und allen Regelungen, die bezüglich der Arbeitszeiten von Bedeutung sind, wie z.B. Urlaubsabrechnung, Personaleinsatz.

Schichtplan – Einfache Pläne besitzen folgende Eigenschaften:
Einfache
Pläne
- einheitliche Größe und Sollwochenarbeitszeit aller Schichtgruppen
- einheitliche Besetzungsstärke
- einheitliche Qualifikationen
- keine Reserveplanung für Abwesenheiten

Schichtplan – Komplexe Pläne unterscheiden sich von Einfachen Plänen durch mindestens
Komplexe eine der folgenden Eigenschaften:
Pläne
- unterschiedliche Größe und Sollwochenarbeitszeit der Schichtgruppen (Teilzeitgruppen)
- unterschiedliche Besetzungsstärken
- unterschiedliche Qualifikationen
- Reserven
- Flexibilität

Komplexe Pläne sind vielfach eine Kombination Einfacher Pläne.

Schichtpläne – Pläne werden auch aufgrund der Bruttobetriebszeiten, die sie abdecken,
Planarten nach Planarten unterschieden. In diesem Buch werden vier Hauptplanarten vorgestellt:

- diskontinuierliche Pläne: Mo–Fr (Sa) ohne Nachtarbeit
- teilkontinuierliche Pläne: Mo–Fr (Sa) mit Nachtarbeit
- fast kontinuierliche Pläne: nur eine sehr kurze Unterbrechung um den Sonntag
- vollkontinuierliche Pläne: Mo–So rund um die Uhr

Diese Definition der Planarten weicht in drei Aspekten von der weit verbreiteten Einteilung von Schichtsystemen, die z.B. in (Rutenfranz und Knauth; 1981) verwendet wird, ab:

1. Auf permanente Schichtsysteme (z.B. Dauernachtschichten, geteilte Schichten) wird nicht gesondert eingegangen. Sie werden bei den jeweiligen Planarten mitdiskutiert. Systeme ohne Schichtwechsel sind einerseits einfach zu planen, andererseits ähnelt ihre Planung der von Systemen mit Schichtwechsel.
2. Die neue Kategorie "fast kontinuierlich" wird eingeführt, weil diese Aufgabenstellung seitens der Planungstechnik gesonderte, schwierige Probleme aufwirft.
3. Pläne, die Mo–So laufen, aber keine Nachtschichten enthalten, werden nicht gesondert behandelt, da sie selten vorkommen und seitens der Planungstechnik mit kontinuierlichen Schichtsystemen verwandt sind.

Schichtplan – Jede dieser Planarten kann mit verschiedenen Planstrukturen realisiert wer-
Planstruktur den. Planstrukturen unterscheiden sich vor allem in der Anzahl und in der Größe der Schichtgruppen, mit denen geplant wird. Sie spielen eine grundlegende Rolle für die Gestaltung von Schichtplänen.

Die Planstrukturen "Klassische Gruppen", "Gruppenkombination" und "Übergroße Gruppen" werden im Kapitel B.3 "Welche Planstrukturen gibt es? Wie wähle ich aus?" vorgestellt. Die Bezeichnung der Planstruktur wird für die damit entwickelten Pläne verwendet:

Bezeichnung Planstruktur	Bezeichnung Plan
Klassische Gruppen	Klassische Pläne
Gruppenkombination	Kombinationspläne
Übergroße Gruppen	Übergroße Pläne

Weitere Komplexe Planstrukturen werden im Kapitel C.4 "Komplexe Planstrukturen" vorgestellt.

Plan-gestaltung	Die Plangestaltung umfasst die Entwicklung von Schichtfolgen und ihre Zuordnung zu Schichtgruppen im Rahmen der vorher ausgewählten Planstruktur – das "Ausfüllen" des Schichtplans.
Zykluslänge	Die Zykluslänge (eines Schichtplans) gibt die Anzahl der ganzen Wochen an, nach der sich für alle Schichtgruppen die Schichtfolgen zu wiederholen beginnen.
Plandarstellung	Es sind zwei zentrale Darstellungen von Schichtplänen zu unterscheiden: • Schichtplan – Langdarstellung • Schichtplan – Kurzdarstellung
Schichtplan – Langdarstellung	In der Langdarstellung wird der Schichtplan für jede Schichtgruppe über die gesamte Zykluslänge in einer eigenen Zeile dargestellt.

diskontinuierlich
Klassische Gruppen
WAZ   40,00 h
F, S   8,00 h
Brutto-BZ   80,00 h
Zyklus   2 Wo
Einsätze   5,0 /Wo

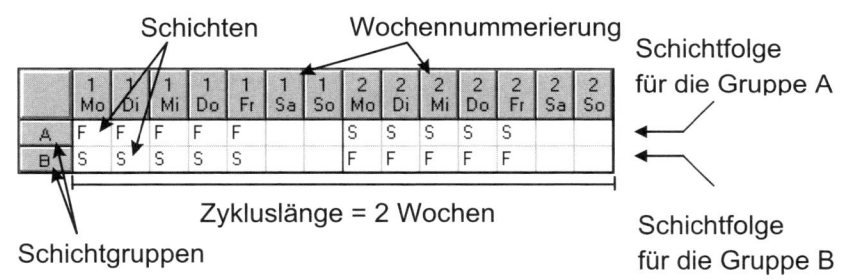

	1 Mo	1 Di	1 Mi	1 Do	1 Fr	1 Sa	1 So	2 Mo	2 Di	2 Mi	2 Do	2 Fr	2 Sa	2 So
A	F	F	F	F	F			S	S	S	S	S		
B	S	S	S	S	S			F	F	F	F	F		

Schichten — Wochennummerierung — Schichtfolge für die Gruppe A
Schichtgruppen — Zykluslänge = 2 Wochen — Schichtfolge für die Gruppe B

Die Schichtfolgen für die beiden Gruppen A und B sind ihrem Wesen nach gleich: abwechselnd eine Woche (5 Tage) lang in der Frühschicht (kurz F*) und eine Woche (5 Tage) lang in der Spätschicht (kurz* S*).*

Die Gruppe A beginnt mit der Frühschichtwoche und die Gruppe B mit der Spätschichtwoche. Die beiden Gruppen A und B beginnen also "um 1 Woche versetzt".

Nach Ende der Zykluslänge von 2 Wochen wiederholen sich die Schichtfolgen.

Schichtplan – Kurzdarstellung	Wenn die Schichtfolgen für alle Gruppen gleich sind, mit der Einschränkung, dass die verschiedenen Gruppen jeweils um eine bzw. mehr Wochen zueinander versetzt beginnen, empfiehlt sich die Kurzdarstellung. In dieser kompakten Darstellungsform werden die einheitliche Schichtfolge und die versetzten Beginnpunkte für jede Gruppe abgebildet.

diskontinuierlich
Klassische Gruppen
WAZ 40,00 h
F, S 8,00 h
Brutto-BZ 80,00 h
Zyklus 2 Wo
Einsätze 5,0 /Wo

Der obige Plan sieht in der Kurzdarstellung folgendermaßen aus:

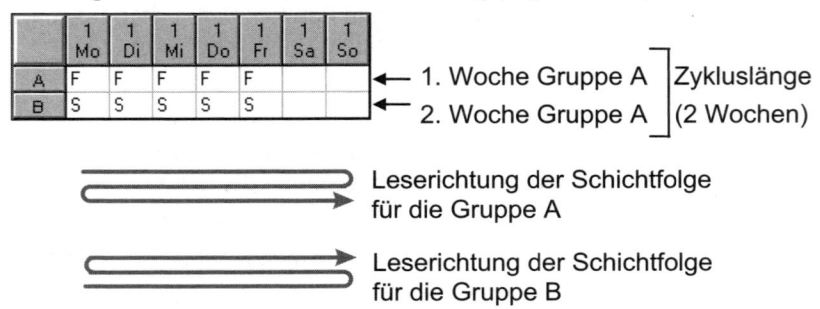

	1 Mo	1 Di	1 Mi	1 Do	1 Fr	1 Sa	1 So
A	F	F	F	F	F		
B	S	S	S	S	S		

⟵ 1. Woche Gruppe A ⎤ Zykluslänge
⟵ 2. Woche Gruppe A ⎦ (2 Wochen)

Leserichtung der Schichtfolge für die Gruppe A

Leserichtung der Schichtfolge für die Gruppe B

"Gelesen" wird der Plan in der Kurzdarstellung so, dass die Gruppe A in der 1. Woche Frühschicht hat und in der 2. Woche Spätschicht. Für die Gruppe B beginnt der Plan in der 2. Zeile und setzt dann mit der 1. Zeile fort.
Im Fall der Verwendung von z.B. 4 Gruppen würde der Plan für die Gruppe B nach der 2. Zeile mit der 3. Zeile, dann mit der 4. Zeile und schließlich wieder mit der 1. Zeile fortfahren.

In vielen, aber nicht allen Fällen ist die Kurzdarstellung übersichtlicher. Sie wird daher in diesem Buch häufig verwendet. Manche Pläne können jedoch damit nicht dargestellt werden, bzw. lassen sich manche Gestaltungstechniken schlecht anwenden (Gärtner; 1997).

diskontinuierlich
Klassische Gruppen
WAZ: A 36,00 h
WAZ: B 40,00 h
F, S 8,00 h
Brutto-BZ 76,00 h
Zyklus 2 Wo
Einsätze: A 4,50 /Wo
Einsätze: B 5,00 /Wo

Der folgende Plan mit unterschiedlichen durchschnittlichen Wochenarbeitszeiten der Gruppen A (4,5 Schichten pro Woche) und B (5 Schichten pro Woche) kann mit der Kurzdarstellung nicht wiedergegeben werden. Es wären Zusatztexte erforderlich.

	1 Mo	1 Di	1 Mi	1 Do	1 Fr	1 Sa	1 So	2 Mo	2 Di	2 Mi	2 Do	2 Fr	2 Sa	2 So
A	F	F	F	F	F			S	S	S	S			
B	S	S	S	S	S			F	F	F	F	F		

Wochen-arbeitszeit (WAZ) Die Wochenarbeitszeit (WAZ) ist die sich aus dem Plan ergebende Arbeitszeit für einzelne Wochen bzw. die durchschnittliche Wochenarbeitszeit über den Gesamtplan.

Sollwochen-arbeitszeit (Soll-WAZ) Die Sollwochenarbeitszeit (Soll-WAZ) ist die angestrebte durchschnittliche Wochenarbeitszeit. Die Soll-WAZ kann sich aus gesetzlichen, kollektiv- bzw. tarifvertraglichen Regelungen, betrieblichen oder individuellen Vereinbarungen ergeben.

Kennzahl Einsätze pro Woche

Die Zahl der Einsätze pro Woche gibt an, an wie vielen Arbeitstagen pro Woche die Beschäftigten im Durchschnitt arbeiten. Es ist eine der wichtigsten Kennzahlen sowohl für die Beschäftigten als auch für das Unternehmen.

- Beschäftigte: Wenn diese Kennzahl – bei Schichten von ca. 8 h Länge – 5,0 beträgt, ist es oft schon schwierig, gute Pläne im Sinne von ausreichend Erholungsmöglichkeiten zu gestalten; wenn sie über 5 liegt, ist es meist unmöglich bzw. nur sehr beschränkt möglich. Bei längeren Schichten muss die Kennzahl noch niedriger liegen, um ausreichende Erholungsmöglichkeiten zu sichern.
- Unternehmen: Wenn die Zahl der Einsätze pro Woche und Person höher wird, sinkt die Flexibilität (z.B. für Überstunden).
- Diese Kennzahl darf auch nicht größer als die Zahl der Öffnungstage pro Woche sein (z.B. Arbeit Mo–Fr, Einsätze pro Woche wären aber 5,5), da sonst keine Pläne oder nur Pläne mit 2 oder mehr Einsätzen pro Tag möglich sind.

Vertiefende Informationen finden sich im Kapitel B.2 "Was sind die Basisschritte?"

Arbeitsstunden und Leistungsstunden

Arbeitsstunden sind jene Stunden, die bezahlt werden. Sie enthalten z.B. keine unbezahlten Pausen, dafür aber bezahlte Pausen sowie Übergabezeiten.

Leistungsstunden sind jene Stunden, in denen im Betrieb Leistung erbracht wird. Beispielsweise kann eine Maschine weiter produzieren, obwohl die Hälfte des Bedienungspersonals gerade eine 30-minütige unbezahlte Pause macht. Während der Übergabezeiten, in denen doppelt soviel Personal wie sonst anwesend ist, produziert sie aber nur ihren normalen Output.

Leistungsstunden sind die Grundlage für die Berechnung betrieblicher Kapazitäten (z.B. Produktionsmengen). Sie können sich erheblich von den Arbeitsstunden unterscheiden. Bei unterschiedlichen Besetzungsstärken kann der Begriff der Leistungsstunden allerdings unscharf werden. Die Kapazitätsberechnung erfolgt in diesem Fall meist durch Summenbildung einzelner einheitlicher Bereiche.

Bruttobetriebszeit (Brutto-BZ) und Nettobetriebszeit (Netto-BZ)

Die Bruttobetriebszeit bezieht sich auf die bezahlten Arbeitsstunden pro Woche. Bei einer einheitlichen Besetzungsstärke müssen die Arbeitsstunden nur durch die Besetzungsstärke dividiert werden:

$$Brutto\text{-}BZ = \frac{Arbeitsstunden}{Besetzungsstärke}$$

Die Bruttobetriebszeit ist vorrangig für Arbeitszeit- und Personalbedarfsfragen von Bedeutung.

Die Nettobetriebszeit wird über die Leistungsstunden berechnet, die pro Woche erbracht werden. Bei der Nettobetriebszeit ist jene Zeit von Bedeutung, in der Produkte erzeugt (z.B. Maschinenauslastung), Waren vertrieben oder Dienstleistungen erbracht bzw. angeboten werden.

Der Zusammenhang zwischen Arbeits- und Leistungsstunden gestaltet sich wie folgt:

Bruttobetriebszeit	Nettobetriebszeit
bezahlte Arbeitsstunden pro Woche und Arbeitsplatz	Leistungsstunden pro Woche und Arbeitsplatz
inkl. bezahlter Pausen, Übergabezeiten usw.; exkl. unbezahlter Pausen	überlappende Arbeitszeit wird nur einfach gerechnet; exkl. Pausen, in denen die Maschine stillsteht bzw. keine Dienstleistung erfolgt

Schlüssel- Schlüsselfragen beziehen sich auf zentrale zu treffende Entscheidungen mit
fragen herausragender Bedeutung für die Eigenschaften des Schichtplans und des Schichtmodells.

B Grundlagen

Inhalt In diesem Abschnitt werden die Grundlagen der Planentwicklung beschrieben und die Techniken für Einfache Pläne vermittelt. Das sind Pläne mit folgenden Eigenschaften:
- einheitliche Größe und Sollwochenarbeitszeit aller Schichtgruppen
- einheitliche Besetzungsstärke
- einheitliche Qualifikationen
- keine Reserveplanung für Abwesenheiten

Komplexe Themen wie z.B. Reserven und Flexibilität werden im nachfolgenden Abschnitt C "Komplexe Pläne" behandelt, der sehr stark auf diesem Abschnitt aufbaut. Die verwendeten Begriffe sind im Kapitel A.3 "Zentrale Begriffe" definiert.

B.1 Übersicht – Wie entwickle ich Pläne?

B.1.1 Ablauf der Planung

Aufbau Die Planentwicklung gliedert sich in drei Schritte, wobei häufig Rücksprünge erforderlich sind:

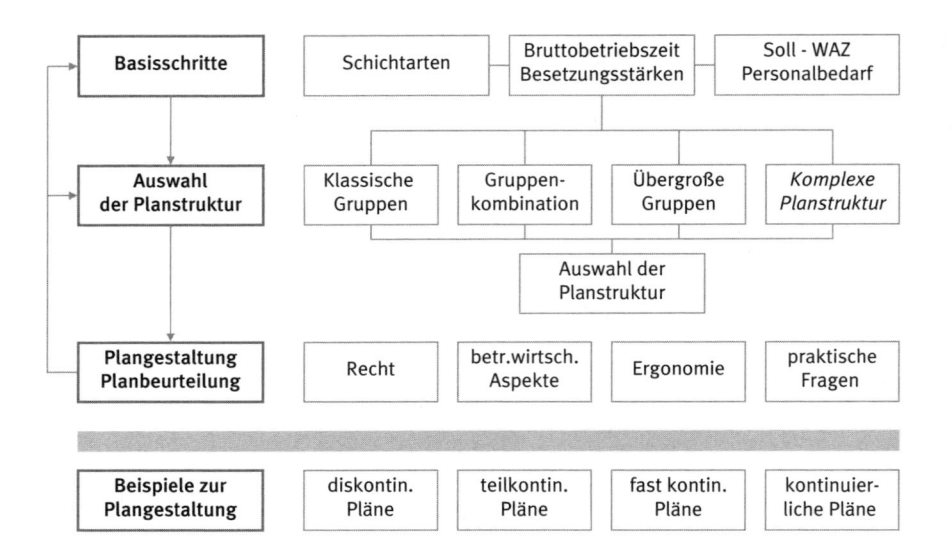

Basisschritte	Schichtarten	Bruttobetriebszeit Besetzungsstärken	Soll - WAZ Personalbedarf

Auswahl der Planstruktur	Klassische Gruppen	Gruppen-kombination	Übergroße Gruppen	*Komplexe Planstruktur*

Auswahl der Planstruktur

Plangestaltung Planbeurteilung	Recht	betr.wirtsch. Aspekte	Ergonomie	praktische Fragen

Beispiele zur Plangestaltung	diskontin. Pläne	teilkontin. Pläne	fast kontin. Pläne	kontinuier-liche Pläne

Zuerst werden die Basisschritte durchlaufen, dann erfolgt die Auswahl der Planstruktur. Die anschließende Plangestaltung kann nicht von der Planbeurteilung abgekoppelt werden, da Letztere die Gestaltungskriterien vorbestimmt.

Beispiele für die Gestaltung der einzelnen Planarten (diskontinuierliche, teilkontinuierliche, ... Pläne) finden sich im Kapitel B.5 "Beispiele – Wie entwickle ich Pläne?".

Im Unterkapitel B.1.2 "Einführungsbeispiel: Diskontinuierlicher Schichtplan ("2-Schicht")" werden diese drei Schritte anhand eines einfachen Beispiels erläutert.

In diesen drei Schritten werden nach und nach Planeigenschaften festgelegt, die jedoch nicht voneinander unabhängig sind. In der tatsächlichen Planung sind daher häufig Rücksprünge in bereits durchlaufene Schritte erforderlich, um Planeigenschaften anzupassen. Im Unterkapitel B.3.7 "Wo

Grundlagen – 19

werden Planeigenschaften festgelegt? Wie hängen sie zusammen?" wird ausführlicher darauf eingegangen.

Die Verweisschienen ermöglichen die Wissensvertiefung bei einzelnen Teilschritten.

Basisschritte Hier werden die grundlegenden Definitionen vorgenommen:
- Schichtarten
- Bruttobetriebszeit
- Besetzungsstärken
- Sollwochenarbeitszeit
- Personalbedarf

Planstruktur Die Auswahl der Planstruktur entscheidet über die Art und Weise, wie Gruppen gebildet werden. In diesem Abschnitt werden drei Arten der Gruppenbildung ausführlich vorgestellt:
- Klassische Gruppen
- Gruppenkombination
- Übergroße Gruppen

Zudem kann bereits die minimale Zykluslänge des Schichtplans, die eine faire Verteilung der zu leistenden Schichtarten ermöglicht, errechnet werden.

Komplexe Planstrukturen werden im Kapitel C.4 "Komplexe Planstrukturen" vorgestellt.

Plangestaltung und -beurteilung Hier werden den Gruppen konkrete Schichtfolgen zugewiesen. Dabei muss auf rechtliche Bestimmungen (z.B. zulässige Wochenarbeitszeit, Wochenendruhe), ergonomische Anforderungen (z.B. Vorwärtsrotation, Ruhepausen, Freizeitverteilung) und betriebswirtschaftliche Aspekte (z.B. Arbeitsorganisation, Kosten) Rücksicht genommen werden.

Die Kriterien sollten bereits bei der Plangestaltung berücksichtigt werden. Falls die abschließende Planbeurteilung trotzdem zum Verwerfen eines Plans führt, sind Rücksprünge in frühere Phasen erforderlich.

Relativität der Planbeurteilung Die Planbeurteilung kann sich immer nur auf die Anforderungen an einen Plan und die grundsätzlichen für diese Planart möglichen Eigenschaften beziehen. Eine Planeigenschaft, die einmal positiv bewertet wird, kann in anderen Zusammenhängen negativ sein.

Teilkontinuierliche Pläne haben meist 5 Nachtschichten in Folge. Von arbeitswissenschaftlicher Seite her (siehe (Wedderburn; 1991) und Abschnitt E "Ergonomie") werden 2 bis maximal 4 Nachtschichten empfohlen. Eine Kürzung der Nachtschichtblöcke auf 4 Tage stellt bei diesen Plänen ein Planungsproblem dar, dessen Lösung bereits als Erfolg gewertet werden kann.

Bei vollkontinuierlichen Plänen sind meist wesentlich kürzere Nachtschichtblöcke möglich. Dort können auch 4 Nachtschichten in Folge relativ leicht vermieden werden.

B.1.2 Einführungsbeispiel: Diskontinuierlicher Plan ("2-Schicht")

Basisschritte In den Basisschritten werden die verwendeten Schichtarten, die erforderliche Bruttobetriebszeit, die erforderlichen Besetzungsstärken, die Sollwochenarbeitszeit sowie der erforderliche Personalbedarf festgelegt.

Schichtarten:
F ... Frühschicht 8 h, mit (bezahlten) Kurzpausen, Montag–Freitag
S ... Spätschicht 8 h, mit (bezahlten) Kurzpausen, Montag–Freitag

Besetzungsstärken:
Die Besetzungsstärke soll in allen Schichtarten und an allen Tagen einheitlich 8 Personen betragen.

Sollwochenarbeitszeit: 40 h

Bruttobetriebszeit und Personalbedarf:
Montag bis Freitag wird jeweils eine 8-stündige Früh- und Spätschicht eingeplant. Es wird mit Vollzeitkräften gearbeitet.

Schichtart	Häufig-keit	(Dauer − unbezahlte Pausen)	* Besetzungs-stärke	= Arbeits-stunden	Einsätze
Frühschicht	5	* (8,00 h − 0,00 h)	* 8 Personen	= 320,00 h	40 Einsätze
Spätschicht	5	* (8,00 h − 0,00 h)	* 8 Personen	= 320,00 h	40 Einsätze
Gesamt	**10**			**= 640,00 h**	**80 Einsätze**

$$\text{Brutto-BZ} = \frac{\text{Arbeitsstunden pro Woche gesamt}}{\text{durchschnittl. Besetzungsstärke}} = \frac{640,00\ h}{8,00\ \text{Pers.}} = 80,00\ h$$

$$\text{Soll-WAZ} = 40,00\ h$$

$$\text{Personalbedarf} = \frac{\text{Arbeitsstunden pro Woche gesamt}}{\text{Soll-WAZ}} = \frac{640,00\ h}{40,00\ h} = 16,00\ \text{Pers.}$$

$$\varnothing\ \text{Schichtlänge} = \frac{\text{Arbeitsstunden pro Woche gesamt}}{\text{Gesamtzahl der Einsätze}} = \frac{640,00\ h}{80,00\ \text{Eins.}} = 8,00\ h$$

$$\varnothing\ \text{Einsätze} = \frac{\text{Soll-WAZ}}{\text{durchschnittl. Schichtlänge}} = \frac{40,00\ h}{8,00\ h} = 5,00\ /\text{Wo}$$

In diesem Beispiel werden 16 Personen benötigt, um die Bruttobetriebszeit von 80 h bei gegebenen Schichtarten und gegebener Sollwochenarbeitszeit von 40 h abzudecken. Diese müssen 5-mal pro Woche arbeiten.

Planstruktur Es gibt unterschiedliche Möglichkeiten, Schichtgruppen zu bilden (Näheres dazu in B.3 "Welche Planstrukturen gibt es? Wie wähle ich aus?")

Da der Bedarf an Schichtgruppen in diesem Einleitungsbeispiel ganzzahlig ist, wird die "Klassische Gruppenbildung" verwendet:

$$\text{Zahl der Gruppen} = \frac{\text{Brutto-BZ}}{\text{Soll-WAZ}} = \frac{80,00\ h}{40,00\ h} = 2,00\ \text{Gruppen}$$

Jene 16 Personen, die nach obiger Berechnung des Personalbedarfs erforderlich sind, werden auf 2 Gruppen A und B verteilt, wobei jede Gruppe gleich viele, nämlich 8, Personen umfasst.

Da der Personalbedarf genau mit der Größe der Schichtgruppen übereinstimmt (16 Personen waren erforderlich = 2 Gruppen zu 8 Personen), sollte sich auch ein Plan entwickeln lassen, der zur genauen Einhaltung der Sollwochenarbeitszeit führt.

Plan-
gestaltung

Den Gruppen A und B müssen konkrete Schichtfolgen zugeordnet werden.

diskontinuierlich
Klassische Gruppen
WAZ   40,00 h
F, S   8,00 h
Brutto-BZ   80,00 h
Zyklus   2 Wo
Einsätze   5,0 / Wo

In diesem Fall bietet sich folgender Plan an:

	1 Mo	1 Di	1 Mi	1 Do	1 Fr	1 Sa	1 So	2 Mo	2 Di	2 Mi	2 Do	2 Fr	2 Sa	2 So
A	F	F	F	F	F			S	S	S	S	S		
B	S	S	S	S	S			F	F	F	F	F		

Der Plan hat eine Zykluslänge von 2 Wochen. Er beginnt sich somit nach 2 Wochen zu wiederholen. Die Sollwochenarbeitszeit wird genau erreicht.

Der Schichtplan wurde oben in der Langdarstellung präsentiert. In der Kurzdarstellung sieht der Plan folgendermaßen aus:

	1 Mo	1 Di	1 Mi	1 Do	1 Fr	1 Sa	1 So
A	F	F	F	F	F		
B	S	S	S	S	S		

"Gelesen" wird der Plan in der Kurzdarstellung so, dass die Gruppe A in der ersten Woche Frühschicht hat und in der zweiten Woche Spätschicht. Die Gruppe B beginnt mit einer Spätschichtwoche und hat in der nächsten Woche Frühschicht.

Plan-
beurteilung

Stärken und Schwächen werden herausgearbeitet, Eigenschaften analysiert und Ansätze für Verbesserungen gesucht.

Bei der Frühschichtwoche könnte überlegt werden, ob ein späterer Beginn möglich ist. Dabei ist aber zu prüfen, ob das dadurch verschobene Ende der Spätschicht nicht größere Nachteile mit sich bringt (z.B. schlechte Verbindung mit öffentlichen Verkehrsmitteln).

Die Spätschichtwoche ist problematisch, da eine Woche lang die sozial wichtigste Zeit blockiert wird. In diesem Beispiel wurden bewusst einfache Annahmen gewählt, weshalb nicht viel Verbesserungsspielraum existiert, wenn nicht z.B.

- die Sollwochenarbeitszeit verändert wird;
- mit längeren Schichten gearbeitet wird (z.B. 9 h-Schichten), um die Anzahl der Spätschichten zu verringern.

Bei den Kosten, die direkt von unterschiedlichen Modellvarianten verursacht werden, wirken sich die Zuschläge für die Spätschicht aus. An indirekt verursachten Kosten sind vor allem erhöhte Infrastrukturkosten (für Lager, Kantine) und eventuell erhöhte Kosten für Wartungsarbeiten am Samstag zu berücksichtigen.

Grundlagen – 23

B.2 WAS SIND DIE BASISSCHRITTE?

Zielsetzung Festlegen der wichtigsten Rahmenbedingungen für Schichtpläne. – Auch wenn es nicht sofort ersichtlich ist, hier wird vorab sehr vieles entschieden, eine Reihe von Schlüsselfragen muss beantwortet werden.

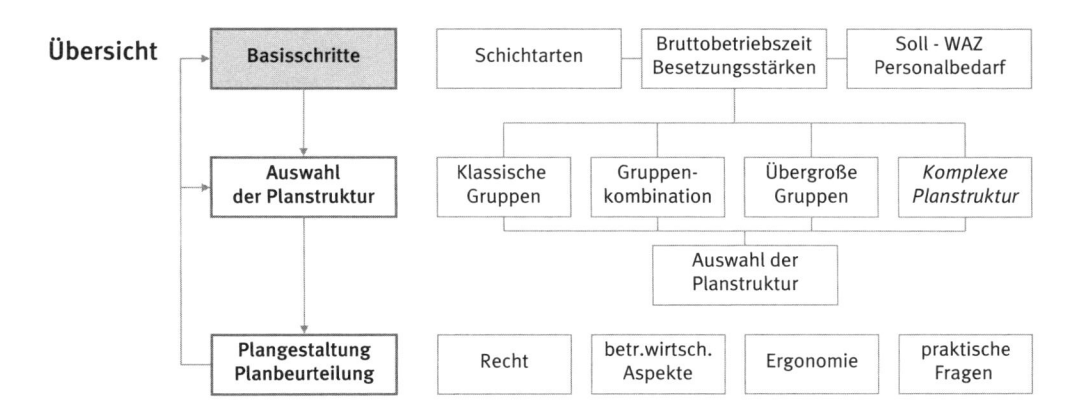

Übersicht

```
Basisschritte ──► Schichtarten │ Bruttobetriebszeit    │ Soll - WAZ
                               │ Besetzungsstärken     │ Personalbedarf

Auswahl         Klassische  Gruppen-      Übergroße   Komplexe
der Planstruktur  Gruppen   kombination   Gruppen     Planstruktur

                            Auswahl der
                            Planstruktur

Plangestaltung   Recht    betr.wirtsch.   Ergonomie   praktische
Planbeurteilung           Aspekte                     Fragen
```

Elemente Die Basisschritte bestehen aus folgenden Teilschritten:
- Festlegung der Schichtarten
- Festlegung der Bruttobetriebszeit und der Besetzungsstärken
- Festlegung der Sollwochenarbeitszeit und Berechnung des Personalbedarfs

In der Regel werden die Teilschritte in dieser Reihenfolge durchlaufen. Jeder dieser Punkte ist aber mit den anderen vernetzt, entsprechend kann die Reihenfolge der tatsächlichen Planung davon abweichen.
Falls z.B. der Personalbedarf bereits fixiert ist, muss die Bruttobetriebszeit entsprechend angepasst werden.

Spätere Rücksprünge in diesen Bereich sind oft hilfreich (z.B. die Anpassung der Schichtarten).

Wichtige Zusammenhänge Die Entscheidung für Schichtarten (insbesondere für die Länge der Schichtarten) und Besetzungsstärken hat enormen Einfluss auf die später zu lösende Planungsaufgabe und ist eng mit Personalbedarf und Wochenarbeitszeit sowie der Zahl der Arbeitstage und freien Tage verbunden. Die folgenden Gleichungen beschreiben diese zentralen Zusammenhänge:

$$\text{Ø Zahl der Schichteinsätze pro Woche und Person} = \frac{WAZ}{\text{Ø Schichtlänge}}$$

Die Anzahl Schichteinsätze pro Woche und Person gibt an, wie oft eine Person pro Woche in die Arbeit fährt, eine Schicht beginnt.

In vielen Fällen – aber nicht in allen – entspricht die Zahl der Schichteinsätze pro Woche der Zahl der Arbeitstage pro Woche und es gelten folgende Zusammenhänge.

Ø Arbeitstage pro Woche und Person = Ø Zahl der Schichteinsätze pro Woche und Person
Ø Zahl der freien Tage pro Woche und Person = 7 - Ø Arbeitstage pro Woche und Person

Abweichungen zwischen der Zahl der Einsätze und der Zahl der Arbeitstage können sich z.B. ergeben durch:

- Andere Zählweisen von Arbeitstagen und freien Tagen. In einigen Organisationen wird z.B. bei einer Nachtschicht, die am Montag beginnt und in den Dienstag reicht (ohne dass ein weiterer Dienst am Dienstag beginnt), sowohl Montag als auch Dienstag als Arbeitstag betrachtet. In anderen wird der Dienstag als frei gerechnet. Nur im zweiten Fall stimmen obige Gleichungen.
- Bei sehr kurzen Schichten sind zwei Einsätze an einem Tag möglich (z.B. Morgendienst, dann Ruhezeit, dann Nachtdienst)
- Sehr schnelle Rückwärtsrotation (wie z.B. Nachtschicht, die um Mitternacht beginnt – 8 h Ruhezeit – Spätschicht – 8 h Ruhezeit – Frühschicht) würde dazu führen, dass an 2 Arbeitstagen 3 Schichteinsätze erfolgen. – Falls Sie sich wundern, solche Folgen gibt es tatsächlich.
- Bei sehr langen Diensten (deutlich über 24 h) – auch die gibt es – würden die Gleichungen auch nicht stimmen.

Da die Einsätze sehr gut berechnet werden können, ohne den Plan schon auszugestalten, wird in der Folge bei den Kurzbeschreibungen immer die Zahl der Einsätze angegeben.

Einsätze pro Person – Einflussfaktoren Die Zahl der Einsätze pro Woche hängt stark von der durchschnittlichen Schichtlänge und der Wochenarbeitszeit ab. Der Zusammenhang mit der Bruttobetriebszeit und der Zahl der Personen ist eng:

$$\text{Anzahl Personen} = \frac{\text{Ø Schichtlänge} * \text{Schichteinsätze pro Woche insgesamt}}{WAZ}$$

*Bruttobetriebszeit = Ø Schichtlänge * Schichteinsätze pro Woche insgesamt*

Keiner der Parameter kann geändert werden, ohne dass sich nicht auch andere verändern. Ist z.B. die Anzahl der freien Tage zu niedrig, muss entweder die durchschnittliche Wochenarbeitszeit gesenkt oder die Schichtlänge erhöht werden. Werden Schichtlängen verändert und sollen Personen und Wochenarbeitszeit gleich bleiben, müssen sich Besetzungsstärken und Einsätze pro Woche insgesamt verändern.

Warum ist die Kennzahl so wichtig?

Als Faustformel für ca. 8 h lange Schichten lässt sich sagen:

- Liegt die Kennzahl Einsätze pro Woche deutlich unter 5 (z.B. in der Größenordnung von 4,00), ist die Planung von Ruhezeiten, kurzen Nachtblöcken und attraktiven Freizeitblöcken fast immer relativ einfach. Die Kennzahl kann allerdings nur dann so niedrig sein, wenn die Schichten über 8 h dauern (z.B. 9,5 h bei einer 38 h-Woche) bzw. die wöchentliche Soll-AZ niedrig ist (z.B. 32 h bei 8 h-Schichten). Schichten in der Größenordnung von 9–10 h sind bei teilkontinuierlicher und vollkontinuierlicher Nachtarbeit nur in Ausnahmefällen gut anwendbar.

- Liegen die Einsätze pro Woche nahe bei 5,00 oder leicht darüber, wird es zunehmend schwieriger. Es tauchen dann harte Entscheidungen auf, wie z.B. 7 Tage in Folge durchzuarbeiten oder kurze Freizeitblöcke zu akzeptieren. Freizeit und Wochenendzeiten werden weniger und häufig nimmt auch der Druck aus der Mannschaft zu, Ruhezeiten zu kürzen, um die freien Tage nicht durch Nachtschichten vor der Freizeit weiter einzuschränken.

- Liegt die Zahl der Einsätze pro Woche deutlich über 5,00, sind in der Regel Pläne ohne schlechte Eigenschaften nicht möglich. Die Anpassbarkeit des Modells an betriebliche Anforderungen und die Flexibilität für die Organisation wird zunehmend geringer.

  Ein Beispiel: In (Schlüter und Nickels; 2006) und auch in (Büker; 2006) werden z.B. Pflegesysteme beschrieben, die auf einer 5,5-Tage-Woche oder einer 6-Tage-Woche in der Pflege beruhen. (Anmerkung für österreichische LeserInnen: 6-Tage-Woche ist kein Tippfehler – es wird Arbeit an 12 von 14 Kalendertagen mit 6,42 bzw. 6,67 h pro Tag angeführt).

  Bei einer derartigen Einteilung ist es z.B. nur sehr beschränkt möglich, die Zahl der Mitarbeiter an bestimmten Tagen abzusenken. Bei 6 Vollzeitbeschäftigten müssen z.B. am Wochenende 3 arbeiten, sonst geht es sich von der Arbeitszeit her nicht aus. Mit 2 Personen am Wochenende würde die Soll-WAZ im Schnitt nicht erreicht. Auch Reservedienste für Krankenstände/Urlaube etc. sind praktisch kaum möglich.

- Diese Kennzahl darf auch nicht größer als die Zahl der Öffnungstage pro Woche sein (z.B. Arbeit Mo–Fr, Einsätze pro Woche wären aber 5,5), da sonst keine Pläne oder nur Pläne mit 2 oder mehr Einsätzen pro Tag möglich sind.

Daraus leitet sich die planungstechnische Empfehlung ab, vor der eigentlichen Schichtplanung diese Kennzahl zu berechnen (einige Softwaresysteme rechnen sie automatisch) und darüber nachzudenken, ob es Optimierungsmöglichkeiten gibt. Ansatzpunkte finden sich z.T. auch im Kapitel C.5 Arbeitszeitverkürzung (z.B. Nutzung von Teilzeitverträgen).

Konsequenzen für die Planung

Da die einzelnen Eigenschaften des zukünftigen Schichtplans so eng miteinander verknüpft sind und es so wichtige Eigenschaften sind, werden in den Basisschritten zentrale Entscheidungen getroffen:

- Müssen Personen gesucht oder eventuell abgebaut werden?
- Wird die Soll-Wochenarbeitszeit erreicht oder sind teure Leerstunden oder teure Überstunden die Folge?
- Ist die Zahl der freien Tage pro Woche ausreichend hoch, sodass gute Pläne erzeugt werden können und auch Reserve vernünftig möglich ist? Fällt die Zahl der freien Tage unter 2 Tage pro Woche bzw. steigt die Zahl der Arbeitstage (Schichteinsätze) pro Woche auf über 5 Tage, dann wird die spätere Planung zunehmend schwieriger bzw. die Ergebnisse bezüglich der Schichtfolgen werden zunehmend schlechter. Liegt der Wert deutlich unter 5, ist es meist einfach, vernünftige Schichtfolgen zu finden.

Exkurs: Ebenen des Arbeitszeitmanagements

Die Basisschritte betreffen Schlüsselfragen des Arbeitszeitmanagements. Es lassen sich (pointiert) vier Ebenen im Umgang unterscheiden:

Ebene tiefer Keller: "Steinzeit selbst erleben." *Warum der Bedarf an Personen zu bestimmten Zeiten so ist, wie er ist, und auch die konkreten Schichtarten, ist nur historisch zu erklären. Indizien für einen derartigen Umgang sind: "schräge" Zeiten – z.B. Ende der Arbeit um 16:12 h, die eher auf eine rechnerische Verteilung der Arbeit als auf Bedarfe schließen lassen.*

Ebene Keller: "Das richtige Modell." *Hier herrscht noch die Phantasie vor, dass es wenige gute Modelle gibt und nur ausgewählt werden muss, ohne die Basisschritte sorgfältig zu prüfen.*

Ebene Erdgeschoss: *Mit Erfolg wurde ein Projekt umgesetzt. Aber alle sind so erschöpft, dass sie das Thema Arbeitszeit nicht mehr anrühren wollen.*

Ebene Erster Stock: "Klare Sicht." – *Es erfolgt in angemessenen Abständen eine Überprüfung der Annahmen bezüglich der Bedarfe, Schichtarten etc. und gegebenenfalls eine Anpassung. Dabei gibt es einen vernünftigen Umgang mit Veränderung und kleine Anpassungen gehen ohne unnötiges Aufheben vonstatten. Die Gestaltung der Arbeitszeiten und die Planung von Arbeiten erfolgen in engem Wechselspiel. Controllingwerkzeuge geben die Übersicht über Qualität der Planung und der Planungsverfahren.*

Grundlagen – 27

B.2.1 Wie lege ich die Schichtarten fest?

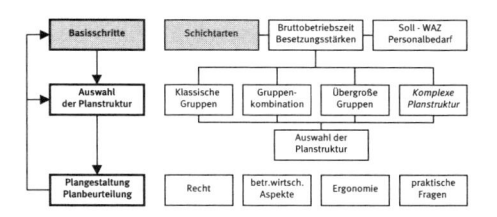

Zielsetzung Die Schichtarten sollen
- die Bruttobetriebszeit bzw. den Bedarf abdecken,
- ergonomisch sein (z.B. nicht zu lange dauern, die gewünschte Pausengestaltung erlauben, angemessene Beginn- und Endzeiten haben),
- zum Betriebsablauf passen.

Vorgehen Bei der Festlegung der Schichtarten steht in manchen Organisationen die Bruttobetriebszeit oft erst sehr grob fest (z.B. Fertigungsbetriebe, bestimmte Dienstleistungsunternehmen, die ihre Servicezeiten stark selbst gestalten können). Falls z.B. Schichtarten für einen teilkontinuierlichen Betrieb bestimmt werden sollen, bewährt sich oft eine vorläufige Festlegung der Schichtarten, die danach im Wechselspiel mit der Festlegung von Bruttobetriebszeiten, Besetzungsstärken, Sollwochenarbeitszeiten und der Bestimmung des Personalbedarfs schrittweise verfeinert wird.

In anderen Organisationen kann der Gestaltungsspielraum geringer sein und eine Bedarfskurve z.B. folgender Art mit großen Unterschieden zwischen verschiedenen Uhrzeiten (und auch Wochentagen) vorliegen.

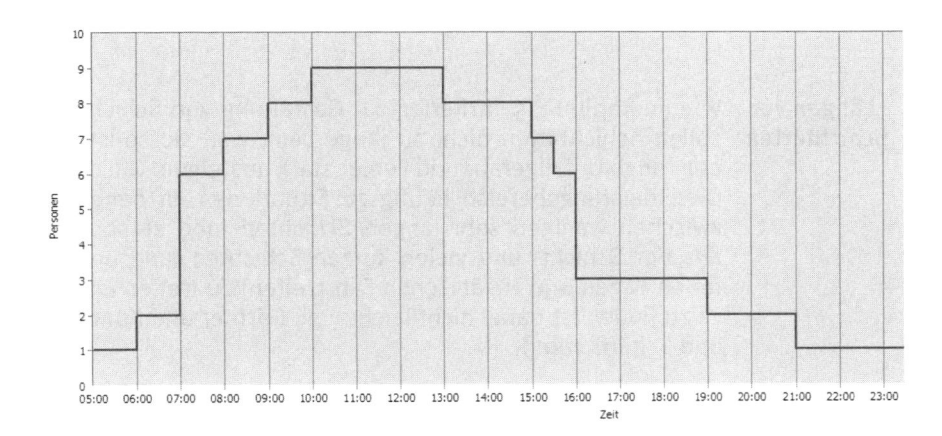

Bei komplexeren Aufgaben wird hier das Feld der einfachen Pläne schnell verlassen. Hinweise zur Analyse bzw. Gestaltung des Bedarfs und der Schichtarten finden sich auch in (Gärtner und Hörwein; 2001), bzw. für ein Beispiel aus dem Sozialbereich in (Tondorf und Plaute; 2003).

Design der Schichtarten Frühschicht ist nicht unbedingt gleich Frühschicht. Schichtarten, die ähnliche Tageszeiten abdecken, können durchaus unterschiedlich sein.

- *Es gibt eigene Schichtarten für das Wochenende oder für die Wartung. Von Montag bis Freitag dauert die Frühschicht von 6:00 bis 14:00. Am Samstag ist bereits um 12:00 Betriebsschluss. Zwei Frühschichtarten werden definiert:*
    F   *... 8 h-Frühschicht von Montag bis Freitag*
    FSA *... 6 h-Frühschicht am Samstag*
- *Manche Schichtarten sind kürzer bzw. länger, um die Sollwochenarbeitszeit zu erreichen.*

Der Einfachheit halber beginnt die Planung oft mit 8 h-Schichten. Später werden zusätzliche Schichtarten definiert bzw. die 8 h-Schichten schrittweise angepasst.

Beispiel 1 F *... Frühschicht 8 h, mit (bezahlten) Kurzpausen, Montag–Freitag*
 S *... Spätschicht 8 h, mit (bezahlten) Kurzpausen, Montag–Freitag*

Beispiel 2 F *... Frühschicht 8 h, 20 min (unbez.) Ruhepause, Montag–Samstag*
 S *... Spätschicht 8 h, 20 min (unbez.) Ruhepause, Montag–Samstag*
 N *... Nachtschicht 8 h, 20 min (unbez.) Ruhepause, Montag–Freitag*

Längen von Schichtarten Wie im Kapitel E.5 "Kriterien zur Gestaltung von Schichtarbeit" ausgeführt, sollen Schichtarten nicht zu lange sein, weil sie sonst zu belastend sind, aber auch Unfallgefahr und Fehler stark ansteigen. Gleichzeitig kommt es im Dienstleistungsbereich häufig zu Situationen, in denen die Entscheidung zwischen wenigen sehr langen Schichten (und entsprechender Belastung aus der Schicht) und vielen kurzen Schichten (und entsprechend weniger freien Tagen und zusätzlichen Fahrtzeiten) zu treffen ist. Die richtige Balance zu finden ist dabei nicht leicht (vgl. Gärtner und Kundi; 2005 oder Musliu und Schärf; 2002).

Die Frage der Schichtlängen spielt nicht nur bezüglich der Belastung eine wichtige Rolle. In Dienstleistungsbetrieben ist mit 12 h häufig keine effiziente Abdeckung möglich. In einigen Beratungsprojekten ergaben sich hier z.T.

zweistellige Prozentsätze an Fehlallokation (z.B. Polizei) mit Unterbesetzung (schlechtem Servicegrad) und Überbesetzung (hohe Kosten). Hinzu kommt unterschiedliche Produktivität. In (Moro et al; 2000) wurden z.B. Arbeitsinhalte von japanischen Pflegekräften von 8 h-Diensten und 16 h-Diensten (kein Tippfehler: sechzehn Stunden) in der Nacht gemessen. Durchgängig kam es zu einer deutlichen Erhöhung der Stand-by- und Ruhezeiten) und die Autoren schließen auch, dass Schlafzeiten bei so langen Zeiten erforderlich sind.

Vorgehen beim Design der Schichtarten

Das Design der Schichtarten ist schon für sich genommen in Dienstleistungsorganisationen und bei dienstleistungsartigen Arbeiten ein sehr komplexer Prozess. Unterschiedliche Qualifikationen erhöhen die Komplexität deutlich. Vom Vorgehen her hat sich auch hier die computerunterstützte Planung in Gruppen sehr bewährt (siehe dazu auch Kapitel A.2 "Vorgehensmodell XIMES"). In Projekten, in denen die Bedarfskurve nicht klar ist, empfiehlt sich in der Regel ein Vorprojekt zur Bedarfsklärung und -festlegung.

Klassische Fehler beim Design von Schichtarten

Es gibt eine Reihe sehr beliebter Fehler bei der Festlegung von Schichtarten:

1. Die Festlegung der Schichtarten vor der Diskussion des Bedarfs nach Uhrzeit und Wochentag

   Damit ist nicht mehr prüfbar und diskutierbar, ob vom Bedarf her, z.B. im Laufe des Nachmittags, andere Schichtzeiten oder Besetzungsstärken günstiger wären. Ein Beispiel, in dem entsprechende Veränderungen viel in der Industrie brachten, geben (Herber und Gärtner; 2001). Entsprechendes gilt für Pflegedienst bei (Büker; 2006).

2. Die Division der Wochenarbeitszeit durch 5,00 bzw. 4,00, ... und Festlegung der entsprechenden Schichtlänge in diesem Umfang.

   Ein entsprechendes Vorgehen führt zwar öfters zu einfachen Plänen. Nicht selten bleiben aber enorme Optimierungspotentiale (Kosten, Freizeit ...) ungenutzt.

3. Gleiche Besetzungsstärken an allen Tagen oder an Mo–Fr, Sa/So ohne eingehende Prüfung.

   Auch hier kann besonders im Dienstleistungsbereich viel daneben gehen. Selten sind die Bedarfe an allen Tagen oder Mo–Fr gleich. Einige Beispiele: Polizei, Wäscherei, Transport ...

Verweise	QUERVERBINDUNGEN	VERTIEFUNGSTHEMEN
	• Übergabezeiten führen zu längeren Schichteinsätzen. (Damit reduziert sich die Zahl der Schichteinsätze pro Person.) • (Unbezahlte) Ruhepausen verkürzen Schichten. (Damit erhöht sich die Zahl der Einsätze pro Person und Woche. Mehr als 5 Einsätze pro Woche – bzw. weniger als 2 freie Tage pro Woche – sind meist problematisch.) • Längere Schichten können ergonomisch problematisch sein, erlauben aber oft bessere Planrhythmen.	Reserven Flexibilität Komplexe Planstrukturen (unterschiedliche Besetzungsstärken, Qualifikationsanforderungen) Arbeitszeitverkürzung Ergonomische Kriterien 12 h-Schichtsysteme

B.2.2 Wie lege ich die Bruttobetriebszeit und die Besetzungsstärken fest?

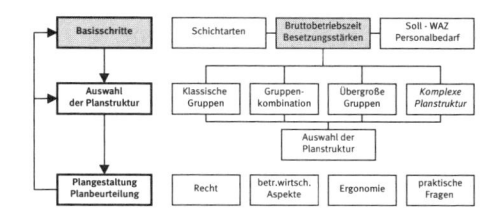

Zielsetzung Aufgabe in diesem Schritt ist es,
- für jeden eigenständig zu planenden Organisationsbereich festzulegen,
- wann wie viel Personal erforderlich ist.

Vorgehen Die Bruttobetriebszeit bezieht sich auf die Arbeitsstunden pro Woche, während die Nettobetriebszeit auf die tatsächlichen Leistungsstunden Bezug nimmt. Diese beiden Betriebszeiten können sich erheblich unterscheiden (z.B. durch Übergabezeiten, unbezahlte Pausen).

In vielen Fällen, insbesondere bei dienstleistungsartigen Arbeiten, stehen Umfang und Verteilung der Bruttobetriebszeiten und der Besetzungsstärken fest bzw. wurden zusammen mit den Schichtarten im vorherigen Schritt schon festgelegt.

In vielen anderen Fällen ist eine Festlegung der Bruttobetriebszeit möglich. Dann sollte keine voreilige Ausrichtung nach bestimmten Schichtmodellen erfolgen (z.B. nach den klassischen Werten für Bruttobetriebszeiten von 80 h, 120 h), sondern möglichst eine Ausrichtung nach dem tatsächlichen Kapazitätsbedarf.

Der Kapazitätsbedarf ergibt sich indirekt aus der Nettobetriebszeit, also den erforderlichen Kapazitäten für Leistungsstunden. Der erste Schritt besteht meist in der Festlegung von Leistungsstunden pro Woche und den jeweiligen erforderlichen Besetzungsstärken. Für die Kapazitätsbeschreibung gibt es keine optimale Darstellungsform. Bewährt hat sich eine Darstellung, die Bezug auf die Schichtarten nimmt *(z.B. 8 Personen in der Frühschicht von Mo–Fr)*.

Die beiden wichtigsten Ziele bei der Festlegung sind:
- ausrechnen zu können, wie viele Arbeitsstunden erforderlich sind (Berechnung Personalbedarf);
- zu klären, ob Reserven schon enthalten sind oder noch nicht (wenn ja, zu welchem Prozentsatz).

Die Festlegung der Bruttobetriebszeit erfolgt in engem Wechselspiel mit der Festlegung der Schichtarten. Falls die Bruttobetriebszeit nicht zu den definierten Schichtarten passt, können

- einzelne oder alle Schichtlängen verändert werden (z.B. kurze Freitagschichten),
- mehrere Wochen mit unterschiedlich vielen Schichteinsätzen definiert werden (z.B. eine Woche mit Freitag-Spätschicht, danach eine Woche ohne Freitag-Spätschicht).

Manchmal können die Bruttobetriebszeit oder die Besetzungsstärken am Anfang eines Planungsprozesses erst vorläufig festgelegt werden. Geringe Ungenauigkeiten (z.B. weil die Besetzungsstärken noch nicht genau feststehen) können später geklärt werden (siehe Beispiel 2, unten).

Beispiel 1 Montag bis Freitag sollen eine Früh- und eine Spätschicht mit einer Besetzungsstärke von genau 10 Personen geplant werden.

Beispiel 2 Der Betrieb soll rund um die Uhr mit Früh-, Spät- und Nachtschichten laufen. Im Normalfall werden genau 10 Personen benötigt. Von Samstag früh bis Sonntagabend reicht die Anwesenheit von 5–6 Personen.

Besetzungsstärke noch offen In manchen Betrieben existieren sehr große Schichtgruppen, sodass z.B. die erforderliche Besetzungsstärke nicht oder nur sehr grob feststeht. Der tatsächliche Personalbedarf kann dann erst nach Festlegen der Planstruktur berechnet werden. Der Zusammenhang zwischen möglichen Planstrukturen und Besetzungsstärken wird im Unterkapitel B.3.5 "Wie wähle ich die Planstruktur aus?" erläutert.

Reserven Bei den in diesem Abschnitt behandelten Plänen werden folgende Reservekonzepte berücksichtigt:
- Die Gruppe enthält bereits Reserven, um mit Abwesenheiten umgehen zu können (durch zusätzliches Personal, über den für die Besetzungsstärke erforderlichen Umfang hinaus).
- Es gibt eine eigene Reservegruppe, für die kein Plan vorliegt und die kurzfristig nach Bedarf eingeteilt werden kann.
- Es werden keine Reserven geplant, weil dies nicht erforderlich ist, bzw. weil die Reserve aus anderen Bereichen herangezogen werden kann.

Andere mögliche Reservekonzepte werden im Kapitel C.1 "Wie plane ich Reserven?" dargestellt.

Grundlagen – 33

Berechnung Brutto-BZ Die Berechnung der Bruttobetriebszeit pro Woche erfolgt nach folgendem Schema:

Schichtart	Häufigkeit	*	(Dauer	−	unbezahlte Pausen)	*	Besetzungsstärke	=	Arbeitsstunden je Schichtart
Frühschicht	6	*	(8,00 h	−	0,50 h)	*	8 Personen	=	360,00 h
Spätschicht	5	*	(8,00 h	−	0,50 h)	*	8 Personen	=	300,00 h
Nachtschicht	5	*	(8,00 h	−	0,50 h)	*	8 Personen	=	300,00 h
Arbeitsstunden pro Woche gesamt (Summe)								=	960,00 h
Brutto-BZ =	$\dfrac{\text{Arbeitsstunden pro Woche gesamt}}{\text{Besetzungsstärke}}$							=	120,00 h

Bei dieser Berechnung wird jede Schichtart in einer eigenen Zeile berücksichtigt.

Falls mit unbezahlten Pausen gearbeitet wird und die Mitarbeiter ihre Pausen versetzt halten, während die Produktion weiterläuft, ist folgender wichtige Unterschied zu berücksichtigen: Die Berechnung der Bruttobetriebszeit auf Basis der Arbeitsstunden gemäß Schichtplan erfolgt nach obigem Schema. Die Nettobetriebszeit für die Berechnung der Produktionsleistung wird aber ohne diese Pausen berechnet.

Verweise

QUERVERBINDUNGEN	VERTIEFUNGSTHEMEN
• Eine hohe Bruttobetriebszeit führt zu Wochenend- bzw. Nachtarbeit. • Es gibt eine enge Querverbindung der Bruttobetriebszeit zur Planstruktur. • Es gibt eine Querverbindung der Besetzungsstärken zur Planstruktur.	Reserven Flexibilität Organisationsbereiche Komplexe Planstrukturen (Qualifikationsanforderungen)

B.2.3 Wie berechne ich den Personalbedarf?

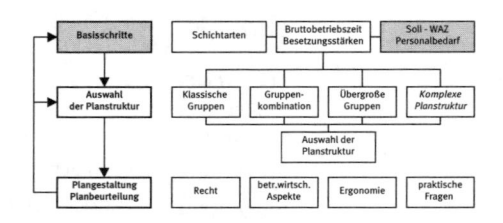

Zielsetzung Kernfrage in diesem Schritt ist die Berechnung, wie viele Personen für einen bestimmten Schichtplan erforderlich sind. (Falls die Besetzungsstärken zu diesem Zeitpunkt noch nicht feststehen, kann diese Berechnung erst nach Festlegung der Planstruktur durchgeführt werden.)

Vorgehen Im folgenden Schema wird jede Schicht mit einer anderen Länge oder einer anderen Besetzungsstärke in einer neuen Zeile berücksichtigt:

Schichtart	Häufigkeit		(Dauer	−	unbezahlte Pausen)	*	Besetzungsstärke	=	Arbeitsstunden	Einsätze
Frühschicht	6	*	(8,00 h	−	0,50 h)	*	8 Personen	=	360,00 h	48 Einsätze
Spätschicht	5	*	(8,00 h	−	0,50 h)	*	6 Personen	=	225,00 h	30 Einsätze
Nachtschicht	5	*	(8,00 h	−	0,50 h)	*	5 Personen	=	187,50 h	25 Einsätze
Gesamt	16							=	772,50 h	103 Einsätze

$$\text{Brutto-BZ} = \frac{\text{Arbeitsstunden pro Woche gesamt}}{\text{durchschnittl. Besetzungsstärke}} = \frac{772,50\,h}{6,44\,\text{Pers.}} = 120,00\,h$$

$$\text{Soll-WAZ} = 38,50\,h$$

$$\text{Personalbedarf} = \frac{\text{Arbeitsstunden pro Woche gesamt}}{\text{Soll-WAZ}} = \frac{772,50\,h}{40,00\,h} = 20,06\,\text{Pers.}$$

$$\varnothing\,\text{Schichtlänge} = \frac{\text{Arbeitsstunden pro Woche gesamt}}{\text{Gesamtzahl der Einsätze}} = \frac{772,50\,h}{103,00\,\text{Eins.}} = 7,50\,h$$

$$\varnothing\,\text{Einsätze} = \frac{\text{Soll-WAZ}}{\text{durchschnittl. Schichtlänge}} = \frac{38,50\,h}{7,50\,h} = 5,13\,/\text{Wo}$$

Bei der Berechnung des Personalbedarfs ergeben sich am Anfang nur selten ganze Zahlen (z.B. 18 Personen). Viel häufiger ist der Personalbedarf eine Zahl mit Nachkommastellen (z.B. 20,06 Personen). Die Arbeitszeit wird entweder auf- oder abgerundet. Auch die Bruttobetriebszeit, die Schichtlängen und/oder die Besetzungsstärken können angepasst werden, um auf ganze Personenzahlen zu kommen.

Falls die Schichtarten noch nicht feststehen, sind 8 h-Schichten in der Regel ein guter Startwert. In diesem Beispiel sind die Schichten etwas kürzer und entsprechend ist die Zahl der Einsätze pro Woche etwas höher als 5 Einsätze pro Woche, d.h. es wird sehr kurze Freizeitblöcke geben.

Verweise	QUERVERBINDUNGEN	VERTIEFUNGSTHEMEN
	• Reserve- und/oder Wartungsschichten können verwendet werden, um auf ganze Personenzahlen zu kommen. • Die Bestimmung des Personalbedarfs erfolgt hier vorläufig. Die Auswahl der Planstruktur kann die Personenzahl noch einmal verändern.	Reserven Flexibilität Komplexe Planstrukturen (Teilzeitgruppen, Qualifikationsanforderungen)

B.3 Welche Planstrukturen gibt es? Wie wähle ich aus?

Zielsetzung Die Auswahl der Planstruktur ist eine Schlüsselfrage für die spätere Schichtplangestaltung. Für eine bestimmte Planungsaufgabe können zum Teil verschiedene Planstrukturen angewandt werden. Die drei Planstrukturen für Einfache Pläne sind:

- Klassische Gruppen
- Gruppenkombination
- Übergroße Gruppen

Im Unterkapitel B.3.1 "Übersicht Planstrukturen für Einfache Pläne" werden die Grundideen der drei Planstrukturen erläutert. In den folgenden Unterkapiteln werden sie im Detail vorgestellt. Dabei werden typische Ansätze für die Gruppenbildung, Techniken für die jeweilige Plangestaltung und Beispiele diskutiert.

Im Unterkapitel B.3.5 "Wie wähle ich die Planstruktur aus?" wird die Auswahl der geeigneten Planstrukturen behandelt.

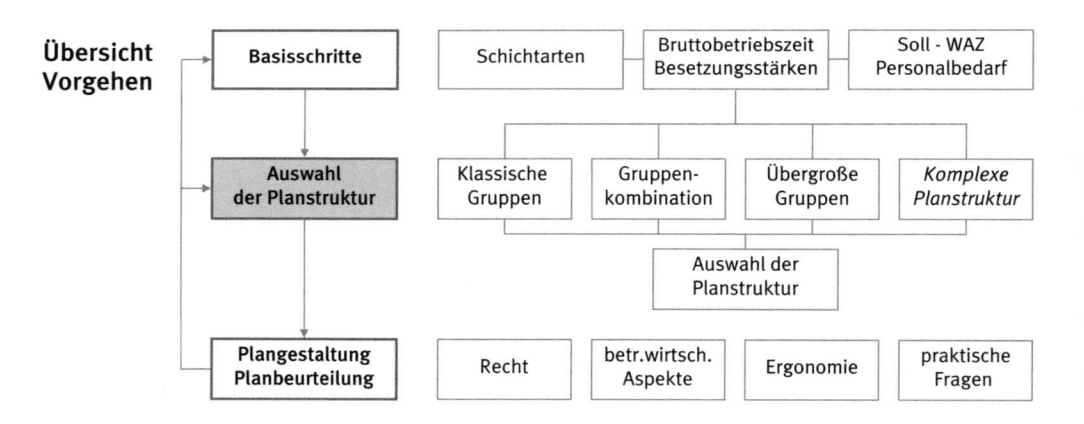

Übersicht Vorgehen

Basisschritte	Schichtarten	Bruttobetriebszeit Besetzungsstärken	Soll - WAZ Personalbedarf

Auswahl der Planstruktur	Klassische Gruppen	Gruppen-kombination	Übergroße Gruppen	Komplexe Planstruktur

Auswahl der Planstruktur

Plangestaltung Planbeurteilung	Recht	betr.wirtsch. Aspekte	Ergonomie	praktische Fragen

In vielen Unternehmen werden nur eine oder zwei dieser drei Planstrukturen verwendet. Meist handelt es sich dabei um die Klassische Gruppenbildung oder um Gruppenkombinationen. Damit werden oft interessante Möglichkeiten nicht genutzt. Eine Analyse, welche der drei Planstrukturen anwendbar sind, sollte in jedem Fall erfolgen.

B.3.1 Übersicht Planstrukturen für Einfache Pläne

Zielsetzung Die folgenden Graphiken sollen die Grundprinzipien der drei Planstrukturen für Einfache Pläne verdeutlichen. Diese Planstrukturen unterscheiden sich in der Art der Gruppenbildung und der damit zusammenhängenden Plangestaltung. Hier werden die Grundideen vermittelt.

Die Beispielpläne sollen mit folgenden Schichtarten aufgebaut werden:

- Frühschicht   9 Stunden
- Spätschicht   9 Stunden
- Frei

Die Sollwochenarbeitszeit beträgt 36 h.
Die Besetzungsstärken betragen einheitlich 4 Personen.

Klassische Gruppen Bei der Planstruktur der Klassischen Gruppen werden wenige große Gruppen gebildet, die nicht kombiniert werden und (nach Plan) immer vollständig anwesend sind, d.h. 1 ganze Gruppe deckt 1 Schicht ab.

Das folgende Beispiel symbolisiert einen entsprechenden Plan für 2 Gruppen A und B, die von Montag bis Donnerstag arbeiten. Das Beispiel in der graphischen Darstellung:

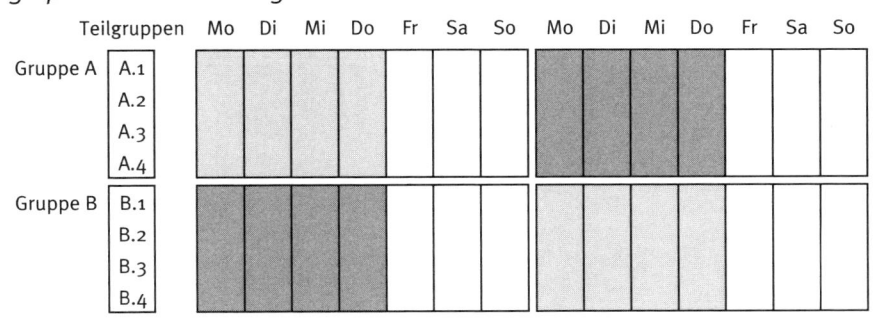

Die Gruppen A und B zu jeweils 4 Personen wechseln sich wochenweise in den Schichtarten ab. Die Anzahl der Einsätze pro Person beträgt 4,0.

Die Besetzungsstärke und die Sollwochenarbeitszeit werden eingehalten. Insgesamt arbeiten nach diesem Plan:

*2 Gruppen * 4 Personen = 8 Personen*

Schichtart	Häufig-keit	(Dauer − unbezahlte Pausen)	*	Besetzungs-stärke	=	Arbeits-stunden	Einsätze
Frühschicht	4	* (9,00 h − 0,00 h)	*	4 Personen	=	144,00 h	16 Einsätze
Spätschicht	4	* (9,00 h − 0,00 h)	*	4 Personen	=	144,00 h	16 Einsätze
Gesamt	8				=	288,00 h	32 Einsätze

$$\text{Brutto-BZ} = \frac{\text{Arbeitsstunden pro Woche gesamt}}{\text{durchschnittl. Besetzungsstärke}} = \frac{288,00\,h}{4,00\,\text{Pers.}} = 72,00\,h$$

$$\text{Soll-WAZ} = 36,00\,h$$

$$\text{Personalbedarf} = \frac{\text{Arbeitsstunden pro Woche gesamt}}{\text{Soll-WAZ}} = \frac{288,00\,h}{40,00\,h} = 8,00\,\text{Pers.}$$

$$\varnothing\,\text{Schichtlänge} = \frac{\text{Arbeitsstunden pro Woche gesamt}}{\text{Gesamtzahl der Einsätze}} = \frac{288,00\,h}{32,00\,\text{Eins.}} = 9,00\,h$$

$$\varnothing\,\text{Einsätze} = \frac{\text{Soll-WAZ}}{\text{durchschnittl. Schichtlänge}} = \frac{36,00\,h}{9,00\,h} = 4,00\,/\,Wo$$

Der nächst größere (bezogen auf die Bruttobetriebszeit) Klassische Planstruktur würde mit 3 Gruppen arbeiten. Die folgende Graphik zeigt die ersten 2 Wochen eines Beispielplans nach (Bailloid; 1993).

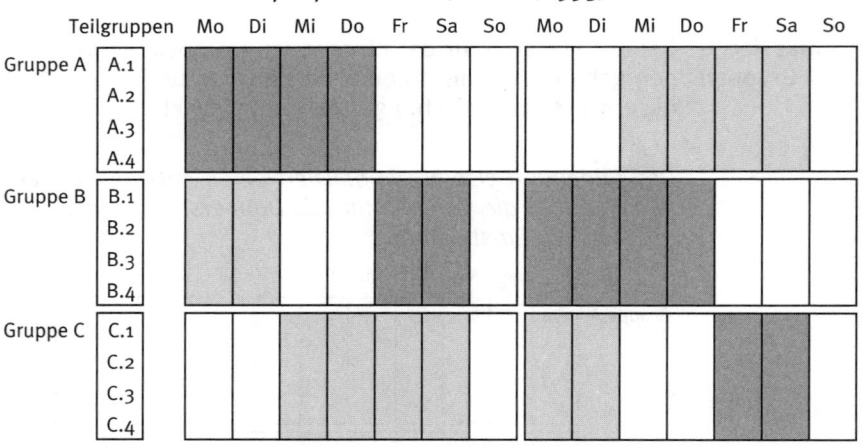

Es wird von Montag bis Samstag gearbeitet.

Die Besetzungsstärke und die Sollwochenarbeitszeit werden eingehalten. Insgesamt arbeiten nach diesem Plan:

3 Gruppen * 4 Personen = 12 Personen

Grundlagen – 39

Schichtart	Häufig-keit	(Dauer − unbezahlte Pausen)	* Besetzungs-stärke	= Arbeits-stunden	Einsätze
Frühschicht	6	* (9,00 h − 0,00 h)	* 4 Personen	= 216,00 h	24 Einsätze
Spätschicht	6	* (9,00 h − 0,00 h)	* 4 Personen	= 216,00 h	24 Einsätze
Gesamt	12			= 432,00 h	48 Einsätze

$$\text{Brutto-BZ} = \frac{\text{Arbeitsstunden pro Woche gesamt}}{\text{durchschnittl. Besetzungsstärke}} = \frac{432,00\ h}{4,00\ \text{Pers.}} = 108,00\ h$$

$$\text{Soll-WAZ} = 36,00\ h$$

$$\text{Personalbedarf} = \frac{\text{Arbeitsstunden pro Woche gesamt}}{\text{Soll-WAZ}} = \frac{432,00\ h}{40,00\ h} = 12,00\ \text{Pers.}$$

$$\varnothing\ \text{Schichtlänge} = \frac{\text{Arbeitsstunden pro Woche gesamt}}{\text{Gesamtzahl der Einsätze}} = \frac{432,00\ h}{48,00\ \text{Eins.}} = 9,00\ h$$

$$\varnothing\ \text{Einsätze} = \frac{\text{Soll-WAZ}}{\text{durchschnittl. Schichtlänge}} = \frac{36,00\ h}{9,00\ h} = 4,00\ /\text{Wo}$$

Bei Klassischen Plänen können für diese Schichtarten und Arbeitszeiten nur Pläne mit 36 h, 72 h, 108 h usw. Bruttobetriebszeit entwickelt werden, d.h. mit einem Vielfachen der Sollwochenarbeitszeit.

Gruppen-kombination Hier werden viele kleine Gruppen gebildet und so kombiniert, dass die Schichten jeweils mit der erforderlichen Besetzungsstärke abgedeckt sind. Die Pläne werden länger als Klassische Pläne. Dafür sind andere Bruttobetriebszeiten möglich.

Das folgende Beispiel symbolisiert einen Plan für 5 Gruppen A bis E. Es wird von Montag bis Freitag gearbeitet. Das Beispiel in der graphischen Darstellung:

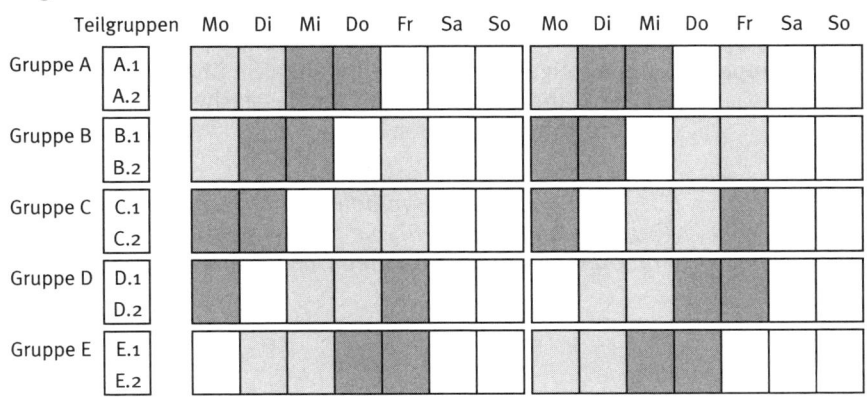

Die Gruppen A, B, C, D und E, die jeweils 2 Personen umfassen, werden so kombiniert, dass immer 2 Gruppen in jeder Schicht arbeiten. Dadurch sind insgesamt immer 4 Personen je Schicht anwesend. Welche 2 Gruppen miteinander kombiniert werden, ändert sich von Tag zu Tag.

Die Besetzungsstärke und die Sollwochenarbeitszeit werden in diesem Beispiel eingehalten. Insgesamt arbeiten nach diesem Plan:

5 Gruppen * 2 Personen = 10 Personen

Schichtart	Häufig-keit	(Dauer − unbezahlte Pausen)	* Besetzungs-stärke	=	Arbeits-stunden	Einsätze
Frühschicht	5	* (9,00 h − 0,00 h)	* 4 Personen	=	180,00 h	20 Einsätze
Spätschicht	5	* (9,00 h − 0,00 h)	* 4 Personen	=	180,00 h	20 Einsätze
Gesamt	10			=	360,00 h	40 Einsätze

$$\text{Brutto-BZ} = \frac{\text{Arbeitsstunden pro Woche gesamt}}{\text{durchschnittl. Besetzungsstärke}} = \frac{360,00 \text{ h}}{4,00 \text{ Pers.}} = 90,00 \text{ h}$$

$$\text{Soll-WAZ} = 36,00 \text{ h}$$

$$\text{Personalbedarf} = \frac{\text{Arbeitsstunden pro Woche gesamt}}{\text{Soll-WAZ}} = \frac{360,00 \text{ h}}{40,00 \text{ h}} = 10,00 \text{ Pers.}$$

$$\varnothing \text{ Schichtlänge} = \frac{\text{Arbeitsstunden pro Woche gesamt}}{\text{Gesamtzahl der Einsätze}} = \frac{360,00 \text{ h}}{40,00 \text{ Eins.}} = 9,00 \text{ h}$$

$$\varnothing \text{ Einsätze} = \frac{\text{Soll-WAZ}}{\text{durchschnittl. Schichtlänge}} = \frac{36,00 \text{ h}}{9,00 \text{ h}} = 4,00 \text{ /Wo}$$

Dieser Beispielplan liegt genau zwischen einem Klassischen Plan mit 2 Gruppen und einem Klassischen Plan mit 3 Gruppen. Die Bruttobetriebszeit ist um 18 h länger, und es wird mit 2 Personen mehr gearbeitet als beim Klassischen Plan mit 2 Gruppen. Hingegen ist die Bruttobetriebszeit beim Klassischen Plan mit 3 Gruppen um 18 h länger. Dafür werden 2 Personen mehr benötigt. Die Anzahl der Einsätze pro Person ändert sich nicht.

Übergroße Gruppen Hier werden "zu große" Gruppen gebildet, und es wird immer einem Teil der Gruppe freigegeben. Die Gruppengröße übertrifft somit die Besetzungsstärke. Die Pläne werden länger als Klassische Pläne. Dafür sind wiederum andere Bruttobetriebszeiten möglich.

Das folgende Beispiel symbolisiert den entsprechenden Plan für 2 Gruppen (Gruppe A und Gruppe B), mit jeweils 5 Untergruppen/Personen. Es wird von Montag bis Freitag gearbeitet. Das Beispiel in der graphischen Darstellung:

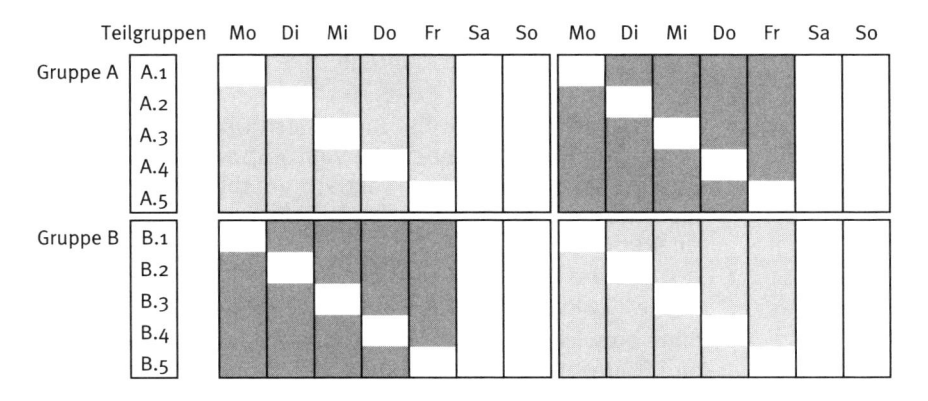

	Teilgruppen	Mo	Di	Mi	Do	Fr	Sa	So	Mo	Di	Mi	Do	Fr	Sa	So
Gruppe A	A.1														
	A.2														
	A.3														
	A.4														
	A.5														
Gruppe B	B.1														
	B.2														
	B.3														
	B.4														
	B.5														

Die Gruppen A und B wechseln sich wochenweise in den Schichtarten ab. Sie bestehen jedoch aus 5 Personen, weshalb täglich einer anderen Person freigegeben werden kann.

Die Besetzungsstärke und die Sollwochenarbeitszeit werden eingehalten. Insgesamt arbeiten nach diesem Plan:

*2 Gruppen * 5 Personen = 10 Personen*

Schichtart	Häufig-keit		(Dauer	−	unbezahlte Pausen)	*	Besetzungs-stärke	=	Arbeits-stunden		Einsätze
Frühschicht	5	*	(9,00 h	−	0,00 h)	*	4 Personen	=	180,00 h		20 Einsätze
Spätschicht	5	*	(9,00 h	−	0,00 h)	*	4 Personen	=	180,00 h		20 Einsätze
Gesamt	10							=	360,00 h		40 Einsätze
Brutto-BZ =	$\dfrac{\text{Arbeitsstunden pro Woche gesamt}}{\text{durchschnittl. Besetzungsstärke}}$							=	$\dfrac{360,00\text{ h}}{4,00\text{ Pers.}}$	=	90,00 h
Soll-WAZ								=			36,00 h
Personalbedarf =	$\dfrac{\text{Arbeitsstunden pro Woche gesamt}}{\text{Soll-WAZ}}$							=	$\dfrac{360,00\text{ h}}{40,00\text{ h}}$	=	10,00 Pers.
Ø Schichtlänge =	$\dfrac{\text{Arbeitsstunden pro Woche gesamt}}{\text{Gesamtzahl der Einsätze}}$							=	$\dfrac{360,00\text{ h}}{40,00\text{ Eins.}}$	=	9,00 h
Ø Einsätze =	$\dfrac{\text{Soll-WAZ}}{\text{durchschnittl. Schichtlänge}}$							=	$\dfrac{36,00\text{ h}}{9,00\text{ h}}$	=	4,00 / Wo

Dieser Beispielplan liegt ebenfalls genau zwischen einem Klassischen Plan mit 2 Gruppen und einem Klassischen Plan mit 3 Gruppen. Die Bruttobetriebszeit ist um 18 h länger, und es wird mit 2 Personen mehr gearbeitet als beim Klassischen Plan mit 2 Gruppen. Die Bruttobetriebszeit ist um 18 h kürzer, und es wird mit 2 Personen weniger gearbeitet als beim Klassischen Plan mit 3 Gruppen. Die Anzahl der Einsätze pro Person ändert sich nicht.

Über längere Zeiträume kann die Freizeit fair verteilt werden, z.B. so, dass jede Person gleich viele Montage im Schichtzyklus frei hat.

Von theoretischer Seite her lassen sich Übergroße Gruppen wie auch Klassische Gruppen als Sonderfälle von Gruppenkombinationen mit sehr vielen Untergruppen betrachten. Praktisch ergeben sich aber so große Besonderheiten für die Plangestaltung mit Übergroßen Gruppen, dass die Unterscheidung gerechtfertigt ist.

Mit Gruppenkombinationen und Übergroßen Gruppen können völlig andere Pläne entwickelt werden als mit Klassischen Gruppen. Gleichzeitig sind andere Bruttobetriebszeiten möglich.

B.3.2 Was sind Klassische Gruppen und wie plane ich damit?

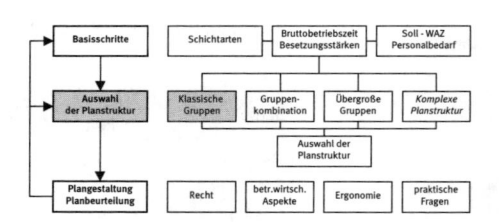

Klassische Gruppen Jede Schicht wird mit genau einer Gruppe abgedeckt. Die Gruppengröße ist einheitlich und entspricht der Besetzungsstärke. Im Unterkapitel B.1.2 "Einführungsbeispiel: Diskontinuierlicher Plan ("2-Schicht")" wird folgendes Beispiel für eine Klassische Planstruktur gegeben:

	1 Mo	1 Di	1 Mi	1 Do	1 Fr	1 Sa	1 So	2 Mo	2 Di	2 Mi	2 Do	2 Fr	2 Sa	2 So
A	F	F	F	F	F			S	S	S	S	S		
B	S	S	S	S	S			F	F	F	F	F		

Darstellung Der Schichtplan wurde oben in der Langdarstellung präsentiert. In der Kurzdarstellung sieht der Plan folgendermaßen aus:

	1 Mo	1 Di	1 Mi	1 Do	1 Fr	1 Sa	1 So
A	F	F	F	F	F		
B	S	S	S	S	S		

"Gelesen" wird der Plan so, dass die Gruppe A in der 1. Woche Frühschicht und in der 2. Woche Spätschicht hat.

Grundlagen – 43

Anwendbarkeit Klassische Gruppen können verwendet werden, wenn die Bruttobetriebszeit genau mit 2, 3, 4, ... Gruppen abgedeckt werden kann und die Besetzungsstärken einheitlich sind. Als Bruttobetriebszeiten sind nur Vielfache der Sollwochenarbeitszeit möglich:

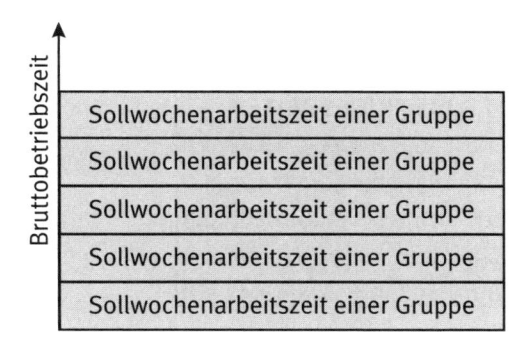

```
Bruttobetriebszeit ↑
  ┌────────────────────────────────┐
  │ Sollwochenarbeitszeit einer Gruppe │
  │ Sollwochenarbeitszeit einer Gruppe │
  │ Sollwochenarbeitszeit einer Gruppe │
  │ Sollwochenarbeitszeit einer Gruppe │
  │ Sollwochenarbeitszeit einer Gruppe │
  └────────────────────────────────┘
```

Die Plangestaltung mit der Planstruktur Klassische Gruppen wird für die einzelnen Planarten (diskontinuierlich, teilkontinuierlich, fast kontinuierlich und vollkontinuierlich) weiter unten vorgestellt.

Eigenschaften
- \+ einheitliche, einfache und kurze Pläne.
- • Die Feinabstimmung der Wochenarbeitszeit ist durch Anpassung der Schichtarten oder der Schichten möglich, z.B.
    - * Anpassen der Schichtlängen,
    - * Sonderschichten (z.B. jede 4. Woche eine Freitag-Spätschicht),
    - * Wegfall einzelner Schichten (z.B. jeden 2. Freitag keine Nachtschicht).
- − Bruttobetriebszeiten können mit Vollzeitkräften nur ein Vielfaches der Sollwochenarbeitszeit betragen (bei 38 h Soll-WAZ z.B. 76 h, 114 h, 152 h).
- − Die Feinanpassung an die Bruttobetriebszeit erfolgt primär über andere wöchentliche Arbeitszeiten oder Überstunden. Im vollkontinuierlichen Betrieb (mit 168 h Bruttobetriebszeit) ergeben sich z.B.
    - * bei 5 Gruppen und 8 h-Schichten 33,6 h Wochenarbeitszeit, hingegen
    - * bei 4 Gruppen und 8 h-Schichten 42 h Wochenarbeitszeit.

Tipp Folgende Tabelle soll das Arbeiten mit Klassischen Gruppen erleichtern. Verschiedene Sollwochenarbeitszeiten und die damit jeweils erreichbaren Bruttobetriebszeiten sind darin dargestellt.

Plan-struktur	Klass.	Klass.	Klass.	Klass.
Anzahl der Gruppen	2	3	4	5
davon anwesend	1	1	1	1
Soll-WAZ	BRUTTOBETRIEBSZEITEN			
33,6 h	67,2 h	100,8 h	134,4 h	168,0 h
35,0 h	70,0 h	105,0 h	140,0 h	175,0 h
36,0 h	72,0 h	108,0 h	144,0 h	180,0 h
38,0 h	76,0 h	114,0 h	152,0 h	190,0 h
38,5 h	77,0 h	115,5 h	154,0 h	192,5 h

Brutto-BZ Klassische Gruppen

*Brutto-BZ = Soll-WAZ * Anzahl der Gruppen*

Da die Bruttobetriebszeit über der Nettobetriebszeit liegen kann (z.B. durch Übergabezeiten, Schulungsschichten usw.), sind auch Werte von über 168 h pro Woche für die Bruttobetriebszeit möglich.

Bei 8,25 h-Schichten, die 15 min Übergabezeit beinhalten, und 21 Schichten pro Woche ergibt sich eine Bruttobetriebszeit von 173,25 h.

Verweise

QUERVERBINDUNGEN	VERTIEFUNGSTHEMEN
Diese Planstruktur schränkt die Brutto-BZ auf wenige mögliche Werte ein.	Reserven Flexibilität Komplexe Planstrukturen (Teilzeitgruppen)

B.3.2.a) Plangestaltung mit Klassischen Gruppen – Grundlagen

Übersicht Es gibt zwei Hauptansätze für die Plangestaltung mit Klassischen Gruppen, die im Folgenden vorgestellt werden:
- Basisfolgen
- Direkte Gestaltung

Die Beispiele in den folgenden Kapiteln berücksichtigen das Prinzip der Vorwärtsrotation (siehe auch Unterkapitel B.4.4 "Beurteilung: Ergonomie").

B.3.2.b) Plangestaltung mit Basisfolgen

Basisfolgen Basisfolgen sind Schichtfolgen, z.B. `FFSSNN--`, die als sich wiederholendes Bauelement für den Schichtplan verwendet werden.

Entwicklung
- Die Länge der Basisfolge, d.h. die Anzahl der Tage mit und ohne Schichten[3], muss gleich der Gruppenanzahl oder ein Vielfaches davon sein. Bei 4 Gruppen kann die Länge 4, 8, 12, ... Tage betragen.[4]
- Die Zykluslänge in Wochen eines mit Basisfolgen gestalteten Plans ist gleich der Länge der Basisfolge in Tagen.
- Das Muster der Basisfolge muss so gewählt werden, dass alle Schichten an allen Tagen mit den erforderlichen Besetzungsstärken abgedeckt sind. Die Überprüfung dieses Kriteriums wird durch die Entwicklung der Basisfolge in der Spaltendarstellung (siehe unten) erleichtert.
- Auf eine den rechtlichen und ergonomischen Kriterien entsprechende Verteilung der Arbeits- und Freizeitblöcke ist zu achten. Die Überprüfung dieser Kriterien wird durch die Entwicklung der Basisfolge in der Zeilendarstellung (siehe unten) erleichtert.

---

[3] Systeme, bei denen mehrere Schichteinsätze pro Tag geplant werden (z.B. Gastronomie, Schifffahrt), können ebenfalls mit Basisfolgen gestaltet werden. Es kommen leicht abgewandelte Regeln zur Anwendung.

[4] Die Länge der Basisfolge darf nicht durch 7 teilbar sein, da sich sonst die Schichten nicht gleichmäßig auf die Gruppen verteilen. Falls für 7, 14 oder andere durch 7 teilbare Gruppenzahlen geplant werden muss, ist eine andere Technik für die Plangestaltung heranzuziehen.

Darstellung von Schicht-/Basisfolgen

Die Darstellung von Schichtfolgen, insbesondere von Basisfolgen, ist eng mit der Plandarstellung verwandt. Die beiden Darstellungsvarianten sind:

- Zeilendarstellung
- Spaltendarstellung

kontinuierlich
Klassische Gruppen
WAZ   42,00 h
F, S, N   8,00 h
Brutto-BZ 168,00 h
Zyklus   8 Wo
Einsätze   5,25 /Wo

Die Basisfolge FFSSNN-- kann wie folgt dargestellt werden:

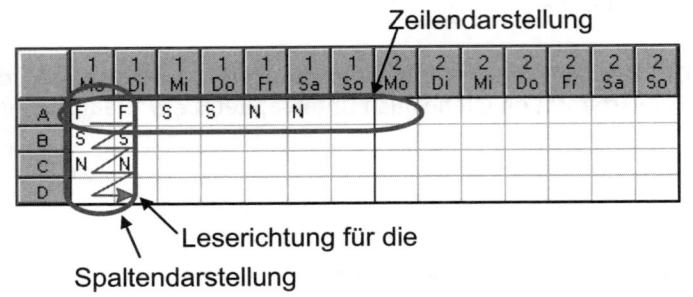

	1 Mo	1 Di	1 Mi	1 Do	1 Fr	1 Sa	1 So	2 Mo	2 Di	2 Mi	2 Do	2 Fr	2 Sa	2 So
A	F	F	S	S	N	N								
B	S	S												
C	N	N												
D														

Zeilendarstellung (eingekreist: erste Zeile)
Leserichtung für die Spaltendarstellung

Zeilendarstellung

+ Den Schichtgruppen bietet die Zeilendarstellung eine übersichtlichere Darstellung der Basisfolge.
− Zur Kontrolle, ob bei Verwendung dieser Basisfolge in der Plangestaltung sichergestellt ist, dass alle Schichten an allen Tagen mit den erforderlichen Besetzungsstärken abgedeckt sind, muss der Plan erst vervollständigt werden.

Spaltendarstellung

Die Darstellung kann in einer oder in mehreren Spalten (je nachdem, ob die Länge der Basisfolge gleich oder ein Vielfaches der Gruppenanzahl ist) erfolgen. Die Anzahl der Zeilen entspricht der Gruppenanzahl.

+ Die Spaltendarstellung eignet sich sehr gut für die Überprüfung, ob mit der gegebenen Basisfolge alle Schichten an allen Tagen mit den erforderlichen Besetzungsstärken abgedeckt sind. Dazu muss nur innerhalb jeder Spalte, die zur Darstellung der Basisfolge benötigt wird, überprüft werden, ob genügend Gruppen für die jeweilige Schichtart eingetragen sind.
− Die Übersichtlichkeit der Darstellung leidet durch die "Zick-Zack-Leserichtung".

Wie viele Spalten zur Darstellung einer Basisfolge verwendet werden, hängt davon ab,

- wie vielfältig die Muster sind und
- wie lang der Schichtzyklus sein soll.

Grundlagen – 47

Die Kurzdarstellung von Schichtplänen kann als Verallgemeinerung der Spaltendarstellung von Schichtfolgen gesehen werden.

kontinuierlich
Klassische Gruppen
WAZ   42,00 h
F, S, N   8,00 h
Brutto-BZ 168,00 h
Zyklus   4 Wo
Einsätze 5,25 /Wo

Zur Gestaltung eines vollkontinuierlichen Plans mit 4 Klassischen Gruppen soll eine Basisfolge verwendet werden.
Ihre Länge soll gleich der Gruppenanzahl sein. Daher muss in der Basisfolge jede Schichtart 1-mal vorkommen. Die restlichen Tage sind als freie Tage einzuplanen.

Zeilendarstellung der Basisfolge

	1 Mo	1 Di	1 Mi	1 Do	1 Fr	1 Sa	1 So	2 Mo	2 Di	2 Mi	2 Do	2 Fr	2 Sa	2 So
A	F	S	N		F	S	N		F	S	N			
B	S													
C	N													
D														

Spaltendarstellung der Basisfolge

Mit der Basisfolge kann anschließend der gesamte Plan ausgefüllt werden, d.h. die Folge wird eingesetzt und immer wieder verwendet. Für die ersten 2 Wochen des obigen 4-Gruppen-Plans ergibt dies den folgenden Schichtplanausschnitt. Der gesamte Plan dauert 4 Wochen, da die Basisfolge 4 Tage lang ist.

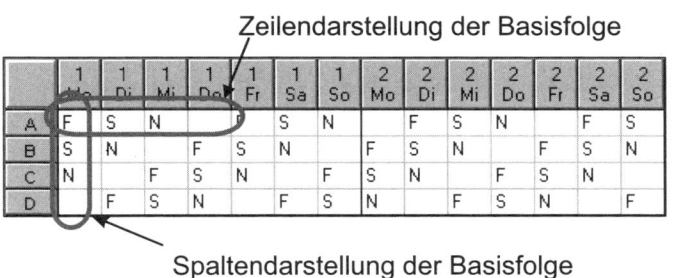

Zeilendarstellung der Basisfolge

	1 Mo	1 Di	1 Mi	1 Do	1 Fr	1 Sa	1 So	2 Mo	2 Di	2 Mi	2 Do	2 Fr	2 Sa	2 So
A	F	S	N			S	N		F	S	N		F	S
B	S	N		F	S	N		F	S	N		F	S	N
C	N		F	S	N		F	S	N		F	S	N	
D		F	S	N		F	S	N		F	S	N		F

Spaltendarstellung der Basisfolge

Die verwendete Basisfolge `FSN-` genügt zwar meist den rechtlichen Bestimmungen (Ruhezeit usw.), ermöglicht aber keine günstige Freizeitgestaltung, da nur 24-stündige Freizeiten vorgesehen sind.

kontinuierlich
Klassische Gruppen
WAZ 42,00 h
F, S, N 8,00 h
Brutto-BZ 168,00 h
Zyklus 8 Wo
Einsätze 5,25 /Wo

In diesem Beispiel wird eine bessere Basisfolge zur Gestaltung eines vollkontinuierlichen Plans mit 4 Klassischen Gruppen verwendet. Ihre Länge beträgt das Doppelte der Gruppenanzahl. Die Bedingungen hinsichtlich der Verteilung der Schichtarten und freien Tage müssen in jeder dieser Spalten eingehalten werden, d.h. in jeder Spalte müssen 1 Frühschicht, 1 Spätschicht, 1 Nachtschicht, 1 freier Tag vorkommen:

Zeilendarstellung

	1 Mo	1 Di	1 Mi	1 Do	1 Fr	1 Sa	1 So	2 Mo	2 Di	2 Mi	2 Do	2 Fr	2 Sa	2 So
A	F	F	S	S	N	N								
B	S	S												
C	N	N												
D														

Leserichtung für die Spaltendarstellung
Spaltendarstellung

Der Plan wird durch den zeilenweise versetzten Einstieg der einzelnen Gruppen in diese Folge aufgebaut. Die Folge wird eingesetzt und immer wieder verwendet. Die folgende Skizze zeigt die ersten 3 Wochen des entsprechenden Plans. Der gesamte Plan dauert 8 Wochen, da die Basisfolge 8 Tage lang ist. In diesen 8 Wochen gibt es nur ein freies Wochenende pro Gruppe. Insgesamt gibt es wenig freie Tage, da 5,25 Einsätze pro Person und Woche im Schnitt anfallen.

Zeilendarstellung

	1 Mo	1 Di	1 Mi	1 Do	1 Fr	1 Sa	1 So	2 Mo	2 Di	2 Mi	2 Do	2 Fr	2 Sa	2 So	3 Mo	3 Di	3 Mi	3 Do	3 Fr	3 Sa	3 So
A	F	F	S	S	N	N			F	F	S	S	N	N			F	F	S	S	N
B	S	S	N	N			F	F	S	S	N	N			F	F	S	S	N	N	
C	N	N			F	F	S	S	N	N			F	F	S	S	N	N			F
D			F	F	S	S	N	N			F	F	S	S	N	N			F	F	S

Spaltendarstellung

Eigenschaften von Basisfolgen

- Basisfolgen erlauben sehr kurze Beschreibungen von Schichtplänen. Bei der Basisfolge `FFSSNN--` genügt es zu wissen, dass die Gruppen A, B, C und D jeweils um 2 Tage versetzt beginnen. Mit dieser Information ist ausreichend beschrieben, wie der Plan zu vervollständigen ist.
- Basisfolgen führen meist zu sehr übersichtlichen Plänen.
- Die Verteilung der Schichten und freien Tage auf die Gruppen ist völlig gleichmäßig.
- Basisfolgen behandeln alle Wochentage gleich und erlauben keine gesonderte Rücksichtnahme auf die Wochenendsituation. Die Wochenendeinsätze können aber in einem zweiten Schritt mittels direkter Gestaltung nachjustiert werden.

- Basisfolgen erleichtern die Planbeurteilung hinsichtlich rechtlicher und ergonomischer Kriterien (siehe unten).
- Nicht alle Pläne können mit Basisfolgen entwickelt werden. Diese Einschränkung wirkt sich aber erst bei Komplexen Plänen aus.
- Die Sollwochenarbeitszeiten müssen für alle Gruppen einheitlich sein.[5]
- Die Besetzungsstärken müssen in allen Schichten einheitlich sein.[6]

Planbeurteilung mit Basisfolgen

Basisfolgen erlauben die unmittelbare Überprüfung der meisten rechtlichen und ergonomischen Kriterien:

- Anzahl der Nachtschichten in Folge
- Länge der Arbeitsblöcke
- Länge der Freizeitblöcke
- tägliche Ruhezeiten

Andere Kriterien können schnell durch einfache Rechnungen überprüft werden:

- Zykluslänge
- freie Tage im Zyklus:

    *freie Tage im Zyklus = 7 * freie Tage in der Basisfolge*

- Anzahl der Arbeits- und Freizeitblöcke im Zyklus:

    *Freizeitblöcke im Zyklus = 7 * Freizeitblöcke in der Basisfolge*

- Anzahl der freien Wochenenden im Zyklus: Dazu wird bestimmt, wie viel jeder Freizeitblock in der Basisfolge zur Wochenendfreizeit beiträgt, und die Summe über diese Beiträge gebildet.

    $$\text{Anzahl freier Wochenenden} = \sum_{\substack{\text{über alle Freizeitblöcke} \\ \text{in der Basisfolge}}} (\text{Länge des Freizeitblocks} - 1)$$

Die Anzahl der freien Wochenenden ist bei Verwendung von Basisfolgen umso höher, je mehr lange Freizeitblöcke es gibt.

Die Verteilung der freien Wochenenden im Zyklus ist umso gleichmäßiger, je weiter die Basisfolgenlänge von einer durch 7 teilbaren Zahl entfernt ist.

---

[5] Bei unterschiedlichen Sollwochenarbeitszeiten kann der Plan manchmal unter Verwendung von mehreren Basisfolgen entwickelt werden (siehe Abschnitt C "Komplexe Pläne").

[6] Bei unterschiedlichen Besetzungsstärken kann der Plan manchmal unter Verwendung von mehreren Basisfolgen entwickelt werden (siehe Abschnitt C "Komplexe Pläne").

Die Basisfolge FFSSNN—*ist 8 Tage lang (in Schichten) und hat eine Zykluslänge von 8 Wochen. In dieser Zeit wird sie 7-mal wiederholt.*
Die Anzahl der freien Tage im Zyklus errechnet sich zu:

freie Tage im Zyklus = 7 * freie Tage in der Basisfolge = 7 * 2 = 14 Tage

In der Basisfolge FFSSNN---- *gibt es 1 Freizeitblock, der 4 Tage dauert:*

Anzahl freier Wochenenden = (4 − 1) = 3

Bei der Basisfolge FFSSNN---- *hat jede Schichtgruppe 3 freie Wochenenden in 10 Wochen.*

Anmerkung In den Beispielen sind die Pläne, die auf Basisfolgen aufbauen, meist durch Ausschnitte der Langdarstellung wiedergegeben. Dadurch wird die Konstruktionsweise solcher Pläne klarer.

Beispiel Zeilendarstellung: FFSSNN----

Kurzdarstellung:

	1 Mo	1 Di	1 Mi	1 Do	1 Fr	1 Sa	1 So	2 Mo	2 Di	2 Mi	2 Do	2 Fr	2 Sa	2 So
A	F	F	S	S	N	N				F	F	S	S	
B	N	N				F	F	S	S	N	N			
C			F	F	S	S	N	N				F	F	
D	S	S	N	N				F	F	S	S	N	N	
E					F	F	S	S	N	N				

3-wöchiger Ausschnitt der Langdarstellung:

	1 Mo	1 Di	1 Mi	1 Do	1 Fr	1 Sa	1 So	2 Mo	2 Di	2 Mi	2 Do	2 Fr	2 Sa	2 So	3 Mo	3 Di	3 Mi	3 Do	3 Fr	3 Sa	3 So
A	F	F	S	S	N	N			F	F	S	S	N	N							F
B	S	S	N	N				F	F	S	S	N	N					F	F	S	
C	N	N				F	F	S	S	N	N					F	F	S	S	N	
D			F	F	S	S	N	N				F	F	S	S	N	N				
E		F	F	S	S	N	N				F	F	S	S	N	N					

B.3.2.c) Direkte Plangestaltung

Direkte Gestaltung In der Direkten Gestaltung wird der Plan durch Eintragen der einzelnen Schichten in eine leere Matrix schrittweise in der Kurzdarstellung aufgebaut. Wichtig dabei ist, dass

- an jedem Tag
- in jeder Schicht
- die entsprechende Anzahl an Gruppen

eingeplant wird.

Es ist auch möglich, Grundstrukturen auf 2, 3 und mehr Wochen auszudehnen. Dadurch können unterschiedliche Muster für die einzelnen Wochen geplant werden (z.B. mit und ohne Freitag-Nachtschicht). Die Planung wird aber erheblich aufwändiger.

kontinuierlich
Klassische Gruppen
WAZ   42,00 h
F, S, N   8,00 h
Brutto-BZ   168,00 h
Zyklus   4 Wo
Einsätze   5,25 /Wo

Der folgende Plan deckt bei 8 h-Schichten 168 h Bruttobetriebzeit ab.

	1 Mo	1 Di	1 Mi	1 Do	1 Fr	1 Sa	1 So
A	F	F	F	S	S	N	N
B				F	F	S	S
C	N	N	N			F	F
D	S	S	S	N	N		

Er ist in Bezug auf die Wochenarbeitszeit und die Länge der zusammenhängenden Arbeitsblöcke problematisch. In der 1. Woche gibt es z.B. 7 Schichteinsätze. Je nach rechentechnischer bzw. gesetzlicher Zuordnung jener Nachtschichtstunden, die sonntags nach Mitternacht anfallen, zur 1. Woche bzw. zur 2. Woche beträgt die Arbeitszeit in der 1. Woche 56 h bzw. 50 h und ist daher unter Umständen sogar unzulässig.

Die Wochenarbeitszeit beträgt 42 h. Es gibt wenig freie Tage (die Einsätze pro Woche betragen 5,25) und kein wirklich freies Wochenende.

Pläne sind mit dieser Technik oft schwieriger zu entwickeln als mit Basisfolgen. Manchmal erlauben sie, auf Wochenenden besser Rücksicht zu nehmen:

kontinuierlich
Klassische Gruppen
WAZ   42,00 h
F, S, N   8,00 h
Brutto-BZ   168,00 h
Zyklus   4 Wo
Einsätze   5,25 /Wo

	1 Mo	1 Di	1 Mi	1 Do	1 Fr	1 Sa	1 So
A	F	F	S	S	N	N	N
B			F	F	S	S	S
C	N	N			F	F	F
D	S	S	N	N			

Die langen zusammenhängenden Arbeitsblöcke können zwar nicht zerteilt werden, da nur mit 4 Gruppen gearbeitet wird, allerdings wird der 3-tägige Freizeitblock auf das Wochenende verschoben. Die Gesamtzahl der freien Tage ist nicht höher, aber zumindest ein Wochenende ist frei.

kontinuierlich
Klassische Gruppen
WAZ   33,60 h
F, S, N   8,00 h
Brutto-BZ   168,00 h
Zyklus   4 Wo
Einsätze   4,20 /Wo

Mit 5 Gruppen sind wesentlich bessere Pläne möglich:

	1 Mo	1 Di	1 Mi	1 Do	1 Fr	1 Sa	1 So
A	F	F	S	S	N	N	
B			F	F	F	F	
C	F					S	S
D	N	N	N				
E	S	S	S	N	N		

Die langen zusammenhängenden Arbeitsblöcke können zerteilt werden und es gibt zwei freie Wochenenden. Dass hier die Planung viel leichter werden würde, war schon aus der Veränderung der Kennzahl Einsätze pro Woche erkennbar, die sich erheblich verändert hat: von 5,25 auf 4,2. Entsprechend steigt die Zahl freier Tage von durchschnittlich 1,75 auf 2,8 pro Woche.

B.3.2.d) Beispiele für Klassische Pläne

Beispiel 1

	1 Mo	1 Di	1 Mi	1 Do	1 Fr	1 Sa	1 So
A	F	F	F	F	F		
B	S	S	S	S	S		

diskontinuierlich
Klassische Gruppen
WAZ   40,00 h
F, S   8,00 h
Brutto-BZ   80,00 h
Zyklus   2 Wo
Einsätze   5,00 /Wo

Dieser Plan wurde durch Direkte Gestaltung entwickelt.

Wesentlicher Vor- bzw. Nachteil:
+ Der Plan ist übersichtlich.
− Die langen Spätschichtblöcke sind belastend, aber kaum vermeidbar.

Alternativen:
Wenn in jeder 2. Spätschichtwoche der Freitag entfällt, sinkt die Wochenarbeitszeit auf 38 h. Wenn die Spätschichten um je 48 min gekürzt werden, sinkt die Wochenarbeitszeit ebenfalls auf 38 h.

Beispiel 2

	1 Mo	1 Di	1 Mi	1 Do	1 Fr	1 Sa	1 So
A	F	F	F	F	F		
B	S	S	S	S	S		
C	N	N	N	N			

teilkontinuierlich
Klassische Gruppen
WAZ   37,33 h
F, S, N   8,00 h
Brutto-BZ   112,00 h
Zyklus   3 Wo
Einsätze   4,67 /Wo

Dieser Plan wurde durch Direkte Gestaltung entwickelt.

Wesentliche Vor- und Nachteile:
+ Der Plan ist übersichtlich.
+ Der Nachtschichtblock ist kürzer als die beiden anderen Arbeitsblöcke.
+ Auch nach der Nachtschicht gibt es ein freies Wochenende.
− Die langen Spätschichtblöcke sind belastend.

Beispiel 3

teilkontinuierlich
Klassische Gruppen
WAZ   36,00 h
F, S, N   8,00 h
Brutto-BZ 144,00 h
Zyklus   4 Wo
Einsätze   4,50 /Wo

In (Knauth und Hornberger; 1993) wird ein Beispiel gegeben, wie lange Nachtschichtblöcke bei teilkontinuierlichen Plänen durch Hinzunahme einer 4. Gruppe in Verbindung mit einer Bruttobetriebszeitausweitung unterbrochen werden können:

	1 Mo	1 Di	1 Mi	1 Do	1 Fr	1 Sa	1 So
A	F	F	S	S	N	N	
B			F	F	S	S	
C	N	N			F	F	
D	S	S	N	N			

Dieser Plan wurde durch Direkte Gestaltung entwickelt.

Wesentliche Vor- und Nachteile:
+ Es gibt maximal 2-tägige Nacht- und Spätschichtblöcke.
− Es gibt nur 1 freies Wochenende in 4 Wochen, das zwar 3 Tage dauert, aber durch die Nachtschicht am Donnerstag beeinträchtigt wird.
− Auf geltende Bestimmungen hinsichtlich Wochenendruhe ist zu achten (siehe auch Unterkapitel B.4.2 "Beurteilung: Recht").

Variante

teilkontinuierlich
Klassische Gruppen
WAZ   36,00 h
F, S, N, T   8,00 h
Brutto-BZ 136,00 h
Zyklus   4 Wo
Einsätze   4,50 /Wo

Einer Planskizze aus (Knauth und Hornberger; 1993) folgend, können lange Nachtschichtblöcke bei teilkontinuierlichen Plänen z.B. auch durch Hinzunahme einer 4. Gruppe in Verbindung mit einer Bruttobetriebszeitausweitung sowie einer fest eingeplanten Trainingsschicht (kurz T) unterbrochen werden. Die Trainingsschicht wird nicht zur Bruttobetriebszeit gezählt:

	1 Mo	1 Di	1 Mi	1 Do	1 Fr	1 Sa	1 So
A			F	F	F	F	
B	S	S	T	S	S	S	
C	N	N	N				
D	F	F	S	N	N		

Dieser Plan wurde durch Direkte Gestaltung entwickelt.

Wesentliche Vor- und Nachteile:
+ Es gibt maximal 3-tägige Nacht- und Spätschichtblöcke.

+ Es gibt 2 lange freie Wochenenden in 4 Wochen (Do–So und Sa–Di), wobei 1 Wochenende durch die Freitag-Nachtschicht beeinträchtigt wird.
− Die Trainingsschicht wird am Mittwoch geplant, um den Spätschichtblock zu unterbrechen. Sie soll andere Beginn- und Endzeiten als die Spätschichten haben. Günstig sind Tagschichten (z.B. 9:00–17:00). Dabei ist darauf zu achten, dass die tägliche Ruhezeit (siehe Unterkapitel B.4.2 "Beurteilung: Recht") zwischen der Spätschicht am Dienstag und der Trainingsschicht am Mittwoch nicht verletzt wird.

Beispiel 4

fast kontinuierlich
Klassische Gruppen
WAZ   38,00 h
F, S, N   8,00 h
Brutto-BZ   152,00 h
Zyklus   4 Wo
Einsätze   4,75 /Wo

	1 Mo	1 Di	1 Mi	1 Do	1 Fr	1 Sa	1 So
A	F	F	F	S	S	S	
B		N	N	N			
C	S	S	S		N	N	N
D	N			F	F	F	

Dieser Plan wurde durch Direkte Gestaltung entwickelt. Die relativ hohe Zahl der Einsätze pro Woche (für dieses schwierige Planungsproblem) lässt allgemein nicht sehr guten Eigenschaften erwarten.

Wesentliche Vor- und Nachteile dieser Lösung:
+ Es gibt 1 langes freies Wochenende im 4-wöchigen Zyklus, das aber durch die Donnerstag-Nachtschicht beeinträchtigt wird.
− 1 Nachtschichtblock dauert 4 Tage.
− In der 3. Woche gibt es nur eine 1-tägige Ruhepause.
− Auf geltende Bestimmungen hinsichtlich Wochenendruhe ist zu achten (siehe auch Unterkapitel B.4.2 "Beurteilung: Recht").

Variante Der obige Plan würde Bestimmungen, die 36 h Ruhepause am Wochenende vorsehen, nicht erfüllen. Eine zulässige Variante mit Direkter Gestaltung erzeugt, die allerdings bedeutet, dass an jedem Wochenende eine Schicht geleistet werden muss, wäre:

	1 Mo	1 Di	1 Mi	1 Do	1 Fr	1 Sa	1 So
A	F	F	S	S	S	S	
B	S	S	N	N			N
C	N	N			N	N	
D			F	F	F	F	

Dieser Plan wurde durch Direkte Gestaltung entwickelt.

Wesentlicher Vor- bzw. Nachteil:
+ maximal 3-tägige Nachtschichtblöcke
− 2-mal nur eine 1-tägige Ruhepause

Grundlagen – 55

Beispiel 5

vollkontinuierlich
Klassische Gruppen
WAZ 42,00 h
F, S, N 8,00 h
Brutto-BZ 168,00 h
Zyklus 4 Wo
Einsätze 5,25 /Wo

	1 Mo	1 Di	1 Mi	1 Do	1 Fr	1 Sa	1 So
A	F	F	S	S	N	N	N
B			F	F	S	S	S
C	N	N			F	F	F
D	S	S	N	N			

Dieser Plan beruht auf der Basisfolge `FFSSNN--`, wobei jeweils einer der 2-Tage-Blöcke mit Direkter Gestaltung um einen Tag verlängert wird.

Durch den Wechsel der Schichtart in der 1. Woche beträgt die Arbeitszeit "nur" 50 h (wenn Sonntag 0:00 als Wochenbeginn zählt).

Wesentliche Vor- und Nachteile:
+ einfache Struktur
+ maximal 3-tägige Nachtschichtblöcke
+ 1 freies Wochenende in 4 Wochen. (Bei 42 h Wochenarbeitszeit entspricht dies der maximal möglichen Anzahl an freien Wochenenden.)
− 7-tägige Arbeitsblöcke

Beispiel 6

kontinuierlich
Klassische Gruppen
WAZ 33,60 h
F, S, N 8,00 h
Brutto-BZ 168,00 h
Zyklus 4 Wo
Einsätze 4,20 /Wo

	1 Mo	1 Di	1 Mi	1 Do	1 Fr	1 Sa	1 So
A	F	F	S	S	S		
B			F	F	N	N	N
C					F	S	S
D	N	N				F	F
E	S	S	N	N			

Dieser Plan wurde durch Direkte Gestaltung entwickelt. Die niedrige Zahl der Einsätze pro Woche lässt insgesamt positive Eigenschaften erwarten.

Wesentliche Vor- und Nachteile dieses Beispiels:
+ 2 freie Wochenenden in 5 Wochen
+ maximal 3-tägige Nachtschichtblöcke
+ 5-tägige Arbeitsblöcke (mit einer 6-tägigen Ausnahme)
• geringe Wochenarbeitszeit
− ungleichmäßige Verteilung der freien Wochenenden über den Zyklus: Auf 2 freie Wochenenden folgen 3, an denen Schichten eingetragen sind.

Beispiel 7 Ein Beispiel mit kürzeren Arbeitsblöcken wird in (Jansen und Kroon; 1994) vorgestellt:

kontinuierlich
Klassische Gruppen
WAZ 33,60 h
F, S, N 8,00 h
Brutto-BZ 168,00 h
Zyklus 5 Wo
Einsätze 4,20 /Wo

	1 Mo	1 Di	1 Mi	1 Do	1 Fr	1 Sa	1 So
A	F	F	F			S	S
B	S	S			N	N	N
C				F	F	F	F
D			S	S	S		
E	N	N	N	N			

Dieser Plan wurde durch Direkte Gestaltung entwickelt.

Wesentliche Vor- und Nachteile:

+ 2 freie Wochenenden in 5 Wochen
+ maximal 4-tägige Arbeitsblöcke
+ mehr, dafür kürzere Freizeitblöcke
• geringe Wochenarbeitszeit
– ein 4-tägiger Nachtschichtblock in 5 Wochen, auf den allerdings ein 3-tägiger Freizeitblock folgt
– ungleichmäßige Verteilung der freien Wochenenden über den Zyklus

Beispiel 8 In (Rose; 1995) wird ein Beispiel vorgestellt, das nach den folgenden Anforderungen gestaltet wurde:

vollkontinuierlich
Klassische Gruppen
WAZ 33,60 h
F, S, N 8,00 h
F12, N12 12,00 h
Brutto-BZ 168,00 h
Zyklus 5 Wo
Einsätze 4,00 /Wo

• 5 Schichtgruppen
• Zykluslänge 5 Wochen
• maximal 7-tägige Arbeitsblöcke
• maximal 4-tägige Nachtschichtblöcke, wobei auf jeden Nachtschichtblock ein mindestens 2-tägiger Freizeitblock folgen muss

Der Plan in der Kurzdarstellung:

	1 Mo	1 Di	1 Mi	1 Do	1 Fr	1 Sa	1 So
A	F	F	N	N			
B	S	S	S		F	F	F12
C	N	N					
D				F	F	N	N12
E					S	S	S

Dieser Plan wurde durch Direkte Gestaltung entwickelt und arbeitet am Sonntag mit 12 h-Schichten. Damit sinkt die Zahl der Einsätze auf 4,00 pro Woche.

Wesentliche Vor- und Nachteile:
+ 2 freie Wochenenden in 5 Wochen und 1 einzelner freier Sonntag
+ maximal 3-tägige Nachtschichtblöcke
+ maximal 5-tägige Arbeitsblöcke
+ ein 7-tägiger Freizeitblock
+ gute Verteilung der freien Wochenenden über den Zyklus
• geringe Wochenarbeitszeit
− zwei 12 h-Schichten in 5 Wochen, um 3 freie Sonntage zu ermöglichen
− zwei 1-tägige Freizeitblöcke mit Rückwärtsrotation

Beispiel 9 Die folgende Darstellung zeigt den Ausschnitt der ersten 3 Wochen eines 8-wöchigen Schichtplans, der mit 4 Gruppen und der Basisfolge `FFSSNN--` arbeitet:

kontinuierlich
Klassische Gruppen
WAZ 42,00 h
F, S, N 8,00 h
Brutto-BZ 168,00 h
Zyklus 8 Wo
Einsätze 5,25 /Wo

	1 Mo	1 Di	1 Mi	1 Do	1 Fr	1 Sa	1 So	2 Mo	2 Di	2 Mi	2 Do	2 Fr	2 Sa	2 So	3 Mo	3 Di	3 Mi	3 Do	3 Fr	3 Sa	3 So
A	F	F	S	S	N	N			F	F	S	S	N	N			F	F	S	S	N
B	S	S	N	N			F	F	S	S	N	N			F	F	S	S	N	N	
C	N	N			F	F	S	S	N	N			F	F	S	S	N	N			F
D			F	F	S	S	N	N			F	F	S	S	N	N			F	F	S

Wesentliche Vor- und Nachteile:
+ übersichtlicher Plan mit einer einfachen Struktur
+ 6-tägige Arbeitsblöcke trotz der hohen Wochenarbeitszeit
+ 2-tägige Nacht- und Spätschichtblöcke
− nur 1 freies Wochenende in 8 Wochen (2 wären bei Verwendung einer anderen Schichtfolge möglich, siehe Beispiel 5); zusätzlich ist dieses Wochenende durch die Nachtschicht davor beeinträchtigt

Beispiel 10 Die folgende Darstellung zeigt den Ausschnitt der ersten 3 Wochen eines 10-wöchigen Schichtplans, der mit 5 Gruppen arbeitet und auf der Basisfolge `FFSSNN----` basiert:

kontinuierlich
Klassische Gruppen
WAZ 33,60 h
F, S, N 8,00 h
Brutto-BZ 168,00 h
Zyklus 10 Wo
Einsätze 4,20 /Wo

	1 Mo	1 Di	1 Mi	1 Do	1 Fr	1 Sa	1 So	2 Mo	2 Di	2 Mi	2 Do	2 Fr	2 Sa	2 So	3 Mo	3 Di	3 Mi	3 Do	3 Fr	3 Sa	3 So
A	F	F	S	S	N	N					F	F	S	S	N	N					F
B	S	S	N	N					F	F	S	S	N	N					F	F	S
C	N	N					F	F	S	S	N	N					F	F	S	S	N
D					F	F	S	S	N	N					F	F	S	S	N	N	
E			F	F	S	S	N	N					F	F	S	S	N	N			

Wesentliche Vor- und Nachteile:

+ übersichtlicher Plan mit einer einfachen Struktur
+ sieben 4-tägige Freizeitblöcke in 10 Wochen
+ 2-tägige Nacht- und Spätschichtblöcke
+ gute Verteilung der freien Wochenenden über den Zyklus
- 3 lange freie Wochenenden (Do–So, Fr–Mo und Sa–Mo) in 10 Wochen (4 freie Wochenenden wären möglich), davon wird 1 Wochenende durch die Freitag-Nachtschicht verkürzt
- geringe Wochenarbeitszeit
- 6-tägige Arbeitsblöcke trotz der geringen Wochenarbeitszeit (und des dadurch bestehenden großen Spielraums bei der Verteilung)
- 3 freie Wochenenden in 10 Wochen (verglichen mit 4 freien Wochenenden in den Beispielen 6, 7 und 8)

Beispiel 11

kontinuierlich
Klassische Gruppen
WAZ   33,60 h
F, S, N   8,00 h
Brutto-BZ   168,00 h
Zyklus   15 Wo
Einsätze   4,20 /Wo

Die folgende Darstellung zeigt den Ausschnitt der ersten 3 Wochen eines 15-wöchigen Schichtplans, der mit 5 Gruppen arbeitet und auf der Basisfolge FFFSSS---NNN--- basiert:

	1 Mo	1 Di	1 Mi	1 Do	1 Fr	1 Sa	1 So	2 Mo	2 Di	2 Mi	2 Do	2 Fr	2 Sa	2 So	3 Mo	3 Di	3 Mi	3 Do	3 Fr	3 Sa	3 So
A	F	F	F	S	S	S			N	N	N				F	F	F	S	S	S	S
B	S	S	S				N	N	N				F	F	F	S	S	S			
C			N	N	N					F	F	F	S	S	S				N	N	N
D	N	N	N		F	F	F	S	S	S					N	N	N				
E			F	F	F	S	S	S			N	N	N						F	F	F

Wesentliche Vor- und Nachteile:

+ übersichtlicher Plan mit einer einfachen Struktur
+ vierzehn 3-tägige Freizeitblöcke in 15 Wochen
+ 3-tägige Nacht- und Spätschichtblöcke
- geringe Wochenarbeitszeit
- ungleichmäßige Verteilung der freien Wochenenden über den Zyklus
- 6-tägige Arbeitsblöcke trotz der geringen Wochenarbeitszeit (und des dadurch bestehenden großen Spielraums bei der Verteilung)
- 4 lange freie Wochenenden (2-mal Fr–So und 2-mal Sa–Mo) in 15 Wochen (6 wären möglich), wobei eines der vier Wochenenden durch die Freitag-Nachtschicht beeinträchtigt wird

B.3.3 Was sind Gruppenkombinationen und wie plane ich damit?

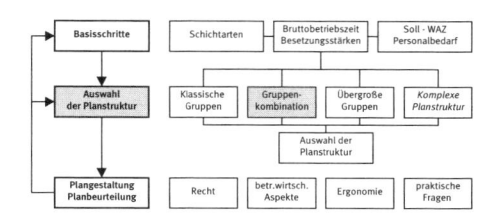

Gruppen- In jeder Schicht werden 2 (oder mehr) Gruppen, deren Größe kleiner als die
kombination Besetzungsstärke ist, kombiniert, um die erforderliche Besetzungsstärke abzudecken. Diese Gruppenkombinationen können sich von Tag zu Tag ändern.

Im folgenden Planausschnitt sind zu jedem Zeitpunkt 2 Gruppen pro Schicht kombiniert. In der ersten Woche arbeiten z.B. in der Frühschicht von Montag bis Mittwoch die Gruppen A.2 und A.4, am Donnerstag die Gruppen A.2 und A.5 und von Freitag bis Samstag die Gruppen A.4 und A.5 zusammen.

	1 Mo	1 Di	1 Mi	1 Do	1 Fr	1 Sa	1 So	2 Mo	2 Di	2 Mi	2 Do	2 Fr	2 Sa	2 So	3 Mo	3 Di	3 Mi	3 Do	3 Fr	3 Sa	3 So
A.1	S	S	S	S	S			F	F	F					S	S	S	S	S		
A.2	F	F	F	F				S	S	S	S	S			F	F	F			F	F
A.3	S	S	S	S	S			F	F	F			F	F					F	F	F
A.4	F	F	F		F	F					F	F			S	S	S	S	S		
A.5				F	F	F		S	S	S	S	S							F	F	F

Die Technik, mehrere kleine Gruppen bzw. Einzelpersonen zu einer großen Schichtgruppe zusammenzufassen und diese Kombinationen zu variieren, ist in manchen Sektoren seit langem üblich.

Beispiele in der Literatur finden sich u.a. in (Knauth; 1986) und (Hoff, et al.; 1987), zitiert nach (Knauth und Schönfelder; 1992).

Kurz- In der Folge wird eine Kurzbezeichnung verwendet, um verschiedene Grup-
bezeichnung penkombinationen zu unterscheiden:

7-zu-2 ... Es gibt 7 Gruppen, pro Schicht sind jeweils 2 anwesend.

9-zu-2 ... Es gibt 9 Gruppen, pro Schicht sind jeweils 2 anwesend.

11-zu-3 ... Es gibt 11 Gruppen, pro Schicht sind jeweils 3 anwesend.

Auch die Bezeichnungen 7:2, 9:2 bzw. 11:3 sind möglich.

Darstellung Die obige Abbildung eines 5:2-Plans erfolgte in der Langdarstellung für Schichtpläne. In der Kurzdarstellung präsentiert sich der Schichtplan wie folgt:

	1 Mo	1 Di	1 Mi	1 Do	1 Fr	1 Sa	1 So
A.1	S	S	S	S	S		
A.2	F	F	F	F			
A.3	S	S	S	S	S		
A.4	F	F	F		F	F	
A.5					F	F	F

"Gelesen" wird der Plan so, dass die Gruppe A.1 in der 1. Woche 5 Spätschichten hat, in der 2. Woche 4 Frühschichten usw. Der freie Tag am Donnerstag der 4. Woche wurde in diesem Beispiel eingeplant, um die Arbeitszeit in dieser Woche zu verringern.

Die Gruppe A.2 beginnt mit 4 Frühschichten usw.

Anwendbarkeit Die Kombination von Gruppen eignet sich, wenn es die Bruttobetriebszeit nicht erlaubt, Gruppen zu bilden, deren Größe der Besetzungsstärke entspricht.

Bei 140 h Bruttobetriebszeit und 38,5 h Sollwochenarbeitszeit sind 3 Gruppen von der Größe der Besetzungsstärke zuwenig und 4 solche zuviel.

Eigenschaften
+ Einheitliche, relativ kurze Pläne sind möglich. Kombinationspläne sind zum Teil länger als Klassische Pläne, da die Planlänge in Wochen gleich oder ein Vielfaches der Gruppenanzahl ist.
+ Bezüglich der Bruttobetriebszeiten besteht ein größerer Spielraum bei Einhaltung der Sollwochenarbeitszeit. (Zusätzlich sind feste Teilzeitgruppen möglich.)
• Jede Gruppe arbeitet immer mit mindestens einer anderen Gruppe zusammen, oft sogar mit mehreren.
• Die Planstruktur "Gruppenkombination" ist nur bei Besetzungsstärken anwendbar, die zu den Gruppengrößen passen. Die Besetzungsstärken müssen durch Kombination von Gruppen erreicht werden. Welche Gruppenstrukturen möglich sind, hängt daher stark von den zu erreichenden Besetzungsstärken ab.
• Bei komplizierteren Plänen muss sorgfältig darauf geachtet werden, dass die Beschäftigten gut informiert sind.
• Bei der Feinabstimmung sind unterschiedliche Gruppenstärken möglich.
• Auf die Verteilung der Qualifikation ist sorgfältig zu achten.
− Die Mischung von Gruppen kann die Führungsorganisation erschweren.

Grundlagen – 61

Tipp In der Praxis werden nur wenige der theoretisch denkbaren Kombinationen verwendet. Die wichtigsten sind in der folgenden Übersicht aufgeführt. Verschiedene Sollwochenarbeitszeiten und die damit jeweils erreichbaren Bruttobetriebszeiten sind dargestellt. Verwendete Abkürzungen:

"Klass." steht für Klassische Pläne mit 2, 3, 4 oder 5 Gruppen.
"Kombo" steht für Kombinationspläne.

Plan-struktur	Klass.	Kombo	Kombo	Kombo	Klass.	Kombo	Kombo	Kombo	Klass.	Kombo	Klass.
Anzahl der Gruppen	2	7	5	8	3	10	7	11	4	9	5
davon anwesend	1	3	2	3	1	3	2	3	1	2	1
Soll-WAZ	BRUTTOBETRIEBSZEITEN										
33,6 h	67,2 h	78,4 h	84,0 h	89,6 h	100,8 h	112,0 h	117,6 h	123,2 h	134,4 h	151,2 h	168,0 h
35,0 h	70,0 h	81,7 h	87,5 h	93,3 h	105,0 h	116,7 h	122,5 h	128,3 h	140,0 h	157,5 h	175,0 h
36,0 h	72,0 h	84,0 h	90,0 h	96,0 h	108,0 h	120,0 h	126,0 h	132,0 h	144,0 h	162,0 h	180,0 h
38,0 h	76,0 h	88,7 h	95,0 h	101,3 h	114,0 h	126,7 h	133,0 h	139,3 h	152,0 h	171,0 h	190,0 h
38,5 h	77,0 h	89,8 h	96,3 h	102,7 h	115,5 h	128,3 h	134,8 h	141,2 h	154,0 h	173,3 h	192,5 h

Brutto-BZ Gruppen-kombination

$$Brutto\text{-}BZ = \frac{Soll\text{-}WAZ * Anzahl\ der\ Gruppen}{Anzahl\ gleichzeitig\ anwesender\ Gruppen}$$

In Ausnahmefällen kann es sinnvoll sein, mit mehr als den in obiger Tabelle berücksichtigten Gruppen zu arbeiten. Das allgemeine Verfahren wird im Unterkapitel B.3.3.c) "Allgemeines Verfahren: Bestimmung von möglichen Gruppenkombinationen bei einheitlicher, bekannter Besetzungsstärke" dargestellt. Meist reicht die Auswahl aus obiger Tabelle.

Besetzungs-stärken Die Konsequenz dieser Planstruktur für den Schichtplan und für den Personalbedarf ist, dass nicht mehr jede beliebige Besetzungsstärke erzielt werden kann. Es sind nur mehr Vielfache der Anzahl der pro Schicht einzuplanenden Gruppen möglich.

Wenn immer 3 Gruppen pro Schicht kombiniert werden müssen, sind die erreichbaren Besetzungsstärken 3, 6, 9 usw.

Der Zusammenhang zwischen Bruttobetriebszeit und Besetzungsstärken wird für Gruppenkombinationen in der folgenden Tabelle illustriert:

Soll-WAZ	Bruttobetriebszeiten			
35,00 h / 38,50 h	105,00 h / 115,50 h	122,50 h / 134,75 h	128,33 h / 141,17 h	140,00 h / 154,00 h
Gruppen	3	7	11	4
gleichzeitig anwesend	1	2	3	1
Soll-besetzungsstärke	Gruppengröße / Personal insgesamt	Gruppengröße / Personal insgesamt	Gruppengröße / Personal insgesamt	Gruppengröße / Personal insgesamt
1	1 / 3	--- / ---	--- / ---	1 / 4
2	2 / 6	1 / 7	--- / ---	2 / 8
3	3 / 9	--- / ---	1 / 11	3 / 12
4	4 / 12	2 / 14	--- / ---	4 / 16
5	5 / 15	--- / ---	--- / ---	5 / 20
6	6 / 18	3 / 21	2 / 22	6 / 24
7	7 / 21	--- / ---	--- / ---	7 / 28
8	8 / 24	4 / 28	--- / ---	8 / 32
9	9 / 27	--- / ---	3 / 33	9 / 36
10	10 / 30	5 / 35	--- / ---	10 / 40
11	11 / 33	--- / ---	--- / ---	11 / 44
12	12 / 36	6 / 42	4 / 44	12 / 48
13	13 / 39	--- / ---	--- / ---	13 / 52
14	14 / 42	7 / 49	--- / ---	14 / 56
15	15 / 45	--- / ---	5 / 55	15 / 60
16	16 / 48	8 / 56	--- / ---	16 / 64

Falls die Besetzungsstärke noch nicht definiert ist, sollte die Anzahl der jeweils einzuplanenden Teilgruppen klein gehalten werden, um sich nicht zu stark einzuschränken. Außerdem ist zu überlegen, ob die Vorteile eines Kombinationsplans (z.B. hinsichtlich Arbeitszeit und Bruttobetriebszeit) den Nachteil der Einschränkung möglicher Besetzungsstärken aufwiegen.

In manchen Fällen kann diese Einschränkung über entsprechende Reservekonzepte umgangen werden.

Verweise

QUERVERBINDUNGEN	VERTIEFUNGSTHEMEN
Es gibt eine starke Querverbindung zur Brutto-BZ und zur Besetzungsstärke.	Reserven Flexibilität Komplexe Planstrukturen (Ergänzungs-, Teilzeitgruppen, unterschiedliche Besetzungsstärken)

B.3.3.a) Plangestaltung mit Gruppenkombinationen – Grundlagen

Übersicht Die drei Arten der Plangestaltung mit Gruppenkombinationen werden im Folgenden vorgestellt:
- Abwandlung von Klassischen Plänen
- Basisfolgen
- Direkte Gestaltung

Anmerkung Die in den folgenden Unterkapiteln angeführten Beispiele berücksichtigen das Prinzip der Vorwärtsrotation (siehe auch Unterkapitel B.4.4 "Beurteilung: Ergonomie").

Abwandlung Klassischer Pläne Die Abwandlung erfolgt in drei Schritten:
1. Ausgangspunkt ist ein Klassischer Plan, der die Bruttobetriebszeit abdeckt, jeweils 1 Gruppe je Schicht vorsieht und dessen Wochenarbeitszeit über der Sollwochenarbeitszeit liegt.
2. Der Klassische Plan wird so oft vervielfacht, wie gleichzeitig Gruppen anwesend sein sollen.
3. Die damit verbleibende freie Woche bzw. mehrere freie Wochen, z.B. bei einem 8:3-Plan, können genutzt werden, um lange Arbeitsblöcke oder lange Nacht- bzw. Spätschichtblöcke zu zerlegen. Solange nur jeweils innerhalb der Spalten verschoben wird (von einer zur anderen Gruppe), wird immer die geforderte Besetzungsstärke eingehalten.

diskontinuierlich
Gruppenkombination
WAZ   37,71 h
F, S   8,00 h
Brutto-BZ   88,00 h
Zyklus   7 Wo
Einsätze   4,71/Wo

Mit einem 7:3-Kombinationsplan sollen 88 h Bruttobetriebszeit abgedeckt werden. Die Einsatzzahl von 4,71 lässt zumindest einige gute Freizeitblöcke erwarten.

Als Ausgangspunkt wird ein Klassischer 2-Gruppen-Plan, der bei 8 h-Schichten zu 44 h Wochenarbeitszeit führt, gewählt:

	1 Mo	1 Di	1 Mi	1 Do	1 Fr	1 Sa	1 So
A	F	F	F	F	F	F	
B	S	S	S	S	S		

Klassischer Plan

Der Plan wird 3-mal in einen 7-Gruppen-Plan kopiert:

	1 Mo	1 Di	1 Mi	1 Do	1 Fr	1 Sa	1 So
A.1	F	F	F	F	F	F	
A.2	S	S	S	S	S		
A.3	F	F	F	F	F	F	
A.4	S	S	S	S	S		
A.5	F	F	F	F	F	F	
A.6	S	S	S	S	S		
A.7							

← Kopie 1
← Kopie 2
← Kopie 3

Damit sind vorerst 3 Gruppen je Schicht anwesend. Danach wird ein langer Frühschichtblock zerlegt:

	1 Mo	1 Di	1 Mi	1 Do	1 Fr	1 Sa	1 So
A.1	F	F	F	F	F	F	
A.2	S	S	S	S	S		
A.3	F	F	F	F	F	F	
A.4	S	S	S	S	S		
A.5	F	F	F				
A.6	S	S	S	S	S		
A.7				F	F	F	

Die Wochenarbeitszeit beträgt bei 8 h-Schichten nur mehr 37,71 h.

Andere Verteilungen der Schichten sind möglich. Die gewählte Verteilung hat den Vorteil langer Wochenendfreizeit. Es bleiben aber 2 Wochen mit 6-tägigen Frühschichtblöcken. Alle 3 Spätschichtblöcke dauern 5 Tage.

Eine andere Variante ist:

	1 Mo	1 Di	1 Mi	1 Do	1 Fr	1 Sa	1 So
A.1	F	F	F	F	F	F	
A.2			S	S	S		
A.3	F	F	F	F	F	F	
A.4	S	S	S	S	S		
A.5	F	F	F	F			
A.6	S	S	S	S	S		
A.7	S	S			F	F	

Grundlagen – 65

Basisfolgen Die Verwendung von Basisfolgen erlaubt bei Kombinationsplänen vielfältigere Muster als bei Klassischen Plänen.

Die allgemeine Funktionsweise von Basisfolgen und wichtige Eigenschaften der mit ihnen gestalteten Pläne werden im Unterkapitel B.3.2.b) "Plangestaltung mit Basisfolgen" beschrieben.

vollkontinuierlich
Gruppenkombination
WAZ 37,33 h
F, S, N 8,00 h
Brutto-BZ 168,00 h
Zyklus 9 Wo
Einsätze 4,67 /Wo

Ein 9:2-Kombinationsplan soll mit der Basisfolge `FFSSNN---` entwickelt werden. Die Länge der Basisfolge ist gleich der Gruppenanzahl. Daher kommt in der Basisfolge jede Schichtart so oft vor, wie später gleichzeitig Gruppen anwesend sein sollen. Die restlichen Tage sind als freie Tage eingeplant. Die Einsatzzahl von 4,67 lässt deutlich bessere Pläne als bei 4 Gruppen (mit Einsatzzahl 5,25) erwarten, die Arbeitszeit ist hier niedriger.

Zeilendarstellung der Basisfolge

	1 Mo	1 Di	1 Mi	1 Do	1 Fr	1 Sa	1 So	2 Mo	2 Di	2 Mi	2 Do	2 Fr	2 Sa	2 So
A.1	F	F	S	S	N	N								
A.2	F													
A.3	S													
A.4	S													
A.5	N													
A.6	N													
A.7														
A.8														
A.9														

Spaltendarstellung der Basisfolge

Der Plan wird durch den zeilenweise versetzten Einstieg der einzelnen Gruppen in diese Folge aufgebaut. Um den Plan auszufüllen, wird die Folge eingesetzt und immer wieder verwendet.

Die folgende Skizze zeigt die ersten 3 Wochen eines entsprechenden Plans, der insgesamt 9 Wochen lang ist.

	1 Mo	1 Di	1 Mi	1 Do	1 Fr	1 Sa	1 So	2 Mo	2 Di	2 Mi	2 Do	2 Fr	2 Sa	2 So	3 Mo	3 Di	3 Mi	3 Do	3 Fr	3 Sa	3 So
A.1	F	F	S	S	N	N			F	F	S	S	N	N			F	F	S	S	N
A.2	F	S	S	N	N			F	F	S	S	N	N			F	F	S	S		
A.3	S	S	N	N			F	F	S	S	N	N			F	F	S	S	N		
A.4	S	N	N			F	F	S	S	N	N			F	F	S	S	N	N		
A.5	N	N			F	F	S	S	N	N			F	F	S	S	N	N			
A.6	N			F	F	S	S	N	N			F	F	S	S	N	N				
A.7			F	F	S	S	N	N			F	F	S	S	N	N					
A.8		F	F	S	S	N	N			F	F	S	S	N	N						F
A.9		F	F	S	S	N	N		F	F	S	S	N	N						F	F

Direkte Gestaltung In der Direkten Gestaltung wird der Plan durch Eintragen der einzelnen Schichten in eine leere Matrix schrittweise in der Kurzdarstellung aufgebaut. Wichtig ist es,

- an jedem Tag
- in jeder Schicht
- die entsprechende Anzahl an Gruppen

einzuplanen. Wenn die Grundstrukturen auf 2, 3 und mehr Wochen ausgedehnt werden, sind unterschiedliche Muster für die einzelnen Wochen planbar (z.B. mit und ohne Freitag-Nachtschicht). Die Planung wird jedoch erheblich aufwändiger.

Kombinationspläne sind oft schwierig zu entwickeln. Manchmal erlauben sie aber, sehr gut auf Wochenenden Rücksicht zu nehmen.

B.3.3.b) Beispiele für Kombinationspläne

Beispiel 1

diskontinuierlich
Gruppenkombination
WAZ 36,00 h
F, S 9,00 h
Brutto-BZ 90,00 h
Zyklus 5 Wo
Einsätze 4,00 /Wo

	1 Mo	1 Di	1 Mi	1 Do	1 Fr	1 Sa	1 So
A.1			F	F	F		
A.2	S	S		S	S		
A.3	F	F	F	F	F		
A.4	S	S	S				
A.5	F	F	S	S	S		

Die Entwicklung dieses 5:2-Plans folgt der Abwandlung eines Klassischen Plans.

Zuerst wurden nach dem Muster eines Klassischen Plans für die Gruppen A.1 und A.3 Frühschichten, für A.2 und A.4 Spätschichten eingetragen. Danach wurden einzelne Schichteinsätze der Gruppen A.1, A.2 und A.4 zur Gruppe A.5 verschoben.

Wesentliche Vor- und Nachteile:

+ 2 lange freie Wochenenden in 5 Wochen (Do–So und Sa–Di)
+ maximal 3-tägige Spätschichtblöcke
− 2 Arbeitsblöcke (3. und 5. Woche) dauern 5 Tage. Dies kann bei 9 h-Schichten belastend sein.

Durch Verschieben der Mittwoch-Spätschicht von der Gruppe A.4 zur Gruppe A.2 ergäbe sich ein längerer Freizeitblock, allerdings müssten dann 5 Spätschichten in Folge in Kauf genommen werden.

Beispiel 2

diskontinuierlich
Gruppenkombination
WAZ   *38,50 h*
F, S   *8 h 10'*
Brutto-BZ   *89,83 h*
Zyklus   *7 Wo*
Einsätze   *4,71 /Wo*

	1 Mo	1 Di	1 Mi	1 Do	1 Fr	1 Sa	1 So
A.1			F	F	F	F	
A.2	S	S	S	S	S		
A.3	F	F	F	F	F	F	
A.4	S	S			S	S	
A.5	F	F	F	F	F	F	
A.6	S	S	S				
A.7	F	F	S	S	S		

Dieser 7:3-Plan wurde ebenfalls durch Abwandlung eines Klassischen Plans entwickelt.

Wesentliche Vor- und Nachteile:

+ Es gibt 2 lange freie Wochenenden in 7 Wochen (Do–So und Sa–Di).
+ 2 Spätschichtblöcke konnten unterbrochen werden.
+ Ein langer Frühschichtblock konnte gekürzt werden.
− Zwei 6-tägige Frühschichtblöcke und ein 5-tägiger Spätschichtblock verbleiben.
− 4 Ruhepausen dauern nur 1 Tag.
− Die langen freien Wochenenden sind nicht gleichmäßig über den Zyklus verteilt.

Durch Verschieben der Mittwoch-Spätschicht von der Gruppe A.6 zur Gruppe A.4 ergäbe sich ein längerer Freizeitblock, allerdings müsste dann ein zweiter 5-tägiger Spätschichtblock in Kauf genommen werden.

Variante Um die langen freien Wochenenden besser über den Zyklus zu verteilen, werden die 4. und die 6. Woche getauscht:

diskontinuierlich
Gruppenkombination
WAZ   *38,50 h*
F, S   *8 h 10'*
Brutto-BZ   *89,83 h*
Zyklus   *7 Wo*
Einsätze   *4,71 /Wo*

	1 Mo	1 Di	1 Mi	1 Do	1 Fr	1 Sa	1 So
A.1		F	F	F	F		
A.2	S	S	S	S	S		
A.3	F	F	F	F	F	F	
A.4	S	S	S				
A.5	F	F	F	F	F		
A.6	S	S		S	S		
A.7	F	F	S	S	S		

Beispiel 3 Die folgende Skizze zeigt einen 3-wöchigen Planausschnitt:

diskontinuierlich
Gruppenkombination
WAZ   37,33 h
F, S   8,00 h
Brutto-BZ   112,00 h
Zyklus   6 Wo
Einsätze   4,67 /Wo

	1 Mo	1 Di	1 Mi	1 Do	1 Fr	1 Sa	1 So	2 Mo	2 Di	2 Mi	2 Do	2 Fr	2 Sa	2 So	3 Mo	3 Di	3 Mi	3 Do	3 Fr	3 Sa	3 So
A.1	F	F	S	S			F	F	S	S			F	F	S	S			F	F	S
A.2	F	S	S			F	F	S	S			F	F	S	S			F	F	S	S
A.3	S	S			F	F	S	S			F	F	S	S			F	F	S	S	
A.4	S			F	F	S	S			F	F	S	S			F	F	S	S		
A.5		F	F	S	S			F	F	S	S			F	F	S	S				F
A.6	F	F	S	S			F	F	S	S			F	F	S	S			F	F	

Der 6:2-Plan wurde mit der Basisfolge `FFSS--` entwickelt.

Wesentliche Vor- und Nachteile:
+ maximal 2-tägige Spätschichtblöcke
+ maximal 4-tägige Arbeitsblöcke
– 1 freies Wochenende in 6 Wochen

Variante Zur Verbesserung der Wochenendsituation können Tauschoperationen vorgenommen werden:

diskontinuierlich
Gruppenkombination
WAZ   37,33 h
F, S   8,00 h
Brutto-BZ   112,00 h
Zyklus   6 Wo
Einsätze   4,67 /Wo

	1 Mo	1 Di	1 Mi	1 Do	1 Fr	1 Sa	1 So	2 Mo	2 Di	2 Mi	2 Do	2 Fr	2 Sa	2 So	3 Mo	3 Di	3 Mi	3 Do	3 Fr	3 Sa	3 So
A.1	F	F	S	S				F	S	S			F	F	S	S			F	F	F
A.2	F	S	S			F	F	S	S			F	F	S				F	F	S	S
A.3	S	S			F	F	F	S			F	F	S	S			F	F	S	S	S
A.4	S			F	F	S	S			F	F	S	S	S		F	F	S	S		
A.5		F	F	S	S	S		F	F	S	S				F	F	S	S			
A.6	F	F	S	S			F	F	S	S			F	S	S					F	F

Wesentliche Vor- und Nachteile:
+ 2 freie Wochenenden in 6 Wochen, wobei 1 Wochenende lang ist
• maximal 3-tägige Spätschichtblöcke
• maximal 5-tägige Arbeitsblöcke
– 1 einzelner freier Tag in 6 Wochen
– ungleichmäßige Verteilung der freien Wochenenden über den Zyklus

Beispiel 4

teilkontinuierlich
Gruppenkombination
WAZ   38,86 h
F, S, N   8,00 h
Brutto-BZ   136,00 h
Zyklus   7 Wo
Einsätze   4,86 /Wo

	1 Mo	1 Di	1 Mi	1 Do	1 Fr	1 Sa	1 So
A.1	F	F	F	F	F	F	
A.2	N	N		S	S	S	
A.3	S	S	S	N	N		
A.4	F	F	F	F	F	F	
A.5		S	S	S	S		
A.6	S	S	N	N	N		
A.7	N	N	N				

Dieser 7:2-Plan wurde durch Direkte Gestaltung entwickelt.

Wesentliche Vor- und Nachteile:

+ 3 freie Wochenenden in 7 Wochen, wobei 1 Wochenende lang ist und 2 durch die Freitag-Nachtschicht verkürzt sind
+ maximal 3-tägige Nachtschichtblöcke
+ maximal 4-tägige Spätschichtblöcke
• 1 Freizeitblock von So–Di
− zwei 6-tägige Arbeitsblöcke

Beispiel 5

teilkontinuierlich
Gruppenkombination
WAZ   38,40 h
F, S, N   8,00 h
Brutto-BZ   128,00 h
Zyklus   10 Wo
Einsätze   4,80 /Wo

	1 Mo	1 Di	1 Mi	1 Do	1 Fr	1 Sa	1 So
A.1	F	F	F	F	F	F	
A.2	N	N	N	N	N		
A.3			F	F	F	F	
A.4	F	F	S	S	S		
A.5	S	S	S	S	S		
A.6	N	N		N	N		
A.7	F	F	F	F	F	F	
A.8	S	S	S	S	S		
A.9	N	N	N				
A.10	S	S	N	N	N		

Dieser 10:3-Plan wurde durch Direkte Gestaltung entwickelt.

Wesentliche Vor- und Nachteile:

+ Es gibt 7 freie Wochenenden in 10 Wochen; davon ist 1 Wochenende lang und 3 sind durch die Freitag-Nachtschicht verkürzt.
+ Viele Spät- und Nachtschichtblöcke konnten auf 2–3 Tage Dauer reduziert werden.
• Es gibt 1 Freizeitblock von So–Di.
− Es verbleiben 1 Nacht- und 2 Spätschichtblöcke, die 5 Tage dauern.
− Es gibt 4 einzelne freie Tage; 2 davon sind zusätzlich Übergänge zwischen langen Arbeitsblöcken.

Beispiel 6

teilkontinuierlich
Gruppenkombination
WAZ 38,86 h
F, S, N 8,00 h
Brutto-BZ 136,00 h
Zyklus 7 Wo
Einsätze 4,86 /Wo

	1 Mo	1 Di	1 Mi	1 Do	1 Fr	1 Sa	1 So
A.1	F	F	F	F	F	F	
A.2	S	S	S	S	S		N
A.3	N	N	N				
A.4	S	S	N	N	N		
A.5			F	F	F	F	
A.6	F	F	S	S	S		N
A.7	N	N			N	N	

Dieser 7:2-Plan wurde durch Direkte Gestaltung entwickelt.

Wesentliche Vor- und Nachteile:

+ 3 freie Wochenenden in 7 Wochen, wobei ist 1 Wochenende lang ist (Do–So) und 2 durch die Freitag-Nachtschicht verkürzt sind
+ maximal 4-tägige Nachtschichtblöcke
− ein 6-tägiger Frühschichtblock und ein 5-tägiger Spätschichtblock
− 4 einzelne freie Tage

Beispiel 7

fast kontinuierlich
Gruppenkombination
WAZ 35,08 h
F, S, N 8,00 h
Brutto-BZ 152,00 h
Zyklus 13 Wo
Einsätze 4,39 /Wo

	1 Mo	1 Di	1 Mi	1 Do	1 Fr	1 Sa	1 So
A.1			S	S	S	S	
A.2	F	F	S	S			
A.3	F	F	F	S	S	S	
A.4		F	F	F	S	S	
A.5			F	F	F	N	
A.6				F	F	F	N
A.7	N				F	F	N
A.8	N	N				F	N
A.9	N	N	N				
A.10	F	N	N	N			
A.11	S	S	N	N	N		
A.12	S	S	S	N	N	N	
A.13	S	S				N	N

Dieser 13:3-Plan wurde durch Direkte Gestaltung entwickelt.

Wesentliche Vor- und Nachteile:

+ Es gibt 3 lange freie Wochenenden in 13 Wochen (2-mal Fr–So und 1-mal Do–So).
+ In 13 Wochen gibt es zwei 4-tägige und fünf 3-tägige Ruhepausen, die jedoch teilweise durch Nachtschichten beeinträchtigt werden.
+ Es gibt maximal 4-tägige Spät- und Nachtschichtblöcke.
− Es gibt zwei 1-tägige Ruhepausen (von der 1. auf die 2. und von der 12. auf die 13. Woche). Die Arbeitsblöcke danach sind allerdings nur kurz.

Beispiel 8

fast kontinuierlich
Gruppenkombination
WAZ   41,45 h
F, S, N   8,00 h
Brutto-BZ   152,00 h
Zyklus   11 Wo
Einsätze   5,18 / Wo

	1 Mo	1 Di	1 Mi	1 Do	1 Fr	1 Sa	1 So
A.1	F	F	S	S	S	S	
A.2	S	S	N	N	N		
A.3	F	F	F	F		N	N
A.4	N	N			S	S	N
A.5	N	N	N	N			N
A.6	N	N			F	F	
A.7	F	F	S	S	S	S	
A.8	S	S	N	N	N		
A.9			F	F	F	F	
A.10	S	S	S	S	N	N	
A.11		F	F	F	F		

Dieser 11:3-Plan wurde durch Direkte Gestaltung entwickelt. Die sehr hohe Einsatzzahl lässt einen sehr dichten Plan erwarten und auch in diesem Beispiel sind die Eigenschaften nicht gut.

Wesentliche Vor- und Nachteile:
+ Die meisten Nachtschichtblöcke dauern trotz der hohen Wochenarbeitszeit nur 2–4 Tage.
+ Es gibt maximal 4-tägige Spätschichtblöcke.
− Es gibt 6 Ruhepausen, die jeweils nur 1 Tag dauern. Die Wochenruhe wird wegen der Wechsel der Schichtart in den Wochen erfüllt.
− Es gibt kein freies Wochenende.
− Ein Nachtschichtblock dauert 5 Tage.

Beispiel 9   Die folgende Skizze zeigt einen 3-wöchigen Planausschnitt:

vollkontinuierlich
Gruppenkombination
WAZ   37,33 h
F, S, N   8,00 h
Brutto-BZ   168,00 h
Zyklus   9 Wo
Einsätze   4,67 / Wo

	1 Mo	1 Di	1 Mi	1 Do	1 Fr	1 Sa	1 So	2 Mo	2 Di	2 Mi	2 Do	2 Fr	2 Sa	2 So	3 Mo	3 Di	3 Mi	3 Do	3 Fr	3 Sa	3 So
A.1	F	F	S	S	N	N			F	F	S	S	N	N			F	F	S	S	N
A.2	F	S	S	N	N			F	F	S	S	N	N			F	F	S	S	N	N
A.3	S	S	N	N			F	F	S	S	N	N			F	F	S	S	N	N	
A.4	S	N	N			F	F	S	S	N	N			F	F	S	S	N	N		
A.5	N	N			F	F	S	S	N	N			F	F	S	S	N	N			
A.6	N			F	F	S	S	N	N			F	F	S	S	N	N				
A.7			F	F	S	S	N	N			F	F	S	S	N	N					F
A.8		F	F	S	S	N	N			F	F	S	S	N	N					F	F
A.9	F	F	S	S	N	N			F	F	S	S	N	N					F	F	S

Dieser 9:2-Plan beruht auf der Basisfolge FFSSNN---.

Wesentliche Vor- und Nachteile:
+ Der Plan ist übersichtlich.
+ Es gibt maximal 2-tägige Spät- und Nachtschichtblöcke.
− Es gibt 2 freie Wochenenden in 9 Wochen, wobei 1 Wochenende durch die Freitag-Nachtschicht verkürzt wird.

Beispiel 10   Der 13:3-Plan beruht auf der Basisfolge `FFFSS--SNNN--`. Die folgende Skizze zeigt einen 3-wöchigen Planausschnitt:

vollkontinuierlich
Gruppenkombination
WAZ 38,77 h
F, S, N 8,00 h
Brutto-BZ 168,00 h
Zyklus 13 Wo
Einsätze 4,85 /Wo

	1 Mo	1 Di	1 Mi	1 Do	1 Fr	1 Sa	1 So	2 Mo	2 Di	2 Mi	2 Do	2 Fr	2 Sa	2 So	3 Mo	3 Di	3 Mi	3 Do	3 Fr	3 Sa	3 So
A.1	F	F	F	S	S			S	N	N	N				F	F	F	S	S		S
A.2	F	F	S	S			S	N	N	N				F	F	F	S	S		S	N
A.3	F	S	S			S	N	N	N				F	F	F	S	S		S	N	N
A.4	S	S			S	N	N	N				F	F	F	S	S		S	N	N	N
A.5	S			S	N	N	N				F	F	F	S	S		S	N	N	N	
A.6			S	N	N	N				F	F	F	S	S		S	N	N	N		
A.7		S	N	N	N				F	F	F	S	S		S	N	N	N			F
A.8	S	N	N	N			F	F	F	S	S		S	N	N	N				F	F
A.9	N	N	N			F	F	F	S	S		S	N	N	N				F	F	F
A.10	N	N			F	F	F	S	S		S	N	N	N				F	F	F	S
A.11	N			F	F	F	S	S		S	N	N	N				F	F	F	S	S
A.12			F	F	F	S	S		S	N	N	N				F	F	F	S	S	
A.13		F	F	F	S	S		S	N	N	N				F	F	F	S	S		

Wesentliche Vor- und Nachteile:
+ maximal 2-tägige Spätschichtblöcke
+ maximal 3-tägige Nachtschichtblöcke
− 2 freie Wochenenden in 13 Wochen (4 wären möglich), wobei 1 davon durch die Freitag-Nachtschicht verkürzt wird

Varianten   Andere Basisfolgen für 13:3-Pläne sind z.B.:

- `FFFSSS--NNN--`
- `FFFS--SSNNN--`
- `FFSS--SSNN--FFNN--FFSSNN--`

Die folgende Skizze zeigt einen 3-wöchigen Ausschnitt eines 26-wöchigen Plans, der auf der Basisfolge `FFSSNN--FFSNN---FFSSNN---` basiert:

vollkontinuierlich
Gruppenkombination
WAZ 38,77 h
F, S, N 8,00 h
Brutto-BZ 168,00 h
Zyklus 26 Wo
Einsätze 4,85 /Wo

	1 Mo	1 Di	1 Mi	1 Do	1 Fr	1 Sa	1 So	2 Mo	2 Di	2 Mi	2 Do	2 Fr	2 Sa	2 So	3 Mo	3 Di	3 Mi	3 Do	3 Fr	3 Sa	3 So
A.1	F	F	S	S	N	N			F	F	S	S	N	N				F	F	S	S
A.2	S	S	N	N			F	F	S	S	N	N				F	F	S	S	N	N
A.3	N	N			F	F	S	S	N	N				F	F	S	S	N	N		
A.4			F	F	S	S	N	N				F	F	S	S	N	N				F
A.5	F	F	S	S	N	N				F	F	S	S	N	N				F	F	S
A.6	S	S	N	N				F	F	S	S	N	N				F	F	S	S	N
A.7	N	N				F	F	S	S	N	N				F	F	S	S	N	N	
A.8				F	F	S	S	N	N				F	F	S	S	N	N			F
A.9		F	F	S	S	N	N				F	F	S	S	N	N				F	F
A.10	F	F	S	S	N	N				F	F	S	S	N	N				F	F	S
A.11	S	N	N				F	F	S	S	N	N				F	F	S	S	N	N
A.12	N				F	F	S	S	N	N				F	F	S	S	N	N		
A.13		F	F	S	S	N	N				F	F	S	S	N	N				F	F

Wesentlicher Vor- bzw. Nachteil:
+ maximal 2-tägige Nacht- und Spätschichtblöcke
− 5 freie Wochenenden in 26 Wochen (8 wären möglich)

Beispiel 11

vollkontinuierlich
Gruppenkombination
WAZ   37,33 h
F, S   8,00 h
Brutto-BZ   112,00 h
Zyklus   12 Wo
Einsätze   4,67 / Wo

	1 Mo	1 Di	1 Mi	1 Do	1 Fr	1 Sa	1 So	2 Mo	2 Di	2 Mi	2 Do	2 Fr	2 Sa	2 So	3 Mo	3 Di	3 Mi	3 Do	3 Fr	3 Sa	3 So
A.1	F	F	F	F			S	S	S	S	S			F	F	F	F			S	S	S
A.2	F	F	F			S	S	S	S			F	F	F	F			S	S	S	S
A.3	F	F			S	S	S	S			F	F	F	F			S	S	S	S	
A.4	F			S	S	S	S			F	F	F	F			S	S	S	S		
A.5			S	S	S	S			F	F	F	F			S	S	S	S			F
A.6		S	S	S	S			F	F	F	F			S	S	S	S			F	F
A.7	S	S	S	S			F	F	F	F			S	S	S	S			F	F	F
A.8	S	S	S			F	F	F	F			S	S	S	S			F	F	F	F
A.9	S	S			F	F	F	F			S	S	S	S			F	F	F	F	
A.10	S			F	F	F	F			S	S	S	S			F	F	F	F		
A.11			F	F	F	F			S	S	S	S			F	F	F	F			S
A.12		F	F	F	F			S	S	S	S			F	F	F	F			S	S

und

vollkontinuierlich
Gruppenkombination
WAZ   37,33 h
N   8,00 h
Brutto-BZ   56,00 h
Zyklus   6 Wo
Einsätze   4,67 / Wo

	1 Mo	1 Di	1 Mi	1 Do	1 Fr	1 Sa	1 So	2 Mo	2 Di	2 Mi	2 Do	2 Fr	2 Sa	2 So	3 Mo	3 Di	3 Mi	3 Do	3 Fr	3 Sa	3 So
B.1	N	N	N	N			N	N	N	N	N			N	N	N	N			N	N	N
B.2	N	N	N			N	N	N	N			N	N	N	N			N	N	N	N
B.3	N	N			N	N	N	N			N	N	N	N			N	N	N	N	
B.4	N			N	N	N	N			N	N	N	N			N	N	N	N		
B.5			N	N	N	N			N	N	N	N			N	N	N	N			N
B.6		N	N	N	N			N	N	N	N			N	N	N	N			N	N

Der 18:4-Plan besteht aus 2 Teilplänen. Ein Teilplan arbeitet mit der Wechselschichtgruppe A (Basisfolge `FFFF--SSSS--`, 12 Personen, 12-wöchiger Zyklus), der andere Teilplan arbeitet mit der Dauernachtschichtgruppe B (Basisfolge `NNNN--`, 6 Personen, 6-wöchiger Zyklus).

Wesentliche Vor- und Nachteile:
+ Es gibt maximal 4-tägige Arbeitsblöcke.
− Die Dauernachtschichten für die Gruppe B sind aus arbeitswissenschaftlicher Sicht als problematisch anzusehen (siehe auch Kapitel E.8 "Zur Frage der Dauernachtarbeit").
− Es gibt 1 freies Wochenende in 6 Wochen, wobei das der Gruppe B noch durch die Freitag-Nachtschicht beeinträchtigt wird.

Variante

	1 Mo	1 Di	1 Mi	1 Do	1 Fr	1 Sa	1 So	2 Mo	2 Di	2 Mi	2 Do	2 Fr	2 Sa	2 So	3 Mo	3 Di	3 Mi	3 Do	3 Fr	3 Sa	3 So
A.1	F	F	F	F				S	S	S	S	F	F	F	F				S	S	S
A.2	F	F			S	S	S	S				F	F	F	F				S	S	S
A.3			S	S	S	S	S			F	F	F	F		S	S	S	S			F
A.4	S	S	S	S		F	F	F	F		S	S	S	S				F	F	F	
A.5	S	S			F	F	F	F		S	S	S	S				F	F	F	F	
A.6		F	F	F	F			S	S	S	S			F	F	F	F				S

	1 Mo	1 Di	1 Mi	1 Do	1 Fr	1 Sa	1 So	2 Mo	2 Di	2 Mi	2 Do	2 Fr	2 Sa	2 So	3 Mo	3 Di	3 Mi	3 Do	3 Fr	3 Sa	3 So
B.1	N	N	N	N				N	N	N	N	N	N	N					N	N	N
B.2	N	N			N	N	N	N				N	N	N	N				N	N	N	
B.3			N	N	N	N	N			N	N	N	N		N	N	N	N				N

Die Teilpläne können auch durch Zusammenfassen von jeweils 2 Teilgruppen zu einer vereinfacht werden. Dies hat eine geringere Mischung der Gruppen zur Folge.

B.3.3.c) Allgemeines Verfahren: Bestimmung von möglichen Gruppenkombinationen bei einheitlicher, bekannter Besetzungsstärke

	Verfahren	Beispiel
1.	Bestimmen des Personalbedarfs (siehe Basisschritte) Achtung: Die Besetzungsstärke muss unbedingt berücksichtigt werden!	*In einem vollkontinuierlichen Betrieb beträgt die Schichtlänge von F, S, N (mit Übergabezeit) je 8,25 h. Die Besetzungsstärke ist 6 Personen. Gesamte Arbeitsstunden pro Woche:* 8,25 h * 21 Schichten * 6 Personen = 1039,50 h *Der Personalbedarf beträgt:* $\dfrac{1039{,}50\ h}{38{,}50\ h} = 27\ Personen$
2.	Suche nach zwei Zahlen *a* und *b*, sodass • *a* die Zahl der Gruppen und *b* die Gruppengröße bezeichnet • *b* ist Teiler der Besetzungsstärke (meist gibt es nur sehr wenige Teiler) • *a* * *b* ≈ Personalbedarf • *a* möglichst klein ist	*9 Gruppen * 3 Personen = 27 Personen*

Grundlagen – 75

3.	Berechnung der in jeder Schicht einzuplanenden Schichtgruppen $c = \dfrac{Besetzungsstärke}{Gruppengröße\ b}$	In jeder Schicht müssen 2 von den 9 Gruppen eingeplant werden. $c = \dfrac{Besetzungsstärke}{Gruppengröße\ b} = \dfrac{6}{3} = 2$
4.	Es wird mit a Schichtgruppen geplant, und zwar so, dass jede Schicht mit c Gruppen abgedeckt wird. Bei der Planung "genügt" es nun, auf den ergonomischen Planrhythmus und die Einhaltung der Gesetze zu achten. Die Bruttobetriebszeit wird jedenfalls erfüllt.	Die Zykluslänge beträgt 9 Wochen:

	1 Mo	1 Di	1 Mi	1 Do	1 Fr	1 Sa	1 So
A.1	F	F	S	S	N	N	
A.2			F	F	S	S	N
A.3	N			F	F	S	
A.4	S	N	N				F
A.5	F	S	S	N	N		
A.6		F	F	S	S	N	N
A.7				F	F	S	S
A.8	N	N				F	F
A.9	S	S	N	N			

Anmerkungen Die Zykluslänge ist gleich der Anzahl der Schichtgruppen (a) oder ein Vielfaches davon in Wochen.

Es lohnt sich oft, die Zahl der Personen leicht zu erhöhen oder zu senken, um eine bessere Gruppenbildung zu ermöglichen. Die daraus resultierenden Wochenarbeitszeiten können direkt berechnet werden:

$$\dfrac{Arbeitsstunden\ pro\ Woche}{Anzahl\ der\ Personen} = WAZ$$

B.3.3.d) Allgemeines Verfahren: Bestimmung von möglichen Gruppenkombinationen bei einheitlicher, aber unbekannter Besetzungsstärke

	Verfahren	Beispiel
1.	Suche nach zwei Zahlen a und b, sodass • a die Zahl der Gruppen bezeichnet • b die Anzahl der Gruppen angibt, die pro Schicht eingeplant werden müssen	7 Gruppen, von denen immer 2 anwesend sein müssen

$$\frac{a}{b} = \frac{Brutto\text{-}BZ}{Soll\text{-}WAZ}$$

- *a* möglichst klein ist
- *b* möglichst klein ist

2. Erstellung des Plans wie oben

Anmerkung Typischerweise startet das Verfahren mit kleinen *b*'s, z.B. 2, 3, 4. Nur in Ausnahmefällen werden größere *b*'s verwendet.

B.3.4 Was sind Übergroße Gruppen und wie plane ich damit?

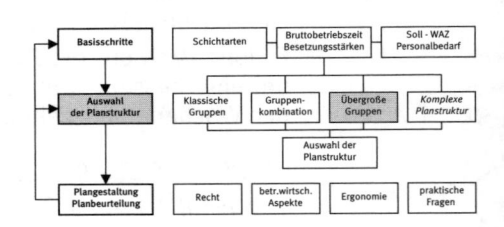

Übergroße Gruppen Bei der Planstruktur Übergroße Gruppen werden größere Gruppen (größer als die Besetzungsstärke) gebildet, und es wird jeweils einem Teil der Gruppe freigegeben (z.B. 2 Gruppen mit je 5 Untergruppen, von denen jeweils 1 frei hat).

Im folgenden 6-wöchigen Ausschnitt eines derartigen Plans sind zu jedem Zeitpunkt 4 von 5 Teilgruppen einer Schichtmannschaft anwesend.

	1 Mo	1 Di	1 Mi	1 Do	1 Fr	1 Sa	1 So	2 Mo	2 Di	2 Mi	2 Do	2 Fr	2 Sa	2 So	3 Mo	3 Di	3 Mi	3 Do	3 Fr	3 Sa	3 So
A.1		F	F	F	F	F		S	S	S	S				F		F	F	F	F	F
A.2	F		F	F	F	F			S	S		S	S			F	F		F	F	F
A.3	F	F			F	F		S	S		S	S			F	F		F		F	F
A.4	F	F	F			F	F	S	S	S			S			F	F	F			
A.5	F	F	F	F				S	S	S	S					F	F	F	F	F	
B.1		S	S	S	S			F		F	F	F	F		S		S	S	S		
B.2	S		S	S	S			F	F		F	F			S	S		S	S		
B.3	S	S		S	S			F	F	F		F			S	S	S				
B.4	S	S	S		S			F	F	F	F				S	S	S	S			
B.5	S	S	S	S					F	F	F	F	F			S	S	S	S		

Grundlagen – 77

	4 Mo	4 Di	4 Mi	4 Do	4 Fr	4 Sa	4 So	5 Mo	5 Di	5 Mi	5 Do	5 Fr	5 Sa	5 So	6 Mo	6 Di	6 Mi	6 Do	6 Fr	6 Sa	6 So
A.1	S		S	S	S			F	F		F	F	F		S	S		S	S		
A.2	S	S		S	S			F	F	F		F	F		S	S	S		S		
A.3	S	S	S		S			F	F	F	F				S	S	S	S			
A.4	S	S	S	S					F	F	F	F	F		S		S	S	S		
A.5		S	S	S	S			F		F	F	F	F		S		S	S	S		
B.1	F	F		F	F	F		S	S		S	S			F	F	F		F	F	
B.2	F	F	F		F	F		S	S	S		S			F	F	F	F			
B.3	F	F	F	F				S	S	S	S					F	F	F	F	F	
B.4		F	F	F	F	F			S	S	S	S			F		F	F	F	F	
B.5	F		F	F	F	F			S		S	S	S		F	F		F	F	F	

Kurz- Oft wird eine Kurzbezeichnung verwendet, um verschiedene Konzepte für
bezeichnung Übergroße Gruppen zu unterscheiden:

4-von-5 ... Die Übergroße Gruppe besteht aus 5 Personen (oder einem Vielfachen davon – z.B. 10, 15, 20). Davon sind in jeder Schicht 4 Personen anwesend (oder ein Vielfaches davon – z.B. 8, 12, 16).

Darstellung Die Darstellung von Übergroßen Gruppen erfolgt in der Regel mittels der Langdarstellung für Schichtpläne.

Auch die Kurzdarstellung des Teilplans für die 1. Übergroße Gruppe ist ausreichend. Die Teilpläne für die 2., 3., 4., ... Übergroße Gruppe beginnen jeweils 1 Woche versetzt. Für obiges Beispiel sieht diese Darstellung so aus:

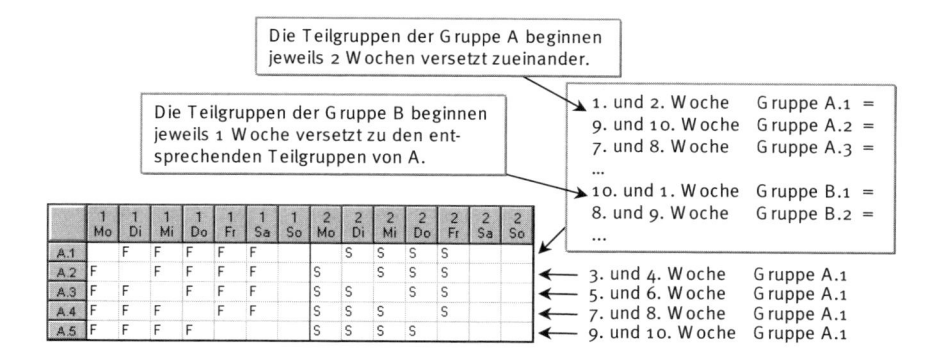

Die Teilgruppen der Gruppe A beginnen jeweils 2 Wochen versetzt zueinander.

Die Teilgruppen der Gruppe B beginnen jeweils 1 Woche versetzt zu den entsprechenden Teilgruppen von A.

	1 Mo	1 Di	1 Mi	1 Do	1 Fr	1 Sa	1 So	2 Mo	2 Di	2 Mi	2 Do	2 Fr	2 Sa	2 So
A.1		F	F	F	F	F			S	S	S	S		
A.2	F		F	F	F	F				S	S	S	S	
A.3	F	F		F	F	F		S			S	S	S	
A.4	F	F	F		F	F		S	S			S	S	
A.5	F	F	F	F		F		S	S	S			S	

1. und 2. Woche   Gruppe A.1 =
9. und 10. Woche   Gruppe A.2 =
7. und 8. Woche   Gruppe A.3 =
...
10. und 1. Woche   Gruppe B.1 =
8. und 9. Woche   Gruppe B.2 =
...

← 3. und 4. Woche   Gruppe A.1
← 5. und 6. Woche   Gruppe A.1
← 7. und 8. Woche   Gruppe A.1
← 9. und 10. Woche   Gruppe A.1

Anwendbar- Anwendbar sind Übergroße Gruppen vor allem, wenn
keit
- die Bruttobetriebszeit keine ganzen Gruppen erlaubt,
- unterschiedliche Besetzungsstärken zu berücksichtigen sind,
- Gruppen nicht gemischt werden sollen.

Eigenschaften
+ Die Bruttobetriebszeit ist bei Übergroßen Gruppen flexibler planbar als bei der Planstruktur Klassische Gruppen.
+ Verschiedene Arbeitszeitmodelle sind kombinierbar.
+ Unterschiedliche Besetzungsstärken (z.B. eine reduzierte Nachtschicht am Sonntag) können gut berücksichtigt werden.
+ Meist sind gute Freizeitverteilungen planbar.
• Die Pläne sind einheitlich und meist lang (Letzteres besonders bei "unangenehmen" Zahlen, wie z.B. 17-von-21).
• Die Gruppen werden nicht gemischt.
• Welche Übergroßen Gruppen möglich sind, hängt stark von den zu erreichenden Besetzungsstärken ab.
• Der Gestaltungsspielraum bei der Verteilung der freien Tage ist groß.
• Es ist darauf zu achten, dass Qualifikationen mehrfach vorhanden sind. Dies lässt sich meist einfacher sicherstellen als bei Gruppenkombinationen.
– Es können lange Arbeitsblöcke entstehen.

Tipp In der Praxis werden nur wenige der theoretisch denkbaren Kombinationen verwendet. Die wichtigsten werden in folgender Übersicht angeführt. Verschiedene Sollwochenarbeitszeiten und die damit jeweils erreichbaren Bruttobetriebszeiten sind dargestellt.
Besonders interessant sind Übergroße Gruppen im teilkontinuierlichen Bereich.

Verwendete Abkürzungen:
"Klass." steht für Klassische Pläne mit 2, 3, 4 oder 5 Gruppen.
"Groß" steht für Übergroße Pläne.

Planstruktur	Klass.	Groß	Groß	Groß	Klass.	Groß	Groß	Groß	Klass.	Groß	Klass.
Anzahl der Gruppen	2	2	2	2	3	3	3	3	4	4	5
mit Teilgruppen	1	7	6	5	1	7	6	5	1	6	1
davon anwesend	1	6	5	4	1	6	5	4	1	5	1
Soll-WAZ	BRUTTOBETRIEBSZEITEN										
33,6 h	67,2 h	78,4 h	80,6 h	84,0 h	100,8 h	117,6 h	121,0 h	126,0 h	134,4 h	161,3 h	168,0 h
35,0 h	70,0 h	81,7 h	84,0 h	87,5 h	105,0 h	122,5 h	126,0 h	131,3 h	140,0 h	168,0 h	175,0 h
36,0 h	72,0 h	84,0 h	86,4 h	90,0 h	108,0 h	126,0 h	129,6 h	135,0 h	144,0 h	172,8 h	180,0 h
38,0 h	76,0 h	88,7 h	91,2 h	95,0 h	114,0 h	133,0 h	136,8 h	142,5 h	152,0 h	182,4 h	190,0 h
38,5 h	77,0 h	89,8 h	92,4 h	96,3 h	115,5 h	134,8 h	138,6 h	144,4 h	154,0 h	184,8 h	192,5 h

Grundlagen – 79

Brutto-BZ Übergroße Gruppen

$$Brutto\text{-}BZ = \frac{Soll\text{-}WAZ * Anzahl\ der\ Gruppen * Anzahl\ der\ Teilgruppen}{Anzahl\ gleichzeitig\ anwesender\ Teilgruppen}$$

In Ausnahmefällen kann es sinnvoll sein, mit mehr als den in obiger Tabelle berücksichtigten Teilgruppen zu arbeiten.

Besetzungsstärken Die Konsequenz dieser Planstruktur für den Schichtplan und für den Personalbedarf ist, dass nicht mehr jede beliebige Besetzungsstärke erzielt werden kann. Es sind nur mehr Vielfache der Anzahl der pro Schicht einzuplanenden Teilgruppen möglich.

Wenn immer 4 von 5 Teilgruppen pro Schicht anwesend sein müssen, sind die erreichbaren Besetzungsstärken 4, 8, 12 usw.

Der Zusammenhang zwischen Bruttobetriebszeit und Besetzungsstärken wird für Übergroße Gruppen in der folgenden Tabelle illustriert:

Soll-WAZ	Bruttobetriebszeiten				
35,00 h	105,00 h	126,00 h		131,25 h	140,00 h
38,50 h	115,50 h	138,60 h		144,38 h	154,00 h

	Gruppen	3	3	3	4
	Teilgruppen	1	6	5	1
	gleichzeitig anwesend	1	5	4	1
Soll-besetzungsstärke	Gruppengröße	Personal insgesamt	Gruppengröße	Personal insgesamt	Gruppengröße	Personal insgesamt	Gruppengröße	Personal insgesamt
1	1	3	---	---	---	---	1	4
2	2	6	---	---	---	---	2	8
3	3	9	---	---	---	---	3	12
4	4	12	---	---	5	15	4	16
5	5	15	6	18	---	---	5	20
6	6	18	---	---	---	---	6	24
7	7	21	---	---	---	---	7	28
8	8	24	---	---	10	30	8	32
9	9	27	---	---	---	---	9	36
10	10	30	12	36	---	---	10	40
11	11	33	---	---	---	---	11	44
12	12	36	---	---	15	45	12	48
13	13	39	---	---	---	---	13	52
14	14	42	---	---	---	---	14	56
15	15	45	18	54	---	---	15	60
16	16	48	---	---	20	60	16	64

Falls die Besetzungsstärke noch nicht definiert ist, sollte die Anzahl der jeweils einzuplanenden Teilgruppen klein gehalten werden, um sich nicht zu stark einzuschränken. Ferner ist zu überlegen, ob die Vorteile eines Übergroßen Plans (z.B. hinsichtlich Arbeitszeit und Bruttobetriebszeit) den Nachteil dieser Einschränkung aufwiegen.

In manchen Fällen kann diese Einschränkung mit entsprechenden Reservekonzepten umgangen werden.

Verweise

QUERVERBINDUNGEN	VERTIEFUNGSTHEMEN
Es gibt eine starke Querverbindung zur Brutto-BZ und zur Besetzungsstärke.	Reserven Flexibilität Komplexe Planstrukturen (Teilzeitgruppen)

B.3.4.a) Plangestaltung mit Übergroßen Gruppen – Grundlagen

Übersicht Der wichtigste Ansatz für die Plangestaltung mit der Planstruktur Übergroße Gruppen ist die Abwandlung Klassischer Pläne (die ihrerseits mit Hilfe von Basisfolgen oder Direkter Gestaltung entwickelt worden sind).

Bei permanenten Schichtsystemen (Gruppen arbeiten immer nur in einer Schichtart) können Basisfolgen auch unmittelbar zur Gestaltung von Übergroßen Plänen verwendet werden.

Anmerkung Die in den folgenden Unterkapiteln angeführten Beispiele berücksichtigen das Prinzip der Vorwärtsrotation (siehe auch Abschnitt E "Ergonomie").

Abwandlung Klassischer Pläne Die Abwandlung erfolgt in drei Schritten:
1. Ausgangspunkt ist ein Klassischer Plan, der die Bruttobetriebszeit abdeckt, jeweils 1 Gruppe je Schicht vorsieht und dessen Wochenarbeitszeit über der Sollwochenarbeitszeit liegt.
2. Der Klassische Plan wird für alle Teilgruppen explizit dargestellt.
3. Da Übergroße Gruppen mehr Teilgruppen enthalten als für die Besetzungsstärke erforderlich sind, ist nun jede Schicht um eine oder mehr Teilgruppen überbesetzt. "Überzähligen" Teilgruppen kann freigegeben werden. Zu beachten sind dabei zwei Zielsetzungen:
    - die gute Gestaltung der Wochenenden und
    - die Vermeidung langer Arbeitsblöcke.

diskontinuierlich
Übergroße Gruppen
WAZ 35,20 h
F, S 8,00 h
Brutto-BZ 88,00 h
Zyklus 10 Wo
Einsätze 4,40 /Wo

Mit einem 4-von-5-Plan, d.h. die Besetzungsstärke umfasst 4 Teilgruppen, der Plan arbeitet aber mit 5 Teilgruppen, sollen 88 h Bruttobetriebszeit abgedeckt werden.

Als Ausgangspunkt wird ein Klassischer 2-Gruppen-Plan, der bei Verwendung von 8 h-Schichten zu 44 h Wochenarbeitszeit führt, gewählt:

	1 Mo	1 Di	1 Mi	1 Do	1 Fr	1 Sa	1 So
A	F	F	F	F	F	F	
B	S	S	S	S	S		

Klassischer Plan

Wenn die Folge für alle 5 Teilgruppen der Übergroßen Gruppen A und B explizit dargestellt wird, sieht der Plan wie folgt aus:

	1 Mo	1 Di	1 Mi	1 Do	1 Fr	1 Sa	1 So	2 Mo	2 Di	2 Mi	2 Do	2 Fr	2 Sa	2 So
A.1	F	F	F	F	F	F		S	S	S	S	S		
A.2	F	F	F	F	F	F		S	S	S	S	S		
A.3	F	F	F	F	F	F		S	S	S	S	S		
A.4	F	F	F	F	F	F		S	S	S	S	S		
A.5	F	F	F	F	F	F		S	S	S	S	S		
B.1	S	S	S	S	S			F	F	F	F	F	F	
B.2	S	S	S	S	S			F	F	F	F	F	F	
B.3	S	S	S	S	S			F	F	F	F	F	F	
B.4	S	S	S	S	S			F	F	F	F	F	F	
B.5	S	S	S	S	S			F	F	F	F	F	F	

Damit ist jede Schicht um 1 Teilgruppe überbesetzt. In diesem Beispiel sind jeweils 5 statt 4 Teilgruppen da, weshalb jeweils 1 Teilgruppe aus dem Plan gestrichen werden kann.

Im folgenden Planausschnitt wird dies für die Gruppe A durchgeführt.

	1 Mo	1 Di	1 Mi	1 Do	1 Fr	1 Sa	1 So	2 Mo	2 Di	2 Mi	2 Do	2 Fr	2 Sa	2 So
A.1		F	F	F	F	F				S	S	S		
A.2	F		F	F	F	F		S	S					
A.3	F	F		F	F	F		S	S	S	S	S		
A.4	F	F	F		F	F		S	S	S	S	S		
A.5	F	F	F	F				S	S	S	S	S		

Die Wochenarbeitszeit beträgt nun bei 8 h-Schichten nur mehr 35,20 h.

Andere Verteilungen sind möglich. In diesem Fall wurde in den langen Frühschichtwochen eher auf die Zerschlagung des Arbeitsblocks, in den Spätschichtwochen mehr auf die Wochenendgestaltung geachtet.

Die Gruppen tauschen in einem 2-Wochen-Rhythmus. A.1 fährt z.B. nach 2 Wochen mit dem Plan von A.2 fort. Die Gruppe B läuft in diesem Beispiel um eine Woche versetzt. Sie startet also mit der Spätschicht.

Die folgende Darstellung zeigt die ersten 3 Wochen des 10-wöchigen Plans:

	1 Mo	1 Di	1 Mi	1 Do	1 Fr	1 Sa	1 So	2 Mo	2 Di	2 Mi	2 Do	2 Fr	2 Sa	2 So	3 Mo	3 Di	3 Mi	3 Do	3 Fr	3 Sa	3 So
A.1		F	F	F	F	F			S	S	S				F		F	F	F	F
A.2	F		F	F	F	F		S	S						F	F		F	F	F	
A.3	F	F		F	F	F		S	S	S	S	S			F	F	F		F	F	
A.4	F	F	F		F	F		S	S	S	S	S			F	F	F	F			
A.5	F	F	F	F				S	S	S	S	S				F	F	F	F	F	
B.1		S	S	S				F		F	F	F	F		S	S					
B.2	S	S						F	F		F	F	F		S	S	S	S	S		
B.3	S			S	S			F	F	F		F	F		S	S	S	S	S		
B.4	S		S	S	S			F	F	F	F				S	S	S	S	S		
B.5	S	S	S	S	S				F	F	F	F	F		S				S	S	S

Basisfolgen — Wenn kein Wechsel der Schichtart für die einzelnen Gruppen vorgesehen ist, lässt sich das regelmäßige Streichen von Schichten für einzelne Teilgruppen auch mit Hilfe von Basisfolgen gestalten.

Übergroße Gruppen
WAZ 38,50 h
T 8,25 h
Brutto-BZ 57,75 h
Zyklus 3 Wo
Einsätze 4,67 /Wo

Für 1 Übergroße Gruppe A mit 3 Teilgruppen A.1–A.3 soll mit der Basisfolge TTTT-- *ein Plan gestaltet werden. Die ersten 3 Wochen des Plans sehen wie folgt aus:*

	1 Mo	1 Di	1 Mi	1 Do	1 Fr	1 Sa	1 So	2 Mo	2 Di	2 Mi	2 Do	2 Fr	2 Sa	2 So	3 Mo	3 Di	3 Mi	3 Do	3 Fr	3 Sa	3 So
A.1	T	T	T	T				T	T	T					T	T				T	T
A.2	T	T						T	T	T	T				T			T	T	T	T
A.3			T	T	T				T	T	T	T				T	T	T			T

Zykluslänge Übergroßer Pläne — Die Berechnungsformel für die Zykluslänge Übergroßer Pläne lautet:

*Zykluslänge = Zykluslänge Klassischer Plan * Anzahl der Teilgruppen pro Gruppe*

Die Zykluslänge ist in der Regel ziemlich groß. Die Planstruktur ist trotzdem sehr einfach.

Querverbindung zu Gruppenkombination — Wenn Übergroße Gruppen verwendet werden können, sind auch Gruppenkombinationen möglich. Dies gilt umgekehrt nicht immer.
Im obigen Beispiel wären die Gruppenkombinationen 10-zu-4 (mit einer Gruppengröße von 1 Person) und 5-zu-2 (mit einer Gruppengröße von 2 Personen) anwendbar.

Die folgende Tabelle zeigt für einige Gruppenkombinationen jene Besetzungsstärken, die es erlauben, auch Übergroße Gruppen zu verwenden.

Gruppenkombination	mögliche Besetzungsstärken	Übergroße Gruppen
5 zu 2	4 8 12 ...	2 mit 4 von 5
7 zu 2	6 12 18 ...	3 mit 6 von 7
9 zu 2	8 16 24 ...	4 mit 8 von 9
7 zu 3	6 12 18 ...	2 mit 6 von 7
8 zu 3	3 6 9 ...	2 mit 3 von 4
10 zu 3	9 18 27 ...	3 mit 9 von 10
11 zu 3	9 18 27 ...	3 mit 9 von 11

Im Allgemeinen genügt es, wenn die Besetzungsstärke gleich oder ein Vielfaches ist von der Zahl der pro Schicht gleichzeitig anwesenden Gruppen des Kombinationsplans, multipliziert mit der Zahl der Übergroßen Gruppen, die erforderlich sind.

Im obigen Beispiel wäre die Gruppenkombination 7-zu-2 geeignet, wenn die Besetzungsstärke ein Vielfaches von 6 ist:

$n * 6 = n * (2 \text{ [anwesend in Gruppenkombination]} * 3 \text{ [Übergroße Gruppe]})$

Also 6 (dann ist n = 1), 12 (dann ist n = 2), 18 (dann ist n = 3) usw.

B.3.4.b) Beispiele für Übergroße Pläne

Beispiel 1 Dieser Beispielplan arbeitet mit 1 Übergroßen Gruppe A zu 7 Teilgruppen A.1–A.7. In der Kurzdarstellung sieht der Plan wie folgt aus:

Übergroße Gruppen
WAZ 36,00 h
T 9,00 h
Brutto-BZ 63,00 h
Zyklus 7 Wo
Einsätze 4,41 / Wo

	1 Mo	1 Di	1 Mi	1 Do	1 Fr	1 Sa	1 So
A.1	T	T	T	T			
A.2		T	T	T	T		
A.3			T	T	T	T	T
A.4				T	T	T	T
A.5	T				T	T	T
A.6	T	T				T	T
A.7	T	T	T				

Wesentliche Vor- und Nachteile:
+ Es gibt 3 lange freie Wochenenden im 7-wöchigen Zyklus (Fr–Mo, Sa–Di und Do–So).
+ Es gibt maximal 5-tägige Arbeitsblöcke.
− Die freien Wochenenden sind unregelmäßig über den Zyklus verteilt.
− Die 9 h-Schichten können belastend sein.

Beispiel 2

diskontinuierlich
Übergroße Gruppen
WAZ 36,00 h
F, S 9,00 h
Brutto-BZ 90,00 h
Zyklus 10 Wo
Einsätze 4,00 / Wo

Dieser Beispielplan arbeitet mit 2 Übergroßen Gruppen A und B zu je 5 Teilgruppen A.1–A.5 und B.1–B.5. Die geringe Einsatzzahl pro Woche erlaubt die weitgehende Zerlegung der Spätschichtblöcke. Der Teilplan für die Gruppe A und ihre Teilgruppen sieht in der Kurzdarstellung wie folgt aus:

	1 Mo	1 Di	1 Mi	1 Do	1 Fr	1 Sa	1 So	2 Mo	2 Di	2 Mi	2 Do	2 Fr	2 Sa	2 So
A.1	F	F	F					S	S	S	S	S		
A.2	F	F	F	F	F			S	S	S				
A.3	F	F		F	F				S	S	S			
A.4	F	F	F	F	F			S	S		S	S		
A.5		F	F	F				S	S	S	S	S		

Die Teilgruppe B.1 beginnt 1 Woche versetzt zu A.1, also mit dem Plan, nach dem A.1 in der 2. Woche arbeitet.

Wesentliche Vor- und Nachteile:
+ Es gibt 4 lange freie Wochenenden in 10 Wochen.
+ Die Verteilung der langen freien Wochenenden über den Zyklus ist gut.
+ In 3 Wochen sind die Spätschichtblöcke kürzer.
− 2 Spätschichtblöcke dauern noch 5 Tage. Dies kann bei 9 h-Schichten belastend sein.

Variante

diskontinuierlich
Übergroße Gruppen
WAZ 38,57 h
F, S 9,00 h
Brutto-BZ 90,00 h
Zyklus 14 Wo
Einsätze 4,29 / Wo

Wenn verhältnismäßig weniger Personen freigegeben wird, z.B. nur 1 von 7 Personen, und die 9 h-Schichten beibehalten werden, ergibt sich eine höhere Wochenarbeitszeit. Die relativ geringe Einsatzzahl pro Woche erlaubt die weitgehende Zerlegung der Spätschichtblöcke. Dieser Plan arbeitet mit 2 Übergroßen Gruppen A und B zu je 7 Teilgruppen A.1–A.7 und B.1–B.7. Der Teilplan für die Gruppe A und ihre Teilgruppen sieht in der Kurzdarstellung wie folgt aus:

	1 Mo	1 Di	1 Mi	1 Do	1 Fr	1 Sa	1 So	2 Mo	2 Di	2 Mi	2 Do	2 Fr	2 Sa	2 So
A.1	F	F	F	F	F			S	S	S	S	S		
A.2		F	F	F				S	S	S	S	S		
A.3	F	F	F	F	F					S	S			
A.4	F		F	F	F			S		S	S			
A.5	F	F	F	F	F			S	S	S	S			
A.6	F	F	F					S	S	S	S	S		
A.7	F	F	F	F	F			S	S	S				

Wesentliche Vor- und Nachteile:
+ Es gibt weiterhin 4 lange freie Wochenenden, allerdings in 14 Wochen.
+ Die Verteilung der langen freien Wochenenden über den Zyklus ist gut.
+ In 3 Wochen sind die Spätschichtblöcke kürzer.
− 4 Spätschichtblöcke dauern noch 5 Tage. Dies kann bei 9 h-Schichten belastend sein.

Grundlagen – 85

Beispiel 3

teilkontinuierlich
Übergroße Gruppen
WAZ 35,56 h
F, S 8,00 h
Brutto-BZ 120,00 h
Zyklus 9 Wo
Einsätze 4,45 /Wo

Dieser Beispielplan arbeitet mit 3 Übergroßen Gruppen A, B und C zu je 3 Teilgruppen A.1–A.3, B.1–B.3 und C.1–C.3. In den Nachtschichten werden nur 2 statt 3 Personen eingeplant.[7] Die geringe Einsatzzahl pro Woche erlaubt die Zerlegung der Nachtschichtblöcke.

Der Teilplan für die Gruppe A und ihre Teilgruppen sieht in der Kurzdarstellung wie folgt aus:

	1 Mo	1 Di	1 Mi	1 Do	1 Fr	1 Sa	1 So	2 Mo	2 Di	2 Mi	2 Do	2 Fr	2 Sa	2 So	3 Mo	3 Di	3 Mi	3 Do	3 Fr	3 Sa	3 So
A.1	F	F	F	F	F			S	S	S	S	S					N	N	N		
A.2	F	F	F	F	F			S	S	S	S	S			N	N		N	N		
A.3	F	F	F	F	F			S	S	S	S	S			N	N	N				

Wesentliche Vor- und Nachteile:

+ 2 lange freie Wochenenden in 9 Wochen
+ maximal 3-tägige Nachtschichtblöcke
− 5-tägige Spätschichtblöcke

Beispiel 4

fast kontinuierlich
Übergroße Gruppen
WAZ 36,78 h
F, S, N 8,25 h
Brutto-BZ 156,75 h
Zyklus 24 Wo
Einsätze 4,46 /Wo

Aus Gründen der Übersichtlichkeit erfolgt auch in diesem Beispiel ein Vorgriff auf das Unterkapitel C.4.7 "Wie berücksichtige ich unterschiedliche Besetzungsstärken?". In den Nachtschichten wird mit einer geringeren Besetzungsstärke als in den Früh- und Spätschichten gearbeitet. Die relativ geringe Einsatzzahl pro Woche erlaubt die teilweise Zerlegung der Nachtschichtblöcke.

Der Beispielplan arbeitet mit 4 Übergroßen Gruppen A, B, C und D zu je 6 Teilgruppen A.1–A.6, B.1–B.6, C.1–C.6 und D.1–D.6, wobei immer 1 Teilgruppe in der Nachtschicht frei hat. Der Teilplan für die Gruppe A und ihre Teilgruppen sieht in der Kurzdarstellung wie folgt aus:

	1 Mo	1 Di	1 Mi	1 Do	1 Fr	1 Sa	1 So	2 Mo	2 Di	2 Mi	2 Do	2 Fr	2 Sa	2 So	3 Mo	3 Di	3 Mi	3 Do	3 Fr	3 Sa	3 So	4 Mo	4 Di	4 Mi	4 Do	4 Fr	4 Sa	4 So
A.1	F	F	F	S	S	S									S	S	S	N	N	N				F	F	F		
A.2	F	F	F	S	S	S		N	N	N					S	S	S	N	N	N				F	F	F		
A.3	F	F	F	S	S	S		N	N	N					S	S		N	N	N				F	F	F		
A.4	F	F	F	S	S	S		N	N	N					S	S	S	N	N	N				F	F	F		
A.5	F	F	F	S	S	S		N	N	N					S	S	S	N						F	F	F		
A.6	F	F	F	S	S	S		N	N	N					S	S	S	N	N	N				F	F	F		

---

[7] Grundsätzlich werden in diesem Kapitel zwar nur Einfache Pläne (das sind Pläne mit einheitlichen Besetzungsstärken in allen Schichtarten) behandelt. Die Streichung einer Person nur in der Nachtschicht ist streng genommen ein Vorgriff auf das Unterkapitel C.4.7 "Wie berücksichtige ich unterschiedliche Besetzungsstärken?", bietet aber eine interessante Möglichkeit, die Nachtschicht im teilkontinuierlichen Bereich auszudünnen. Die Vorteile der Planstruktur Übergroße Gruppen kommen bei einheitlichen Besetzungsstärken erst in Beispielen mit wesentlich mehr Teilgruppen zur Geltung.

Wesentliche Vor- und Nachteile:

+ Es gibt 1 freie Woche in 24 Wochen.
+ Es gibt 6 freie Wochenenden in 24 Wochen.
+ Die Spät- und Nachtschichtblöcke dauern mit 4 Ausnahmen (4-tägig) maximal 3 Tage.
− Der Zyklus dauert 24 Wochen.
− Es gibt 11-mal in 24 Wochen nur einzelne freie Tage.

Beispiel 5

vollkontinuierlich
Übergroße Gruppen
WAZ 36,00 h
F, S, N 8,00 h
Brutto-BZ 168,00 h
Zyklus 28 Wo
Einsätze 4,50 /Wo

Der Plan entspricht in seiner Grundstruktur dem Beispiel 5 (vollkontinuierlich, Klassische Gruppen) im Unterkapitel B.3.2.d) "Beispiele für Klassische Pläne".

Der Beispielplan arbeitet mit 4 Übergroßen Gruppen A, B, C und D zu je 7 Teilgruppen A.1–A.7, B.1–B.7, C.1–C.7 und D.1–D.7, wobei pro Schicht immer 1 Teilgruppe frei hat. Dadurch sinkt die Wochenarbeitszeit (bei Verwendung von 8 h-Schichten) gegenüber dem Plan mit der Klassischen Planstruktur von 42 h auf 36 h. Der Teilplan für die Gruppe A und ihre Teilgruppen sieht in der Kurzdarstellung wie folgt aus:

	1 Mo	1 Di	1 Mi	1 Do	1 Fr	1 Sa	1 So	2 Mo	2 Di	2 Mi	2 Do	2 Fr	2 Sa	2 So	3 Mo	3 Di	3 Mi	3 Do	3 Fr	3 Sa	3 So	4 Mo	4 Di	4 Mi	4 Do	4 Fr	4 Sa	4 So
A.1			S	S	N	N	N		F	F	S	S	S	N	N							S	S	N	N		
A.2	F	F	S	S	N	N			F	F			N	N			F	F	S	S							
A.3	F	F			N	N	N		F	F	S	S	S	N	N		F	F	F	S	S						
A.4	F	F	S	S	N	N	N			S	S	S	N	N			F	F	F	S	S	N	N				
A.5	F	F	S	S				F	F	S	S	S				F	F	F	S	S	N	N					
A.6	F	F	S	S	N	N	N		F	F	S	S	N	N		F	F	F			N	N					
A.7	F	F	S	S	N	N	N		F	F	S	S	S						F	F	S	S	N	N			

Wesentliche Vor- und Nachteile:

+ Es gibt 10 freie Wochenenden in 28 Wochen, davon 5 lange Wochenenden.
+ Es gibt maximal 3-tägige Spät- und Nachtschichtblöcke.
− Der Zyklus dauert 28 Wochen.
− 12 Arbeitsblöcke in 28 Wochen dauern 7 Tage.

Variante

vollkontinuierlich
Übergroße Gruppen
WAZ 39,20 h
F, S, N 8,00 h
Brutto-BZ 168,00 h
Zyklus 20 Wo
Einsätze 4,90 /Wo

Eine andere Art, den Plan aus Beispiel 5 (vollkontinuierlich, Klassische Gruppen) im Unterkapitel B.3.2.d) "Beispiele für Klassische Pläne" abzuändern, besteht darin, nur die Nachtschichten auszudünnen.

Der Beispielplan arbeitet mit 4 Übergroßen Gruppen A, B, C und D zu je 5 Teilgruppen A.1–A.5, B.1–B.5, C.1–C.5 und D.1–D.5. Die Besetzungsstärke beträgt 5 Personen, wobei in der Nachtschicht nur 4 Personen erforderlich sind. Dadurch senkt sich die Wochenarbeitszeit (bei 8 h-Schichten) gegenüber dem Plan mit Klassischen Strukturen von 42 h auf 39,2 h. Der Teilplan für die Gruppe A und ihre Teilgruppen sieht in der Kurzdarstellung wie folgt aus:

	1 Mo	1 Di	1 Mi	1 Do	1 Fr	1 Sa	1 So	2 Mo	2 Di	2 Mi	2 Do	2 Fr	2 Sa	2 So	3 Mo	3 Di	3 Mi	3 Do	3 Fr	3 Sa	3 So	4 Mo	4 Di	4 Mi	4 Do	4 Fr	4 Sa	4 So
A.1	F	F	S	S		N	N		F	F	S	S	S	N	N			F	F	F	S	S	N	N				
A.2	F	F	S	S	N				F	F	S	S	S	N	N			F	F	F	S	S	N	N				
A.3	F	F	S	S	N	N	N		F	F	S	S	S	N	N			F	F	F	S	S	N	N				
A.4	F	F	S	S	N	N	N		F	F	S	S						F	F	F	S	S	N	N				
A.5	F	F	S	S	N	N	N		F	F	S	S	S	N	N			F	F	F	S	S						

Wesentliche Vor- und Nachteile:

+ Es gibt 6 freie Wochenenden in 20 Wochen, wobei 1 lang ist (Mi–So) und nur 1 Wochenende durch die Freitag-Nachtschicht verkürzt wird.
+ Es gibt maximal 3-tägige Spät- und Nachtschichtblöcke.
− Der Zyklus dauert 20 Wochen.
− 11 Arbeitsblöcke in 20 Wochen dauern 7 Tage.

Beispiel 6

vollkontinuierlich
Übergroße Gruppen

WAZ	36,00 h
F, S, N	8,00 h
Brutto-BZ	168,00 h
Zyklus	56 Wo
Einsätze	4,50 / Wo

Ein Beispiel für die Abwandlung eines Klassischen Plans, der mit der Basisfolge `FFSSNN--` gestaltet wurde, bietet der folgende Teilplan in der Kurzdarstellung für die Gruppe A mit ihren Teilgruppen A.1–A.7:

	1 Mo	1 Di	1 Mi	1 Do	1 Fr	1 Sa	1 So	2 Mo	2 Di	2 Mi	2 Do	2 Fr	2 Sa	2 So	3 Mo	3 Di	3 Mi	3 Do	3 Fr	3 Sa	3 So	4 Mo	4 Di	4 Mi	4 Do	4 Fr	4 Sa	4 So
A.1			S	S	N	N			F	F	S	S	N	N				F	F	S	S	N	N			F	F	
A.2	F	F	S	S	N	N						S	S	N	N		F	F					N	N			F	F	S	S
A.3	F	F	S	S				F	F	S	S	N	N							S	S	N	N			F	F	S	S
A.4	F	F	S	S	N	N		F	F	S	S					F	F	S	S	N	N						S	S
A.5	F	F			N	N		F	F	S	S	N	N			F	F	S	S							F	F	S	S
A.6	F	F	S	S	N	N		F	F			N	N			F	F	S	S	N	N					F	F	S	S
A.7	F	F	S	S	N	N		F	F	S	S	N	N			F	F			N	N					F	F	S	S

	5 Mo	5 Di	5 Mi	5 Do	5 Fr	5 Sa	5 So	6 Mo	6 Di	6 Mi	6 Do	6 Fr	6 Sa	6 So	7 Mo	7 Di	7 Mi	7 Do	7 Fr	7 Sa	7 So	8 Mo	8 Di	8 Mi	8 Do	8 Fr	8 Sa	8 So
A.1	N	N		F	F	S	S	N	N			F	F			S	S			F	F	S	S	N	N			
A.2	N	N			F	F			N	N		F	F	S	S				F	F	S	S						
A.3	N	N		F	F	S	S	N	N			F	F			N	N		F	F	S	S	N	N				
A.4	N	N		F	F	S	S		F	F	S	S				F	F			N	N						N	N
A.5	N	N			S	S	N	N			F	F	S	S	N	N			F	F	S	S	N	N				
A.6			F	F	S	S	N	N							S	S	N	N		F	F	S	S	N	N			
A.7	N	N		F	F	S	S			F	F	S	S	N	N							S	S	N	N			

Die Gruppen B, C und D mit ihren jeweils 7 Teilgruppen beginnen um eine Woche versetzt.

Wesentliche Vor- und Nachteile:

+ Es gibt maximal 2-tägige Spät- und Nachtschichtblöcke.
+ Es gibt maximal 6-tägige Arbeitsblöcke.
− Es gibt nur 12 freie Wochenenden in 56 Wochen; davon sind nur 6 nicht durch die Freitag-Nachtschicht beeinträchtigt.
− Der Zyklus dauert 56 Wochen.
− 11 Arbeitsblöcke in 20 Wochen dauern 7 Tage.

B.3.4.c) Allgemeines Verfahren: Bestimmung möglicher Gruppengrößen bei bekannter Besetzungsstärke

	Verfahren	Beispiel
1.	Bestimmen des Personalbedarfs	In einem teilkontinuierlichen Betrieb mit 17 Schichten pro Woche beträgt die Schichtlänge von F, S, N je 8 h. Die Besetzungsstärke beträgt einheitlich 8 Personen. Gesamte Arbeitsstunden pro Woche: 8,00 h * 17 Schichten * 8 Personen = 1088,00 h Bei 36 h Wochenarbeitszeit ergibt das ca. 30 Personen Personalbedarf.
2.	Suche nach zwei Zahlen *a* und *b*, sodass • *a* die Zahl der Gruppen und *b* die Gruppengröße • *a* * *b* ≈ Personalbedarf • *a* gleich dem abgerundeten Quotienten: $\dfrac{Brutto\text{-}BZ}{Soll\text{-}WAZ}$ • *b* größer als die Besetzungsstärke ist	*a* = 3 Gruppen, *b* = 10 Personen und *a* * *b* = 3 * 10 = 30 entspricht dem Personalbedarf. $\dfrac{Brutto\text{-}BZ}{Soll\text{-}WAZ} = \dfrac{136,00\ h}{36,00\ h} = 3,78 \approx 3$ *b* = 10 ist größer als die Besetzungsstärke von 8 Personen.
3.	Es wird nun mit *a* Gruppen ein einfacher Plan entwickelt. Die Gruppen werden in kleinere Gruppen aufgespalten (max. *b*), sodass die Besetzungsstärke mit diesen Teilgruppen erreicht werden kann.	Jede der 3 Übergroßen Gruppen umfasst 10 Personen. Diese werden jeweils in 5 Teilgruppen zu 2 Personen unterteilt. Damit entstehen insgesamt 3 * 5 Teilgruppen. Jeweils 4 Teilgruppen ergeben die gewünschte Besetzungsstärke von 8 Personen.
4.	Je Schicht werden überflüssige Teilgruppen herausgestrichen.	

	1 Mo	1 Di	1 Mi	1 Do	1 Fr	1 Sa	1 So	2 Mo	2 Di	2 Mi	2 Do	2 Fr	2 Sa	2 So	3 Mo	3 Di	3 Mi	3 Do	3 Fr	3 Sa	3 So
A.1		F	F	F	F				S	S	S	S			N	N	N	N			
A.2	F	F		F	F	F		S	S		S	S			N	N	N	N	N		
A.3	F	F	F		F	F		S	S	S					N	N	N	N			
A.4	F	F	F	F		F		S	S	S	S	S				N	N	N			
A.5	F	F	F	F	F			S	S	S	S	S			N	N					

Grundlagen – 89

> *Dieses Beispiel zeigt den Plan für die 5 Teilgruppen der Gruppe A. Die Teilgruppe A.1 übernimmt im nächsten 3-Wochen-Block den Plan von A.2, dann von A.3 usw. Die Besetzungsstärke ist erfüllt (4 Teilgruppen * 2 Personen = 8 Personen). Die Gruppen B und C (ebenfalls mit jeweils 5 Teilgruppen) laufen um jeweils eine Woche versetzt. Die Gruppe B beginnt mit der Spätschichtwoche, C mit der Nachtschichtwoche.*

Anmerkungen Es lohnt sich häufig, die Zahl der Personen leicht zu erhöhen oder zu senken, um bessere Gruppenbildungen zu ermöglichen. Die resultierenden Wochenarbeitszeiten können direkt berechnet werden:

$$\frac{Arbeitsstunden\ pro\ Woche}{Anzahl\ der\ Personen} = WAZ$$

Es genügt, den Plan für eine Übergroße Gruppe zu entwerfen, wie unter Punkt 4 angeführt. Damit ist der Plan inhaltlich vollständig entwickelt.

B.3.4.d) Allgemeines Verfahren: Bestimmung möglicher Gruppengrößen bei unbekannter Besetzungsstärke

	Verfahren	Beispiel
1.	Suche nach drei Zahlen *a*, *b* und *c*, sodass • *a* die Zahl der Gruppen und *b* die Gruppengröße • *c* die Besetzungsstärke ist $a * \frac{b}{c} \approx \frac{Brutto\text{-}BZ}{Soll\text{-}WAZ}$ • *a* gleich dem abgerundeten Quotienten: $\frac{Brutto\text{-}BZ}{Soll\text{-}WAZ}$ • *b* größer als *c* ist	In einem teilkontinuierlichen Betrieb mit 17 Schichten pro Woche beträgt die Schichtlänge von F, S, N je 8 h. Damit beträgt die Bruttobetriebszeit 136 h. Die Sollwochenarbeitszeit beträgt 38,5 h. *a* wird wie folgt bestimmt: $\frac{Brutto\text{-}BZ}{Soll\text{-}WAZ} = \frac{136,00\ h}{38,50\ h} = 3,53 \approx 3$

2.	Planung wie beim allgemeinen Verfahren zur Bestimmung möglicher Gruppengrößen bei bekannter Besetzungsstärke	

Anmerkungen Kombinationen von kleinen *b*'s und *c*'s wie z.B. 4-von-5, 5-von-6, 6-von-7 sind typisch. In Sonderfällen wird mit größeren Werten gearbeitet.

B.3.5 Wie wähle ich die Planstruktur aus?

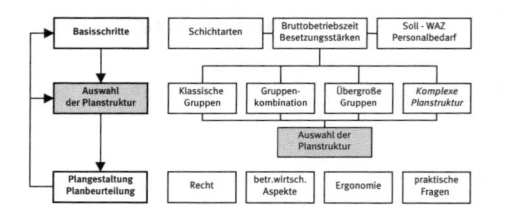

Schlüssel- Die Auswahl der Planstruktur berührt eine Reihe von Schlüsselfragen mit
fragen weitreichenden Konsequenzen:

- *Kann die Bruttobetriebszeit mit der jeweiligen Planstruktur genügend genau abgedeckt werden, oder ist die Abweichung von der Sollwochenarbeitszeit zu stark?*
- *Ist die Gruppenstruktur von großer Bedeutung? Welche Rolle spielen Qualifikationsunterschiede? Welche Anforderungen stellen sich an Führung und Organisation?*

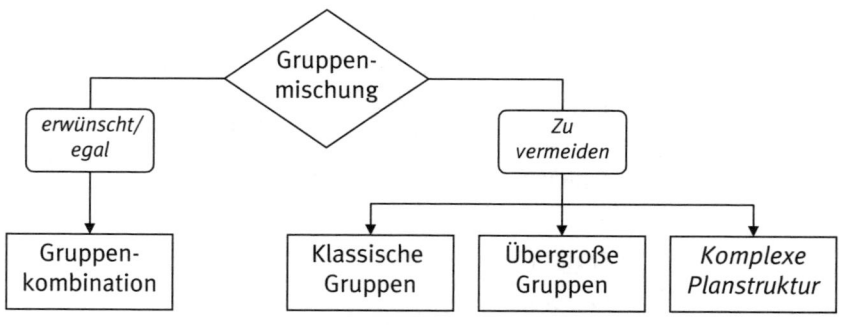

- *Passen die abzudeckenden Besetzungsstärken zu den Planstrukturen? Bei Schwankungen der Besetzungsstärken sollen eher Übergroße Gruppen verwendet werden.*

- *Sind die Zykluslängen und die Verteilung der Schichteinsätze während der Woche und am Wochenende akzeptabel?*

  (Die Berechnung wird im Unterkapitel B.3.6 "Was ist die kürzeste Zykluslänge mit fairer Verteilung der Einsätze?" erläutert.)
- *Wie gut sind die Pläne, welche die jeweilige Planstruktur ermöglicht?*

Es lohnt sich, einige Varianten zu entwickeln. Erst dann ist die Qualität der Pläne, die mit den einzelnen Techniken erreichbar ist, abzuschätzen. Erfahrungsgemäß dauert es einige Zeit, sich in neue Planstrukturen einzulesen. Vorschnelles Verwerfen führt leicht zu vergebenen Chancen.

Im Unterkapitel B.3.7 "Wo werden Planeigenschaften festgelegt? Wie hängen sie zusammen?" werden Hinweise gegeben, wie Planeigenschaften angepasst werden können. Zusätzliche, Komplexe Planstrukturen werden im Kapitel C.4 "Komplexe Planstrukturen" vorgestellt.

WAZ zu Brutto-BZ In der Folge wird noch einmal dargestellt, welche Wochenarbeitszeiten mit welchen Planstrukturen erzielt werden können.

Die Formeln für die Berechnung der Wochenarbeitszeit in Abhängigkeit von der Bruttobetriebszeit sind:

$$WAZ = \frac{Brutto\text{-}BZ}{Anzahl\ der\ Gruppen} \qquad \text{(Klassischer Plan)}$$

$$WAZ = \frac{Brutto\text{-}BZ * Anzahl\ gleichzeitig\ anwesender\ Gruppen}{Anzahl\ der\ Gruppen} \qquad \text{(Kombinationsplan)}$$

$$WAZ = \frac{Brutto\text{-}BZ * Anzahl\ gleichzeitig\ anwesender\ Teilgruppen}{Anzahl\ der\ Gruppen * Anzahl\ der\ Teilgruppen} \qquad \text{(Übergroßer Plan)}$$

Die folgenden Tabellen zeigen den Zusammenhang zwischen
- Bruttobetriebszeiten,
- der Anzahl der zu fahrenden Schichten pro Woche (in Abhängigkeit von der Schichtlänge) und
- resultierenden Wochenarbeitszeiten für verschiedene Planstrukturen.

Planstruktur				Klass.	Kombo	Kombo	Groß	Groß	Kombo	Groß	Klass.	Kombo	Groß	Klass.
Anzahl der Gruppen				3	10	7	3	3	11	3	4	9	4	5
Teilgruppen				1	1	1	7	6	1	5	1	1	6	1
davon anwesend				1	3	2	6	5	3	4	1	2	5	1
Brutto-BZ	Schichten pro Woche zu …			Arbeitszeiten in h										
	8,00 h	7,45 h	7,00 h											
168,00 h	21	22,6	24,0	---	---	48,00	48,00	46,67	45,82	44,80	42,00	37,33	35,00	33,60
160,00 h	20	21,5	22,9	---	48,00	45,71	45,71	44,44	43,64	42,67	40,00	35,56	33,33	32,00
152,00 h	19	20,4	21,7	---	45,60	43,43	43,43	42,22	41,45	40,53	38,00	33,78	31,67	30,40
144,00 h	18	19,3	20,6	48,00	43,20	41,14	41,14	40,00	39,27	38,40	36,00	32,00	30,00	---
136,00 h	17	18,3	19,4	45,33	40,80	38,86	38,86	37,78	37,09	36,27	34,00	30,22	---	---
128,00 h	16	17,2	18,3	42,67	38,40	36,57	36,57	35,56	34,91	34,13	32,00	---	---	---
120,00 h	15	16,1	17,1	40,00	36,00	34,29	34,29	33,33	32,73	32,00	30,00	---	---	---
112,00 h	14	15,0	16,0	37,33	33,60	32,00	32,00	31,11	30,55	---	---	---	---	---
104,00 h	13	14,0	14,9	34,67	31,20	---	---	---	---	---	---	---	---	---
100,00 h	12,5	13,4	14,3	33,33	30,00	---	---	---	---	---	---	---	---	---

Planstruktur				Klass.	Groß	Groß	Kombo	Groß	Groß	Groß	Klass.	Kombo	Kombo	Groß
Anzahl der Gruppen				2	2	2	5	2	2	2	3	10	7	3
Teilgruppen				1	7	6	1	5	4	7	1	1	1	7
davon anwesend				1	6	5	2	4	3	5	1	3	2	6
Brutto-BZ	Schichten pro Woche zu …			Arbeitszeiten in h										
	8,00 h	7,45 h	7,00 h											
120,00 h	15	16,1	17,1	---	---	---	48,00	48,00	45,00	42,86	40,00	36,00	34,29	34,29
116,00 h	14,5	15,6	16,6	---	---	---	46,40	46,40	43,50	41,43	38,67	34,80	33,14	33,14
112,00 h	14	15,0	16,0	---	48,00	46,67	44,80	44,80	42,00	40,00	37,33	33,60	32,00	32,00
108,00 h	13,5	14,5	15,4	---	46,29	45,00	43,20	43,20	40,50	38,57	36,00	32,40	30,86	30,86
104,00 h	13	14,0	14,9	---	44,57	43,33	41,60	41,60	39,00	37,14	34,67	31,20	---	---
100,00 h	12,5	13,4	14,3	---	42,86	41,67	40,00	40,00	37,50	35,71	33,33	30,00	---	---
96,00 h	12	12,9	13,7	48,00	41,14	40,00	38,40	38,40	36,00	34,29	32,00	---	---	---
92,00 h	11,5	12,3	13,1	46,00	39,43	38,33	36,80	36,80	34,50	32,86	30,67	---	---	---
88,00 h	11	11,8	12,6	44,00	37,71	36,67	35,20	35,20	33,00	31,43	---	---	---	---
84,00 h	10,5	11,3	12,0	42,00	36,00	35,00	33,60	33,60	31,50	30,00	---	---	---	---

Verweise	QUERVERBINDUNGEN	VERTIEFUNGSTHEMEN
	• Die Bruttobetriebszeit hat großen Einfluß auf die Wahl der Planstruktur.	Reserven
		Flexibilität
	• Die Sollwochenarbeitszeit hat großen Einfluß auf die Wahl der Planstruktur.	Komplexe Planstrukturen (Ergänzungs-, Teilzeitgruppen)

B.3.6 Was ist die kürzeste Zykluslänge mit fairer Verteilung der Einsätze?

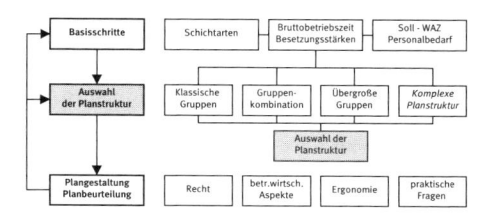

Schlüsselfragen

Kerndaten, die Informationen über wichtige Eigenschaften zukünftiger Pläne (z.B. die zu erwartende minimale Zykluslänge) liefern, sollen berechnet werden. Damit ist es möglich, frühzeitig bestimmte Planvarianten auszuscheiden bzw. auszuwählen. Die ermittelten Daten antworten auf die Fragen:

- Was ist die kürzeste Zykluslänge, die es erlaubt, die Schichten fair zu verteilen (z.B. so, dass alle Personen gleich oft Frühschicht haben)? Wie viele Schichteinsätze bedeutet dies für jede Person?
- Was ist die kürzeste Zykluslänge, die es erlaubt, die Wochenendeinsätze fair zu verteilen (z.B. so, dass alle Personen gleich oft Frühschicht am Sonntag haben)? Wie viele Schichteinsätze bringt dies für jede Person? Wie hoch ist die durchschnittliche wöchentliche Belastung mit Wochenendschichten im Zyklus?

Voranalysen sind sinnvoll, müssen aber nicht gemacht werden. Die berechneten Zykluslängen sind Untergrenzen. Je nach Planungstechnik können die Lösungen auch ein Vielfaches dieser Länge betragen.

Verteilung der Schichtarten

Das folgende Schema zeigt das Prinzip der Berechnung, wenn die Besetzungsstärken bereits feststehen.

Die Funktion KGV(P,E) bezeichnet das kleinste gemeinsame Vielfache der Zahl von Personen (P) und der Zahl der Schichteinsätze (E) je Schichtart (pro Woche).

Personen	20							
Schichtart	Häufigkeit	*	Besetzungsstärke	=	Einsätze je Schichtart	KGV(P,E) /	Einsätze je Schichtart	= min. Zyklus für faire Verteilung je Schichtart
Frühschicht	6	*	8 Personen	=	48	240 /	48	= 5 Wochen
Spätschicht	5	*	6 Personen	=	30	60 /	30	= 2 Wochen
Nachtschicht	5	*	5 Personen	=	25	100 /	25	= 4 Wochen

Das Schema der Berechnung am Beispiel der Frühschicht:

KGV(P,E) = KGV(20,48) = 4 * 5 * 12 = 240

Da sowohl 20 als auch 48 durch 4 teilbar sind (20 = 4 * 5 und 48 = 4 * 12), wird 4 nur einmal berücksichtigt. Das kleinste gemeinsame Vielfache (KGV) zweier Zahlen muss durch beide teilbar sein. Zur Probe:

240 ist durch 20 teilbar (240 = 20 * 12) und
240 ist durch 48 teilbar (240 = 48 * 5).

Sollen alle Einsätze fair verteilt werden, sodass jede Person gleich oft Früh-, Spät- und Nachtschicht hat, muss das kleinste gemeinsame Vielfache aller minimalen Zykluslängen, d.h. die minimale Gesamtzykluslänge, die hier mit KGV(Zyklen) bezeichnet wird, bestimmt werden.

In diesem Beispiel beträgt die minimale Gesamtzykluslänge:
KGV(Zyklen) = KGV(5,2,4) = 5 * 4 = 20
5 und 4 haben keinen gemeinsamen Teiler. 2 ist ein Teiler von 4 und damit schon in 4 berücksichtigt.
Der kürzeste Plan, der eine faire Verteilung aller Einsätze erlaubt, dauert daher 20 Wochen.

Das Zusammenspiel der Zahlen ist sehr sensibel. Geringe Änderungen haben erheblichen Einfluß auf die resultierende Zykluslänge. Typischerweise werden Zykluslängen von unter 52 Wochen angestrebt.

Falls die Besetzungsstärken noch nicht feststehen, kann die Bestimmung der minimalen Zykluslänge erst bei der Festlegung der Planstruktur erfolgen.

Verteilung der Wochenendarbeit Es kommt die gleiche Formel wie oben zur Anwendung. Dabei werden die Berechnungen nur für den Samstag und den Sonntag durchgeführt (alle anderen Schichten werden nicht berücksichtigt).

Danach muss das kleinste gemeinsame Vielfache für die faire Gestaltung des Samstags, des Sonntags und der Schichteinsätze insgesamt bestimmt werden. Das ist die minimale Zykluslänge für eine faire Verteilung der Schichten.

Bei komplexen Anforderungen können die Wochenenden nicht immer ganz fair verteilt werden.

Belastung durch Wochenendarbeit

Ein guter Messwert für die durchschnittliche Belastung durch Wochenendarbeit ist der Quotient aus der Zahl der Schichteinsätze am Wochenende und der Personen:

$$\text{Wochenendeinsätze pro Woche} = \frac{\text{Zahl der Wochenendschichten im Zyklus}}{\text{Personen}}$$

Analog können die Anteile an Samstags- und Sonntagsarbeit bestimmt werden:

$$\text{Samstagseinsätze pro Woche} = \frac{\text{Zahl der Samstagschichten im Zyklus}}{\text{Personen}}$$

$$\text{Sonntagseinsätze pro Woche} = \frac{\text{Zahl der Sonntagschichten im Zyklus}}{\text{Personen}}$$

Beispiel In einem 8:2-Kombinationsplan sollen die Früh-, Spät- und Nachtschichten am Wochenende mit jeweils 6 Personen besetzt werden. Zusätzlich steht eine eigene Wochenendgruppe zu 3 Personen, die jeweils die Samstag-Frühschicht und die Sonntag-Spätschicht übernehmen, zur Verfügung. Für die 8 Stammgruppen sieht die Belastung durch Wochenendarbeit wie folgt aus:

8 Gruppen * 3 Personen = 24 Personen

Schichtart	Häufigkeit	*	Besetzungsstärke	=	Einsätze je Schichtart	KGV(P,E)	/	Einsätze je Schichtart	=	min. Zyklus für faire Verteilung je Schichtart	Einsätze pro Woche
Samstag-Frühschicht	1	*	3 Personen	=	3	24	/	3	=	8 Wochen	0,125
Samstag-Spätschicht	1	*	6 Personen	=	6	24	/	6	=	4 Wochen	0,25
Samstag-Nachtschicht	1	*	6 Personen	=	6	24	/	6	=	4 Wochen	0,25
Samstagschichten gesamt (Summe)					15	120	/	15	=	8 Wochen	0,625
Sonntag-Frühschicht	1	*	6 Personen	=	6	24	/	6	=	4 Wochen	0,25
Sonntag-Spätschicht	1	*	3 Personen	=	3	24	/	3	=	8 Wochen	0,125
Sonntag-Nachtschicht	1	*	6 Personen	=	6	24	/	6	=	4 Wochen	0,25
Sonntagschichten gesamt (Summe)					15	120	/	15	=	8 Wochen	0,625
Wochenendschichten gesamt (Summe)					30	120	/	30	=	4 Wochen	1,25

Verweise

QUERVERBINDUNGEN	VERTIEFUNGSTHEMEN
Reserveschichten, Wartungsschichten oder andere Schichtlängen können verwendet werden, um die Zykluslängen zu verändern.	Reserven Flexibilität

B.3.7 Wo werden Planeigenschaften festgelegt? Wie hängen sie zusammen?

Übersicht In den drei Schritten der Planentwicklung (Basisschritte, Auswahl der Planstruktur, Plangestaltung und Planbeurteilung) werden nach und nach die Planeigenschaften festgelegt. Diese hängen stark voneinander ab. Deshalb muss oft in frühere Schritte zurückgesprungen bzw. müssen Anpassungen vorgenommen werden.

In diesem Unterkapitel soll der Zusammenhang zwischen den Planeigenschaften, die in den Basisschritten festgelegt werden, und der Auswahl der Planstruktur erläutert werden. Ferner werden Planungstipps für die Entwicklung Einfacher Pläne gegeben.

Planeigenschaften Gegliedert nach dem Ablauf der Planung können folgende Planeigenschaften unterschieden werden:

- Basisschritte:
  Schichtarten und tägliche Arbeitszeiten, Besetzungsstärken, Bruttobetriebszeit und damit die Planart (z.B. entsprechen 152 h Bruttobetriebszeit einer fast kontinuierlichen Planart), Sollwochenarbeitszeit, Personalbedarf, durchschnittliche Zahl der Einsätze pro Woche (Arbeitstage) und der freien Tage pro Woche
- Auswahl der Planstruktur:
  Art der Gruppenbildung, Länge des Schichtzyklus
- Plangestaltung und Planbeurteilung:
  maximale/minimale Wochenarbeitszeit, Ruhepausen und Freizeitblöcke, faire Verteilung der zu leistenden Schichtarten, Wochenendsituation

Einfluss der Basisschritte auf die Auswahl der Planstruktur Die in den Basisschritten festgelegten Planeigenschaften, d.h. die Schichtarten, die Betriebszeit, die Besetzungsstärken, die Sollwochenarbeitszeit und der Personalbedarf, beeinflussen die Wahlmöglichkeiten für die Planstruktur. Besonders hervorzuheben ist die Zahl der Einsätze pro Woche.

Eine Betriebszeit von 80 h mit 8-stündigen Schichtarten legt bei einer Sollwochenarbeitszeit von 40 h Klassische Gruppen nahe: 2 gleich große Gruppen arbeiten abwechselnd eine Woche lang in der Frühschicht und eine Woche lang in der Spätschicht. Theoretisch könnte auch mit Gruppenkombinationen, z.B. 4-zu-2, 6-zu-3, gearbeitet werden.

Die Planstruktur wird festgelegt durch die Zahl der Schichtgruppen, die erforderlich sind, um die Bruttobetriebszeit unter Berücksichtigung der gewünschten Wochenarbeitszeit abzudecken:

Grundlagen – 97

Gruppen-anzahl

$$\text{Zahl der Gruppen} = \frac{\text{Brutto-BZ}}{\text{Soll-WAZ}}$$

Anpassungs-problem I

Die errechnete Zahl ist meist nicht ganzzahlig!

Bei einer Sollwochenarbeitszeit von 38,5 h ergeben sich je nach Betriebszeit folgende Gruppenanzahlen:

$$\text{Zahl der Gruppen} = \frac{\text{Brutto-BZ}}{\text{Soll-WAZ}} = \frac{80,00\ h}{38,50\ h} = 2,08\ \text{Gruppen}$$

$$\text{Zahl der Gruppen} = \frac{\text{Brutto-BZ}}{\text{Soll-WAZ}} = \frac{96,00\ h}{38,50\ h} = 2,49\ \text{Gruppen}$$

$$\text{Zahl der Gruppen} = \frac{\text{Brutto-BZ}}{\text{Soll-WAZ}} = \frac{144,00\ h}{38,50\ h} = 3,74\ \text{Gruppen}$$

$$\text{Zahl der Gruppen} = \frac{\text{Brutto-BZ}}{\text{Soll-WAZ}} = \frac{168,00\ h}{38,50\ h} = 4,36\ \text{Gruppen}$$

Ein nicht ganzzahliger Bedarf an Gruppen kann durch die Wahl einer entsprechenden Planstruktur abgedeckt werden.

In (Knauth und Schönfelder; 1992) wird vorgeführt, wie z.B. ein Bedarf an 3,46 Gruppen bei einer Besetzungsstärke von 2 Personen mit einer Sollwochenarbeitszeit von 37 h durch einen 7:2-Kombinationsplan abgedeckt werden kann:

$$\text{Zahl der Gruppen} = \frac{\text{Brutto-BZ}}{\text{Soll-WAZ}} = \frac{128,00\ h}{37,00\ h} = 3,46\ \text{Gruppen}$$

$$\text{Zahl der Gruppen} = \frac{\frac{\text{Arbeitsstunden}}{\text{Besetzungsstärke}}}{\text{Soll-WAZ}} = \frac{256,00\ h}{37\ h * 2\ \text{Personen}} = 3,46\ \text{Gruppen}$$

Durch die Wahl von 7 Gruppen zu je 1 Person ergibt sich eine geringfügige Abweichung der Wochenarbeitszeit von der Sollwochenarbeitszeit:

$$\text{WAZ} = \frac{\text{Arbeitsstunden}}{\text{Zahl der Gruppen}} = \frac{256,00\ h}{7\ \text{Gruppen}} = 36,57\ h$$

Anpassungs- Die Planstrukturen Gruppenkombination und Übergroße Gruppen erweitern
problem II die Möglichkeiten, um den Bedarf an Gruppen genau abzudecken. Aber auch mit ihnen ist nicht jeder rechnerische Bedarf an Gruppen realisierbar.

In obigem Beispiel fehlen immer noch 0,43 h pro Woche zur Sollwochenarbeitszeit. Diese Differenz ist in manchen Unternehmen nicht von Bedeutung. In anderen sind die Zeitschulden (ca. 20 h bei Berücksichtigung von 6 Wochen Urlaub pro Jahr), die sich im Laufe eines Jahres ansammeln, unerwünscht.

Für die Beseitigung von kleinen Differenzen zwischen rechnerischen Bedarfszahlen und realisierbaren Gruppenstrukturen eignen sich Anpassungen in den Basisschritten.

In obigem Beispiel könnten 6 min Übergabezeit je Schicht eingeplant werden, wodurch die Wochenarbeitszeit auf 37,03 h steigen würde.

B.3.7.a) Anpassung der Zahl der Schichtgruppen

Übersicht Bei der Entwicklung Einfacher Pläne gibt es zwei Methoden, um die Anpassungsprobleme I und II zu lösen:

- Feinanpassungen in den Basisschritten
- Grobanpassung durch Wahl der Planstrukturen Gruppenkombination bzw. Übergroße Gruppen

Diese Methoden können auch gemeinsam verwendet und im Zuge von Rücksprüngen eingesetzt werden.

Feinan- Feinanpassungen, d.h. die Vornahme kleiner Änderungen bei den Schichtar-
passungen ten, der Bruttobetriebszeit und/oder der Sollwochenarbeitszeit, dienen
(Basisschritte) vorwiegend dazu, kleine Differenzen zur gewünschten Zahl an Schichtgruppen, die durch die angestrebte Planstruktur bestimmt wird, zu beseitigen.

Bei 112 h Bruttobetriebszeit und 38,5 h Sollwochenarbeitszeit errechnet sich die Zahl der erforderlichen Schichtgruppen vorläufig zu:

$$Zahl\ der\ Gruppen = \frac{Brutto\text{-}BZ}{Soll\text{-}WAZ} = \frac{112,00\ h}{38,50\ h} = 2,91\ Gruppen$$

Da die Differenz zu 3 Gruppen nur sehr gering ist, sind verschiedene kostenneutrale und nicht kostenneutrale Anpassungen möglich:
- *Die Bruttobetriebszeit kann um 3,5 h erhöht werden, indem z.B. die Spätschicht am Freitag um 2,5 h gekürzt und dafür am Samstag eine kurze Frühschicht von 6:00 bis 12:00 eingeführt wird:*

$$Zahl\ der\ Gruppen = \frac{Brutto\text{-}BZ}{Soll\text{-}WAZ} = \frac{115,50\ h}{38,50\ h} = 3,00\ Gruppen$$

- *Die Sollwochenarbeitszeit kann z.B. durch Umrechnung von Geld- in Zeitzuschläge angepasst werden.*
- *14-minütige Übergabezeiten in allen Schichtarten erhöhen die Zahl der erforderlichen Gruppen auf:*

$$Zahl\ der\ Gruppen = \frac{Brutto\text{-}BZ}{Soll\text{-}WAZ} = \frac{115,27\ h}{38,50\ h} = 2,99\ Gruppen$$

Ansätze Bei näherer Betrachtung der Formel

$$Zahl\ der\ Gruppen = \frac{Brutto\text{-}BZ}{Soll\text{-}WAZ}$$

werden folgende Zusammenhänge erkennbar:

Wenn die Zahl der Schichtgruppen erhöht und die Sollwochenarbeitszeit beibehalten wird, kann eine höhere Bruttobetriebszeit abgedeckt werden.

Wenn die Sollwochenarbeitszeit gesenkt (entweder kostenneutral oder mit Ausgleich) und die Bruttobetriebszeit beibehalten wird, werden mehr Schichtgruppen benötigt.

Wenn die Bruttobetriebszeit erhöht und die durchschnittliche Sollwochenarbeitszeit beibehalten wird, steigt die Zahl der erforderlichen Schichtgruppen.
Eine Erhöhung der Bruttobetriebszeit wird z.B. durch Verlängern von Schichten, Einführen von zusätzlichen Schichten, Einführen oder Erhöhen von Übergabezeiten bzw. bezahlten Pausen (Zusatzkosten) erreicht.

Die Zahl der erforderlichen Schichtgruppen sinkt, wenn die Bruttobetriebszeit bei gleichbleibender Sollwochenarbeitszeit gesenkt wird. Dies wird z.B. durch Kürzen oder Streichen von Schichten oder das Einführen von unbezahlten Pausen erreicht. Durch letztere Maßnahme fallen mehr Schichteinsätze pro Person an.

Bei einer Bruttobetriebszeit von 80 h und der Bildung von 2 Klassischen Gruppen existieren mehrere Möglichkeiten, um die Differenz zwischen 40 h Wochenarbeitszeit und 38,5 h Sollwochenarbeitszeit auszugleichen:

- *Die Freitag-Spätschicht kann um 3 h gekürzt werden.*
- *Am Freitag können Früh- und Spätschicht um je 1,5 h gekürzt werden.*
- *Alle Spätschichten können um 36 min gekürzt werden.*
- *In allen Schichten werden 18-minütige unbezahlte Pausen vorgesehen.*

Grob-anpassung (Planstruktur) Die Planstrukturen Gruppenkombination oder Übergroße Gruppen erlauben es, einen nicht ganzzahligen Bedarf an Schichtgruppen zu realisieren.

Die Grobanpassung dient vorwiegend dazu, mit großen Differenzen zur nächsten kleineren oder größeren ganzen Zahl umzugehen, da diese durch die Feinanpassung nur ungenügend behandelt werden können.

Bei 96 h Bruttobetriebszeit und 38,5 h Sollwochenarbeitszeit errechnet sich die Zahl der erforderlichen Schichtgruppen zu:

$$Zahl\ der\ Gruppen = \frac{Brutto\text{-}BZ}{Soll\text{-}WAZ} = \frac{96,00\ h}{38,50\ h} = 2,49\ Gruppen$$

diskontinuierlich
Gruppenkombination
WAZ   38,40 h
F, S   8,00 h
Brutto-BZ 96,00 h
Zyklus   5 Wo
Einsätze   4,80 /Wo

Wenn die Besetzungsstärke in allen Schichten 2 Personen beträgt, empfiehlt sich die Wahl der Planstruktur Gruppenkombination 5-zu-2, d.h. 5 Gruppen zu je 1 Person werden so miteinander kombiniert, dass in jeder Schicht 2 Gruppen/Personen anwesend sind:

	1 Mo	1 Di	1 Mi	1 Do	1 Fr	1 Sa	1 So
A.1			F	F	F	F	
A.2	S	S		S	S	S	
A.3	F	F	F	F	F		
A.4	S	S	S				
A.5	F	F	S	S	S	S	

Anmerkung Die Beseitigung von kleinen Differenzen mittels Grobanpassung kann zu sehr langen Schichtzyklen führen.

B.3.7.b) Weitere Planungstipps für die Entwicklung Einfacher Pläne

Grundsatz Bei der Schichtplanung können bessere Lösungen erzielt werden, wenn an der Aufgabenstellung etwas verändert wird.

Zahlen Bei der Schichtplanentwicklung kommt es auf das Zusammenspiel von Zahlen an. Es gibt "passende" und "weniger passende" Zahlen.
Bei einer Aufteilung von 20 Personen in zwei verschiedene Qualifikationsgruppen wären 10 + 10 oder 12 + 8 günstige Aufteilungen, 11 + 9, 13 + 7 erschweren in der Regel eher die Planung.

Zielrichtungen Die Überlegung bezüglich möglicher Verteilungen folgt zwei Zielrichtungen:

Einfache Strukturen und Rhythmen
Zahlen, die gut teilbar sind und viele Teiler gemeinsam haben, erlauben in der Regel einfache Lösungen. Es zahlt sich aus zu prüfen, ob durch eine kleine Veränderung der Problemstellung die Verwendung solcher Zahlen möglich wird.

Gerechte Verteilung – Vollständigkeit
Wenn Schichten, Freizeiten usw. gerecht verteilt werden sollen, sind Zahlen, die nicht so gut zueinander passen, also teilerfrei sind, besser geeignet.
Falls z.B. eine Wartungsschicht alle 3 Wochen am Freitag anfällt und ein teilkontinuierlicher Betrieb mit 3 Gruppen gefahren wird, träfe es immer die gleiche Gruppe für die Wartung. Falls dies nicht gewünscht ist, muss entweder der Rhythmus der Wartung oder der Rhythmus des Grundplans verändert werden. Spiegeln, Verdoppeln oder Ähnliches kann in solchen Situationen helfen.

Weitere Fragen Gibt es die Möglichkeit, Besetzungsstärken *(in der Nacht, am Wochenende, im Sommer)* zu ändern?

Können/sollen andere Schichten für die Wartung, als Reserve oder Springer usw. eingesetzt werden? Ist eine andere zeitliche Verteilung von Wartung, Weiterbildung usw. *(alle 2 Wochen 8 h statt alle 3 Wochen 12 h)* möglich?

Gibt es Wartungsperioden? Wie könnten diese verändert werden, um günstige Voraussetzungen zu erzielen?

Ist ein Mischen mit anderen Gruppen *(aus anderen Abteilungen, Teilzeitkräften)* möglich?

Welche Auswirkungen haben die bestehenden Qualifikationsstrukturen? Ist es möglich, durch Weiterbildung mehr Varianten der Gruppenbildung, der Verteilung der Schichten zu nutzen? Sind andere Gruppenstrukturen denkbar?

B.4 Wie beurteile ich einen Plan?

Übersicht Die Beurteilung von Plänen soll
- klären, welche Planskizze in welche Richtung weiterentwickelt werden soll;
- erlauben, aus bereits vorliegenden Plänen oder Planskizzen die besten auszuwählen.

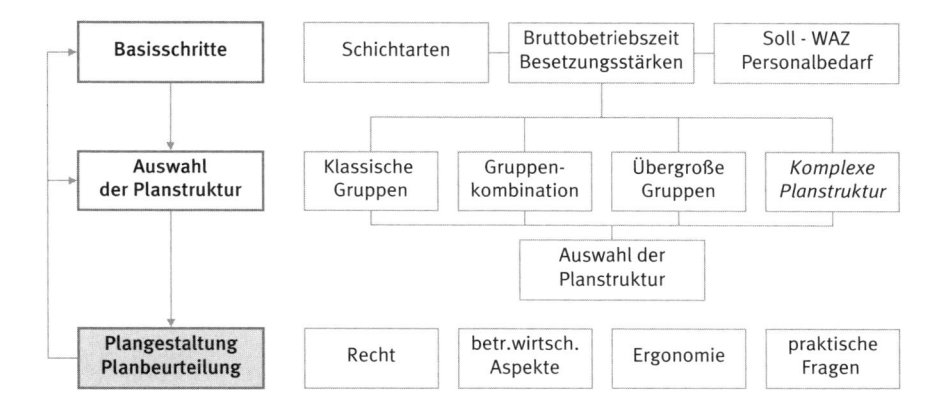

Basisschritte	Schichtarten	Bruttobetriebszeit Besetzungsstärken	Soll - WAZ Personalbedarf	
Auswahl der Planstruktur	Klassische Gruppen	Gruppen-kombination	Übergroße Gruppen	*Komplexe Planstruktur*
		Auswahl der Planstruktur		
Plangestaltung Planbeurteilung	Recht	betr.wirtsch. Aspekte	Ergonomie	praktische Fragen

Die Beurteilung gliedert sich in vier Teilaspekte:
- Recht
- betriebswirtschaftliche Aspekte
- Ergonomie
- praktische Fragen

In diesem Kapitel wird zuerst das grundsätzliche Vorgehen bei der Beurteilung erläutert. Dann werden für diese vier Bereiche die wichtigsten Kriterien kurz vorgestellt (Genaueres in den Vertiefungen), und es wird der praktische Umgang mit diesen Beurteilungskriterien im Rahmen der Planung dargestellt.

Am Schluss werden die verschiedenen Anforderungen in einer kurzen Übersicht zusammengefasst.

B.4.1 Theoretische Grundlagen und Vorgehen

Problemstellung Bei der Beurteilung von Plänen spielen die Faktoren Recht, betriebswirtschaftliche Aspekte, Ergonomie und praktische Fragen eine Rolle. Allen diesen Faktoren sind zwei "unangenehme" Eigenschaften gemeinsam:

Erstens wirken die entsprechenden Kriterien nur auf den ersten Blick scharf und berechenbar. Bei genauerer Betrachtung gilt dies nicht für alle Kriterien, z.B.:
- *Die Berechnung von indirekt verursachten Kosten ist oft schwierig.*
- *Das Recht ist nicht immer klar. Das Arbeitsrecht weist eine Fülle von Ausnahmebestimmungen auf. Weitere Ausnahmeregelungen auf betrieblicher oder kollektiv- bzw. tarifvertraglicher Ebene sind möglich.*

Zweitens sind viele Kriterien schwer bis überhaupt nicht in einem Berechnungsverfahren gegeneinander aufzuwiegen.
- *Ob ein Plan, der ergonomischen Anforderungen besser gerecht wird, eine 1%ige Kostensteigerung wert ist oder nicht, kann nur im Unternehmen entschieden, aber nicht in einem generellen Verfahren abgebildet werden.*
- *Längere Freizeiten führen zu längeren Blöcken von Schichteinsätzen.*
- *Verschiedene Unternehmensbereiche beurteilen einzelne Kriterien unterschiedlich.*

Ansatz Von der theoretischen Seite her werden derartige Eigenschaften als unscharf und nicht kompensatorisch bezeichnet. Nicht kompensatorische Eigenschaften können nicht miteinander verglichen werden. Sie verhindern somit die Verwendung eines einheitlichen Maßstabs bzw. eines einheitlichen Bewertungsverfahrens zur Beurteilung von Plänen.

Dies bedeutet aber nicht das Ende jeder Beurteilung. Nach wie vor ist es möglich, einzelne Eigenschaften von Plänen miteinander zu vergleichen:

In der folgenden Tabelle halten beide Pläne die gesetzlichen Bestimmungen hinsichtlich der Mindestruhezeiten ein. Die Kosten beider Pläne sind gleich hoch. Die Anzahl der völlig freien Wochenenden liegt bei Plan A höher. Die Führung ist bei Plan A leichter zu sichern als bei Plan B.

	Plan A	Plan B
Betriebszeit	168 h	168 h
Recht	erfüllt	erfüllt
Kosten	1.700.000 Euro	1.700.000 Euro
Ergonomie	besser	schlechter
Praxis	besser	schlechter

Gemäß diesem Vergleich ist Plan A eindeutig besser als Plan B.

Bei Plänen, die sich in mehreren Eigenschaften voneinander so unterscheiden, dass keiner davon in allen Eigenschaften gleich oder besser ist, kann nur eine Auswahl nach Präferenzen im Unternehmen getroffen werden.

Gemäß untenstehendem Vergleich ist nicht klar entscheidbar, ob Plan A oder Plan B besser ist.

	Plan A	Plan B
Betriebszeit	168 h	168 h
Recht	erfüllt	erfüllt
Kosten	1.700.000 Euro	1.600.000 Euro
Ergonomie	besser	schlechter
Praxis	schlechter	besser

Zur Einschätzung derartiger Pläne sind gesamtheitliche Beurteilungen und Auswahlprozesse in der Planung unumgänglich.

Umfang der Prüfungen

Bei der Entwicklung von Schichtplänen ist es erforderlich, laufend Planskizzen zu beurteilen und zu entscheiden,
- welche Variante weiterentwickelt werden soll;
- ob es sich lohnt, noch länger an einer Anforderung zu arbeiten.

Beurteilungen von Planskizzen haben immer vorläufigen Charakter und dürfen daher nur mit geringem Aufwand verbunden sein.
Wenn die Plangestaltung zum Abschluss kommt und die Auswahl aus den vorliegenden Planalternativen erfolgt, kann und muss sorgfältiger und mit entsprechendem Aufwand geprüft werden.

Verringerung Beurteilungsaufwand

In Anbetracht der Fülle möglicher Lösungen bei der Schichtplanung ist die Beurteilung jedes Einzelplans vom Umfang her nicht möglich.

Der Beurteilungsaufwand kann drastisch gesenkt werden, indem statt Einzelplänen ganze Gruppen von verwandten Plänen oder Planansätzen möglichst früh im Planungsprozess beurteilt werden. Die Bildung solcher Planbündel wird durch gemeinsame Eigenschaften ermöglicht.

Bei einem vollkontinuierlichen Betrieb, 8 h-Schichten und 4 Schichtgruppen von der Größe der Besetzungsstärke beträgt die Wochenarbeitszeit 42 h. Für die entsprechende Gruppe von Plänen spielt die Eigenschaft "42 h Wochenarbeitszeit" keine Rolle, da sie bei allen gleich ist. Gleichzeitig ist die "maximal erreichbare Anzahl freier Wochenenden" (1 aus 4) vorgegeben.

Viele Eigenschaften lassen sich so für große Gruppen von Schichtplänen auch ohne Detailausarbeitung erkennen *(z.B. dass alle Pläne für das obige Beispiel zu 42 h Wochenarbeitszeit führen).* Je früher in der Planung überprüft werden kann, ob bestimmte Eigenschaften vorliegen und akzeptabel bzw. wünschenswert sind, desto besser.

Durch eine frühe Konzentration auf Schlüsselfragen können nicht geeignete Planbündel ausgeschieden werden.

Falls z.B. die Wochenendsituation deutlich verbessert werden soll, müssen Pläne mit 4 Gruppen nicht weiter untersucht werden.

Dem Planungsablauf folgend werden Planeigenschaften durch die Anforderungen an das Schichtmodell, die Basisschritte, die Planstruktur bzw. die Plangestaltung vorbestimmt. Je früher Entscheidungen über gewünschte Planeigenschaften fallen, desto früher können nicht geeignete Planbündel ausgeschieden werden. Allerdings soll die Festlegung von Planeigenschaften nicht als unabänderlich angesehen werden. Häufig stellt sich erst im Zuge der Planung heraus, dass durch eine kleine Änderung an den Anforderungen ein wesentlich besserer Plan möglich wird. In solchen Fällen empfehlen sich Rücksprünge in frühere Planungsschritte.

Praktisches Vorgehen

Die frühe Beurteilung von Planbündeln ermöglicht das Arbeiten mit drei Gruppen von Planansätzen. Der vorläufig beste Planansatz wird weiterbearbeitet, bis entweder eine gute Lösung gefunden wird oder sich zeigt, dass bestimmte Anforderungen nicht noch besser erfüllt werden können. Anderenfalls wird ein anderer Planansatz weiterentwickelt, bis die Grenzen der Verbesserungsmöglichkeiten ausgelotet sind. Die Entscheidung, welcher Plan tatsächlich umgesetzt werden soll, erfolgt erst am Schluss.

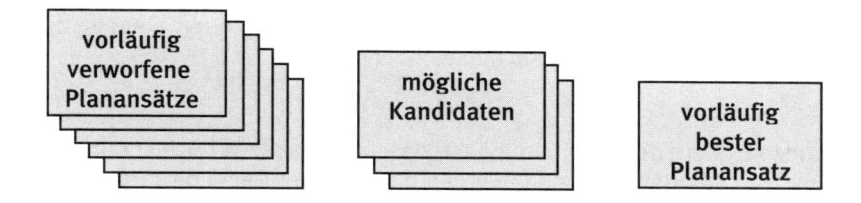

Sobald bestimmte Eigenschaften überprüfbar sind, sollten die entsprechenden Kontrollen stattfinden und zumindest vorläufig Varianten ausgeschieden werden. Damit wird überflüssige Verfeinerungsarbeit eingespart.

In der Praxis ist es möglich, die Zahl potentieller Kandidaten auf vernünftigem Niveau zu halten. Falls sehr viele Ansätze sichtbar werden, steigen die Anforderungen aufgrund des erkennbaren Gestaltungsspielraumes praktisch von selbst und führen zum vorläufigen Ausscheiden von Varianten. Falls sich keine möglichen Plansätze mehr finden, kommt es zu einer Aufweichung der Anforderungen.

Die endgültige Entscheidung erübrigt sich in vielen Fällen, weil ein Plansatz klar dominiert. In den restlichen Fällen erfolgt die Auswahl zwischen einer geringen Zahl an Plänen.

Für viele Planeigenschaften gilt, dass sie nur verbessert werden können, wenn gleichzeitig andere Eigenschaften verschlechtert werden. Nicht alle Eigenschaften können gleichzeitig optimiert werden. Auf wichtige derartige Zusammenhänge wird bei den einzelnen Eigenschaften hingewiesen.

B.4.2 Beurteilung: Recht

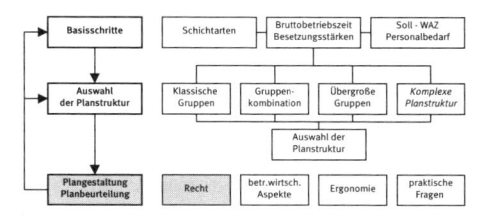

Allgemeines In diesem Unterkapitel wird auf rechtliche Bestimmungen eingegangen, die für den Planungsalltag relevant sind. Hier werden wichtige Arten von Anforderungen und besonders der praktische Umgang mit ihnen diskutiert. Die detaillierten rechtlichen Prüfungen bezüglich europäischem, nationalem und gegebenenfalls weiteren anzuwendenden Regeln aufzulisten, übersteigt den Rahmen dieses Buches.

Ruhezeit Kern der Bestimmung ist, dass zwischen zwei Schichteinsätzen ein zeitlicher Mindestabstand bestehen muss. In der Regel beträgt dieser 11 h. Es existieren Ausnahmeregelungen nach oben und nach unten.

Bereits bei der Plangestaltung ist es möglich, durch Vermeidung von bestimmten Schichtfolgen dem Kriterium Genüge zu tun. Nur wenn ein bestimmter Planansatz in dieser Hinsicht problematische Folgen aufzwingt, wird es relevant, gesondert auf dieses Kriterium zu achten.

Bei Schichtlängen von 12 h stellt sich das Problem nicht, da bei Einfachen Plänen in der Regel nur Früh- und Nachtschicht existieren.

Falls nur 1 Schichteinsatz pro Tag zu planen ist, wird bei Schichtlängen von weniger als 11 h geprüft, welche Übergänge unzulässig sind.
Bei der Plangestaltung mit Schichtarten von ca. 8 h Länge sind Übergänge der folgenden Art zu vermeiden:
NF ... *Nacht- auf Frühschicht (bei 8 h-Schichten keine Ruhezeit)*
NS ... *Nacht- auf Spätschicht (bei 8 h-Schichten nur 8 h Ruhezeit)*
SF ... *Spät- auf Frühschicht (bei 8 h-Schichten nur 8 h Ruhezeit)*

Durch die vorherige einfache Überprüfung, welche Übergänge unzulässig sind, und die Vermeidung dieser Schichtfolgen in der Plangestaltung bleibt der Aufwand zur Einhaltung dieses Kriteriums in der Regel gering.

Falls viele unterschiedliche Schichtarten verwendet werden, empfiehlt sich eine entsprechende Namenvergabe, um Früh-, Spät- und Nachtschichten einfach unterscheiden zu können.

Wochenend- Am Wochenende ist eine bestimmte Zeitspanne von Schichtarbeit völlig
ruhe freizuhalten oder zumindest sicherzustellen, dass alle Beschäftigten eine bestimmte Zeitspanne, z.B. 36 h, in die ein Teil des Wochenendes fällt, freihaben:
- *Bei einem teilkontinuierlichen Betrieb, in dem nur von Montag bis Freitag gearbeitet wird, ist das Wochenende frei. Allerdings wird 1 von 3 Wochenenden durch die Freitag-Nachtschicht verkürzt (siehe auch Unterkapitel B.4.4 "Beurteilung: Ergonomie").*
- *Ein fast kontinuierlicher Betrieb, in dem am Samstag nur bis 14:00 und am Sonntag erst ab 22:00 gearbeitet und in dem darauf geachtet wird, dass keine Person sowohl für die Samstag-Frühschicht als auch für die Sonntag-Nachtschicht an ein und demselben Wochenende eingeteilt wird, hält z.B. 36 h Wochenendruhe ein.*

Dieses Kriterium wird weitgehend durch die Festlegung der Schichtarten und der Bruttobetriebszeit bestimmt. Bei vollkontinuierlichen Plänen kann es nicht eingehalten werden, da am Wochenende gearbeitet wird. In diesen Fällen kommen andere Regeln, z.B. die Wochenruhe, zur Anwendung. Bei den meisten anderen Plänen genügt eine geeignete Festlegung der Schichtarten.

Nur bei fast kontinuierlichen Plänen muss auf die Schichtfolgen geachtet werden. Hier empfiehlt sich ein ähnliches Vorgehen wie bei der Mindestruhezeit. Werden die unzulässigen Schichtübergänge am Wochenende bestimmt, dann kann bereits bei der Plangestaltung darauf Rücksicht genommen werden.

Wochenruhe Es ist sicherzustellen, dass wöchentlich oder zumindest in einem mehrwöchigen Durchrechnungszeitraum eine gewisse zusammenhängende Mindestfreizeit vorhanden ist, z.B.:

Wöchentlich sind mindestens 24 h Wochenruhe einzuhalten. Im Schnitt müssen sich 36 h Wochenruhe in einem Durchrechnungszeitraum von 4 Wochen ergeben, wobei zur Berechnung nur mindestens 24-stündige Ruhezeiten herangezogen werden dürfen.

Falls nicht zu lange Arbeitsblöcke geplant sind, z.B. maximal 7-tägige Blöcke, eine Forderung, die auch ergonomisch sinnvoll ist, taucht dieses Problem kaum auf. Bei Durchrechnungszeiträumen von mehr als 2 Wochen ist das Kriterium fast automatisch erfüllt.

Kritisch kann es bei hohen Arbeitszeiten werden, z.B. bei Arbeiten mit hohen Bereitschaftsanteilen und extrem hohen zulässigen wöchentlichen Arbeitszeiten, wie dies bei Portiers der Fall ist. Auch hier genügt die Überprüfung von Bereichen mit sehr langen Arbeitsblöcken. Da nach Nachtschichten ohnehin aus ergonomischen Gründen längere Freizeitblöcke eingeplant werden sollen, tritt eine Verletzung dieser Regelungen nur sehr selten auf.

Falls sich diese Anforderung nicht nur auf die Länge des Zeitraums bezieht (z.B. 24 h), sondern auch darauf, dass ganze Tage frei sein sollen, müssen kritische Schichtfolgen geprüft werden (z.B. N-F, N-S, N-N).

Wöchentliche Höchstarbeitszeit Bestimmte Grenzen bei der wöchentlichen Höchstarbeitszeit (z.B. 50 h oder 56 h) dürfen nicht überschritten werden.

Falls nicht zu lange Arbeitszeitblöcke geplant werden, z.B. bei 8 h-Schichten maximal 6-tägige Blöcke, taucht dieses Problem kaum auf. Bei längeren Schichten ist auszurechnen, wie viele Schichten pro Woche eingeplant werden können.

Als Sonderfall ist zu berücksichtigen, dass Sonntag-Nachtschichten (z.B. von Sonntag 22:00 bis Montag 6:00) nur zum geringen Teil in die erste Woche fallen. Die Grenze für die Zuordnung der Stunden ist meist Sonntag 0:00. Es existieren auch abweichende Regelungen als Grenze für die Zuordnung der Stunden wie z.B. das Ende der letzten Schicht, die in der Vorwoche startet (z.B. Montag 6:00). Diese Unterschiede in der Berechnung führen zu völlig verschiedenen Wochenarbeitszeiten.

Wenn eine Folge von 8 h-Schichten, die 7 Tage dauert, mit einer derartigen Nachtschicht am Sonntag endet, hätte die Woche im ersten Fall genau 50 h, im zweiten Fall 56 h Wochenarbeitszeit.

Im Normalfall ist die Einhaltung dieser Bestimmung durch entsprechende Konstruktion der Schichtfolgen und Vermeidung zu langer Schichtfolgen unproblematisch sicherzustellen.

Anteil der Nachtschichten

Für gewisse Begünstigungen von Nachtschichtarbeitern (z.B. Zusatzurlaub, Pensionsregelungen) ist eine bestimmte Anzahl von Nachtschichteinsätzen erforderlich.

Ob diese Regelung eingehalten wird bzw. werden kann, entscheidet sich bereits bei der Festlegung von Personenanzahl, Schichtarten und Besetzungsstärken.

Falls der Plan keine Unterschiede bezüglich der Schichtfolgen für die einzelnen Gruppen vorsieht und die ausgewählte Planstruktur nicht zu einer Veränderung der Personenanzahl führt, werden die Bedingungen für alle möglichen Arten der Plangestaltung (und alle Personen) entweder eingehalten oder nicht eingehalten.

Die Erfüllung dieses Kriteriums kann daher bei entsprechender Berücksichtigung früh sichergestellt werden.

B.4.3 Beurteilung: Betriebswirtschaftliche Aspekte

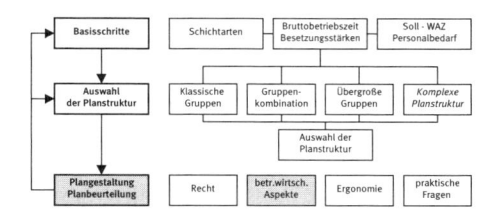

Übersicht Die hier behandelten Aspekte der Beurteilung von Schichtmodellen konzentrieren sich auf:
- Betriebszeit
- direkt dem Schichtplan zuzuordnende Kosten
- indirekt durch das Schichtmodell verursachte Kosten
- qualitative Aspekte

Die Fragen der Flexibilität von Schichtmodellen und der damit einhergehenden betriebswirtschaftlichen Überlegungen werden erst im Kapitel C.2 "Wie baue ich Flexibilität ein?" behandelt.

Betriebszeit Zentral ist die in (Deelen van; 1990) eingeführte Unterscheidung zwischen substituierbaren und nicht substituierbaren Fixkosten.

Substituierbare Fixkosten entstehen durch die Nutzung von Gütern oder Dienstleistungen, die durch längere Betriebszeiten ersetzt werden können. Längere Betriebszeiten führen zu einer Verringerung dieser Kosten bei gleicher Produktionsmenge. Praktisch stellt sich diese Frage besonders bei Neuinvestitionen bzw. bei der Vermeidung von Erweiterungsinvestitionen, aber auch, wenn die Möglichkeit zur Stilllegung, zum Verkauf von Maschinen, zum Beenden von Mietverträgen usw. existiert.

In einem Betrieb wurde bisher mit 2 Anlagen und jeweils 1 Schicht pro Tag gearbeitet:
F ... Frühschicht von 8:00 bis 16:00, bezahlte Kurzpausen (Mo–Fr)

Nun wird der Umstieg auf 1 Anlage mit je 2 Schichten pro Tag überlegt:
F ... Frühschicht von 6:00 bis 14:00, bezahlte Kurzpausen (Mo–Fr)
S ... Spätschicht von 14:00 bis 22:00, bezahlte Kurzpausen (Mo–Fr)

Die 2. Anlage kann verkauft werden.

Nicht substituierbare Fixkosten können nicht durch längere Betriebszeiten ersetzt werden. Dazu zählen Gebäude und Anlagen, die nicht anders genutzt werden können. Häufig sind auch technologische Mindestschranken nicht oder zumindest nicht kurzfristig veränderbar. Hinzu kommen Überlegungen der Reservebildung, die es notwendig machen, in überwiegenden Zeitbereichen unter der Maximalauslastung zu fahren.

Durch technologische und organisatorische Veränderungen, z.B. durch neue Maschinen mit kleineren Losgrößen, durch Auslagerung, durch eine andere Organisation der Dienstleistung, kann die betriebsspezifische Verteilung zwischen substituierbaren und nicht substituierbaren Fixkosten verschoben werden.

Bei der Wahl der Betriebszeit ist neben der Veränderung der Fixkosten auch eine Reihe mittelbarer Wirkungen zu berücksichtigen.

Der Aufwand für Rüstarbeiten, z.B. das Anfahren und Abstellen von Anlagen, damit verbundener Ausschuss, Qualitätsmängel usw., kann erheblich von der Wahl der Betriebszeit beeinflusst werden.

Durch die Stilllegung von Anlagen mit geringerer Produktivität bei gleichzeitig intensiver Nutzung der übrigen Anlagen kann die Gesamtproduktivität gesteigert werden.

Durch die intensivere Nutzung der Anlagen und durch geringere Kapitalbindung sowie Kapitalkosten bei längeren Betriebszeiten können Maschinen mit höherer Produktivität eingesetzt werden. Damit sind häufigere Modernisierungsinvestitionen möglich.

Bei der Schichtplanung sind in der Regel die diesbezüglichen Voranalysen bereits sehr weit fortgeschritten, sodass auf einer oder einigen wenigen ausgearbeiteten Alternativen aufgesetzt werden kann.

Kosten des Schichtplans Die direkt dem Schichtplan zuzuordnenden Kosten sind die
- Personalkosten und die
- Instandhaltungskosten.

Personal Bei der Bestimmung der Personalkosten ist neben den erforderlichen Stunden eine Reihe von Zusatzfaktoren zu berücksichtigen:
- Zuschläge für bestimmte Schichtarten (z.B. Spätschicht, Nachtschicht)
- Zuschläge für bestimmte Tage (z.B. Sonntag, Feiertage)
- eventuell erweiterte Urlaubsansprüche
- Kosten für Zusatzangebote, um z.B. den Übergang zur regelmäßigen Samstagsarbeit zu "erkaufen".

Zum Teil hängen die Kosten von der gewählten Planstruktur ab. Beispielsweise können verschiedene Planstrukturen, d.h. verschiedene Arten der Gruppenbildung, unterschiedliche Qualifikationsverteilungen (z.B. mehr Gruppensprecher, Vorarbeiter usw.) damit einhergehend Qualifizierungsmaßnahmen erfordern. Dies kann erhebliche Auswirkungen auf die Anzahl der Personen und auf ihr Lohnniveau haben.

Von besonderer Bedeutung ist die saubere Unterscheidung zwischen den Bruttobetriebszeiten (für die Berechnung der Lohnkosten) und den Nettobetriebszeiten. Letztere sind für die Kapazitäts- und Leistungsabschätzung erforderlich. Unterschiede zwischen diesen Betriebszeiten ergeben sich vor allem durch:
- bezahlte Pausen, in denen keine Leistungen anfallen
- unbezahlte Pausen, in denen der Betrieb weiterläuft, z.B. über eine versetzte Pausenregelung
- Übergabezeiten
- Abwesenheitszeiten, z.B. für Schulungen

Der Großteil dieser Kosten kann sehr früh nach den Festlegungen in den Basisschritten grob berechnet werden, da sie primär vom Personalbedarf und von den je Schichtart unterschiedlichen Zulagen abhängen. Einzelne Schichtpläne unterscheiden sich in den Personalkosten, wenn sie unterschiedliche Wirkungen hinsichtlich dieser Zulagen auslösen (z.B. bei Planung einer zuschlagsfreien Samstag-Frühschicht statt einer zuschlagspflichtigen Sonntag-Nachtschicht). Ferner können – wie oben erwähnt – verschiedene Planstrukturen zu Unterschieden führen.

Die folgenden Berechnungen zeigen ein einfaches Beispiel zur Berechnung der Kosten eines Schichtplans mittels Mengengerüsten. Häufig sind die Bruttobetriebszeiten höher als die Nettobetriebszeiten. Im folgenden Beispiel laufen die Maschinen während der Pausen weiter. Damit tritt der Fall ein, dass mehr Leistungsstunden als Stunden nach Schichtplan anfallen.

Im ersten Schritt werden die direkten Lohnkosten berechnet:

Arbeitsstunden pro Woche (Brutto-BZ)			Kommentar
Schichtlänge (Arbeitsstunden)	7,50 h		8 h minus 30 min Pause
Schichten pro Woche	21		
Arbeitsstunden pro Woche	157,50 h		
Grundlohn Durchschnitt	10 Euro	1.575,00 Euro	
Zuschlag 1 – Nachtschicht			**Kommentar**
Nachtschichtzuschlag	1,65 Euro/h		Beispiel fester Zuschlag
Nachtschichten pro Woche	7		
Nachtschichtstunden pro Woche	52,50 h	86,63 Euro	
Zuschlag 2 – Sonntagszuschlag			**Kommentar**
Prozent	50 %		Achtung: Basis für Prozentrechnung kann variieren
Sonntagsschichten pro Woche	3		
Stunden pro Woche	22,50 h	112,50 Euro	
Direkte Kosten der Arbeitsplätze pro Woche			
Direkte Kosten pro Arbeitsplatz		1.774,13 Euro	
Arbeitsplätze	100		
Direkte Kosten aller Arbeitsplätze		177.412,50 Euro	
Reservekonzepte			**Kommentar**
Sollwochenarbeitszeit	38,00 h		Brutto-BZ
Beschäftigte pro Arbeitsplatz	4,14		Soll-WAZ
Arbeitsplätze	100		
Beschäftigte zur Abdeckung des Grundbedarfs	415,00		auf nächstgrößere ganze Zahl gerundet
Überdeckung für Reserven	8 %	14.193,00 Euro	Achtung: je nach Rechnungsbasis Zinseszins oder direkt
Beschäftigte zur Abdeckung der Reserve	34,00		
Eventueller Zusatzbedarf durch Schichtmodell	2 %	3.548,25 Euro	je nach Modell
Beschäftigte durch Zusatzbedarf	9,00		
Beschäftigte insgesamt	**458,0**		
Direkte Lohnkosten pro Jahr			**Kommentar**
Direkte Lohnkosten pro Woche		195.153,75 Euro	
Wochen pro Jahr	52		
Direkte Lohnkosten pro Jahr (ohne Sonderzahlungen)		10.147.995,00 Euro	da durchgehend zu bezahlen
Urlaub und Weihnachten (13. und 14.)		1.691.332,50 Euro	vereinfachte Berechnung
GESAMTSUMME			Achtung: nur direkte Lohnkosten berechnet
Direkte Lohnkosten pro Jahr		**11.839.327,50 Euro**	

Im zweiten Schritt werden die Leistungsstunden berechnet:

Leistungsstunden (Netto-BZ)			Kommentar
Schichtlänge (Leistungsstunden)		8,00 h	versetzte Pausenregelung
Schichten pro Woche	21		
Leistungsstunden pro Woche		168,00 h	
Wochen pro Jahr	50		exkl. Stillstände,
Leistungsstunden pro Jahr und Arbeitsplatz		8400,00 h	1 Woche Werksurlaub, evtl. Wartung abziehen
Arbeitsplätze	100		
Gesamtsumme Leistungsstunden pro Jahr		**840000,00 h**	
Lohnanteil an den Herstelleinzelkosten			
Ausstoß pro Stunde und Arbeitsplatz		200 Stk	
Ausstoß pro Jahr und Arbeitsplatz		1.680.000,00 Stk	
Arbeitsplätze	100		
Gesamtsumme Ausstoß pro Jahr		**168.000.000,00 Stk**	
Lohnkosten pro Stück		0,07 Euro	
Lohnkosten pro Stunde		1.409,44 Euro	
Lohnkosten pro Beschäftigten		25.850,06 Euro	

Instandhaltung Neben den direkt vom Schichtplan abhängigen Personalkosten spielen die Kosten für die Instandhaltung eine wichtige Rolle. Dazu gehören Kosten für eigenes und fremdes Instandhaltungspersonal, Dienstleistungen und Materialkosten.

Bezogen auf die Betriebszeit wird zwischen proportionalen, degressiven und überproportionalen Kosten unterschieden. Ein großer Teil der Instandhaltungskosten verhält sich proportional. In einigen Bereichen sind fallweise auch degressive Effekte zu verzeichnen (z.B. Messanlagen). Nicht zu unterschätzen sind aber Elemente, die zu überproportionalen Steigerungen führen. Mögliche Verursacher sind:

- Verschiebung der Arbeiten in teure Zeiten (Nacht, Wochenende)
- fehlende Zeitfenster für die Instandsetzungen, die zu Produktionsausfällen führen
- Hinauszögern von Instandhaltungsarbeiten und damit verbundene höhere Anzahl von Störungen, Produktivitäts- und Qualitätsproblemen
- zusätzlich erforderliche Stilllegungen aufgrund höherer Beanspruchung

Vor der Umstellung auf einen diskontinuierlichen Plan reichten z.B. die Stilllegungen während des Betriebsurlaubes, nach der Umstellung auf einen teilkontinuierlichen Plan waren zusätzliche Stilllegungen erforderlich.

Ein Teil dieser Kosten kann bereits sehr früh, nach Festlegung der Betriebszeit, abgeschätzt werden. Der Abstimmung von Schichtplan und Instandhaltung kommt große Bedeutung zu. Teilweise bedingt dies Komplexe Pläne.

Im Schichtplan sind z.B. Wartungsfenster vorgesehen, in denen eine entsprechend erhöhte bzw. gesenkte Besetzungsstärke zur Durchführung der Wartung eingeplant wird.

Indirekt verursachte Kosten Indirekt sind durch Veränderung des Schichtmodells, also des Schichtplans und aller Regelungen im Umfeld, vor allem in zwei Bereichen Kosten zu berücksichtigen:
- Einführung und Verwaltung des Schichtmodells
- Anpassungen im Bereich der Infrastruktur und im Umfeld

Der Einführungsprozess von neuen Schichtmodellen bringt neben der eigentlichen Planung zum Teil erhebliche Arbeiten zur Klärung von Umsetzungsfragen sowie in der Kommunikation und Verhandlung mit sich. Außerdem sind zum Teil Investitionen zur Unterstützung der Verwaltung erforderlich, z.B. in die Zeiterfassung, die Anpassung von Programmen, die Entwicklung von Formularen. Hinzu kommt die laufende Verwaltung, z.B. die Führung von Zeitkonten oder die Feinanpassung des Modells.

Im Bereich der Infrastruktur kann ein Großteil dieser Kosten bereits grob nach den Festlegungen in den Basisschritten abgeschätzt werden (Werksbusse usw.). Organisationsbereiche, die von zu planenden Bereichen abhängen, sind von besonderer Bedeutung (Lager, Transport, eventuell Kantine).

Jene Faktoren, die im konkreten Praxisfall besonders zu berücksichtigen sind, müssen von der betrieblichen Arbeitsgruppe identifiziert und quantifiziert bzw. gewichtet werden.

Qualitative Aspekte Die Anzahl möglicher qualitativ relevanter Aspekte ist noch umfangreicher als das bereits sehr breite Themengebiet der indirekt verursachten Kosten des Schichtmodells. Zusätzlich sind sie nur zum Teil und mit erheblichem Aufwand in ihrer Wirkung quantifizierbar.

Im SYMPAZ-Verfahren (systematische Methode zur Planung der Arbeitszeitgestaltung, siehe (Hofmann; 1990)) werden unter anderem Fluktuation, Motivation, Produktivität, Unfallrate, Chancengleichheit, gesellschaftliche Verantwortung, Image des Unternehmens und Personalrekrutierung (finden sich überhaupt Personen für das neue Modell?) angeführt.

Auch in (Kramer und Hegner; 1990) und in (Müller-Seitz; 1991) wird eine Reihe von Aspekten wie z.B. Fehlzeiten, Materialfluss, Qualität, Kundenzufriedenheit, Termintreue, Führung und Qualifizierung behandelt.

Auf eine Reihe von Fragen wird auch im Abschnitt D "Praktische Fragen" eingegangen.

Die Vielzahl der Themen macht es praktisch unmöglich, sich mit allen zu beschäftigen. Jene Faktoren, die im konkreten Praxisfall besonders zu berücksichtigen sind, müssen von der betrieblichen Arbeitsgruppe identifiziert und quantifiziert bzw. gewichtet werden. Gegebenenfalls sind entsprechende Begleitmaßnahmen vorzubereiten.

B.4.4 Beurteilung: Ergonomie

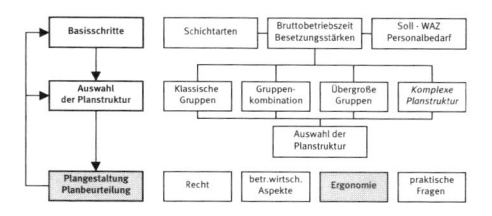

Arbeitswissenschaftliche Kriterien Es existieren mehrere Verfahren zur Bewertung von Schichtplänen nach arbeitswissenschaftlichen Kriterien. In (Schönfelder; 1992) wird ein Nutzwertanalyseverfahren vorgestellt, das anhand von 14 Kriterien eine Beurteilung erlaubt. In (Jansen; 1990) wird ein Verfahren vorgestellt, das eine Bewertung anhand von 9 Kriterien erlaubt.

Diese beiden Ansätze unterstützen den Vergleich verschiedener fertiger Pläne. Hier wird stärker auf den praktischen Umgang mit den zentralen Anforderungen bei der Entwicklung von Schichtplänen eingegangen. Die Auflistung folgt dabei weitgehend den in (Wedderburn; 1991) und (Knauth; 1996) gegebenen Empfehlungen zur Gestaltung von Schichtplänen.

Bei der jeweiligen Beurteilung ist die physische und/oder die psychische Schwere der Arbeit zu berücksichtigen. Bei anstrengender Arbeit sind die ergonomischen Anforderungen zu erhöhen.

Einen zentralen Ansatzpunkt für ergonomische Verbesserungen stellt die Verkürzung der Arbeitszeit dar. Eine Möglichkeit ist z.B. die Umwandlung von Geld- in Zeitzuschläge. Arbeitszeitverkürzung erlaubt substantielle, überproportionale Verbesserungen der Schichtpläne. Genaueres findet sich dazu im Kapitel C.5 "Arbeitszeitverkürzung".

Arbeitswissenschaftliche Aspekte der Gestaltung von Schichtplänen und ihr Hintergrund werden ausführlich im Kapitel E.5 "Kriterien zur Gestaltung von Schichtarbeit" behandelt.

Kennzahl Einsätze pro Woche
Die Kennzahl der Einsätze pro Woche (vgl. Kapitel B.2 "Was sind die Basisschritte?") ist zwar in sich kein ergonomisches Kriterium. Gleichzeitig dient sie noch vor der eigentlichen Schichtplanung als Indikator, ob die Rahmenbedingungen eine ausreichend gute Planung erlauben oder ob es nicht besser wäre, zuerst an den Rahmenbedingungen zu feilen.

Freie Tage pro Woche
Wenn keine besonders kurzen Ruhezeiten geplant werden und keine besonders langen Schichtarten verwendet werden, dann lässt sich die durchschnittliche Zahl der freien Tage leicht berechnen:

Ø Arbeitstage pro Woche und Person = Ø Zahl der Schichteinsätze pro Woche und Person
Ø Zahl der freien Tage pro Woche und Person = 7 - Ø Arbeitstage pro Woche und Person

Kurze Nachtschichtfolgen
Es sollen nicht mehr als 2–4 Nachtschichten aufeinander folgen.

Bereits bei der Konstruktion der Pläne sollen Schichtfolgen, die mehr als 4 Nachtschichten in Folge vorsehen, vermieden werden. Schwierigkeiten entstehen bei teilkontinuierlichen Plänen mit hohen Arbeitszeiten und kurzen Schichten. Fallweise sind hier 5 Nachtschichten in Folge unvermeidlich.

Ruhezeit
Es soll ausreichend Erholungszeitraum zwischen den Schichteinsätzen bestehen. Diese Anforderung geht über die gesetzliche Bestimmung hinaus. Sie geht mit der Forderung nach Vorwärtswechsel, d.h. dem Wechsel von der Früh- auf die Spätschicht usw., einher.

Die Vermeidung von bestimmten Schichtfolgen bei der Konstruktion der Pläne ist meist einfach. Nur wenn ein bestimmter Planansatz derartige Folgen aufzwingt, wird es relevant, gesondert auf dieses Kriterium zu achten.

Bei Schichtlängen von 12 h stellt sich das Problem in der Regel nicht.

Falls nur 1 Schichteinsatz pro Tag zu planen ist, wird bei Schichtlängen von weniger als 11 h geprüft, welche Übergänge unzulässig sind.

Bei der Plangestaltung mit Schichtarten von ca. 8 h Länge sind sowohl Übergänge der Art
NF ... Nacht- auf Frühschicht (bei 8 h-Schichten keine Ruhezeit),
NS ... Nacht- auf Spätschicht (bei 8 h-Schichten nur 8 h Ruhezeit),
SF ... Spät- auf Frühschicht (bei 8 h-Schichten nur 8 h Ruhezeit)

als auch Übergänge der Art

`N-F` *...Nachtschicht, 1 Tag frei, Frühschicht (bei 8 h-Schichten nur 24 h Ruhezeit; dieser Übergang verursacht Probleme mit dem Schlaf, da "1-mal Schlafen" zuwenig ist und "2-mal Schlafen" kaum funktioniert)*
zu vermeiden. Damit werden ergonomische Ruhezeiten sichergestellt.

Bei teilkontinuierlichen Plänen, nach denen nur wochenweise gewechselt wird und daher ein Wochenende zwischen zwei Arbeitsblöcken liegt, scheint auch ein Rückwärtswechsel, z.B. von der Freitag-Nachtschicht auf die Montag-Frühschicht (`N--F` bei 8 h-Schichten ergibt dies 48 h Ruhezeit) unkritisch.

Freie Wochenenden Es sollen möglichst viele vollständig freie Wochenenden geplant und diese gleichmäßig über den Schichtzyklus verteilt werden.

Die Anzahl der möglichen freien Wochenenden kann nach den Festlegungen in den Basisschritten berechnet werden. Mehr freie Wochenenden sind nur durch Veränderung dieser Parameter zu erreichen.

Die Berechnung der freien Sonntage (bzw. Samstage) erfolgt nach folgender Formel:

$$\text{freie Sonntage möglich in \%} = 1 - \frac{\text{Besetzungsstärke} * \text{Zahl der Schichten am Sonntag}}{\text{Personal}}$$

Daraus ergibt sich die Anzahl der möglichen vollständig freien Wochenenden. Um diese auch tatsächlich zu erreichen, werden Pläne nach der eigentlichen Plangestaltung durch Tauschoperationen innerhalb der Spalten (zwischen den Gruppen) oft noch optimiert.

diskontinuierlich
Übergroße Gruppen
WAZ   38,28 h
T   8,75 h
Brutto-BZ   61,25 h
Zyklus   8 Wo
Einsätze   4,37 /Wo

Die folgende Darstellung zeigt einen 3-wöchigen Ausschnitt eines Plans, der mit der Basisfolge `TTTTT---` *gestaltet wurde. Um ein 3. freies Wochenende in 8 Wochen zu ermöglichen, wird an jedem Sonntag eine Schicht verschoben. Diese Tauschoperationen verlaufen völlig regelmäßig: Die Schicht wird innerhalb der Spalte von jener Gruppe, deren Arbeitsblock am Sonntag starten würde, zu jener Gruppe, deren Arbeitsblock am Samstag endet, verschoben. Die Anzahl der Schichten im Zyklus bleibt für alle Gruppen gleich.*

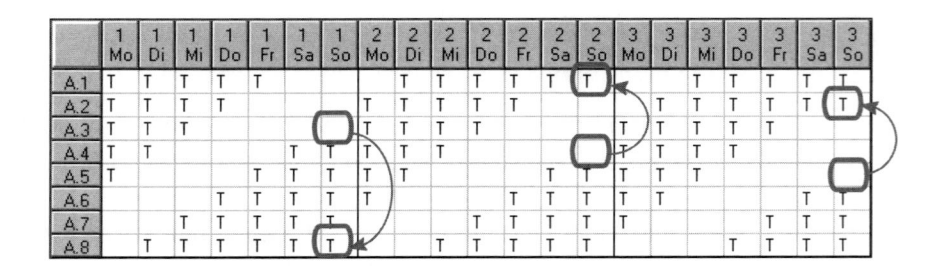

Bei Plänen mit hoher Arbeitszeit ergeben sich häufig Konflikte mit den Kriterien, dass nicht zu lange Blöcke von Arbeitseinsätzen geplant werden sollen und der Plan möglichst regelmäßig sein soll.

In obigem Beispiel gibt es wegen der Tauschoperationen 1 Arbeitsblock in 8 Wochen, der 6 Tage dauert.

Auch eine bessere Verteilung der freien Wochenenden kann oft nachträglich durch Tauschoperationen innerhalb der Spalten (zwischen den Gruppen) erreicht werden.

diskontinuierlich
Gruppenkombination
WAZ   38,50 h
F, S   8 h 10'
Brutto-BZ   89,83 h
Zyklus   7 Wo
Einsätze   4,71 / Wo

In diesem Beispiel (siehe auch Beispiel 2 und Variante im Unterkapitel B.3.3.b) "Beispiele für Kombinationspläne") werden 2 Arbeitsblöcke (einer mit einer 1-tägigen Unterbrechung) vertauscht, damit die langen freien Wochenenden (Do–So und Sa–Di) nicht direkt aufeinander folgen.

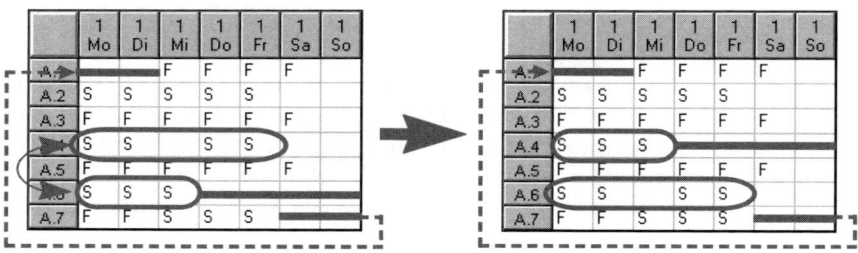

Bewertung von Wochenenden

Der Erholungswert eines freien Tages hängt stark davon ab, in welcher Schichtart am Vortag gearbeitet wurde. Nach einer Freitag-Nachtschicht wird z.B. der Samstag eines freien Wochenendes meist zum Ausschlafen benötigt und ist daher nicht wirklich "frei".

Bei der Beurteilung der Wochenendsituation wird demzufolge zwischen

- Tagen ohne Schichtbeginn (an solchen Tagen ist keine Schicht eingetragen; es kann aber ohne Weiteres die Nachtschicht des Vortages "hineinragen") und
- Tagen, an denen weder eine Schicht beginnt noch endet,

unterschieden. Auch wenn ein Plan viele Wochenenden ohne Schichteinsätze zeigt, kann es sein, dass tatsächlich nur sehr wenige davon vollständig frei sind.

Nicht zu lange Arbeitsblöcke 8 oder mehr Arbeitstage in Folge sollen vermieden werden. 7 Arbeitstage können auch schon problematisch sein.

Dieses Kriterium muss bei der Festlegung der Schichtfolgen berücksichtigt werden. Konflikte mit dem Kriterium der Anzahl der freien Wochenenden sind möglich.

In diesem Zusammenhang ist auch die Dauer der aufeinander folgenden Arbeits- und Freizeitblöcke im Zyklus von Interesse.

Für den Plan aus Beispiel 4 im Unterkapitel B.3.2.d) "Beispiele für Klassische Pläne" und seine Variante lassen sich die Verteilungen von Arbeit und Freizeit wie folgt darstellen:

	1 Mo	1 Di	1 Mi	1 Do	1 Fr	1 Sa	1 So
A	F	F	F	S	S	S	
B		N	N	N			
C	S	S	S		N	N	N
D	N			F	F	F	

	1 Mo	1 Di	1 Mi	1 Do	1 Fr	1 Sa	1 So
A	F	F	S	S	S	S	
B	S	S	N	N			N
C	N	N			N	N	
D			F	F	F	F	

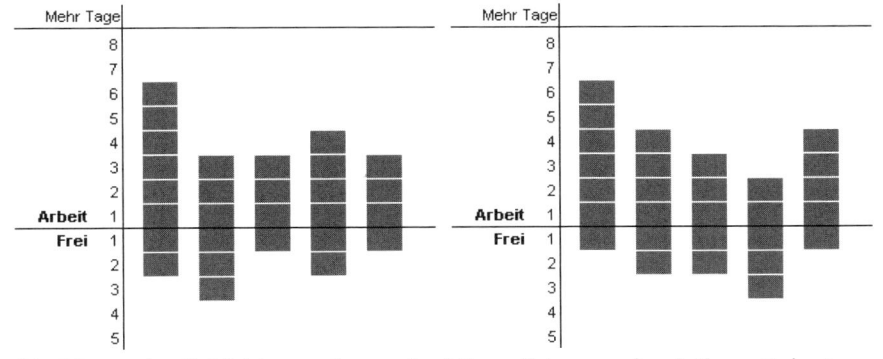

Schichtlänge an Arbeitslast koppeln Die Länge der Schichten soll von der körperlichen und geistigen Belastung durch die Arbeit abhängen. Insbesondere sollten kürzere Nachtschichten in Erwägung gezogen werden.

Die Festlegung erfolgt bereits bei den Schichtarten.

Später Beginn der Frühschicht Die Frühschicht soll nicht zu früh beginnen.

Die Festlegung erfolgt bereits in den Basisschritten.

Vorwärtsrotation Die Richtung des Wechsels zwischen Schichtarten innerhalb eines Arbeitsblocks soll nach "vorwärts", d.h. im Uhrzeigersinn, erfolgen.
Ein Wechsel von der Früh- zur Spätschicht oder von der Spät- zur Nachtschicht entspricht der Vorwärtsrotation.

Abgesehen von möglichen Verletzungen der täglichen Ruhezeit bei Rückwärtsrotation sind auch aus ergonomischer Sicht längere Ruhepausen zwischen Schichten zu bevorzugen.
Ein Wechsel von der Spät- zur Frühschicht oder von der Nacht- zur Spätschicht lässt in der Regel zu wenig Zeit für den Weg zum und vom Arbeitsplatz, die persönliche Versorgungsarbeit und das Schlafen.

Regelmäßige Schichtfolge Die Schichtfolge soll möglichst regelmäßig sein.

Dieses Kriterium steht häufig im Widerspruch zu anderen Kriterien (z.B. der Planung von möglichst vielen vollständig freien Wochenenden).

Durch entsprechend gute Kommunikation der Pläne kann die Bedeutung dieses Kriteriums verringert werden.
Jede Person bekommt rechtzeitig ihren neuen Schichtkalender.

B.4.5 Beurteilung: Praktische Fragen

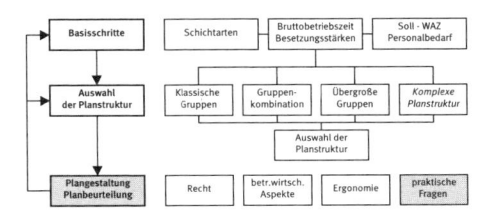

Hier werden die wichtigsten Aspekte für die Beurteilung im Überblick vorgestellt, weitere im Abschnitt D "Praktische Fragen" ausführlich behandelt.

Flexibilität — Flexibilität muss verwaltet werden, wobei Stundenaufzeichnungen und Informationsfluss kritische Faktoren sind. Die Verwaltung der Flexibilität wird überwiegend auf der Ebene des Schichtmodells geregelt. Schwächen dabei können teuer werden und die besten Schichtpläne zu Fall bringen.

Abrechnung — Bei ungleichmäßig verteilter Arbeitszeit würde mit stundenbezogener Abrechnung das Monatseinkommen der Beschäftigten stark schwanken, insbesondere wenn Saisonalität oder andere Flexibilitätselemente eingebaut sind. Bei flexiblen Modellen sind die Umstellung auf Monatslohn und eine Durchrechnung der Stunden meist unvermeidlich.

Transparenz — Sowohl die Betroffenen als auch ihre Vorgesetzten bzw. andere berührte Stellen müssen eine ausreichend genaue Übersicht haben, wann wer anwesend sein sollte. Kalenderbezogene Ausdrucke sind regelmäßig für verschiedene Personen nach unterschiedlichen Kriterien zu erstellen.

Reserven und Verwaltung von Abwesenheitszeiten — Durch eine gute Reserveplanung ist darauf zu achten, dass durch Reaktionen auf Abwesenheiten nicht laufend Veränderungen der Schichteinsätze, Gruppenwechsel, Ersatzruhezeiten usw. induziert werden. Derartige Auswirkungen sind sowohl ergonomisch meist problematisch als auch teuer. Dazu gehört auch die Planung von steuerbaren Abwesenheiten wie Urlaube und Schulungsmaßnahmen. Im Detail werden diese Fragen im Kapitel C.1 "Wie plane ich Reserven?" diskutiert.

Generell und besonders bei Modellen mit Flexibilität sind sorgfältige Abrechnungen erforderlich. Im Kapitel D.2 "Wie sollen Urlaub und Abwesenheit abgerechnet werden?" werden verschiedene Techniken, insbesondere auch zum Umgang mit flexiblen Plänen, vorgestellt

B.4.6 Kurzübersicht Beurteilung

Recht	Beurteilung	Wo?	Wie sichern?
Ruhezeit	erfüllt: ja/nein	Schichtfolgen	Vermeiden von Folgen wie: **NF, NS, SF**
Wochenendruhe	erfüllt: ja/nein	Betriebszeit, Schichtarten	entsprechende Festlegungen in Basisschritten
Wochenruhe	erfüllt: ja/nein	Schichtfolge	nicht zu lange Arbeitsblöcke
wöchentliche Höchstarbeitszeit	erfüllt: ja/nein	Schichtfolge	nicht zu lange Arbeitsblöcke
Anteil der Nachtschichten	erfüllt: ja/nein	Betriebszeit, Schichtarten, Personal	entsprechende Festlegungen in Basisschritten
Betriebswirtschaft	**Beurteilung**	**Wo?**	**Wie sichern?**
Betriebszeit	Umfang	frühe Analysen	Optimierung von Einsparungen und Kosten aus Schichtarbeit
direkt zuordenbare (dem Plan) Kosten	Höhe	Betriebszeit, Schichtarten, Schichtfolgen	Planstruktur
indirekt verursachte Kosten	Höhe	gesamte Planung	siehe Abschnitt C "Komplexe Pläne"
qualitative Aspekte	akzeptabel bzw. wünschenswert: ja/nein	gesamte Planung	je nach Bereich
Ergonomie	**Beurteilung**	**Wo?**	**Wie sichern?**
Ø freie Tage pro Woche	Hoch genug	Basisschritte	So—AZ nicht zu hoch, Ø Schichtlänge nicht zu gering
kurze Nachtfolgen	erfüllt: ja/nein	Schichtfolge	keine langen Nachtschichtblöcke
Ruhezeit	ausreichend: ja/nein	Schichtfolge	Vermeiden von Folgen wie: **NF, NS, SF**
freie Wochenenden	größtenteils gut genutzt: ja/nein	Schichtfolge	entsprechende Festlegungen in Basisschritten, Schichtfolgen
nicht zu lange Arbeitsblöcke	Länge in Ordnung?	Schichtfolge	nicht zu lange Arbeitsblöcke
Schichtlänge an Arbeitslast koppeln	ausreichend: ja/nein	Betriebszeit, Schichtarten, Personal	entsprechende Festlegungen in Basisschritten
später Beginn der Frühschicht	ausreichend: ja/nein	Schichtarten	entsprechende Festlegungen in Basisschritten
regelmäßige Schichtfolge	ausreichend: ja/nein	Schichtfolge	Schichtfolgen
Prakt. Fragen	**Beurteilung**	**Wo?**	**Wie sichern?**
je nach Situation	zufriedenstellend geregelt?	überwiegend im Schichtmodell (Rahmenregelungen)	sorgfältige Vorbereitung des Planungsumfelds

B.5 Beispiele – Wie entwickle ich Pläne?

Die folgenden Beispiele dienen der Vorstellung verschiedener Planungsansätze und der bei der Planung zu beantwortenden Fragen. Die Planbeurteilung konzentriert sich auf Fragen der Ergonomie.

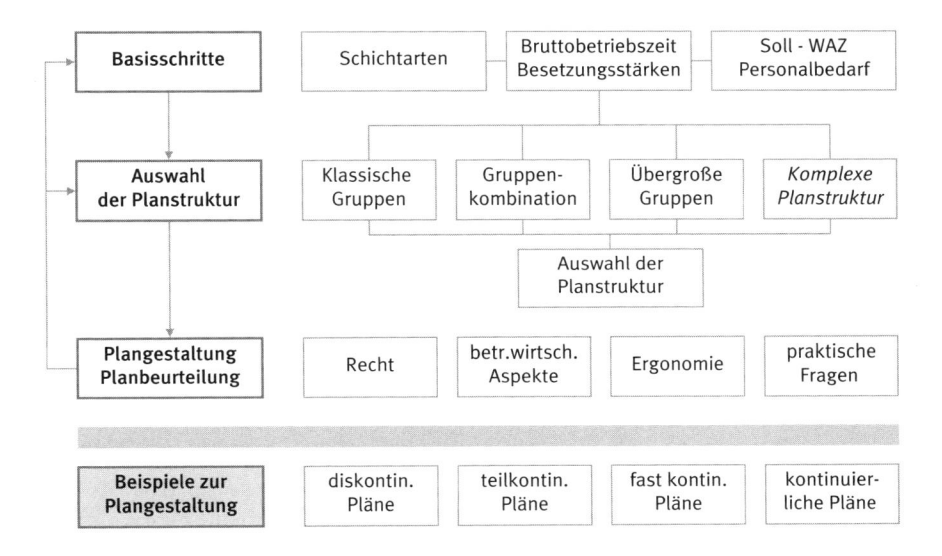

Basisschritte	Schichtarten	Bruttobetriebszeit Besetzungsstärken	Soll - WAZ Personalbedarf

Auswahl der Planstruktur	Klassische Gruppen	Gruppenkombination	Übergroße Gruppen	*Komplexe Planstruktur*

Auswahl der Planstruktur

Plangestaltung Planbeurteilung	Recht	betr.wirtsch. Aspekte	Ergonomie	praktische Fragen

Beispiele zur Plangestaltung	diskontin. Pläne	teilkontin. Pläne	fast kontin. Pläne	kontinuierliche Pläne

Verweise

QUERVERBINDUNGEN	VERTIEFUNGSTHEMEN
Die Darstellungsform der Pläne beeinflusst das Ergebnis.	Reserven
	Flexibilität
	Komplexe Planstrukturen (Ergänzungs-, Teilzeitgruppen)

B.5.1 Wie entwickle ich diskontinuierliche Pläne?

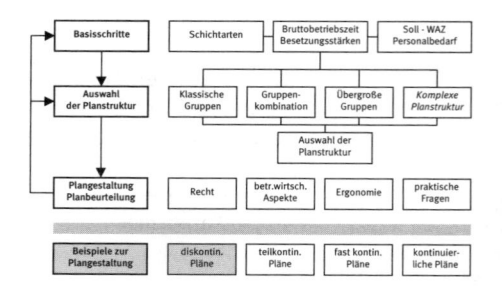

B.5.1.a) Beispiel 1

Aufgabe
- 6 Frühschichten und 5 Spätschichten sollen geplant werden.
- Es sollen jeweils 4 Personen anwesend sein.
- Die Planung von Reserven erfolgt nicht, da eine eigene Springergruppe von 4 Personen zur Verfügung steht.
- Die Wochenarbeitszeit soll nahe bei der Sollwochenarbeitszeit von 38,5 h liegen.
- Von Montag bis Freitag soll in jeder Schicht eine 30-minütige unbezahlte Pause eingeplant werden, da die Werksküche von Montag bis Freitag von 11:00 bis 13:00 und von 17:00 bis 19:00 geöffnet ist.

Basisschritte Durch die Aufgabenstellung sind die Schichtarten samt Besetzungsstärken, die Bruttobetriebszeit und der Personalbedarf bereits in großem Maße vorgegeben. Die folgenden Schritte betreffen nur noch Detailregelungen:

Festlegung der Schichtarten:
F......... Frühschicht von 6:00 bis 14:00, 30 min unbezahlte Pause (Mo–Fr)
FSA.... Frühschicht von 6:00 bis 14:00, bezahlte Kurzpausen (Sa)
S......... Spätschicht von 14:00 bis 22:00, 30 min unbezahlte Pause (Mo–Fr)

Festlegung der Besetzungsstärken:
In jeder Schicht soll die Besetzungsstärke 4 Personen betragen. Für die 30-minütigen unbezahlten Pausen gibt es eine verschobene Pausenregelung, d.h. in der Frühschicht macht z.B. die Person A von 11:00–11:30 Pause, die Person B von 11:30–12:00, die Person C von 12:00–12:30 und die Person D von 12:30–13:00. In dieser Zeit reicht auch die Anwesenheit von 3 Personen.

Grundlagen – 127

Die Bruttobetriebszeit errechnet sich zu:

Schichtart	Häufigkeit	(Dauer – unbezahlte Pausen)	* Besetzungsstärke	= Arbeitsstunden	Einsätze
Frühschicht	5	* (8,00 h – 0,50 h)	* 4 Personen	= 150,00 h	20 Einsätze
Sa-Frühschicht	1	* (8,00 h – 0,00 h)	* 4 Personen	= 32,00 h	4 Einsätze
Spätschicht	5	* (8,00 h – 0,50 h)	* 4 Personen	= 150,00 h	20 Einsätze
Gesamt	**11**			**= 332,00 h**	**44 Einsätze**

$$\text{Brutto-BZ} = \frac{\text{Arbeitsstunden pro Woche gesamt}}{\text{durchschnittl. Besetzungsstärke}} = \frac{332,00 \text{ h}}{4,00 \text{ Pers.}} = 83,00 \text{ h}$$

$$\text{Soll-WAZ} = 38,50 \text{ h}$$

$$\text{Personalbedarf} = \frac{\text{Arbeitsstunden pro Woche gesamt}}{\text{Soll-WAZ}} = \frac{332,00 \text{ h}}{40,00 \text{ h}} = 8,62 \text{ Pers.}$$

$$\varnothing \text{ Schichtlänge} = \frac{\text{Arbeitsstunden pro Woche gesamt}}{\text{Gesamtzahl der Einsätze}} = \frac{332,00 \text{ h}}{44,00 \text{ Eins.}} = 7,55 \text{ h}$$

$$\varnothing \text{ Einsätze} = \frac{\text{Soll-WAZ}}{\text{durchschnittl. Schichtlänge}} = \frac{38,50 \text{ h}}{7,55 \text{ h}} = 5,10 \text{ /Wo}$$

Die Zahl der Schichtgruppen, die erforderlich sind, um diese Bruttobetriebszeit bei 38,5 h Sollwochenarbeitszeit abzudecken, beträgt dann:

$$\text{Zahl der Gruppen} = \frac{\text{Brutto-BZ}}{\text{Soll-WAZ}} = \frac{83,00 \text{ h}}{38,50 \text{ h}} = 2,16 \text{ Gruppen}$$

Vor weiteren Planungsschritten sind somit Feinanpassungen in den Basisschritten und/oder eine Grobanpassung bei der Wahl der Planstruktur erforderlich.

Feinanpassung? Um die Gruppenanzahl auf 2 Gruppen zu senken, müsste entweder die Bruttobetriebszeit auf 77 h gesenkt oder die Wochenarbeitszeit auf 41,5 h erhöht werden. Beide Lösungen entsprechen der Aufgabenstellung nur ungenügend und schon jetzt ist die Zahl der Einsätze pro Woche mit einem Schnitt von 5,1 sehr hoch.

Grobanpassung? Die Zahl 2,16 liegt näher bei 2,25 als bei 2,0. Mit 2,25 Gruppen würden sich die Planstrukturen Gruppenkombination oder Übergroße Gruppen eignen. Da gemäß der Aufgabenstellung die Gruppenstruktur in diesem Beispiel keine Rolle spielt, wird die Planstruktur Gruppenkombination gewählt (siehe auch Unterkapitel B.3.3 "Was sind Gruppenkombinationen und wie plane ich damit?"). Durch die Wahl von etwas mehr Gruppen als rechnerisch erforderlich, sinken die durchschnittliche Wochenarbeitszeit und die Zahl der Einsätze pro Woche (rund 4,9). In Summe sind die Einsätze immer noch recht hoch, was keinen sehr guten Plan erwarten lässt.

Es werden 9 Schichtgruppen gebildet, die jeweils nur aus 1 Person bestehen. Die Entwicklung des Plans könnte sich folgendermaßen gestalten: Zuerst wird ein klassischer Standardplan entwickelt, in dem die Gruppen A.1–A.8 abwechselnd zu Früh- und Spätschichtwochen eingeteilt werden.

diskontinuierlich
Gruppenkombination
WAZ   36,89 h
F, S   8,00 h
FSA   7,50 h
Brutto-BZ   83,00 h
Zyklus   9 Wo
Einsätze   4,89 / Wo

	1 Mo	1 Di	1 Mi	1 Do	1 Fr	1 Sa	1 So
A.1	F	F	F	F	F	FSA	
A.2	S	S	S	S	S		
A.3	F	F	F	F	F	FSA	
A.4	S	S	S	S	S		
A.5	F	F	F	F	F	FSA	
A.6	S	S	S	S	S		
A.7	F	F	F	F	F	FSA	
A.8	S	S	S	S	S		
A.9							

Danach wird versucht, die Belastung durch die langen Früh- und Spätschichtblöcke etwas zu verringern, indem Schichteinsätze verschoben werden, und zwar zu A.9:

	1 Mo	1 Di	1 Mi	1 Do	1 Fr	1 Sa	1 So
A.1	F	F	F	F	F	FSA	
A.2	S	S	S	S	S		
A.3			F	F	F	FSA	
A.4	S	S	S	S	S		
A.5	F	F	F	F	F	FSA	
A.6	S	S					
A.7	F	F	F	F	F	FSA	
A.8	S	S	S	S	S		
A.9	F	F	S	S	S		

Dieser Plan führt jedoch nur zu 36,89 h Wochenarbeitszeit. Dies erfordert einen Rücksprung zu den Basisschritten um durch Verlängerung der Schichtarten sich wieder an die angestrebten 38,5 h anzunähern.

Feinanpassung der Schichtarten

Festlegung der Schichtarten:

Die Frühschichten von Montag bis Freitag werden jeweils um 0,5 h und die Spätschichten von Montag bis Freitag jeweils um 0,25 h verlängert:

F .... Frühschicht von 6:00 bis 14:30, 30 min unbezahlte Pause (Mo–Fr)

FSA .... Frühschicht von 6:00 bis 14:00, bezahlte Kurzpausen (Sa)

S .... Spätschicht von 14:30 bis 22:45, 30 min unbezahlte Pause (Mo–Fr)

Festlegung der Besetzungsstärken:

In jeder Schicht soll die Besetzungsstärke weiterhin 4 Personen betragen.

Bitte beachten: Die gleichzeitige Veränderung der Schichtlängen und der Arbeitszeit belässt (bis auf Rundungsunterschiede) die Zahl der Einsätze pro Woche hoch.

Die Bruttobetriebszeit und der Personalbedarf errechnen sich nun zu:

Schichtart	Häufigkeit	(Dauer − unbezahlte Pausen)	* Besetzungsstärke	= Arbeitsstunden	Einsätze
Frühschicht	5	* (8,50 h − 0,50 h)	* 4 Personen	= 160,00 h	20 Einsätze
Sa-Frühschicht	1	* (8,00 h − 0,00 h)	* 4 Personen	= 32,00 h	4 Einsätze
Spätschicht	5	* (8,25 h − 0,50 h)	* 4 Personen	= 155,00 h	20 Einsätze
Gesamt	11			= 347,00 h	44 Einsätze

$$\text{Brutto-BZ} = \frac{\text{Arbeitsstunden pro Woche gesamt}}{\text{durchschnittl. Besetzungsstärke}} = \frac{347,00\ h}{4,00\ \text{Pers.}} = 86,75\ h$$

$$\text{Soll-WAZ} = 38,50\ h$$

$$\text{Personalbedarf} = \frac{\text{Arbeitsstunden pro Woche gesamt}}{\text{Soll-WAZ}} = \frac{347,00\ h}{40,00\ h} = 9,01\ \text{Pers.}$$

$$\varnothing\ \text{Schichtlänge} = \frac{\text{Arbeitsstunden pro Woche gesamt}}{\text{Gesamtzahl der Einsätze}} = \frac{347,00\ h}{44,00\ \text{Eins.}} = 7,89\ h$$

$$\varnothing\ \text{Einsätze} = \frac{\text{Soll-WAZ}}{\text{durchschnittl. Schichtlänge}} = \frac{38,50\ h}{7,89\ h} = 4,88\ /\text{Wo}$$

Die Zahl der Schichtgruppen, die erforderlich sind, um diese Bruttobetriebszeit bei 38,5 h Sollwochenarbeitszeit abzudecken, beträgt dann:

$$Zahl\ der\ Gruppen = \frac{Brutto\text{-}BZ}{Soll\text{-}WAZ} = \frac{86,75\ h}{38,50\ h} = 2,25\ Gruppen$$

Plan-gestaltung

Die Schichtfolge des bei der Auswahl der Planstruktur angeführten Schichtplans wird beibehalten. Aufgrund der geänderten Schichtarten ergeben sich eine andere Bruttobetriebszeit und andere Wochenarbeitszeiten:

diskontinuierlich
Gruppenkombination

WAZ	38,56 h
F	8,50 h
S	8,15 h
FSA	8,00 h
Brutto-BZ	86,75 h
Zyklus	9 Wo
Einsätze	4,89 /Wo

	1 Mo	1 Di	1 Mi	1 Do	1 Fr	1 Sa	1 So
A.1	F	F	F	F	F	FSA	
A.2	S	S	S	S	S		
A.3			F	F	F	FSA	
A.4	S	S	S	S	S		
A.5	F	F	F	F	F	FSA	
A.6	S	S					
A.7	F	F	F	F	F	FSA	
A.8	S	S	S	S	S		
A.9	F	F	S	S	S		

Plan-beurteilung

Maximale Wochenarbeitszeit und Dauer der Arbeitsblöcke:

+ Es gibt 2 Wochen mit kurzen Arbeitsblöcken (4 und 2 Tage). Dadurch entstehen interessante Freizeitblöcke.
− In 9 Wochen (Schichtplanzyklus) gibt es 3 Frühschichtblöcke, die 6 Tage dauern (die Arbeitszeit in diesen Wochen liegt nahe bei 50 h), und 3 Spätschichtblöcke, die 5 Tage dauern. Die 5 Spätschichten können problematisch sein, da 5 Tage lang praktisch keine Möglichkeit für "normale" Abendaktivitäten (in der Familie oder mit Freunden) besteht. Bei den 6 Frühschichten können sich durch den frühen Beginn der Frühschicht Schlafdefizite aufbauen.

Ruhezeiten, Freizeiten und Wochenendsituation:

+ In 9 Wochen gibt es 2 lange Freizeitblöcke, die jeweils ein Wochenende beinhalten. Ein Freizeitblock dauert 5, der andere Block 4 Tage.
− Es gibt 3 Wochen mit nur 1 Tag Freizeit. Allerdings erfolgt im Anschluss daran jeweils ein Wechsel der Schichtart in Vorwärtsrotation, weshalb sich die gesamte Dauer der Ruhezeit auf 48 h erhöht.

Belastung durch Spät- und Nachtschichten:

− Die 5-tägigen Spätschichtblöcke können belastend sein. Es gibt aber bei dieser Aufgabenstellung wenig Möglichkeiten, um einen weiteren Spätschichtblock aufzubrechen.

Zykluslänge des Schichtplans:

• Ein Zyklus von 9 Wochen Länge ist im Allgemeinen akzeptabel.

B.5.1.b) Beispiel 2

Aufgabe
- 6 Frühschichten und 6 Spätschichten sollen geplant werden.
- Jede Frühschicht soll 10 min Übergabezeit beinhalten.
- Es sollen jeweils 4 Personen anwesend sein.
- Die Schichtgruppen sollen sowenig wie möglich gemischt werden.
- Die Planung von Reserven erfolgt nicht, da eine eigene Springergruppe von 4 Personen zur Verfügung steht.
- Die Wochenarbeitszeit soll nahe bei der Sollwochenarbeitszeit von 38,5 h liegen.

Basisschritte
Festlegung der Schichtarten:
F … Frühschicht von 6:00 bis 14:10, bezahlte Kurzpausen (Mo–Sa)
S … Spätschicht von 14:00 bis 22:00, bezahlte Kurzpausen (Mo–Sa)

Festlegung der Besetzungsstärken:
In jeder Schicht soll die Besetzungsstärke 4 Personen betragen.

Die Bruttobetriebszeit und der Personalbedarf errechnen sich zu:

Schichtart	Häufigkeit	(Dauer − unbezahlte Pausen)	* Besetzungsstärke	= Arbeitsstunden	Einsätze
Frühschicht	6	* (8,17 h − 0,00 h)	* 4 Personen	= 196,00 h	24 Einsätze
Spätschicht	6	* (8,00 h − 0,00 h)	* 4 Personen	= 192,00 h	24 Einsätze
Gesamt	12			= 388,00 h	48 Einsätze

$$\text{Brutto-BZ} = \frac{\text{Arbeitsstunden pro Woche gesamt}}{\text{durchschnittl. Besetzungsstärke}} = \frac{388,00\ h}{4,00\ \text{Pers.}} = 97,00\ h$$

$$\text{Soll-WAZ} = 38,50\ h$$

$$\text{Personalbedarf} = \frac{\text{Arbeitsstunden pro Woche gesamt}}{\text{Soll-WAZ}} = \frac{388,00\ h}{40,00\ h} = 10,08\ \text{Pers.}$$

$$\varnothing\ \text{Schichtlänge} = \frac{\text{Arbeitsstunden pro Woche gesamt}}{\text{Gesamtzahl der Einsätze}} = \frac{388,00\ h}{48,00\ \text{Eins.}} = 8,08\ h$$

$$\varnothing\ \text{Einsätze} = \frac{\text{Soll-WAZ}}{\text{durchschnittl. Schichtlänge}} = \frac{38,50\ h}{8,08\ h} = 4,76\ /\text{Wo}$$

Die Zahl der Schichtgruppen, die erforderlich sind, um diese Bruttobetriebszeit bei 38,5 h Sollwochenarbeitszeit abzudecken, beträgt dann:

$$\text{Zahl der Gruppen} = \frac{\text{Brutto-BZ}}{\text{Soll-WAZ}} = \frac{97,00\ h}{38,50\ h} = 2,52\ \text{Gruppen}$$

Die große Differenz zu 2 bzw. 3 Gruppen kann sehr gut durch die Grobanpassung bei der Wahl der Planstruktur ausgeglichen werden. Die Zahl der

Einsätze pro Woche ist unter 5,00, was zumindest in einigen Fällen gute Folgen erlauben sollte.

Auswahl der Planstruktur und Grobanpassung
Da die Schichtgruppen laut Aufgabenstellung sowenig wie möglich gemischt werden sollen, muss hier auf eine Gruppenkombination verzichtet werden. Mit 2 Übergroßen Gruppen zu je 5 Personen sollte sich ein guter Plan entwerfen lassen.

Plangestaltung
Die zwei Gruppen A und B zu je 5 Personen arbeiten abwechselnd eine Woche (6 Tage) lang in der Schichtart Frühschicht und eine Woche (6 Tage) lang in der Schichtart Spätschicht. Allerdings wird immer 1 Person freigegeben, um die Besetzungsstärke von 4 Personen zu erreichen. Das Muster, nach dem Tage freigegeben werden, wurde so gewählt, dass die 6-tägigen Arbeitsblöcke möglichst oft unterbrochen werden und trotzdem attraktive Freizeitblöcke entstehen.

Der Teilplan für die Gruppe A und ihre Teilgruppen sieht in der Kurzdarstellung wie folgt aus:

diskontinuierlich
Übergroße Gruppen
WAZ   38,80 h
F   8 h 10'
S   8,00 h
Brutto-BZ   97,00 h
Zyklus   10 Wo
Einsätze   4,80 / Wo

	1 Mo	1 Di	1 Mi	1 Do	1 Fr	1 Sa	1 So	2 Mo	2 Di	2 Mi	2 Do	2 Fr	2 Sa	2 So
A.1	F	F	F	F	F	F				S	S	S	S	S
A.2	F	F	F	F				S	S	S	S	S		
A.3			F	F	F	F		S	S	S	S	S		
A.4	F	F			F	F		S	S			S	S	
A.5	F	F	F	F	F	F		S	S	S	S			

Der Plan für die Gruppe B ist um 1 Woche verschoben.

Die geringe Differenz zur Sollwochenarbeitszeit von 38,5 h ist akzeptabel und kann durch Freischichten abgebaut werden.

Planbeurteilung
Maximale Wochenarbeitszeit und Dauer der Arbeitsblöcke:
+ Es gibt 6 Wochen mit kurzen Arbeitsblöcken (4 und 2 Tage).
− In 10 Wochen (Schichtplanzyklus) gibt es 2 Früh- und 2 Spätschichtblöcke, die jeweils 6 Tage dauern. Entsprechend liegt die Arbeitszeit in diesen Wochen nahe bei 50 h.

Ruhezeiten, Freizeiten und Wochenendsituation:
+ In 10 Wochen gibt es 2 lange freie (3-tägige) Wochenenden und 2 weitere 3-tägige Freizeitblöcke, die relativ gut über den Zyklus verteilt sind.
− Es gibt 4 Wochen mit 6-tägigen Arbeitsblöcken und nur 1 Tag Freizeit. Allerdings erfolgt im Anschluss daran jeweils entweder
  * ein Wechsel der Schichtart in Vorwärtsrotation, weshalb sich die gesamte Dauer der Ruhezeit auf 48 h erhöht,

* ein kurzer Arbeitsblock, der nur 2 Tage dauert, oder
* ein 3-tägiger Freizeitblock.

diskontinuierlich
Gruppenkombination
WAZ 38,80 h
F 8 h 10'
S 8,00 h
Brutto-BZ 97,00 h
Zyklus 5 Wo
Einsätze 4,80 / Wo

Belastung durch Spät- und Nachtschichten:
– Die 6-tägigen Spätschichtblöcke können belastend sein. Es existieren allerdings bei dieser Aufgabenstellung wenig Möglichkeiten, um einen weiteren Spätschichtblock aufzubrechen. Anhand der Planstruktur Gruppenkombination mit 5 Gruppen zu je 4 Personen ließe sich diesbezüglich ein besserer Plan entwerfen:

	1 Mo	1 Di	1 Mi	1 Do	1 Fr	1 Sa	1 So
A			F	F	F	F	
B	S	S	S	S			
C	F	F	F	F	F	F	
D	S	S			S	S	
E	F	F	S	S	S	S	

Allerdings entspricht die Gruppenmischung nicht der Aufgabenstellung.

Zykluslänge des Schichtplans:
• Ein Zyklus von 10 Wochen Länge ist im Allgemeinen akzeptabel.

B.5.2 Wie entwickle ich teilkontinuierliche Pläne?

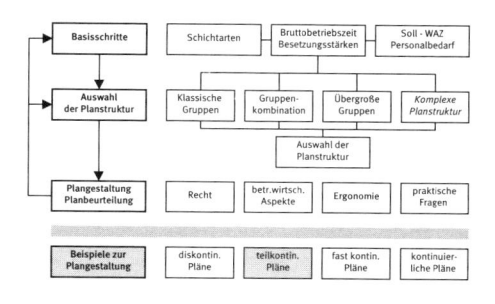

Aufgabe
• Je 5 Früh-, Spät- und Nachtschichten sollen geplant werden.
• Es sollen jeweils 4 Personen anwesend sein.
• Die Planung von Reserven erfolgt nicht, da eine eigene Springergruppe von 4 Personen zur Verfügung steht.
• Alle Gruppen arbeiten auch in der Nacht.
• Die Wochenarbeitszeit soll ca. 40 h betragen.

Basisschritte Festlegung der Schichtarten:

F ... Frühschicht von 6:00 bis 14:00, bezahlte Kurzpausen (Mo–Fr)

S ... Spätschicht von 14:00 bis 22:00, bezahlte Kurzpausen (Mo–Fr)

N ... Nachtschicht von 22:00 bis 6:00, bezahlte Kurzpausen (Mo–Fr)

Festlegung der Besetzungsstärken:
In jeder Schicht soll die Besetzungsstärke 4 Personen betragen.

Die Bruttobetriebszeit und der Personalbedarf errechnen sich zu:

Schichtart	Häufig-keit	(Dauer − unbezahlte Pausen)	* Besetzungs-stärke	= Arbeits-stunden	Einsätze
Frühschicht	5	* (8,00 h − 0,00 h)	* 4 Personen	= 160,00 h	20 Einsätze
Spätschicht	5	* (8,00 h − 0,00 h)	* 4 Personen	= 160,00 h	20 Einsätze
Nachtschicht	5	* (8,00 h − 0,00 h)	* 4 Personen	= 160,00 h	20 Einsätze
Gesamt	15			= 480,00 h	60 Einsätze

$$\text{Brutto-BZ} = \frac{\text{Arbeitsstunden pro Woche gesamt}}{\text{durchschnittl. Besetzungsstärke}} = \frac{480,00\,h}{4,00\,\text{Pers.}} = 120,00\,h$$

$$\text{Soll-WAZ} = 40,00\,h$$

$$\text{Personalbedarf} = \frac{\text{Arbeitsstunden pro Woche gesamt}}{\text{Soll-WAZ}} = \frac{480,00\,h}{40,00\,h} = 12,00\,\text{Pers.}$$

$$\varnothing\,\text{Schichtlänge} = \frac{\text{Arbeitsstunden pro Woche gesamt}}{\text{Gesamtzahl der Einsätze}} = \frac{480,00\,h}{60,00\,\text{Eins.}} = 8,00\,h$$

$$\varnothing\,\text{Einsätze} = \frac{\text{Soll-WAZ}}{\text{durchschnittl. Schichtlänge}} = \frac{40,00\,h}{8,00\,h} = 5,00\,/\text{Wo}$$

Es werden insgesamt 12 Personen benötigt. Die Einsatzzahl ist mit 5,00 Einsätzen pro Woche hoch. Die Zahl der Schichtgruppen, die erforderlich sind, um diese Bruttobetriebszeit bei 40 h Sollwochenarbeitszeit abzudecken, beträgt dann:

$$\text{Zahl der Gruppen} = \frac{\text{Brutto-BZ}}{\text{Soll-WAZ}} = \frac{120,00\,h}{40,00\,h} = 3,00\,\text{Gruppen}$$

Auswahl der Planstruktur Da die Planstruktur Klassische Gruppen so gut "passt", werden die anderen Planstrukturen nicht weiter verfolgt. Es wird mit 3 Klassischen Gruppen zu je 4 Personen geplant.

Plangestaltung Das Hauptproblem liegt in der Verteilung der Nachtarbeit. Wünschenswert wären kurze Nachtschichtblöcke. Dies bringt aber große Schwierigkeiten mit sich, da von der Nachtschicht nur übers Wochenende zurück auf die Frühschicht bzw. Spätschicht gewechselt werden kann. Alles andere brächte laufend Verletzungen der Ruhezeit mit sich.

Daher bleibt kaum etwas anderes übrig, als beim Grundmuster von wochenweisen Schichteinsätzen zu bleiben. Die 3 Gruppen A, B und C zu je 4 Personen arbeiten abwechselnd 1 Woche (5 Tage) lang in der Schichtart Frühschicht, 1 Woche (5 Tage) lang in der Schichtart Spätschicht und 1 Woche (5 Tage) lang in der Schichtart Nachtschicht.

Basisvariante

teilkontinuierlich
Klassische Gruppen
WAZ   40,00 h
F, S, N   8,00 h
Brutto-BZ   120,00 h
Zyklus   3 Wo
Einsätze   5,00 / Wo

	1 Mo	1 Di	1 Mi	1 Do	1 Fr	1 Sa	1 So
A	F	F	F	F	F		
B	S	S	S	S	S		
C	N	N	N	N	N		

Plan-beurteilung

Maximale Wochenarbeitszeit und Dauer der Arbeitsblöcke:
+ Der Plan bringt eine Wochenarbeitszeit von 40 h, die der Sollwochenarbeitszeit gemäß Aufgabenstellung entspricht. Bei einer Verkürzung der Sollwochenarbeitszeit auf z.B. 38,5 h könnten die Zusatzstunden über zusätzliche freie Tage ("Freischichten"), als eingearbeitete Tage usw. abgebaut werden.
− Die 5-tägigen Spätschichtblöcke können belastend sein. Die 5-tägigen Nachtschichtblöcke sind jedenfalls problematisch (siehe unten).

Ruhezeiten, Freizeiten und Wochenendsituation:
− 1 von 3 Wochenenden wird durch die Nachtschicht erheblich verkürzt, da der Samstag zum Schlafen benötigt wird.

Belastung durch Spät- und Nachtschichten:
− Die 5 Spätschichten können problematisch sein, da 5 Tage lang praktisch keine Möglichkeit für "normale" Abendaktivitäten (in der Familie oder mit Freunden) besteht.
− Die 5 Nachtschichten sind als sehr problematisch einzustufen. Es werden erhebliche Schlafdefizite aufgebaut.

Zykluslänge des Schichtplans:
+ Die Zykluslänge von 3 Wochen ist gut. Der Plan ist kurz und übersichtlich.

Wegen der Belastung durch die Spät- und Nachtschichtblöcke empfiehlt sich ein Rücksprung in die Basisschritte.

Variante 1: Durch das Umdrehen der Folge FF... SS... NN... in die Folge NN... SS... FF...
Rückwärts- ergeben sich folgende Veränderungen:
rotation
- Es entsteht ein verlängertes Wochenende (von der Frühschicht auf die Nachtschicht), allerdings erfolgt diese Verlängerung am Montag.
− Zwei Wochenenden werden spürbar kürzer.

Variante 2: Falls es von der Arbeit her möglich ist, kann die Anzahl der Frühschichten
mehr um 1 erhöht (Samstag-Frühschicht) und dafür 1 Nachtschicht weniger ge-
Frühschichten plant werden. Daraus ergeben sich folgende Veränderungen:
+ Der Nachtschichtblock wird kürzer.
- Von der Freizeit her bleibt die Situation praktisch gleich. Wenn am Freitag in der Nachtschicht gearbeitet wird, ist der Samstag vormittag zum Schlafen nötig und kann nicht für Freizeitaktivitäten genutzt werden.

Fein- Rücksprung zu den Basisschritten und Änderung der Schichtlängen:
anpassung
Schichtarten Falls die Schichten länger sind bzw. verlängert werden können oder die Arbeitszeit weiter verkürzt wird (z.B. auf 38,5 h), kann sehr schnell eine Nachtschicht eingespart werden. Bei einer Sollwochenarbeitszeit von 38,5 h fehlen nur 3,5 h, um 1 Nachtschicht in 3 Wochen ausfallen zu lassen. Das wäre eine erhebliche Verbesserung.

Falls die Schichten kürzer sind, weil z.B. keine bezahlten Kurzpausen, sondern 30-minütige unbezahlte Ruhepausen gemacht werden, tauchen zusätzliche Probleme auf. Bei einer unbezahlten 30-minütigen Ruhepause in jeder Schicht fehlt 1 h pro Woche zur nun auf 38,5 h verkürzten Sollwochenarbeitszeit.
Damit werden entweder Zusatzschichten notwendig, die weitere Wochenenden (ca. eines alle 7 bis 8 Wochen) und/oder den Urlaub verkürzen, oder es sind längere Schichten erforderlich (sowohl ein früherer Beginn der Montag-Frühschicht als auch eine längere Freitag-Nachtschicht). Beides wäre als sehr problematisch einzustufen.

Variante 3: Der Basisplan und die Varianten 1 und 2 arbeiteten noch mit 40 h pro Wo-
Freitag früher che. Die Differenz zu einer reduzierten Sollwochenarbeitszeit von 38,5 h er-
Schluss laubt aber Veränderungen. Es können 2 (oder auch 3) Schichten verkürzt werden. Beispielsweise werden die verkürzten Schichten

SF ... Freitag-Spätschicht von 14:00 bis 20:00, bezahlte Kurzpausen
NF ... Freitag-Nachtschicht von 20:00 bis 1:30, bezahlte Kurzpausen

eingeführt. Damit wird eine Sollwochenarbeitszeit von 38,5 h genau erreicht.

teilkontinuierlich
Klassische Gruppen
WAZ		38,50 h
F, S, N		8,00 h
SF		6,00 h
NF		5,50 h
Brutto-BZ		115,50 h
Zyklus		3 Wo
Einsätze		5,00 /Wo

	1 Mo	1 Di	1 Mi	1 Do	1 Fr	1 Sa	1 So
A	F	F	F	F	F		
B	S	S	S	S	SF		
C	N	N	N	N	NF		

Planbeurteilung

+ Aus der Freitag-Nachtschicht wird praktisch eine sehr späte Spätschicht, die erheblich kürzer ist.
- Die Ruhezeit zwischen der Nachtschicht am Donnerstag und der Nachtschicht am Freitag wird verkürzt. Sie beträgt in dem Beispiel nur mehr 14 h (statt 16 h wie normal). Dies ist aber noch deutlich über der Mindestzeit von 11 h und (außer bei extrem langen Anfahrtswegen) nicht so kritisch.
– Der Nachtschichtblock ist immer noch sehr lang.
– Es könnte Probleme mit der Verkehrsinfrastruktur geben. Wie kommen die Arbeitnehmer um 1:30 nach Hause?
– Der Spätschichtblock wird nicht verändert.

Variante 4: weniger Nachtschichten

Auch hier wird wieder mit der Verkürzung der Sollwochenarbeitszeit von 40 h auf 38,5 h gearbeitet. Diesmal wird die Zeitdifferenz aber dazu genutzt, regelmäßig Schichten ausfallen zu lassen.

Es werden abwechselnd 3 verkürzte und 3 "normale" Wochen gefahren.

Zusätzlich kann 1 Schicht um 1 h verkürzt werden. In diesem Beispiel dauert die Freitag-Spätschicht (SF) in "verkürzten" Wochen nur bis 21:00.

Die verkürzten Wochen – mit weniger Einsätzen pro Woche – sehen folgendermaßen aus:

teilkontinuierlich
Klassische Gruppen
WAZ		38,50 h
F, S, N		8,00 h
SF		7,00 h
Brutto-BZ		115,50 h
Zyklus		6 Wo
Einsätze		4,67 /Wo

	1 Mo	1 Di	1 Mi	1 Do	1 Fr	1 Sa	1 So
A	F	F	F	F	F		
B	S	S	S	S	SF		
C	N	N	N	N			

Planbeurteilung

+ Die Anzahl der freien Wochenenden, an denen die Freitag-Nachtschicht nicht ins Wochenende reicht, hat sich auf 5 von 6 (möglichen) erhöht.
+ Der Nachtschichtblock konnte zum Teil verkürzt werden. Es gibt abwechselnd 4-tägige und 5-tägige Nachtschichtblöcke.
– Der lange Spätschichtblock bleibt hingegen bestehen.

Variante 5: Am Samstag sollen die Früh- und die Spätschicht ebenfalls abgedeckt wer-
Erweiterung den. Gleichzeitig wird die Sollwochenarbeitszeit von 40 h auf 38,5 h ge-
der Brutto-BZ kürzt, entsprechend sinken auch die Einsätze pro Woche. Damit muss der
Personalbestand von 12 Personen (3 Gruppen zu 4 Personen) auf 14 Personen erhöht werden. Diese 14 Personen können in 7 Gruppen zu 2 Personen aufgeteilt werden. Jeweils 2 Gruppen müssen 1 Schicht abdecken.

Schichtart	Häufigkeit	(Dauer – unbezahlte Pausen)	* Besetzungsstärke	= Arbeitsstunden	Einsätze
Frühschicht	6	* (8,00 h – 0,00 h)	* 4 Personen	= 192,00 h	24 Einsätze
Spätschicht	6	* (8,00 h – 0,00 h)	* 4 Personen	= 192,00 h	24 Einsätze
Nachtschicht	5	* (8,00 h – 0,00 h)	* 4 Personen	= 160,00 h	20 Einsätze
Gesamt	**17**			**= 544,00 h**	**68 Einsätze**

$$\text{Brutto-BZ} = \frac{\text{Arbeitsstunden pro Woche gesamt}}{\text{durchschnittl. Besetzungsstärke}} = \frac{544,00 \text{ h}}{4,00 \text{ Pers.}} = 136,00 \text{ h}$$

$$\text{Soll-WAZ} = 38,50 \text{ h}$$

$$\text{Personalbedarf} = \frac{\text{Arbeitsstunden pro Woche gesamt}}{\text{Soll-WAZ}} = \frac{544,00 \text{ h}}{40,00 \text{ h}} = 14,13 \text{ Pers.}$$

$$\varnothing \text{ Schichtlänge} = \frac{\text{Arbeitsstunden pro Woche gesamt}}{\text{Gesamtzahl der Einsätze}} = \frac{544,00 \text{ h}}{68,00 \text{ Eins.}} = 8,00 \text{ h}$$

$$\varnothing \text{ Einsätze} = \frac{\text{Soll-WAZ}}{\text{durchschnittl. Schichtlänge}} = \frac{38,50 \text{ h}}{8,00 \text{ h}} = 4,81 \text{ /Wo}$$

Der folgende Plan ergibt eine Wochenarbeitszeit von 38,86 h. Es besteht die Möglichkeit, Schichten zu verkürzen, um 38,5 h Sollwochenarbeitszeit zu erreichen.

teilkontinuierlich
Gruppenkombination
WAZ   38,86 h
F, S, N   8,00 h
Brutto-BZ   136,00 h
Zyklus   7 Wo
Einsätze   4,86 /Wo

	1 Mo	1 Di	1 Mi	1 Do	1 Fr	1 Sa	1 So
A.1	F	F	F	F	F		
A.2	F	S	S	S	S		
A.3	S	S	S	S	N		
A.4	N	N			F	F	
A.5	S	S	N	N	N		
A.6		F	F	F	S	S	
A.7	N	N	N	N			

Plan- + Die Nachtschichtblöcke konnten verkürzt werden.
beurteilung + Die Spätschichtblöcke konnten etwas verkürzt werden.
• Attraktivere Freizeitblöcke hätten zu sehr belastenden Arbeitszeitblöcken (mehrfach 48 h hintereinander) geführt.
– Eine Woche mit 48 h musste in Kauf genommen werden.
– Die Wochenendsituation hat sich erheblich verschlechtert. Die Wochenendruhe wird aber trotzdem erfüllt.

Andere Lösungen ergeben ähnliche Probleme. Sie fallen zum Teil noch erheblich schlechter aus.

B.5.3 Wie entwickle ich fast kontinuierliche Pläne?

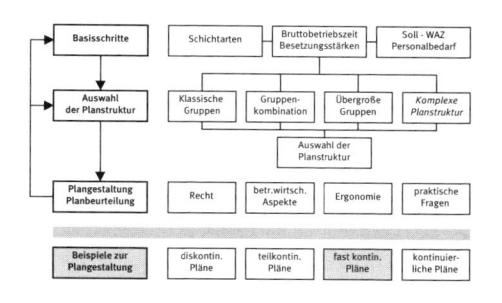

Aufgabe
- Je 6 Früh- und Spätschichten sowie 7 Nachtschichten sind zu planen.
- Es sollen jeweils 4 Personen anwesend sein.
- Die Planung von Reserven erfolgt nicht, da eine eigene Springergruppe von 4 Personen zur Verfügung steht.
- Alle Gruppen arbeiten auch in der Nacht.
- Die Wochenarbeitszeit soll zwischen den Sollwochenarbeitszeiten von 37,5 h und 38,5 h liegen.

Basisschritte Festlegung der Schichtarten:

F ... Frühschicht von 6:00 bis 14:00, bezahlte Kurzpausen (Mo–Sa)

S ... Spätschicht von 14:00 bis 22:00, bezahlte Kurzpausen (Mo–Sa)

N ... Nachtschicht von 22:00 bis 6:00, bezahlte Kurzpausen (Mo–So)

Festlegung der Besetzungsstärken:
In jeder Schicht soll die Besetzungsstärke 4 Personen betragen.

Die Bruttobetriebszeit und der Personalbedarf errechnen sich zu:

Schichtart	Häufig-keit	(Dauer −	unbezahlte Pausen)	*	Besetzungs-stärke	=	Arbeits-stunden	Einsätze
Frühschicht	6	* (8,00 h −	0,00 h)	*	4 Personen	=	192,00 h	24 Einsätze
Spätschicht	6	* (8,00 h −	0,00 h)	*	4 Personen	=	192,00 h	24 Einsätze
Nachtschicht	7	* (8,00 h −	0,00 h)	*	4 Personen	=	224,00 h	28 Einsätze
Gesamt	19					=	608,00 h	76 Einsätze

$$\text{Brutto-BZ} = \frac{\text{Arbeitsstunden pro Woche gesamt}}{\text{durchschnittl. Besetzungsstärke}} = \frac{608,00 \text{ h}}{4,00 \text{ Pers.}} = 152,00 \text{ h}$$

$$\text{Soll-WAZ} = 38,50 \text{ h}$$

$$\text{Personalbedarf} = \frac{\text{Arbeitsstunden pro Woche gesamt}}{\text{Soll-WAZ}} = \frac{608,00 \text{ h}}{40,00 \text{ h}} = 15,79 \text{ Pers.}$$

$$\varnothing \text{ Schichtlänge} = \frac{\text{Arbeitsstunden pro Woche gesamt}}{\text{Gesamtzahl der Einsätze}} = \frac{608,00 \text{ h}}{76,00 \text{ Eins.}} = 8,00 \text{ h}$$

$$\varnothing \text{ Einsätze} = \frac{\text{Soll-WAZ}}{\text{durchschnittl. Schichtlänge}} = \frac{38,50 \text{ h}}{8,00 \text{ h}} = 4,81 \text{ /Wo}$$

Die Zahl der Schichtgruppen, die erforderlich sind, um diese Bruttobetriebszeit bei 38,5 h Sollwochenarbeitszeit abzudecken, beträgt dann:

$$\text{Zahl der Gruppen} = \frac{\text{Brutto-BZ}}{\text{Soll-WAZ}} = \frac{152,00 \text{ h}}{38,50 \text{ h}} = 3,95 \text{ Gruppen}$$

Da die Zahl der erforderlichen Schichtgruppen so nahe bei 4 liegt, eignet sich die Planstruktur Klassische Gruppen sehr gut.

Auswahl der Planstruktur Da die Planstruktur Klassische Gruppen so gut "passt", werden die anderen Planstrukturen nicht weiter verfolgt. Es wird mit 4 Klassischen Gruppen zu je 4 Personen geplant. Dadurch ergibt sich eine Wochenarbeitszeit von 38 h. Sie liegt damit optimal innerhalb der gemäß Aufgabenstellung gewünschten Toleranzgrenzen.

Plan-gestaltung

fast kontinuierlich
Klassische Gruppen
WAZ 38,00 h
F, S, N 8,00 h
Brutto-BZ 152,00 h
Zyklus 4 Wo
Einsätze 4,75 /Wo

Ein möglicher Plan könnte sein:

	1 Mo	1 Di	1 Mi	1 Do	1 Fr	1 Sa	1 So
A	F	F	S	S	N	N	
B			F	F	S	S	N
C	N	N			F	F	
D	S	S	N	N			

Dieser Plan steht oft im Widerspruch zu arbeitsrechtlichen Regeln, die für fast kontinuierliche Planarten eine 36-stündige Freizeit am Wochenende vorschreiben.

Plan-beurteilung

Maximale Wochenarbeitszeit und maximale Dauer der Arbeitsblöcke:
+ Der Plan bringt eine Wochenarbeitszeit von 38 h.
− Es gibt einen 7-tägigen Arbeitsblock in 4 Wochen.

Ruhezeiten, Freizeiten und Wochenendsituation:
+ In 4 Wochen gibt es 1 freies Wochenende, das nicht durch eine Freitag-Nachtschicht beeinträchtigt wird.
− Von der 3. auf die 4. Woche des Schichtzyklus gibt es nur eine 1-tägige Ruhepause, allerdings erfolgt danach ein Wechsel der Schichtart.

Belastung durch Spät- und Nachtschichten:
+ Die Spätschichtblöcke dauern alle 2 Tage, die Nachtschichtblöcke mit einer Ausnahme (3 Tage) ebenfalls.

Zykluslänge des Schichtplans:
+ Die Zykluslänge von 4 Wochen ist gut. Der Plan ist kurz und übersichtlich.

B.5.4 Wie entwickle ich vollkontinuierliche Pläne?

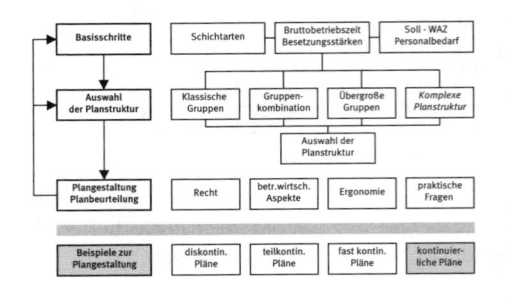

B.5.4.a) Beispiel 1

Aufgabe
- Je 7 Früh-, Spät- und Nachtschichten sollen geplant werden.
- Es sollen jeweils 18 Personen anwesend sein.
- Die Gruppen sollen nicht gemischt werden.
- Die Planung von Reserven erfolgt nicht, da eine eigene Springergruppe von 18 Personen zur Verfügung steht.
- Alle Gruppen arbeiten auch in der Nacht.
- Die Wochenarbeitszeit soll ca. 36 h betragen.

Basisschritte Festlegung der Schichtarten:
F ... Frühschicht von 6:00 bis 14:00, bezahlte Kurzpausen (Mo–So)
S ... Spätschicht von 14:00 bis 22:00, bezahlte Kurzpausen (Mo–So)
N ... Nachtschicht von 22:00 bis 6:00, bezahlte Kurzpausen (Mo–So)

Festlegung der Besetzungsstärken:
In jeder Schicht soll die Besetzungsstärke 18 Personen betragen.

Grundlagen – 143

Die Bruttobetriebszeit und der Personalbedarf errechnen sich zu:

Schichtart	Häufig-keit	(Dauer − unbezahlte Pausen)	* Besetzungs-stärke	= Arbeits-stunden	Einsätze
Frühschicht	7	* (8,00 h − 0,00 h)	* 18 Personen	= 1.008,00 h	126 Einsätze
Spätschicht	7	* (8,00 h − 0,00 h)	* 18 Personen	= 1.008,00 h	126 Einsätze
Nachtschicht	7	* (8,00 h − 0,00 h)	* 18 Personen	= 1.008,00 h	126 Einsätze
Gesamt	**21**			**= 3.024,00 h**	**378 Einsätze**

$$\text{Brutto-BZ} = \frac{\text{Arbeitsstunden pro Woche gesamt}}{\text{durchschnittl. Besetzungsstärke}} = \frac{3.024,00\,h}{18,00\,\text{Pers.}} = 168,00\,h$$

$$\text{Soll-WAZ} = 36,00\,h$$

$$\text{Personalbedarf} = \frac{\text{Arbeitsstunden pro Woche gesamt}}{\text{Soll-WAZ}} = \frac{3.024,00\,h}{40,00\,h} = 84,00\,\text{Pers.}$$

$$\varnothing\,\text{Schichtlänge} = \frac{\text{Arbeitsstunden pro Woche gesamt}}{\text{Gesamtzahl der Einsätze}} = \frac{3.024,00\,h}{378,00\,\text{Eins.}} = 8,00\,h$$

$$\varnothing\,\text{Einsätze} = \frac{\text{Soll-WAZ}}{\text{durchschnittl. Schichtlänge}} = \frac{36,00\,h}{8,00\,h} = 4,50\,/\text{Wo}$$

Die Zahl der Schichtgruppen, die erforderlich sind, um diese Bruttobetriebszeit bei 36 h Sollwochenarbeitszeit abzudecken, beträgt dann:

$$\text{Zahl der Gruppen} = \frac{\text{Brutto-BZ}}{\text{Soll-WAZ}} = \frac{168,00\,h}{36,00\,h} = 4,67\,\text{Gruppen}$$

Da die Differenz zu 5 groß ist, wird bei der Wahl der Planstruktur eine Grobanpassung vorgenommen.

Auswahl der Planstruktur
Da die Gruppen gemäß der Aufgabenstellung nicht gemischt werden sollen, kann die Planstruktur Gruppenkombination mit 14 Gruppen zu je 6 Personen, von denen immer 3 Gruppen anwesend sein müssen, nicht angewendet werden.

Für die Planstruktur Übergroße Gruppen müssen 4 Gruppen zu je 21 Personen gebildet werden. Diese Gruppen werden jeweils in 7 Teilgruppen zu je 3 Personen unterteilt, wobei immer einer Teilgruppe freigegeben wird.

Plangestaltung
Die Grundstruktur eines möglichen Plans könnte sein (eine klassischer vollkontinuierlicher Plan für 4 Gruppen):

	1 Mo	1 Di	1 Mi	1 Do	1 Fr	1 Sa	1 So
A	F	F	S	S	N	N	N
B		F	F	S	S	S	
C	N	N			F	F	F
D	S	S	N	N			

vollkontinuierlich
Übergroße Gruppen
WAZ   36,00 h
F, S, N   8,00 h
Brutto-BZ 168,00 h
Zyklus   28 Wo
Einsätze   4,50 /Wo

Nach diesem Plan sind in jeder Schicht 3 Personen zuviel anwesend. Wird jeweils einer 3 Personen umfassenden Teilgruppe der Gruppen A bis D freigegeben – entsprechend liegt die Zahl der Einsätze pro Woche deutlich unter 5,00 –, könnte der Plan für die Gruppe A in den ersten 4 Wochen wie folgt aussehen:

	1 Mo	1 Di	1 Mi	1 Do	1 Fr	1 Sa	1 So	2 Mo	2 Di	2 Mi	2 Do	2 Fr	2 Sa	2 So	3 Mo	3 Di	3 Mi	3 Do	3 Fr	3 Sa	3 So	4 Mo	4 Di	4 Mi	4 Do	4 Fr	4 Sa	4 So
A.1			S	S	N	N	N			F	F	S	S	S	N	N			F	F	F				N	N		
A.2	F	F	S	S	N	N	N			F	F				N	N			F	F	F	S	S	S	N	N		
A.3	F	F			N	N	N			F	F	S	S	S	N	N			F	F	F	S	S					
A.4	F	F	S	S	N	N	N			F	F	S	S	S					F	F	F	S	S	S	N	N		
A.5	F	F	S	S						F	F	S	S	S	N	N			F	F	F	S	S	S	N	N		
A.6	F	F	S	S	N	N	N			F	F	S	S	S	N	N						S	S	S	N	N		
A.7	F	F	S	S	N	N	N					S	S	S	N	N			F	F	F	S	S	S	N	N		

Planbeurteilung

Maximale Wochenarbeitszeit und maximale Dauer der Arbeitsblöcke:
+ Der Plan ergibt eine Wochenarbeitszeit von 36 h.
− Es gibt 12 Arbeitsblöcke in 28 Wochen, die 7 Tage dauern. Durch den 2-maligen Wechsel der Schichtart in diesen Blöcken werden aber längere Ruhepausen von je 24 h erzielt.

Ruhezeiten, Freizeiten und Wochenendsituation:
+ In 28 Wochen gibt es 10 lange freie Wochenenden, wovon 6 Wochenenden durch die Donnerstag-Nachtschicht verkürzt werden.

Belastung durch Spät- und Nachtschichten:
+ Die Spät- und Nachtschichtblöcke dauern jeweils maximal 3 Tage.

Zykluslänge des Schichtplans:
− Die Zykluslänge von 28 Wochen ist relativ lang.

B.5.4.b) Beispiel 2

Aufgabe
- Je 7 Früh-, Spät- und Nachtschichten sollen geplant werden.
- Jede Schicht soll 6 min Übergabezeit beinhalten.
- Es sollen jeweils 18 Personen anwesend sein.
- Die Gruppen können gemischt werden.
- Die Planung von Reserven erfolgt nicht, da eine eigene Springergruppe von 18 Personen zur Verfügung steht.

- Alle Gruppen arbeiten auch in der Nacht.
- Die Wochenarbeitszeit soll nahe bei 39 h liegen, da die Differenz zur Sollwochenarbeitszeit von 38,5 h durch Stillegung des Betriebes zwischen Weihnachten und Neujahr ausgeglichen werden soll.

Basisschritte Festlegung der Schichtarten:
F ... Frühschicht von 6:00 bis 14:06, bezahlte Kurzpausen (Mo–So)
S ... Spätschicht von 14:00 bis 22:06, bezahlte Kurzpausen (Mo–So)
N ... Nachtschicht von 22:00 bis 6:06, bezahlte Kurzpausen (Mo–So)

Festlegung der Besetzungsstärken:
In jeder Schicht soll die Besetzungsstärke 18 Personen betragen.

Die Bruttobetriebszeit und der Personalbedarf errechnen sich zu:

Schichtart	Häufigkeit	(Dauer − unbezahlte Pausen)	* Besetzungsstärke	= Arbeitsstunden	Einsätze
Frühschicht	7	* (8,10 h − 0,00 h)	* 18 Personen	= 1.020,60 h	126 Einsätze
Spätschicht	7	* (8,10 h − 0,00 h)	* 18 Personen	= 1.020,60 h	126 Einsätze
Nachtschicht	7	* (8,10 h − 0,00 h)	* 18 Personen	= 1.020,60 h	126 Einsätze
Gesamt	21			= 3.061,80 h	378 Einsätze

$$\text{Brutto-BZ} = \frac{\text{Arbeitsstunden pro Woche gesamt}}{\text{durchschnittl. Besetzungsstärke}} = \frac{3.061,80\,h}{18,00\,\text{Pers.}} = 170,10\,h$$

$$\text{Soll-WAZ} = 39,00\,h$$

$$\text{Personalbedarf} = \frac{\text{Arbeitsstunden pro Woche gesamt}}{\text{Soll-WAZ}} = \frac{3.061,80\,h}{40,00\,h} = 78,51\,\text{Pers.}$$

$$\varnothing\,\text{Schichtlänge} = \frac{\text{Arbeitsstunden pro Woche gesamt}}{\text{Gesamtzahl der Einsätze}} = \frac{3.061,80\,h}{378,00\,\text{Eins.}} = 8,10\,h$$

$$\varnothing\,\text{Einsätze} = \frac{\text{Soll-WAZ}}{\text{durchschnittl. Schichtlänge}} = \frac{39,00\,h}{8,10\,h} = 4,81\,/\text{Wo}$$

Die Zahl der Schichtgruppen, die erforderlich sind, um diese Bruttobetriebszeit bei 39 h Sollwochenarbeitszeit abzudecken, beträgt dann:

$$\text{Zahl der Gruppen} = \frac{\text{Brutto-BZ}}{\text{Soll-WAZ}} = \frac{170,10\,h}{39,00\,h} = 4,36\,\text{Gruppen}$$

Da die Differenz zu 4 groß ist, wird bei der Wahl der Planstruktur eine Grobanpassung vorgenommen.

Auswahl der Planstruktur Da die Gruppen gemäß der Aufgabenstellung gemischt werden können, wird die Planstruktur Gruppenkombination mit 13 Gruppen zu je 6 Personen, von denen immer 3 Gruppen anwesend sein müssen, angewendet. Dadurch muss mit 78 statt 78,51 Personen geplant werden.

Die Planstruktur Übergroße Gruppen würde 4 Gruppen zu je 19 oder 20 Personen erfordern. In beiden Fällen wäre die Differenz (von 76 bzw. 80 Personen) zu insgesamt 78,51 Personen größer als bei der Gruppenkombination mit 78 Personen.

Die Gruppenkombination ermöglicht daher eine genauere Annäherung an den rechnerischen Personalbedarf. Die relativ hohe Zahl von Einsätzen pro Woche lässt einen dichten Plan erwarten.

Plangestaltung

vollkontinuierlich
Gruppenkombination
WAZ 39,25 h
F, S, N 8,00 h
Brutto-BZ 170,10 h
Zyklus 13 Wo
Einsätze 4,91 /Wo

Ein möglicher Plan könnte sein:

	1 Mo	1 Di	1 Mi	1 Do	1 Fr	1 Sa	1 So
A.1		S	S	N	N		
A.2		F	F	S	S	N	N
A.3		F	F	S	S	N	
A.4	N			F	F	S	S
A.5	N	N			F	F	S
A.6	S	N	N			F	F
A.7	S	S	N	N			
A.8	F	S	S	N	N		
A.9	F	F	S	S			
A.10		F	F	S	S	S	
A.11	N	N			F	F	F
A.12	S	S	N				F
A.13	F	F			N	N	N

Planbeurteilung

Maximale Wochenarbeitszeit und maximale Dauer der Arbeitsblöcke:
+ Der Plan ergibt eine Wochenarbeitszeit von 39,25 h.
• In 13 Wochen gibt es 2 Arbeitsblöcke, die 7 Tage dauern. Durch den 2-maligen Wechsel der Schichtart in diesen Blöcken werden aber längere Ruhepausen von je 24 h erzielt.

Ruhezeiten, Freizeiten und Wochenendsituation:
+ Alle Freizeitblöcke dauern mindestens 2 Tage.
• In 13 Wochen gibt es 3 freie Wochenenden, wobei 1 Wochenende 5 Tage dauert und 1 Wochenende durch die Freitag-Nachtschicht verkürzt wird.
− Die freien Wochenenden sind ungleichmäßig über den Zyklus verteilt.

Belastung durch Spät- und Nachtschichten:
+ Die Spät- und Nachtschichtblöcke dauern jeweils maximal 3 Tage.

Zykluslänge des Schichtplans:
• Die Zykluslänge von 13 Wochen ist im Allgemeinen akzeptabel.

C Komplexe Pläne

Übersicht Dieser Abschnitt baut sehr stark auf dem Abschnitt B "Grundlagen" auf. Es werden komplexe Teilbereiche der Schichtplanung behandelt.

Beim Einsatz von Techniken, die in den Grundlagen besprochen wurden, wird nur mehr auf diese verwiesen.

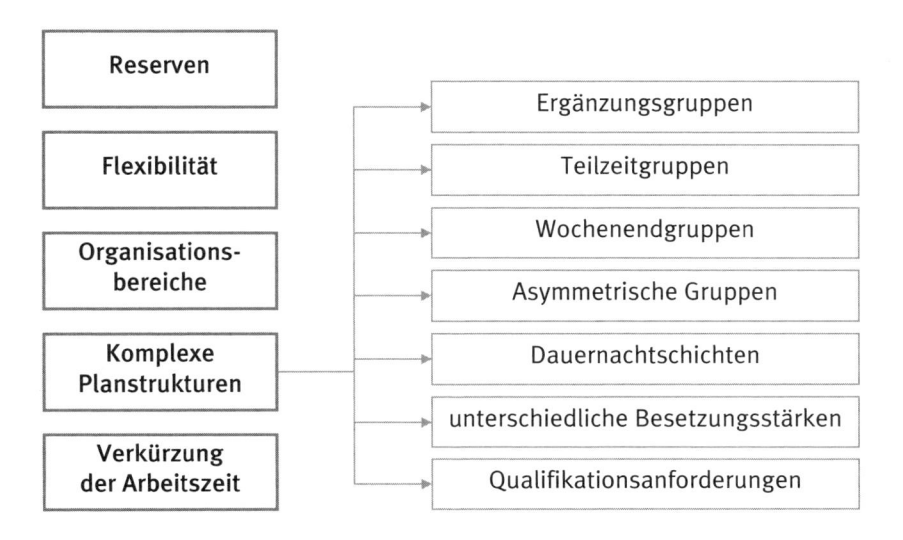

- Reserven
- Flexibilität
- Organisationsbereiche
- Komplexe Planstrukturen
- Verkürzung der Arbeitszeit

→
- Ergänzungsgruppen
- Teilzeitgruppen
- Wochenendgruppen
- Asymmetrische Gruppen
- Dauernachtschichten
- unterschiedliche Besetzungsstärken
- Qualifikationsanforderungen

C.1 Wie plane ich Reserven?

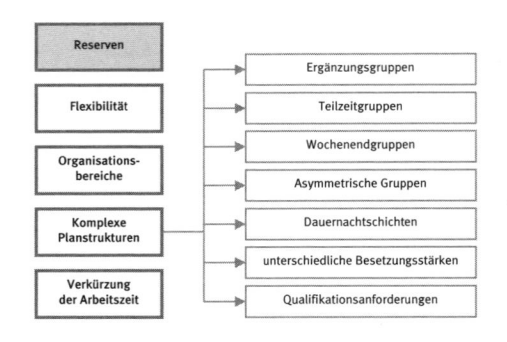

```
Reserven ──┬── Ergänzungsgruppen
Flexibilität ──── Teilzeitgruppen
           ──── Wochenendgruppen
Organisations-
bereiche   ──── Asymmetrische Gruppen
Komplexe   ──── Dauernachtschichten
Planstrukturen
           ──── unterschiedliche Besetzungsstärken
Verkürzung
der Arbeitszeit ──── Qualifikationsanforderungen
```

C.1.1 Ablauf der Reserveplanung und Bestimmung des Reservebedarfs

Grundsätze Die sorgfältige Planung der Reserven hat entscheidenden Einfluss auf die Qualität der Schichtpläne:

- Sind die Reserven zu gering angesetzt, kann der Schichtplan in der Praxis kaum eingehalten werden. Krankheits- und Urlaubsperioden führen in diesem Fall leicht zum "Chaos". Der Plan stimmt nicht mehr mit der Praxis überein.
- Wird der Einsatz für die Reserve nicht mitgeplant oder schlecht geplant, tauchen später oft "Sachzwänge" auf, die sehr schlechte Schichtfolgen mit sich bringen.

Fehlende Reservestrategien sind sehr teuer für Unternehmen und sehr belastend für Beschäftigte, allerdings überraschend weit verbreitet. Ein Beispiel für schwankende Besetzung in der Industrie (Gärtner und Lennings; 2006) zeigt die folgende Graphik. In vielen Dienstleistungsorganisationen wurden ähnliche Streuungen gefunden.

Untersucht wurde, wann wie viele Mitarbeiter tatsächlich anwesend waren. Dazu wurde ein Zeitraum von 12 bis 13 Wochen ausgewertet und ermittelt, wie oft an einem bestimmten Wochentag eine bestimmte Mitarbeiterzahl zu einer bestimmten Uhrzeit anwesend war. In verschiedenen Wochen sind am gleichen Wochentag zur gleichen Wochenzeit ganz verschieden viele Mitarbeiter anwesend. Z.B. schwankt die Zahl tatsächlich Anwesender im Zeitraum der 13 analysierten Wochen am Montag um 7:00 zwischen 16 und 22 Anwesenden. Dabei wurde im Durchschnitt der Sollwert von 20 Mitarbeitern erreicht. Die tatsächliche Besetzung unterschritt diesen Sollwert um bis zu -20% bzw. überschritt ihn um +10%. Überschreitungen des Sollwerts ergaben sich, weil die Reserve zu einer Pauschalerhöhung der Gruppenstärke führte. Wenn nun weniger Personen abwesend waren, waren mehr als 20

Mitarbeiter da. Die besonders extreme Schwankung an den Wochenenden hängt damit zusammen, dass in unterschiedlichem Umfang am Samstag gearbeitet wurde.

Uhr-zeit	Wochen-tag	Zahl anwesender Mitarbeiter																	Durch-schnitt
		8	9	10	11	12	13	14	15	16	17	18	19	20	21	22	24	25	
		Häufigkeit, mit der die oben genannte Mitarbeiterzahl beobachtet wurde																	
07:00	Mo								1x	2x			2x	1x	4x	3x			19,85
	Di								1x	4x	3x			3x	1x	1x			19,62
	Mi							3x	2x	1x	3x	3x						1x	19,54
	Do				1x	1x							3x	3x	4x	1x			19,08
	Fr					1x				1x			3x	5x	2x				19,00
	Sa		1x	1x	5x	2x	2x	1x											12,50
15:00	Mo						2x	3x	2x	4x			2x						16,38
	Di					4x	2x	2x	1x	1x					1x				15,31
	Mi				3x	1x	4x	2x		2x	1x								15,38
	Do					2x	4x	1x	2x	2x			1x	1x					16,54
	Fr			1x		1x	1x		5x	2x	1x	1x							14,75
	Sa		1x	1x	3x	1x	3x	2x	1x										12,17
23:00	Mo			1x	2x	2x	3x	1x	3x	1x									13,08
	Di			1x	2x	3x	2x	2x	2x	1x									12,92
	Mi		1x		3x	1x	4x	1x	3x										12,69
	Do			1x		1x	6x	2x	2x	1x									13,38
	Fr	1x			2x	3x	3x	1x	1x	1x									12,50
	Sa			3x	2x	5x	1x	1x											11,58

Auswertung, wie oft innerhalb von 12 bis 13 Wochen eine bestimmte Anzahl von Mitarbeitern zu bestimmten Uhrzeiten an bestimmten Wochentagen anwesend war.

Der vorhersehbare Reservebedarf soll in der Kapazitätsberechnung berücksichtigt werden. Sobald feststeht, wie viel Reserve benötigt wird, gibt es mehrere Möglichkeiten, diese einzuplanen. Häufig ist eine Mischung der verschiedenen Reservestrukturen sinnvoll.

Zu Recht wird in (Kutscher und Weidinger; 1997) auf die Möglichkeiten und die Bedeutung der Planung und Steuerung von Abwesenheiten hingewiesen. Die Lage von Urlauben, Schulungen usw. lässt sich beeinflussen. Damit wird der Reservebedarf besonders hinsichtlich der Spitzen verringert.

Die Reserve für Schlüsselqualifikationen ist besonders sorgfältig zu planen. Hier treten oft Engpässe auf. Breite Qualifizierungsmaßnahmen ermöglichen meist bessere Schichtpläne und reduzieren die Probleme, die durch den Ausfall einzelner Personen entstehen. Daher sind Qualifizierungsmaßnahmen im Allgemeinen und besonders in Engpasssituationen zu überlegen.

Reserveplanung ist eng mit Flexibilitätsfragen verknüpft. Viele Ausfälle haben saisonalen Charakter, z.B. ist im Sommer der Bedarf an Urlaubsersatz deutlich größer als sonst. Entsprechende Flexibilitätselemente können daher oft mit der Reserveplanung kombiniert werden.

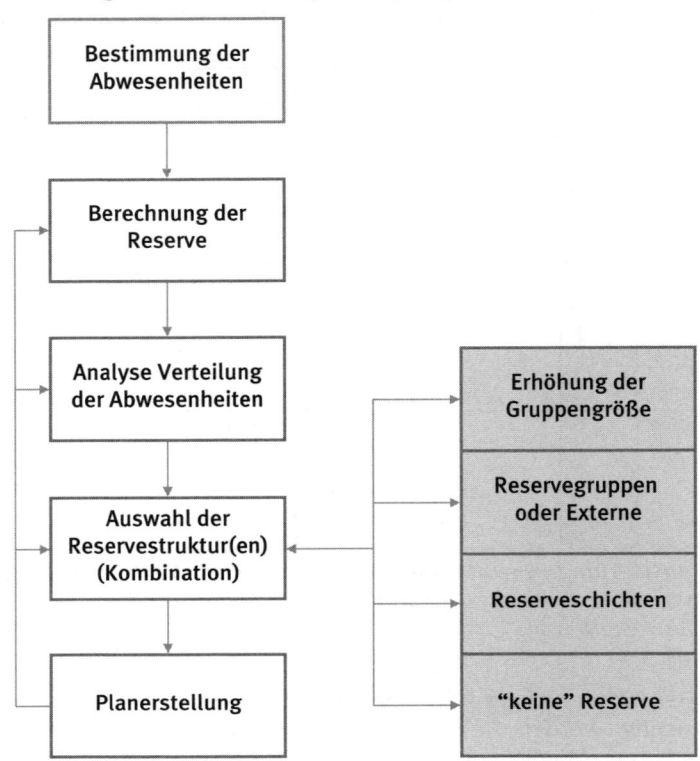

Vorgehen Das Vorgehen der Reserveplanung folgt dem Grundmuster:

```
┌─────────────────────┐
│ Bestimmung der      │
│ Abwesenheiten       │
└──────────┬──────────┘
           ▼
┌─────────────────────┐
│ Berechnung der      │◄──┐
│ Reserve             │   │
└──────────┬──────────┘   │
           ▼              │
┌─────────────────────┐   │
│ Analyse Verteilung  │   │
│ der Abwesenheiten   │   │
└──────────┬──────────┘   │
           ▼                         ┌──────────────────────┐
┌─────────────────────┐              │ Erhöhung der         │
│ Auswahl der         │─────────────►│ Gruppengröße         │
│ Reservestruktur(en) │◄─────────────┤──────────────────────┤
│ (Kombination)       │              │ Reservegruppen       │
└──────────┬──────────┘              │ oder Externe         │
           ▼                         ├──────────────────────┤
┌─────────────────────┐              │ Reserveschichten     │
│ Planerstellung      │─────────────►├──────────────────────┤
└─────────────────────┘              │ "keine" Reserve      │
                                     └──────────────────────┘
```

Nach der Bestimmung der Abwesenheitsquote wird der Reservebedarf berechnet und die Verteilung der Abwesenheiten analysiert (Lage und Form der Spitzen und Täler).

Bei der Auswahl der Reservestrukturen sollten neben klassischen Lösungen (Erhöhung der Gruppengröße, eigene Reservegruppe) auch Kombinationen mit anderen Ansätzen überlegt werden.

Im Zuge der Planung sind zum Teil Rücksprünge erforderlich, d.h. einige Phasen der Planung werden von neuem durchlaufen.

Beispielsweise kann geprüft werden, ob sich die Abwesenheiten durch entsprechende Planung von Schulungsmaßnahmen, Urlauben, Betriebsurlaub usw. verändern lassen.

Berechnung Abwesenheit Für die Berechnung des Abwesenheitsfaktors sind zwei Ansätze weit verbreitet:

1. Berechnung auf Personenebene
2. Berechnung auf Belegschaftsebene

Berechnung Personenebene Alle durchschnittlichen Abwesenheiten werden bezogen auf 1 Person zusammengezählt:

Abwesenheitsfaktor – Person

Arbeitstage pro Woche	5	Tage	% per 260 Tage
Wochen	52	260	
Urlaubstage	28	232	10,77 %
Ausgleichstage	2	230	0,77 %
Bildung (in Tagen)	1	229	0,38 %
Krankenstand (in Tagen)	0	229	0,00 %
Krankenstand %	5,00 %	216	5,00 %

Anwesend	83,08 %
Abwesend	16,92 %
Abwesenheitsfaktor	120,37 %

Falls die Arbeitnehmer unterschiedliche Urlaubsansprüche haben, ist der Durchschnitt zu berücksichtigen:

Urlaubsberechnung

Personen mit 6 Wochen	60
Personen mit 5 Wochen	40
Arbeitstage pro Woche	5
ø Urlaubswochen	5,60
Urlaubstage	28,00

Berechnung Belegschaftsebene

Die Abwesenheiten aller Beschäftigten werden zusammengezählt:

Abwesenheitsfaktor – Belegschaft

Schichten pro Woche	500	Schichten	% per 26.000 Schichten
Wochen	52	26.000	
Urlaub (in Schichten)	2.800	23.200	10,77 %
Ausgleichstage	200	23.000	0,77 %
Bildung (in Schichten)	100	22.900	0,38 %
Krankenstand (in Schichten)	0	22.900	0,00 %
Krankenstand %	5,00 %	21.600	5,00 %

Anwesend	83,08 %
Abwesend	16,92 %
Abwesenheitsfaktor	120,37 %

In diesem Beispiel ergibt die Berechnung in beiden Fällen eine Abwesenheit von 16,92 %. Der Abwesenheitsfaktor beträgt jeweils 120,37 %.

Hinweise

Bei Betriebsurlauben dürfen die entsprechenden Wochen nicht in dieser Abrechnung berücksichtigt werden. Die zu berücksichtigenden Urlaubswochen reduzieren sich entsprechend. Betriebsurlaube verringern den betrieblichen Reserve- und damit auch den entsprechenden Planungsbedarf.

Gibt es unterschiedliche Perioden von Abwesenheiten übers Jahr hinweg (z.B. 26 Wochen mit wenig Urlaub, 26 mit viel), können die Prozentsätze nicht einfach gemittelt werden. Mittelwerte von Durchschnitten sind auch hier immer eine gefährliche Sache. Stabiler läuft die Berechnung auf Gesamtjahresebene über Tage.

Berechnung Reserve

Ein häufig begangener Trugschluss ist die Erhöhung des Personalbestandes um den Prozentsatz der Abwesenheit *(im obigen Beispiel um 16,92 %)*. Dies ist falsch, da die Reserve ja auch wieder Abwesenheiten hat. Die richtige Formel lautet:

$$\textit{Personalbedarf mit Reserve} = \frac{\textit{Personalbedarf ohne Reserve}}{1 - \textit{Prozentsatz der Abwesenheit}}$$

$$\textit{Personalbedarf mit Reserve} = \textit{Personalbedarf ohne Reserve} * \textit{Abwesenheitsfaktor}$$

Beispiel 1

	16,92 %		Reserve für Reserve	
			Reserve	20,37 %
Personalbedarf mit Reserve	100,00 %	=	Personalbedarf ohne Reserve	100,00 %

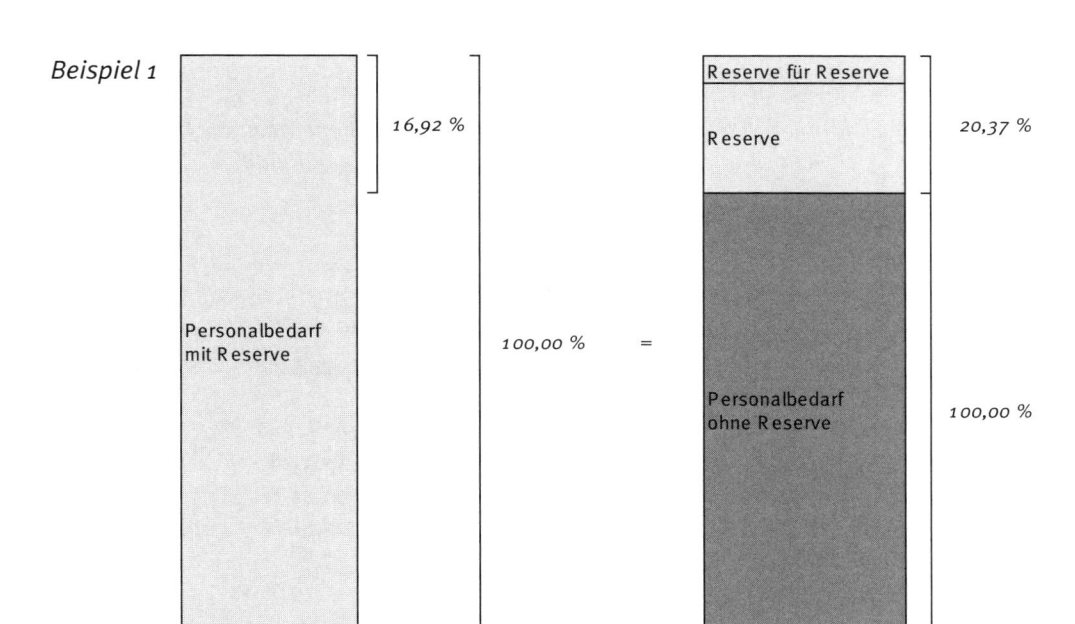

Im diesem Beispiel beträgt der Personalbedarf für die Reserve 20,37 %. Für 100 Personen (ohne Reserve) ergibt dies einen Bedarf von 20 Personen. Die Kontrollrechnung mit einer Abwesenheit von 16,92 % lautet:

120 Personen * (100 % – 16,92 %) = 120 Personen * 83,08 % ≈ 100 Personen

Würde das Personal nur um den Prozentsatz der Abwesenheit aufgestockt, wären Unterbesetzungen oder Überstunden die Folge.

Beispiel 2 *Aufgabenstellung: 100 MA Sollstärke und 20 % Abwesenheit*

Fehlerhafte Berechnung:	*Richtige Berechnung:*
100 MA + 20 % Abw. = 120 MA	100 MA / (1 - 20 % Abw.) = 125 MA
Kontrollrechnung:	*Kontrollrechnung:*
120 MA * (100 % Anwesenheit -20 % Abw.) = 96 MA	125 MA * (100 % Anwesenheit -20 % Abw.) = 100 MA
Ergebnis: 4 MA unter Soll	*Ergebnis: 0 MA unter Soll*

Hinweise Schwierigkeiten können sich in Bereichen mit sehr wenigen Beschäftigten bzw. in Bereichen mit sehr wenigen Beschäftigten, die Schlüsselqualifikationen besitzen, ergeben, da die Personenanzahl auf- oder abgerundet werden muss. Diese Rundung bedeutet entweder erhebliche Mehrkosten oder eine erhebliche Unterdeckung. In diesem Fall sollte auf möglichst hoher Ebene geplant werden.

Der Reservebedarf kann für alle Gruppen zusammen geplant werden. Eine weiter gehende Möglichkeit ist die bereichsübergreifende Reserveplanung für mehrere Abteilungen mit Schichtarbeit. Siehe dazu auch Kapitel C.3 "Für welche Organisationsbereiche mache ich eigene Pläne?".

Exkurs Warum ist Reserve für größere Bereiche effizienter?

Ein Rechenbeispiel:

In folgendem Beispiel wird berechnet, wie wahrscheinlich es bei einer bestimmten MA-Zahl ist, dass 1/3 der Personen gleichzeitig krank ist (vereinfachend wird angenommen, dass Krankheiten zufällig verteilt auftreten).

Anzahl Beschäftigte	6 MA	12 MA	18 MA	24 MA
Krank-Wahrscheinlichkeit	6 %	6 %	6 %	6 %
Wie wahrscheinlich ist es, dass genau 1/3 der MA krank sind?				
0 MA krank	68,99 %	47,59 %	32,83 %	22,65 %
1 MA krank	26,42 %	36,45 %	37,72 %	34,70 %
2 MA krank	→ 4,22 %	12,80 %	20,47 %	25,47 %
3 MA krank	0,36 %	2,72 %	6,97 %	11,92 %
4 MA krank	0,02 %	→ 0,39 %	1,67 %	4,00 %
5 MA krank	0,00 %	0,04 %	0,30 %	1,02 %
6 MA krank	0,00 %	0,00 %	→ 0,04 %	0,21 %
7 MA krank	---	0,00 %	0,00 %	0,03 %
8 MA krank	---	0,00 %	0,00 %	→0,00 %

Gäbe es zwei Abteilungen mit 6 MA, wäre in jeder von ihnen die Wahrscheinlichkeit, dass genau 2 Personen krank sind 4,2 %. Würden zwei Abteilungen die Reserve übergreifend handhaben, wäre die Wahrscheinlichkeit, dass in Summe 4 Personen krank sind, nur mehr 0,39 %, bei 24 MA sinkt der entsprechende Wert auf 0 %. D.h. es ist unwahrscheinlicher, dass 1/3 der Personen gleichzeitig krank sind.

Ein zweiter Faktor erleichtert die Planung. Bei 24 MA ist schon in rund 80 % der Fälle mindestens 1 MA krank. Damit zahlt sich bereits die Planung eines Reservesockels von 1 MA aus.

Zusatzhinweis I: Die saisonal unterschiedliche Verteilung von Krankheit verändert nichts an diesem grundsätzlichen Mechanismus.

Zusatzhinweis II: Die starken Schwankungen von IST-Anwesenheiten ergeben sich primär durch schlechte bzw. fehlende Planung der Abwesenheiten und durch saisonale Schwankungen.

Erst nach der Wahl der Reservestruktur und der Analyse möglicher Erleichterungen durch Qualifizierungsmaßnahmen oder Reorganisation sollte die endgültige Entscheidung über Auf- oder Abrundung erfolgen.

Weitere Reserve-analysen

Neben der durchschnittlichen Größe der Reserve ist zu beachten, wie die Abwesenheiten über das Jahr verteilt sind.

Die folgende Graphik zeigt eine Verteilung der Abwesenheitsstunden von 20 Personen über die Periode Frühjahr und Sommer. Der hohe Bereich rechts ist die Sommerzeit.

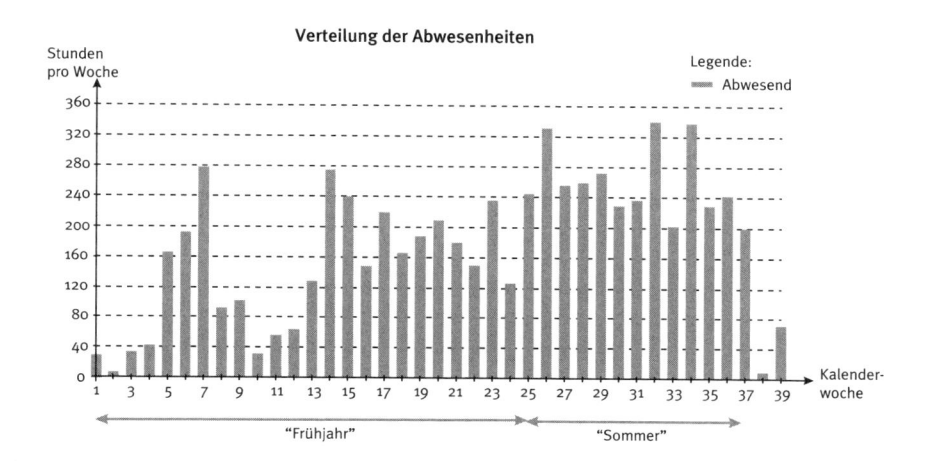

Von besonderem Interesse sind zwei Fragen:
- Wie hoch ist der Spitzenbedarf?
- Gibt es Perioden, in denen mit besonders hohen oder niedrigen Abwesenheitsraten zu rechnen ist?

In vielen Organisationen findet sich ein klares saisonales Muster, das einerseits erhöhte Krankenstände und andererseits die Praxis der Urlaubsplanung widerspiegelt. Eine Varianz von +/- 50 % ist durchaus möglich.

Hinweise

Treten starke Schwankungen auf und lassen sich Perioden identifizieren, in denen die Abwesenheitsrate deutlich höher oder tiefer liegt als im Durchschnitt, sind Techniken aus dem Bereich Flexibilität erforderlich. Die Lösung mit einer über den gesamten Planungszeitraum einheitlichen ("statischen") Reservebildung würde bei starken Unterschieden an der Problematik eines "dynamischen" Reservebedarfs vorbeigehen.

Reserveverteilung

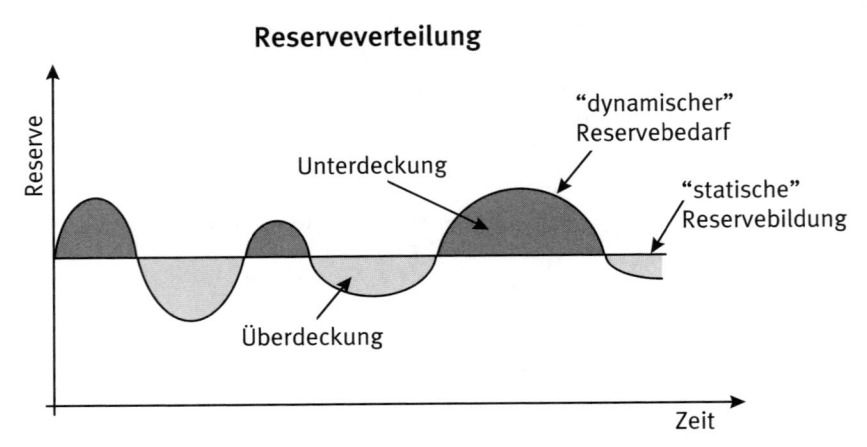

Achsen: Reserve (y), Zeit (x)

Beschriftungen im Diagramm:
- Unterdeckung
- Überdeckung
- "dynamischer" Reservebedarf
- "statische" Reservebildung

Zu prüfen ist, ob die Abwesenheiten gleichmäßiger verteilt werden können.

Die Reserveplanung kann insbesondere durch eine entsprechende Planung von Schulungen und Urlauben wesentlich erleichtert werden. Zur Entschärfung der Urlaubsproblematik werden im Sommer 2 Wochen Betriebsurlaub geplant. Zusätzlich wird ein Bonussystem für den Urlaubskonsum in der Nebensaison eingeführt.

Umgekehrt ist auch zu prüfen, ob die Nettobetriebszeiten so verändert werden können, dass sie besser zu den Abwesenheiten passen.

Kann im Sommer oder um Weihnachten herum mit verringerter Kapazität gearbeitet werden?

C.1.2 Wie kann ich Reserven in den Plan integrieren?

Einleitung Wenn es um die Frage der Berücksichtigung von Reserven in Plänen geht, taucht in Diskussionen häufig "die Grippe" auf, die völlig überraschend zu Ausfällen führt. Das Phänomen der kurzfristigen Ausfälle gibt es natürlich, statistisch bilden sie allerdings nur einen ganz kleinen Teil der Abwesenheiten. Die großen Brocken sind:
- Urlaube ... planbar
- Weiterbildung, Seminare ... z.T. planbar, aber zumindest länger bekannt
- Lange gesundheitsbedingte Abwesenheiten (z.B. Kuren, Krankenhausaufenthalte) ... zu großen Teilen bekannt. Auch ein Arbeitsunfall mag am Tag des Unfalls überraschend sein. Wenn es einen Knochenbruch gab, ist danach der Großteil der Abwesenheitszeit vorhersehbar.

Ein großer Fortschritt in der Reserveplanung – ohne "die Grippe" ignorieren zu wollen – kann bereits erzielt werden, wenn die anderen Abwesenheiten besser berücksichtigt werden.

Reservestrukturen Die zentralen Ansätze zur Integration von Reserven sind:
- Erhöhung der Gruppengröße – Reserven als Teil der Schichtgruppen
- eigene Reservegruppen oder externe Reserve
- verteilte Reserveschichten
- "keine" Reserve – Arbeitsorganisation so gestalten, dass die Verschiebung oder der Entfall von Arbeiten kurzfristig möglich sind

Daneben sind unter spezifischen Bedingungen auch andere Ansätze möglich.

Bei sehr kurzen Schichten sind eine Verlängerung der vorhergehenden und ein früherer Beginn der nächsten Schicht möglich. Zum Beispiel wird der Ausfall einer 6 h-Schicht durch die Verlängerung von 2 anderen Schichten aufgefangen. Dieses Konzept lässt sich allerdings kaum auf die Reservebildung bei Nachtschichten anwenden.
Eine Verdoppelung der Schicht ist auch denkbar, allerdings nur bei sehr kurzen Schichten.

Erhöhung der Gruppengröße Die Schichtgruppen werden um den entsprechenden Prozentsatz (Abwesenheitsfaktor) vergrößert, z.B. um 20 % von 20 auf 24 Personen. Dieses Konzept bewährt sich unter zwei Voraussetzungen:
- Die Gruppen sind relativ groß. Ansonsten kann die Rundung leicht Schwierigkeiten verursachen.
- Die Abwesenheiten sind relativ gleichmäßig verteilt, bzw. wird die Nettobetriebszeit entsprechend angepasst (z.B. im Sommer weniger Kapazität).

Dieses Konzept ist besonders gut geeignet, wenn die aufzufangende Differenz zwischen erforderlicher Kapazität und anwesenden Personen gleichmäßig auftritt (z.B. durch gute Urlaubsplanung).

Die Vor- und Nachteile dieses Ansatzes sind:
+ Die Planung ist einfach. Es muss kein getrennter Plan für die Reserven erstellt werden. Gruppenmischungen kommen nicht vor. Dies erleichtert die Führungsaufgaben.
− Die Aufstockung der Gruppen mit dem Reservepersonal ist nur bei größeren Gruppen möglich. Bei kleineren Gruppen führt die Rundung auf ganze Personen schnell zu Unterdeckung oder Zusatzkosten.[8]
− Es sind mehr Reserven erforderlich, da ein Verschieben von freien Reservekapazitäten zwischen Gruppen nicht bzw. kaum möglich ist. Gegenläufiger Reservebedarf kann nicht ausgeglichen werden.
In der Frühschicht fehlen Personen. Obwohl die Reserven in der Spätschicht zu groß sind, können sie wegen der täglichen Ruhezeiten nicht so einfach in die Frühschicht verschoben werden.
− Wenn die Abwesenheiten nicht gleichmäßig verteilt sind und keine zusätzliche Flexibilitätsmechanismen verwendet werden, die einen Ausgleich übers Jahr zulassen, können die saisonalen Schwankungen der Abwesenheit nicht ausgeglichen werden. Entsprechend fehlen in Spitzenzeiten Reserven. Zu anderen Zeiten fehlen Kapazitäten.

Reservegruppen, Externe Es wird eine eigene Gruppe gebildet oder auf externe Personen zurückgegriffen, um den erforderlichen Bedarf abzudecken.

Eine eigene Gruppe für die Reserve existiert besonders in kleinen Bereichen, in denen das Konzept der Erweiterung der Schichtgruppen nicht oder nur zum Teil anwendbar ist. Auch für diese Gruppe sollte soweit möglich ein Plan entwickelt werden, um schlechten Schichtfolgen oder übermäßig langen Einsätzen vorzubeugen. Eigene Reservegruppen haben aber oft gravierende Nachteile:
1. Eine häufige Folge dieses Reservekonzepts sind extrem problematische Einsatzrhythmen (zum Teil unter Verkürzung der Ruhezeiten).
2. Ist die Zahl der Arbeitseinsätze hoch, können die Abwesenheiten zum Teil gar nicht mehr ersetzt werden, weil z.B. nicht von Nacht auf Frühschicht gewechselt werden kann.
3. Soll die oft starke saisonale Schwankung der Abwesenheit nur durch diese Reservegruppe ausgeglichen werden, ist dies planungstechnisch

---

[8] Auch bei größeren Gruppen muss fast immer gerundet werden, allerdings ist der Rundungsfehler im Verhältnis zur Zahl der Personen relativ klein.

meist nur mit Teilzeitarbeit und einer sehr niedriger Einsatzzahl pro Woche möglich.

Annahmen: 8 h-Schichten und 40 h Soll-WAZ. Die saisonale Verteilung der Abwesenheiten bringt Schwankungen zwischen 20 h und 60 h (Mittelwert 40 h mit +/-50 % Schwankung).

Dann müsste die Reserve ebenfalls zwischen 20 h pro Woche und 60 h pro Woche schwanken. Bei 8 h Schichten würde das 7,5 Einsätze pro Woche nach sich ziehen. Es müsste also in der Spitzenzeit durchgehend 7 Tage pro Woche gearbeitet werden und zusätzlich manchmal 2 Schichten pro Tag. – Das ist nicht realistisch. Zusätzlich kann dann auch nicht in anderen Zeiten auf 20 h abgesenkt werden, da sonst die Person ihre Soll-WAZ nicht erreicht. Typischerweise werden hier Stunden eingeplant, die eigentlich so nicht nötig sind.

Neben einer eigenen Reservegruppe werden in vielen Schichtbetrieben externe Personen zur Abdeckung von Spitzen verwendet.

Eine konventionelle Form ist die Einstellung von Ferialpraktikanten (die Beschäftigung von Schülern bzw. Studierenden während der Ferien).

Für diese wie auch in erheblichem Umfang für Leasingkräfte gilt jedoch, dass sie nur für längere Perioden von erhöhten Abwesenheiten eingesetzt werden können (z.B. für den Sommer oder für Produktionsspitzen). Kurzfristige Abwesenheiten sind schwieriger aufzufangen. Besondere Qualifikationsanforderungen sind durch externes Personal nur schwer erfüllbar.

Eine weitere Möglichkeit ist die Verbindung mit anderen Bereichen (siehe dazu Kapitel C.3 "Für welche Organisationsbereiche mache ich eigene Pläne?").

Extern bedeutet bei diesem Ansatz nicht betriebsextern, sondern bezieht sich nur darauf, dass diese Personen im Normalfall nicht in diesem Bereich arbeiten. In vielen Betrieben mit Werkstattorganisation ist die gegenseitige Hilfe zwischen Meistern üblich. Grundsätzlich können Reserven aus anderen Produktionsbereichen, der Wartung, der Werkstatt usw. oder im Extremfall sogar aus der Verwaltung herangezogen werden bzw. Führungskräfte eingesetzt werden (z.B. um bestimmte Organisationstätigkeiten aufzufangen).

Umgekehrt ist es auch möglich, mit höheren Reserven "in den Plan hineinzugehen" und eine sinnvolle Nutzung von nicht benötigten Reserven zu planen. Diese führen dann Tätigkeiten durch, die nicht zum vom Schichtplan abgedeckten Bereich gehören, bzw. deren Durchführung nicht regelmäßig erfolgen muss (z.B. Zivilkontrollen in Verkehrsbetrieben, Akquisitionsarbeiten, Lagerarbeiten).

Eine derartige Verschränkung von Bereichen lässt sich nicht überall durchführen. Die Möglichkeiten, die sich durch Änderung der Arbeitsorganisation oder zusätzliche Qualifikationen eröffnen, sollten jedenfalls geprüft werden.

Die Vor- und Nachteile dieses Ansatzes sind:
+ Die Planung ist einfach.
+ In manchen Fällen können sich Bereiche sehr gut ergänzen, z.B. wenn in 2 Abteilungen die Produktionsspitzen und -täler gegengleich verlaufen.
− Dieses Reservekonzept kann zu sehr schlechten Plänen für die Betroffenen führen. Sie tragen die gesamten Lasten.
− Häufig gelingt es nicht, die Reserve an die saisonal unterschiedlichen Reservebedarfe anzupassen.

Reserveschichten Alle Beschäftigten müssen in gewissem Umfang Reserveschichten leisten. Bei der Planung gibt es zwei Vorgangsweisen, durch deren Kombination verschiedene Untervarianten möglich sind:
- Es wird mit geringerer Wochenarbeitszeit geplant und ein Kontingent von Einbringschichten reserviert, das nach bestimmten Spielregeln genutzt wird.
- Es wird ein Plan erstellt, der mit höherer Wochenarbeitszeit zu Überkapazitäten führt, die wiederum in Form von Freischichten nach zu vereinbarenden Spielregeln abgebaut werden.

Die enge Verbindung mit dem Bereich Flexibilität, in dem ebenfalls Einbring- bzw. Freischichten zur Steuerung des Arbeitskräftepotentials verwendet werden, ist offensichtlich. Die Bezeichnungen für dieses weit verbreitete Instrument variieren von Betrieb zu Betrieb, obwohl die Konzepte gleich bzw. ähnlich sind. (Eine Freischicht wird z.B. auch als "abgesagte" Schicht bezeichnet.)

Der Umfang der mit diesen Mitteln gebildeten Reserven darf nicht überdimensional groß sein, sonst führt sich der Schichtplan ad absurdum, weil laufend kurzfristige Umplanungen vorgenommen werden müssen.

In jedem Fall erfordert diese Art der Flexibilität eine laufende Steuerung durch die Vorgesetzten vor Ort und eine entsprechende Informationsaufbereitung, um die richtige Nutzung der Reserven und eine möglichst weitgehende Fairness bei der Verteilung der Lasten zu sichern. Ferner sind die jeweils geltenden rechtlichen Rahmenbedingungen sorgfältig zu prüfen.

Am teuersten und aufgrund der hohen Arbeitszeit ergonomisch problematisch sind Zusatzschichten in Form von Überstunden.

Einbringschichten können zu vorgeplanten Zeitpunkten festgelegt oder nach Bedarf vereinbart werden. Im ersten Fall sind im Plan bereits mögliche Plätze für Einbringschichten fixiert. Entsprechendes gilt für Freischichten, falls mit erhöhter Wochenarbeitszeit geplant wird. Die entsprechenden Planungstechniken werden im Unterkapitel C.1.3 "Einplanung von Reserveschichten" dargestellt.

Es ist nicht selbstverständlich, dass die Einbringschichten tatsächlich an allen abzudeckenden Tagen bzw. in allen abzudeckenden Schichten möglich sind.

Hinweis: Eine geringe durchschnittliche Einsatzzahl erleichtert die Umsetzung dieses Ansatzes erheblich!

Die Vor- und Nachteile dieses Ansatzes sind:
+ Reserveschichten ermöglichen eine gerechtere Verteilung der Last.
• Die Zeiträume, in denen Reserveschichten anfallen können, müssen mitgeplant werden!
• Nur anwendbar, wenn die Zahl der Einsätze im Schnitt nicht zu hoch ist.
− Angestrebte lange Freizeitblöcke gehen leicht (durch Zusatzschichten) verloren.
− Die kurzfristige Einteilung ist oft problematisch.

Dieser Planungsansatz wird im nächsten Kapitel noch näher ausgeführt.

"Keine" Reserve Der Wegfall der Reserve ist meist nicht in Reinform, aber doch in gewissem Umfang möglich. Die Gruppen sind dann etwas größer, um die Arbeiten, die bei Ausfällen liegen bleiben, später nachholen zu können.

In gewissem Umfang ist diese Form der Reservebildung selbstverständlich. Wenn durch einen unglücklichen Umstand (z.B. Grippewelle) überdurchschnittlich viel Personal ausfällt, bleibt oft nichts anderes übrig, als Arbeiten liegen zu lassen. Wenig entwickelt und sicher auch nicht in allen Bereichen möglich ist eine Analyse der Tätigkeiten, um festzustellen, ob derartige Puffer nicht erweitert werden können. Gleichzeitig ist zu prüfen, ob sich durch die Unterdeckung nicht zu hohe Belastungen für die Anwesenden ergeben.

Hinweis In der Praxis bewähren sich Kombinationen der verschiedenen Reservestrukturen.

Der gleichmäßige "Sockel der Abwesenheit" wird durch Vergrößerung der Gruppen aufgefangen.

Im Sommer werden externe Personen zugezogen; gleichzeitig erfolgt eine Verschränkung mit der Werkstatt oder dem Verwaltungsbereich.

Nur der plötzlich auftretende, nicht vorhersehbare Reservebedarf, der mit den obigen Methoden nicht mehr abgedeckt werden kann, wird mit Zusatzschichten oder Überstunden aufgefangen.

C.1.3 Einplanung von Reserveschichten

Reserveschichten nach Bedarf

Regelungen, die vorsehen, dass Beschäftigte bestimmte Reserveschichten nach Bedarf zu erbringen haben, setzen Pläne voraus, deren durchschnittliche Wochenarbeitszeit unter der Sollwochenarbeitszeit liegt. Die Beschäftigten müssen so genannte Einbringschichten leisten. Diese Planungstechnik entspricht weitgehend derjenigen im Kapitel C.2 "Wie baue ich Flexibilität ein?". In jedem Fall sind Arbeitszeitkonten zu führen.

Dieser Ansatz ist sehr flexibel, kann aber nicht bei allen Plänen angewandt werden. Es müssen ausreichend Möglichkeiten vorhanden sein, damit die Beschäftigten diese Zusatzschichten auch tatsächlich leisten können, ohne dass dadurch zu lange Arbeitsblöcke entstehen, Erholungszeiten nach der Nachtschicht zerstört oder Freizeiten zu sehr zerrissen werden.
Oft kann nur ein Teil der Schichten mit Reserven abgedeckt werden.
Wenn die zur Reserve eingeteilte Gruppe gerade aus der Nachtschicht kommt, kann sie keine Früh- oder Spätschicht "abdecken". Umgekehrt kann, wenn sie in die Frühschicht geht, vorher keine Nachtschichtreserve eingeteilt werden.

Es ist daher sorgfältig zu prüfen, ob beim vorliegenden Plan die Reserven auch tatsächlich eingesetzt werden können. Überraschend oft ist dies nicht der Fall! Zusatzschichten sind praktisch und rechtlich nur an wenigen Tagen einplanbar. Damit ergeben sich an diesen Tagen wieder relative Überkapazitäten, während die anderen Tage nicht abgedeckt sind.

Dieses Konzept ist eher für das Auffangen von seltenen Spitzen geeignet als für die "normale" Reserve.

Planung in Schichtfolgen

Günstiger ist es, Reservebereiche zumindest bis zu einem gewissen Grad fest im Schichtplan zu verankern, z.B. mit Basisfolgen, in denen bereits Reserveschichten vorkommen.

In einem Betrieb erfolgt am Montag und am Mittwoch die Verladung von Gütern. Wenn an diesen Tagen Personen wegen Urlaub oder Krankheit abwesend sind, kann es zu Lieferverzögerungen kommen. Deshalb werden die Basisfolgen so geplant, dass am Montag und am Mittwoch in der Früh- und in der Spätschicht jeweils 3 Personen für Reserveschichten vorgesehen sind.

Typischerweise werden mehr Reserveschichten eingeplant, als tatsächlich geleistet werden.

Es werden 4 Tage pro Woche reserviert, aber im Durchschnitt nur 2 Tage pro Woche genutzt.

Falls die Reserveschichten direkt, d.h. in der Basisfolge, verteilt werden, empfehlen sich Blöcke mit folgender Struktur:

```
--RRRR---   eigenständiger Reserveblock
--FFRRR--   Reserveblock nach der Frühschicht
--RRRNN--   Reserveblock vor der Nachtschicht
```

Eine Folge wie z.B. `--RRFF--` ist problematisch. Falls die Reserveschicht für eine Nachtschicht verwendet wird, kann in der darauf folgenden Frühschicht nicht gearbeitet werden. Die erforderlichen Ruhezeiten machen das Rückwärtsrotieren unmöglich.

Reserveblöcke lassen sich bei geringeren Sollwochenarbeitszeiten leicht einplanen, bei Gruppenkombinationen z.B. in einer Basisfolge und bei Übergroßen Gruppen in jenen Bereichen, in denen der normale Plan "ausgedünnt", d.h. einer oder mehreren Teilgruppen freigegeben, wird.

C.1.4 Beispiele

Beispiel 1 In einem Klassischen Plan werden 3 Plätze für Zusatzschichten eingeplant. Die minimale Wochenarbeitszeit (falls die Zusatzschichten nicht geleistet werden) beträgt 34 h. Wenn die Zusatzschichten regelmäßig geleistet würden, stiege die Wochenarbeitszeit auf 40 h. Die Bruttobetriebszeit bleibt bei 136 h, wenn sie mit einer durchschnittlichen Besetzungsstärke berechnet wird. Siehe auch Unterkapitel C.4.7.b) "Wie bestimme ich die Bruttobetriebszeit?".

fast kontinuierlich
Klassische Gruppen
Zusatzschichten
WAZ min.   34,00 h
F, S, N, Z   8,00 h
Brutto-BZ   136,00 h
Zyklus   4 Wo
Einsätze   4,25 / Wo

	1 Mo	1 Di	1 Mi	1 Do	1 Fr	1 Sa	1 So
A	F	F	F	Z	Z	Z	
B	S	S	S	S	S		N
C	N	N	N	N	N		
D				F	F	F	

Wesentliche Vor- und Nachteile:

+ Die Zusatzschichten wurden so gelegt, dass sich im Normalfall 2-mal ein 5-tägiger Freizeitblock über das Wochenende ergibt, wobei allerdings ein Wochenende durch die Freitag-Nachtschicht beeinträchtigt wird.

- Die Länge der Nachtschicht- und Spätschichtblöcke ist als sehr problematisch einzuschätzen.
- Zusätzlich funktioniert das Konzept der Zusatzschichten nur beschränkt als Reservekonzept. Der Bereich Donnerstag bis Samstag kann abgedeckt werden. Von Montag bis Mittwoch können keine weiteren Zusatzschichten, die ohne Einschränkung als Reserveschichten verwendbar sind, eingeplant werden. Wenn diese weiteren Zusatzschichten als Reserve für Spät- und Nachtschichten verwendet würden, käme es zu Verletzungen der Ruhezeit.
- In beiden Fällen gehen durch Zusatzschichten die attraktiv wirkenden Freizeitblöcke verloren.

Beispiel 2

vollkontinuierlich
Gruppenkombination
Werkstatt
WAZ   *36,40 h*
F, S, N, WS   *8,00 h*
Brutto-BZ *168,00 h*
Zyklus   *20 Wo*
Einsätze   *4,55 /Wo*

In diesem Beispiel wird ein Plan für 20 Personen entwickelt. Die erforderliche Besetzungsstärke in der Produktionsanlage beträgt 3 Personen pro Schicht. Durch die Kombination mit einer Werkstatt (WS-Schichten) ergibt sich ein zusätzlicher Bedarf von 4 Personen pro Tag.

Gemäß der rechts dargestellten, einfachen Basisfolge arbeiten diese 4 Personen im Schichtbetrieb, falls sie als Reserve benötigt werden, und ansonsten in der Werkstatt. (Die Werkstattarbeiten sind nicht zeitkritisch.) Bei der Berechnung mit einer durchschnittlichen Besetzungsstärke beträgt die Bruttobetriebszeit 168 h. Siehe auch Unterkapitel C.4.7.b) "Wie bestimme ich die Bruttobetriebszeit?".

Bei der Zuordnung von Personen ist auf die richtige Verteilung von Qualifikationen zu achten. Wenn z.B. eine bestimmte Schlüsselqualifikation wichtig ist, muss mindestens jede 3. Person diese haben. Diese Personen werden z.B. A.1, A.4, A.7 usw. zugeordnet.

Ein unterschiedlicher Reservebedarf während des Jahres und im Sommer kann leicht über eine unterschiedliche Zahl der Werkstattschichten aufgefangen werden.

A.1	F
A.2	F
A.3	F
A.4	S
A.5	S
A.6	S
A.7	
A.8	
A.9	N
A.10	N
A.11	N
A.12	
A.13	
A.14	
A.15	WS
A.16	WS
A.17	WS
A.18	WS
A.19	
A.20	

Beispiel 3 In diesem Plan werden Reserveschichten für Portiers eingeplant.

vollkontinuierlich
Gruppenkombination
Reservebereitschaft
WAZ min.   *36,00 h*
T, N, R   *12,00 h*
Brutto-BZ *168,00 h*
Zyklus   *8 Wo*
Einsätze   *3,00 /Wo*

	1 Mo	1 Di	1 Mi	1 Do	1 Fr	1 Sa	1 So
P.1	T	T	T	R			
P.2	N	N	N		R	R	R
P.3					T	T	T
P.4				R	N	N	
P.5	T	T	T	T			
P.6	N	N	N				
P.7	R	R		N	N	N	
P.8				T	T		

Wesentliche Vor- und Nachteile:
+ Auf die Gestaltung der Wochenenden wurde ein spezielles Augenmerk gelegt. Die Besetzungsstärke am Wochenende ist reduziert.
+ Die Reserveschichten mit Bereitschaft sind relativ gleichmäßig verteilt.
− Der lange Nachtschichtblock (4 Nachtschichten mit 12 h) ist problematisch.
− Die Reserve am Freitag kann problematisch sein, falls sie als Frühschicht eingesetzt wird, da dann nur 24 h Ruhezeit gegeben sind.
− Wenn die Reserveschichten in der 2. bzw. 7. Woche geleistet werden, führt dies zu sehr hohen Wochenarbeitszeiten. Diese Wochen sind damit aus arbeitswissenschaftlicher Sicht sehr bzw. zu dicht.

C.1.5 Wie kann ich den Reservebedarf für Urlaubsperioden planen?

Hintergrund Mit nationalen und regionalen Unterschieden gibt es gewisse Perioden im Jahr, in denen die Beschäftigten besonders gerne Urlaub nehmen.

Je nach Wirtschaftssektor ruft dies unterschiedlich starke Probleme in Bezug auf die Sicherung des reibungslosen Betriebsablaufs hervor. Während in den ersten beiden der folgenden Fälle die Urlaubsplanung nicht besonders schwierig ist, treten in den beiden letzteren Fällen erhebliche Probleme auf:

- *Urlaubsperioden treffen sich sehr gut mit zyklischen Produktionstälern.*
- *Der Zeitpunkt der Leistungserstellung ist nicht so kritisch. Die Lager werden vor der Urlaubsperiode aufgestockt. Arbeiten können aufgeschoben werden. Betriebsurlaub ist möglich.*
- *Der Prozess der Leistungserstellung erfordert konstante Besetzungsstärken.*
- *Urlaubsperioden fallen mit zyklischen Produktionsspitzen zusammen.*

Falls sich in Urlaubsperioden ein entsprechend höherer Reservebedarf ergibt, sollten diese Zeiträume in der Schichtplanentwicklung berücksichtigt werden.

Ansätze Pläne für einen speziellen Reservebedarf in Urlaubsperioden werden nach Konzepten aus den Bereichen der Reservebildung und der Flexibilität entwickelt (siehe die Kapitel C.1.2 "Wie kann ich Reserven in den Plan integrieren?" und C.2 "Wie baue ich Flexibilität ein?").

Vorgehen Ausgehend von einer Planskizze für den Normalbetrieb wird ein flexibles Planelement erzeugt, nach dem in den Urlaubsperioden gearbeitet wird. Dieses flexible Planelement wird mit einer Kombination von Methoden zur Reservebildung gestaltet:
- Erhöhung der Gruppengröße – Reserven als Teil der Schichtgruppen
- eigene Reservegruppen oder externe Reserve
- verteilte Reserveschichten
- "keine" Reserve – Arbeitsorganisation so gestalten, dass die Verschiebung oder der Entfall von Arbeiten kurzfristig möglich sind

Bei der Entwicklung dieses Elements wird nach den zwei Hauptansätzen zur Integration von Arbeitszeitflexibilität in Schichtpläne über mehrere Wochen bis auf Jahresebene vorgegangen:
1. Wechsel zwischen Schichtplänen mit unterschiedlichen Wochenarbeitszeiten
2. Schichtpläne mit Zusatzelementen wie Einbring- und/oder Freischichten, verschiedene Schichtlängen usw.

Beide Ansätze können kombiniert werden. Beispiele für flexible Elemente finden sich auch im Kapitel C.2 "Wie baue ich Flexibilität ein?".

Beispiel Der folgende Plan zeigt 30 Wochen eines Schichtplans. Nach 10 Wochen erfolgt ein Umstieg von einem Klassischen 5-Gruppen-Plan, der auf der Basisfolge `FFSSNN----` beruht, auf einen 10-wöchigen Klassischen 4-Gruppen-Plan, der auf der Basisfolge `FFSSNN--` beruht. Die "U-Schichten" sind als Urlaubstage zu lesen, wobei 5 solcher "U-Schichten" 1 Woche Urlaub und damit der Sollwochenarbeitszeit von 38 h entsprechen, d.h. an Urlaubstagen werden weder Zeitguthaben auf- noch Zeitschulden abgebaut. In der 21. Woche wird wieder zum Klassischen 5-Gruppen-Plan gewechselt.

In ruhigen Phasen
vollkontinuierlich
Klassische Gruppen
WAZ 33,60 h
F, S, N 8,00 h
Brutto-BZ 168,00 h
Zyklus 10 Wo
Einsätze 4,20 /Wo

und in der Urlaubsphase

vollkontinuierlich
Klassische Gruppen
WAZ 42,00 h
F, S, N 8,00 h
Brutto-BZ 168,00 h
Zyklus 10 Wo
Einsätze 5,25 /Wo

Wesentliche Vor- und Nachteile:

+ Der Plan hat eine einfache Struktur.
+ Für jede Gruppe sind 2 Wochen Urlaub, der mit einem freien Wochenende beginnt und endet, eingeplant.
• Die Wochenarbeitszeit von 33,6 h in den ersten und den dritten 10 Wochen wird durch die erhöhte durchschnittliche Wochenarbeitszeit von 41,2 h[9] in den zweiten 10 Wochen ausgeglichen.
− Der Plan ist in den zweiten 10 Wochen sehr dicht. Es können sich Probleme mit Reservekapazitäten ergeben.

Variante 1 In der Urlaubsperiode werden die Gruppen A–E in jeweils 3 Untergruppen aufgeteilt, wobei immer nur 2 Untergruppen ihren Urlaub konsumieren können; die 3. Untergruppe wird statt dessen für Reserveschichten eingeplant.[10] Diese Variante empfiehlt sich auch, wenn mehrere Personen je Schichtgruppe in der vorgesehenen Zeit nicht in Urlaub gehen wollen.

---

[9] Die Basisfolge FFSSNN-- des Urlaubsplans bringt eine Zykluslänge von 8 Wochen und 42 h Wochenarbeitszeit mit sich. Durch die 2 Urlaubswochen, die mit der Sollwochenarbeitszeit von 38 h bewertet sind, ergibt sich über die 10-wöchige Sommerperiode eine Wochenarbeitszeit von 41,2 h.

[10] Wenn diese Untergruppen in den 2 mit "U" markierten Wochen 10 Reserveschichten leisten, die je 8 h dauern, steigt ihre Wochenarbeitszeit in der Sommerperiode auf 41,6 h.

Variante 2 Wenn die Personen je Schichtgruppe einheitliche Qualifikationen besitzen, kann auch eine der Gruppen A–E auf die anderen verteilt werden.

Bei einer uneinheitlichen Qualifikationsstruktur innerhalb der Schichtgruppen führt das Aufteilen einer Gruppe auf die anderen auch zu einer ungleichmäßigen Verteilung der Reservekapazitäten. In jeder der anderen Schichtgruppen sind einige Qualifikationen überbesetzt, während andere Qualifikationen nur in der sonst üblichen Zahl vorhanden sind.

C.2 Wie baue ich Flexibilität ein?

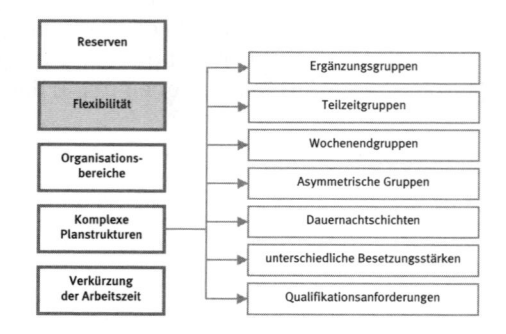

```
Reserven
Flexibilität          →  Ergänzungsgruppen
Organisations-        →  Teilzeitgruppen
bereiche              →  Wochenendgruppen
Komplexe              →  Asymmetrische Gruppen
Planstrukturen        →  Dauernachtschichten
Verkürzung            →  unterschiedliche Besetzungsstärken
der Arbeitszeit       →  Qualifikationsanforderungen
```

Flexibilitätsfragen beschäftigen sich mit möglichen Differenzen zwischen benötigten und verfügbaren Arbeitsstunden. Flexibilitätsanforderungen erwachsen sowohl

- aus betrieblichen Abläufen (z.B. Produktionsspitzen oder -täler) als auch
- aus Bedürfnissen der Arbeitnehmer (z.B. Urlaub).

Dieses Kapitel überschneidet sich zum Teil mit dem Kapitel C.1 "Wie plane ich Reserven?". Die hier vorgestellten Elemente erlauben es, Flexibilität – unabhängig von ihrer Ursache – in den Schichtplan einzubauen.

Auslöser des betrieblichen Flexibilitätsbedarfs Hintergrund der Flexibilitätswünsche von Unternehmen sind Veränderungen der Märkte und veränderte Ansprüche der Beschäftigten. Flexibilitätswünsche sind oft auch ein Ergebnis der Veränderung in den Unternehmen selbst.

Unternehmen sind mit unsicheren, schwankenden Märkten konfrontiert, welche die Planung von Kapazitäten schwierig bis unmöglich machen. Neben der vieldiskutierten "Globalisierung" und dem Übergang von "Anbieter-" zu "Käufermärkten" machen in der Industrie auch kürzere Produktlebenszyklen schnelles Reagieren, also Flexibilität, erforderlich. Dabei geht es nicht nur um die Gefahr, Leistungen zu produzieren, die nicht mehr absetzbar sind, oder ein Geschäft zu versäumen. Die Fähigkeit zum flexiblen Reagieren kann sogar Voraussetzung für den Aufbau von Kundenbeziehungen sein. Aufgrund geringer Puffer wirken sich schwankende Anforderungen unmittelbar und in hohem Maße auf die Arbeitszeit aus.

Die hohen Investitionskosten pro Arbeitsplatz und das Tempo der technischen Entwicklung erhöhen den Druck in Richtung erweiterter Nutzung der Anlagen. Längere Betriebszeiten verringern das erforderliche Kapital und die entsprechenden Kosten für diese Investitionen. Das hohe Tempo der technischen Entwicklung lässt Anlagen veralten, bevor sie defekt sind.

Strukturell bringt auch die Zunahme des Dienstleistungssektors mehr Flexibilitätsanforderungen mit sich. Bei Dienstleistungen ist die Arbeitszeit meist eng an die "Erstellung der Leistung" gekoppelt, während es bei den meisten Gütern egal ist, wann sie genau produziert wurden.

Obwohl Flexibilität für das einzelne Unternehmen oft Chancen bietet, wäre eine völlig flexible Gesellschaft teuer. Ohne Strukturen steigen der Planungs- und der Koordinationsaufwand sowohl auf der persönlichen als auch auf der unternehmerischen Ebene explosiv. Eingespielte, gleichbleibende Abläufe sind oft die Grundlage von Effizienz.

Flexibilität fördert und fordert Folgeflexibilität. Ein Unternehmen, das flexibler werden möchte, ohne die Bereitstellungskosten zu erhöhen, kann bzw. muss Flexibilität von seinen Beschäftigten, aber auch von seinen Lieferanten und Dienstleistern fordern. Für den Konsumenten von flexiblen Dienstleistungen oder Produkten bringt Flexibilität des Lieferanten Sicherheit und Stabilität. Dies gilt sowohl im Verhältnis Abnehmer zu Unternehmen als auch im Verhältnis Unternehmen zu Beschäftigten. Die Flexibilität des einen ist die Stabilität und Sicherheit des anderen.

C.2.1 Arten von Flexibilität

Im Personalbereich ist die Arbeitszeitflexibilität, d.h. Schwankungen der Arbeitszeit, nur eine mögliche Form betrieblicher Flexibilität. Neben der Arbeitszeitflexibilität sind vor allem die Einsatz-, die Einkommens- und die Beschäftigungsflexibilität sowie die Flexibilität in der Ablauforganisation von Bedeutung.

Einsatzflexibilität Einsatzflexibilität bezeichnet die Möglichkeit, Arbeitnehmer für sehr unterschiedliche Aufgaben einsetzen zu können.

Im Beispiel 2 aus dem Unterkapitel C.2.8 "Beispiele im vollkontinuierlichen Bereich" wird Einsatzflexibilität dazu genutzt, die Werkstatt als Puffer für die allgemeine Reserve der Produktionsanlage zu verwenden.

Einsatzflexibilität ist von der Belastungs- und der Kostenseite her eine der interessantesten Flexibilitätsformen. Von der Belastung für die Beschäftigten her gesehen werden Unsicherheiten bezüglich Beschäftigung und Entgelt verringert. Auch die Erweiterung der Tätigkeiten kann interessant sein. Von der Kostenseite her entfallen hohe Ausgaben auf Veränderungen im Personalbestand.

Ein hohes Qualifikationsniveau der Beschäftigten erleichtert die Einsatzflexibilität, genauso wie z.B. auch Bestimmungen vieler mitteleuropäischer Tarif-, Gesamtarbeits- bzw. Kollektivverträge, die im Gegensatz zum angloamerikanischen Bereich Veränderungen des Einsatzbereiches wesentlich weniger einschränken.

Einsatzflexibilität ist überwiegend positiv besetzt, sie kann von den Beschäftigten aber z.B. negativ aufgenommen werden, wenn eine Abwertung der eigentlichen Tätigkeit oder eine Rückreihung befürchtet wird.

Einkommens- Einkommensflexibilität bezieht sich auf die flexible Gestaltung des Entgelts
flexibilität *(z.B. je nach Anzahl der angefallenen Stunden oder je nach Umsatz bzw. Gewinn).* Einkommensflexibilität tritt vor allem in Form von Provisionen, Prämien, Überstunden und bei Teilzeitkräften meist in Form von Mehrstunden auf. Interessante Ansätze können sich durch Regelungen ergeben, nach denen einige Zuschläge wie etwa der Sonntagszuschlag oder Überstundenzuschläge fallweise in Form von Geld *(z.B. in Produktionsspitzen)* und fallweise in Form von Freizeit *(z.B. in Produktionstälern)* abgegolten werden.

Grenzen der Einkommensflexibilität ergeben sich vor allem dann, wenn echte Entgeltkürzungen vorgenommen werden, d.h. ein bisher übliches Niveau gesenkt wird. Bei einer Umstellung, die eher zu höheren Entgelten führt, wie z.B. einer Betriebszeitausweitung, durch die erstmals Sonntagsarbeit und damit verbundene neue Zuschlagsformen eingeführt werden, ist diese Form der Flexibilität über Zeit eher möglich.

Beschäfti- Beschäftigungsflexibilität bezeichnet die Möglichkeit, die Beschäftigung
gungs- kurzfristig und problemlos zu variieren, d.h. ohne lange Kündigungsfristen
flexibilität beachten zu müssen und ohne Schwierigkeiten bei der Kündigung. Dies kann in verschiedenen Formen realisiert werden, wie z.B. "hire and fire", arbeitnehmerähnliche "formale" Selbständigkeit, Arbeiten mit Zeitverträgen oder auch mit Leasingkräften.

Beschäftigungsflexibilität ist in vielen Bereichen die sozial und auch ökonomisch teuerste Form der Flexibilität (Unsicherheit für die Beschäftigten, Personalrekrutierung, Einschulungen). In manchen Bereichen können sich aber auch machbare Kombinationen ergeben.
Ehemalige Mitarbeiter werden zur Bewältigung von Spitzen herangezogen.

Flexibilität in der Ablauforganisation

Vom Leistungserstellungsprozess her gesehen haben Unternehmen verschiedene Möglichkeiten, mit flexiblen Märkten umzugehen, z.B.:

- flexible Lagerhaltung sowohl bei Input- als auch bei Output-Faktoren des Leistungserstellungsprozesses
- flexible Fertigung von der Produktion auf Lager bis hin zur Auftragsfertigung
- Variation der Fertigungstiefe, flexible Handhabung von In- und Outsourcing
- Variation der Maschinenauslastung durch Arbeitszeit-, Einsatz- oder Beschäftigungsflexibilität bzw. eine Kombination dieser Flexibilitätsformen
- Variation des Maschinenparks durch Leasingverträge
- flexible, für verschiedene Aufgaben anwendbare Software

Flexibilität in der Ablauforganisation hat viele positive Seiten, gleichzeitig bringt sie Kosten und kann – überzogen – eine Organisation überfordern bzw. sehr ineffizient machen.

Die folgenden Ausführungen konzentrieren sich auf Formen der Arbeitszeitflexibilität in der Schichtarbeit, die anderen Flexibilitätsformen werden nicht vertiefend bearbeitet. Wenn mit Arbeitszeitflexibilität kein zufrieden stellendes Ergebnis erreicht werden kann, sind dies aber die Bereiche, die auf Verbesserungsansätze zu prüfen wären.

C.2.2 Arbeitszeitflexibilität

In der Literatur wird eine Vielzahl von Klassifizierungssystemen angeboten. Das hier verwendete Schema baut insbesondere auf den von (Bellgardt; 1987), (Bellgardt; 1990) und (Staffelbach; 1993) verwendeten Konstruktionsprinzipien auf.

Folgende neun Dimensionen sollen unterschieden werden:

Basisdimension

1) Wahl der zeitlichen Gestaltungsebenen des Arbeitszeitmodells (Granularität)

   Typische Gestaltungsebenen sind:
   - *Stunden*
   - *Tag*
   - *Woche*
   - *Monat oder mehrere Wochen*
   - *Saison*
   - *Jahr*
   - *mehrere Jahre*
   - *Berufsleben*

Dimensionen der Veränderung

Für jede der verwendeten zeitlichen Gestaltungsebenen können Regelungen in den folgenden drei Dimensionen fixiert werden, wobei die Grenzen zwischen den verschiedenen zeitlichen Gestaltungsebenen nicht immer scharf sind.

2) Veränderung der Dauer der Arbeitszeit (Chronometrie)

Auf der Ebene Tag kann Gleitzeit fixiert werden.
Auf der Ebene Woche können unterschiedliche Sollwochenarbeitszeiten und Teilzeitmodelle angeboten werden.

3) Veränderung der Lage der Arbeitszeit (Chronologie)

Auf der Ebene Woche kann fallweise Samstagsarbeit fixiert werden.

4) Wahl der Bandbreiten auf der jeweiligen Gestaltungsebene

Auf der Ebene Jahr können die zulässigen Salden für das Zeitkonto fixiert werden.

Dimensionen der Implementierung

Für jede der verwendeten zeitlichen Gestaltungsebenen können Regelungen bezüglich der Implementierung entwickelt werden.

5) Differenzierungsgrad: Auffächerung der Arbeitszeitregelung in Modellvarianten für Gruppen von Beschäftigten und/oder Organisationsbereiche

Für verschiedene Organisationsbereiche kommen auf der Ebene Jahr unterschiedliche Schichtmodelle zur Anwendung.
Für alle Beschäftigten wird auf der Ebene mehrere Jahre eine Sabbatical-Regelung eingeführt.

6) Individualisierung: Möglichkeiten der einzelnen Mitarbeiter, ihre Präferenzen zu verwirklichen

Auf der Ebene Jahr kann die individuelle Sollwochenarbeitszeit fixiert werden. Jährlich kann diese von den Beschäftigten verändert werden.

7) Variierungsgrad: Wie und in welchem Umfang erfolgt die Anpassung des Arbeitszeitmodells an Veränderungen der Anforderungen?

Auf der Ebene Woche erfolgt eine Anpassung über Frei- und Zusatzschichten. Auf der Ebene Jahr wird jeweils über die Verwendung von Zeitguthaben entschieden (z.B. Fortschreibung, Auszahlung).

8) Dezentralisierung: Wie und in welchem Ausmaß erfolgt die Koordination der Arbeitszeit zentral bzw. dezentral (z.B. über zeitautonome Gruppen)?

Auf der Ebene Tag entscheiden die Beschäftigten selbst über das Ende der Arbeitszeit im Rahmen eines Gleitzeitmodells.
Auf der Ebene Woche erfolgt eine Vorankündigung von Zusatzschichten.
Über mehrere Wochen existieren Regelungen, falls die Zeitkonten bestimmte Grenzen unter- bzw. überschreiten.

9) Pflege und Sondersituationen

Wie wird sichergestellt, dass das Modell nicht unerwünschte Effekte wie z.B. eine unfaire Verteilung der Zusatzschichten verursacht?
Wird eine Arbeitszeitbilanz erstellt oder eine dreijährige Evaluierungsperiode eingerichtet?

Wie wird mit Sondersituationen umgegangen?
Was passiert mit Weiterbildungszeiten, Reisezeiten, Kontoständen bei Austritt?

Gestaltung flexibler Arbeitszeitmodelle

Bei der konkreten Gestaltung flexibler Arbeitszeitmodelle werden Elemente aus diesen Dimensionen berührt. Wenn mehrere zeitliche Gestaltungsebenen verwendet werden, was fast immer der Fall ist, kommt dem Zusammenspiel der Regelungen auf den einzelnen Ebenen große Bedeutung zu:

Sollen saisonale Komponenten eingebaut werden (z.B. für Arbeitsspitzen im Herbst), müssen die Regelungen für die Wochenarbeitszeiten oft differenziert werden (z.B. reduzierte Sollwochenarbeitszeit in den übrigen Perioden).

In (Kutscher, et al.; 1996) wird darauf verwiesen, dass langfristige Zeitkonten (z.B. für das Ansparen längerer Freizeiten) nicht mit den kurzfristigen Konten vermischt werden sollen, da sonst ein "Stundenhamstern" zu befürchten ist.

Auf weitere wichtige, aber den Rahmen dieses Buches sprengende Gestaltungsfragen von Arbeitszeitkonten kann hier nicht detailliert eingegangen werden, nicht zuletzt aufgrund erheblicher Unterschiede in den rechtlichen Rahmenbedingungen. Aus Betriebsratsperspektive weist Hamm (2003) auf eine Vielzahl von Risiken für Beschäftigte hin. Stärker aus rechtlicher und Gestaltungssicht werden sie in (Kümmerle, et al; 2006) diskutiert. Der Insolvenzschutz für Arbeitszeitkonten wird von rechtlicher Seite her sehr detailliert in (Grabmaier; 2006) für Deutschland bearbeitet.

Werden Konten für die kurzfristige Flexibilisierung eingeführt, sind gleichzeitig auch Mechanismen auf Jahresebene erforderlich, in denen geregelt wird, wie mit Plus- bzw. Minusstunden umzugehen ist.

Werden auf der Tagesebene flexible Schichten bzw. Schichtlängen eingeführt, muss dies z.B. mit Urlaubs- und Abwesenheitsregeln abgestimmt werden (siehe auch Kapitel D.2 "Wie sollen Urlaub und Abwesenheit abgerechnet werden?").

Allein die Anzahl der Dimensionen zeigt, wie vielfältig flexible Arbeitszeitmodelle sein können. Um nicht im Aufwand unterzugehen, müssen daher zwei Grundsätze gelten: nur soviel Differenzierung wie nötig und so einfach wie möglich. Der Aufwand für Entwicklung, Einführung und Pflege kann erheblich sein. Gleichzeitig sind Aspekte der Fairness zwischen Beschäftigtengruppen sehr wichtig.

Hinweise Beim Thema Schichtarbeit und Flexibilität dürfen zwei unterschiedliche Schwankungen und Durchrechnungsarten der wöchentlichen Arbeitszeit konzeptionell nicht vermischt werden:
1. Schwankungen der wöchentlichen Arbeitszeit einer Gruppe bei konstanter Summe der Arbeitsstunden aller Gruppen.
   Einer Woche mit 48 h folgt eine Woche mit nur 24 h oder 32 h.
2. Schwankungen der wöchentlichen Arbeitszeit einer Gruppe durch Veränderung der Summe der Arbeitsstunden aller Gruppen. Diese Form beinhaltet Arbeitszeitflexibilität im gebräuchlichen Sinn.

Erstere wird im deutschen Sprachraum üblicherweise nicht als Arbeitszeitflexibilität betrachtet, da hohen Arbeitszeiten bei einer Gruppe gleichzeitig immer reduzierte Arbeitszeiten einer anderen Gruppe gegenüberstehen. Die dem Betrieb pro Woche zur Verfügung stehenden Arbeitsstunden bleiben also konstant.

Bei der zweiten Form schwanken die dem Betrieb pro Woche zur Verfügung stehenden Arbeitsstunden tatsächlich.

C.2.3 Analyse des Flexibilitätsbedarfs

Betrieblicher Flexibilitätsbedarf Die Analyse des betrieblichen Flexibilitätsbedarfs ist zentral. Drei zeitliche Gestaltungsebenen sind von besonderer Bedeutung:
1. die kurzfristigen Schwankungen auf Tages- und Wochenebene,
2. saisonale Schwankungen über mittlere bis längere Zeiträume (z.B. Spitzen am Monatsende, Herbstspitzen, Löcher im Sommer) und
3. die längerfristige konjunkturelle Entwicklung, also die Prognose, ob mit zunehmenden oder abnehmenden Arbeitsvolumina zu rechnen ist.

Aufbauend auf genauen Analysen hinsichtlich dieser drei Ebenen ist festzulegen, welche Spitzen und Täler des Bedarfs bzw. der Abwesenheitszeiten zu erwarten sind. Dabei soll sich die Aufmerksamkeit bewusst nicht nur auf die Spitzen richten. Auch Analysen der Täler sind erforderlich. Nicht selten werden Täler des Arbeitsbedarfs durch das verwendete Arbeitszeitmodell verdeckt, also Stunden eingeplant, die vom Arbeitsanfall her nicht erforderlich sind.

Diese Analysen setzen eine Vergangenheitsbetrachtung voraus, die hilft, Zyklen in der bisherigen Entwicklung zu erkennen. Gemeinsam mit Prognosen über zukünftige Trends bilden sie die Grundlage für die betriebliche Entscheidung darüber, wohin die weitere Entwicklung geht bzw. gehen soll.

Der vorläufig festgelegte Flexibilitätsbedarf wird soweit wie möglich in Schichtpläne umgelegt. Bei extremen Schwankungen kann fallweise nur ein Teil der Flexibilität zu vertretbaren Bedingungen eingeplant werden.

Der Flexibilitäts- bzw. Kapazitätsbedarf wird festgelegt:
- *maximale Kapazitätsspitzen: 130 h Bruttobetriebszeit*
- *minimales Kapazitätstal: 100 h Bruttobetriebszeit*
- *Durchschnitt über Planungszeitraum: 120 h Bruttobetriebszeit*

Neben den Kapazitätsspitzen und -tälern ist vor allem der Durchschnittsbedarf von zentraler Bedeutung für die Planung. Der zu erwartende Durchschnittsbedarf ist die Grundlage für die Bestimmung des Personalbedarfs!

Flexibilitätsschätzungen stimmen langfristig selten genau. In der Praxis werden die verschiedenen Bauelemente eines flexiblen Plans oft nicht in dem ursprünglich (in der Planung) zu Grunde gelegten Verhältnis eingesetzt, wodurch Arbeitszeitguthaben bzw. -schulden entstehen. Es sind daher Ausgleichsmechanismen auf den verschiedenen zeitlichen Gestaltungsebenen (z.B. jährliche Saldierung der Zeitkonten) oder Vereinbarungen über länger laufende Zeitkonten erforderlich. Dies gilt in besonders hohem Umfang für die Flexibilität zur Bewältigung von Krisen.

Flexibilitätsbedarf von Beschäftigten

Im Hinblick auf die Arbeitszeitflexibilität gibt es eine Vielzahl von Flexibilitätsanforderungen von Beschäftigten.

- *Den Urlaub dann konsumieren zu können, wenn es am besten passt, hat besondere Bedeutung. (Techniken dazu finden sich auch in Kapitel C.1 "Wie plane ich Reserven?").*
- *Auch Krankenstände, die flexibles Reagieren des Betriebes erforderlich machen, können aus Sicht der Planung als abzudeckende Flexibilitätsanforderungen betrachtet werden.*
- *Freizeit, um einzelne Arbeitstage vor und nach Feiertagen freizuhaben.*

- *In rechtlich gut abgesicherten Bereichen sind bestimmte Flexibilitätsformen, z.B. Karenz, fast selbstverständlich geworden.*
- *Kurzfristige Freizeit aus persönlichen Gründen.*
- *Längere Abwesenheiten, z.B. über mehrere Monate, 1 Jahr (Sabbatical).*
- *Zeit für Kinderbetreuung.*
- *Der Anteil von Arbeitsplätzen mit verringerter Arbeitszeit entspricht nicht dem Anteil der Beschäftigten, die dies wünschen. Umfragen nach dem Interesse an persönlicher Arbeitszeitverkürzung weisen häufig Werte um die 30 % dafür aus. Dies ist ein Mehrfaches des Angebots an Arbeitsplätzen mit kürzeren Arbeitszeiten. (Plantechniken zur Teilzeit: siehe Unterkapitel C.4.3 "Wie integriere ich Teilzeitgruppen?").*
- *Der Wunsch nach höherem Einkommen durch Überstunden wird einem Teil der Beschäftigten erfüllt, ein Teil würde gerne darauf verzichten.*
- *Ein schrittweises Herausgleiten aus der Arbeitswelt bzw. ein Weiterarbeiten auf geringerem Niveau in der Pension sind nur in den wenigsten Unternehmen möglich.*

Zusätzlich zu Anforderungen, die aus der "Welt außerhalb des Betriebes" kommen, gibt es auch Flexibilitätsanforderungen, die ihre Wurzeln in der Arbeit haben. Am wichtigsten sind hier: Zeitanforderungen, um den Arbeitsdruck zu verringern (mehr Zeit, weniger Zeit – z.B. Aufhören können, wenn es zu anstrengend wird), um Arbeiten durchzuführen, die einem wichtig sind, aber auch für Zeiträume zur Weiterbildung.

Um einem möglichen Missverständnis vorzubeugen: Flexibilitätswünsche von Beschäftigten bedeuten oft, aber nicht unbedingt flexible Arbeitszeiten. Sogar das Gegenteil kann der Fall sein. Feste Regelungen, z.B. starre Grenzen der Arbeitszeit, sind oft die Voraussetzung für selbstbestimmte Flexibilität. Besondere Bedeutung haben hier das freie Wochenende und der freie Abend.

Wichtig ist, ob andere Arbeitszeiten ständig oder nur ausnahmsweise anfallen, ob die Ankündigungsfristen lang genug sind usw.

Einfluss auf die Gestaltung der eigenen Arbeitszeit in Form von Zeitsouveränität zu haben, beeinflusst Motivation (Knauth und Hornberger; 2005). Smith (2003) betont, dass es nie nur um das Arbeitszeitmodell geht, sondern auch, wie die Beschäftigten zum neuen Modell stehen und ob sie Einfluss darauf haben. Die Diskussion von Plänen ist oft eng verwoben mit Themen der Bezahlung. In (Gärtner; 2004b) werden Veränderungsprojekte daraufhin analysiert, in welchen Fällen Beschäftigte sich stark gegen – aus arbeitswissenschaftlicher Sicht bessere – Pläne ausgesprochen haben. Dominierendes Motiv waren Fragen des Einkommensverlustes. Bei sehr hoher Einsatzzahl entstand auch der Wunsch nach langen Arbeitsblöcken, um einzelne längere Freizeitblöcke zu erhalten.

Welche der Flexibilitätsanforderungen seitens der Beschäftigten von besonderer Bedeutung sind, hängt stark von den jeweiligen betrieblichen Umständen, insbesondere auch von der Entwicklung im Betrieb und den Erfahrungen der Beschäftigten, ab. Fallweise stehen diese Anforderungen mit den betrieblichen Flexibilitätsanforderungen in Konflikt, zum Teil ergänzen sie sich.

C.2.4 Arbeitszeitflexibilität auf Tagesebene

Bezüglich der Flexibilität auf Tagesebene sind in der Schichtarbeit von besonderer Bedeutung:
- Veränderung der Schichtlänge
- Veränderung der Übergabe- und Beginnzeiten von Schichten
- Gleitzeit in der Schichtarbeit

Veränderung der Schichtlänge Veränderungen der Schichtlängen sind vor allem im diskontinuierlichen Bereich interessant. Bei sehr kurzen Schichten lassen sich durch Verlängerung bzw. Verdoppelung auch Reserven bilden.

Bei teilkontinuierlichen Plänen spielt die Veränderung der Schichtlänge nur an den Rändern der Arbeitswoche eine Rolle.

Übergabezeiten Schon in (Knauth; 1984) wurden positive Potentiale von Regelungen, die eine freiere Festlegung der Übergabezeiten und Beginnzeiten von Schichten durch die Beschäftigten ermöglichen, beschrieben.

Diese Form der selbstbestimmten Arbeitszeitflexibilität erfolgt in Unternehmen auch oft "abseits" der offiziellen Aufzeichnungen.

Daneben erlaubt eine Veränderung der Beginnzeiten in gewissem Umfang auch eine Feinanpassung hinsichtlich schwankender Arbeitsspitzen (= Verschieben von Schichten).

Gleitzeit Die Möglichkeiten für Gleitzeit in der Schichtarbeit sind zwar beschränkt. Im diskontinuierlichen Bereich können allerdings Anfang und Ende flexibel gestaltet werden. In allen Planarten außer bei vollkontinuierlichen Plänen können zumindest der Anfang und das Ende der Woche gleitbar gemacht werden. Bei Schichten mit Übergaben sind Abstimmungen zwischen Gehenden und Kommenden erforderlich. Auch hier bestehen Gleitmöglichkeiten, und zwar umso mehr, je länger die Übergabezeiten sind.

C.2.5 Arbeitszeitflexibilität auf Wochenebene

Es sind zwei Arten der Flexibilität auf Wochenebene zu unterscheiden:
1. Flexibilitätsformen, bei denen die Arbeitszeiten zwar schwanken, aber trotzdem vollständig geplant sind.
Jede 3. Woche wird eine zusätzliche Wartungsschicht eingeplant.
2. Flexibilitätsformen, bei denen diese Schwankungen nicht längerfristig bekannt sind und daher mit kurzfristig vereinbarten Zusatzelementen gearbeitet wird.
Je nach Auftragslage werden Einbring- oder Freischichten mit 10 Tagen Vorankündigung vereinbart.

Vollständig geplante Schwankungen

Schwankende, aber vollständig geplante Arbeitszeiten können mit den Techniken für einfache Pläne bzw. der Planung mit unterschiedlichen Besetzungsstärken (siehe Unterkapitel C.4.7 "Wie berücksichtige ich unterschiedliche Besetzungsstärken?") abgedeckt werden. Hier wird daher nicht weiter darauf eingegangen.

Planung mit Zusatzelementen

Bei der Planung mit Zusatzelementen werden, vom Grundplan ausgehend,
- Schichten hinzugefügt bzw. weggelassen (Einbring- und Freischichten),
- Längen der Schichten variiert, bzw.
- Schichten getauscht.

Dies kann sowohl für ganze Gruppen als auch für Einzelpersonen ("Ausdünnen" von Gruppen) erfolgen.

Bei der Planung mit Zusatzelementen ergeben sich Überschneidungen mit dem Bereich der Reserveplanung (siehe auch Unterkapitel C.1.3 "Einplanung von Reserveschichten").

Falls bestimmte feste Muster geplant werden, z.B. wenn Plätze für die Einbring- oder Freischichten bereits fix in den Schichtplan integriert werden, bewährt sich die Entwicklung eines Schichtplans, der vom erhöhten Niveau ausgeht. Die Überlegung wird anhand folgender Graphik illustriert.

Schichtpläne mit Zusatzelementen

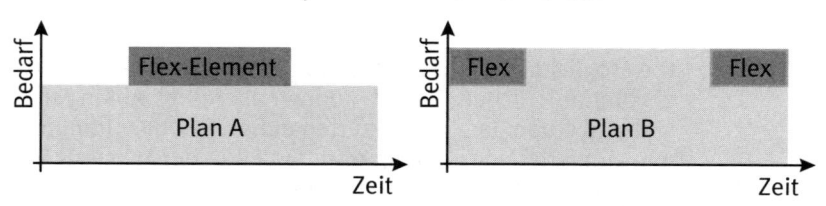

Bei Plan A müssen während der Hochphase zusätzliche Schichten eingeplant werden. Bei Plan B, der bereits auf das Hochphasenniveau ausgelegt ist, müssen nur Schichten gestrichen werden. Letzteres ist meist deutlich einfacher und für alle Beteiligten in der Umsetzung auch übersichtlicher.

Hinweis Wenn Schichten gestrichen werden (z.B. jedes 2. Wochenende wird nicht durchgearbeitet), ist auf eine faire Verteilung dieser Freizeiten zu achten.

Beträgt die Zykluslänge eines Plans ein Vielfaches von 2, so kann der Fall eintreten, dass immer die gleichen Gruppen vom Ausfall der Schichten profitieren (bessere Freizeitsituation, geringere Arbeitszeit). Um dies zu vermeiden, muss der Rhythmus der zusätzlichen freien Wochenenden entsprechend "gebrochen" werden. Statt jedes 2. Wochenende, also das 2., 4., 6., 8., ... Wochenende nach Schichtplan zusätzlich freizugeben, werden das 2., 4., 5., 7., 10., ... Wochenende freigegeben.

Einbringschichten und Zusatzschichten Zusätzliche Schichten werden kurzfristig nach zu vereinbarenden Regeln *(z.B. mit mindestens 10 Tagen Ankündigungsfrist)* für die Arbeitnehmer eingeplant, um die angestrebte Sollwochenarbeitszeit zu erreichen.

Bei vielen Modellen dienen diese Schichten zum Abbau von Zeitschulden der Arbeitnehmer, z.B. wenn die Wochenarbeitszeit nach Plan unter der angestrebten Sollwochenarbeitszeit liegt.

Wichtige Planungsrichtlinien und Fragen sind:
- Die häufige bzw. kurzfristige Einplanung von Einbringschichten ist als problematisch einzustufen.
- Einbringschichten, die lange Freizeitblöcke zerreißen, verringern den Wert der Freizeit. Da der Schichtplan meist nur an wenigen Stellen Einbringschichten ermöglicht, ist dies oft kaum vermeidbar.
- Einbringschichten sollten nach Möglichkeit unter der Woche geleistet werden. Ist dies vom Plan her in ausreichendem Umfang möglich?
- Um auch ein fallweise "sensibles" Thema anzusprechen: Einbringschichten können Nebenberufe der Arbeitnehmer behindern und erhebliche Unruhe im Betrieb verursachen.
- Um der Gefahr von sehr problematischen Schichtwechseln zu entgehen, muss die Handhabung der Einplanung und Zuteilung von Einbringschichten von Zeit zu Zeit überprüft werden.

Ähnlich, aber einfacher ist die Planung mit zusätzlichen Schichten, die über die Sollwochenarbeitszeit hinausgehen und auf Über- und Mehrstunden basieren. Folgende Faktoren können diese meist teureren Schichten ökonomisch sinnvoll machen:
- Hohe Planungsunsicherheit bezüglich des tatsächlichen Bedarfs, falls Stundensalden nicht über längere Perioden fortgeschrieben werden können bzw. die Salden zu hoch werden könnten.

- Gleich hohe Kosten von Durchrechnungsmodellen bei gleichzeitiger höherer organisatorischer und administrativer Komplexität.
- Hinzu kommt, dass diese besser bezahlten Schichten für viele Arbeitnehmer von der Entlohnung her attraktiv sein können und eine Umwandlung betriebspolitisch schwierig ist.

Freischichten

Einzelne Schichten werden kurzfristig nach zu vereinbarenden Regeln für die Arbeitnehmer freigegeben, um die Sollwochenarbeitszeit zu erreichen. Sie dienen zum Abbau von Zeitguthaben der Arbeitnehmer.

Die häufige bzw. kurzfristige Gewährung von Freischichten kann problematisch sein (schlechtere Nutzbarkeit der Freizeit). Zu prüfen ist, ob die Möglichkeit, sich Freischichten zu nehmen, auch tatsächlich besteht und ob die Lage der Freischichten (Sommer/Winter, Montag/Freitag, ...) eine gute Verteilung erlaubt. Die Verteilungsgerechtigkeit zwischen den einzelnen Gruppen und Beschäftigten bezüglich Frei- bzw. Einbringschichten – besonders vor Feiertagen und Wochenenden – ist zu klären.

Anzahl von Einbring-/Freischichten

Mit Einbring- und/oder Freischichten kann nur dann geplant werden, wenn eine der beiden folgenden Bedingungen gilt:

1) Jeder Einbringschicht steht eine Freischicht gegenüber.

   Anzahl der Einbringschichten = Anzahl der Freischichten

2) Die Wochenarbeitszeit nach Plan weicht von der Sollwochenarbeitszeit ab. Bei einer einheitlichen Schichtlänge und einem einheitlichen Plan über das ganze Jahr lässt sich die Zahl der erforderlichen Einbring- bzw. Freischichten einfach ermitteln:

$$\text{Anzahl der Einbringschichten pro Jahr} = \frac{(\text{Soll-WAZ} - \text{WAZ}) * 52 \text{ Wochen}}{\text{Schichtlänge}}$$

$$\text{Anzahl der Freischichten pro Jahr} = \frac{(\text{WAZ} - \text{Soll-WAZ}) * 52 \text{ Wochen}}{\text{Schichtlänge}}$$

Zwei weitere aussagekräftige Kenngrößen sind auch die Zahl der Einbring- bzw. Freischichten pro Woche und die Zahl der Wochen pro Einbring- bzw. Freischicht.

Bei einem Klassischen 5-Gruppen-Plan für den vollkontinuierlichen Bereich ergibt sich eine Wochenarbeitszeit von 33,6 h. Wenn eine Sollwochenarbeitszeit von 37 h erreicht werden soll, sind bei 8 h-Schichten in einem 10-wöchigen Zyklus 4,25 Einbringschichten zu leisten.

Pro Woche sind im Schnitt 0,425 Einbringschichten erforderlich bzw. ist alle 2,35 Wochen eine Einbringschicht zu leisten.

Eine interessante Variante kann sich durch eine Sommerregelung ergeben, in der mit einer höheren Wochenarbeitszeit geplant wird. Auf die Jahresbetrachtung wird weiter unten und im Unterkapitel C.1.5 "Wie kann ich den Reservebedarf für Urlaubsperioden planen?" eingegangen.

Beispiel In einem vollkontinuierlichen Betrieb wird normalerweise mit einem Klassischen 5-Gruppen-Plan gearbeitet, womit sich eine Wochenarbeitszeit von 33,6 h ergibt. Im Sommer wird zu einem Klassischen 4-Gruppen-Plan gewechselt, der 12 Wochen lang läuft und eine Wochenarbeitszeit von 42 h ergibt.
Damit dauert die Normalperiode 40 Wochen und die Sommerperiode 12 Wochen. Aus Sicht eines Mitarbeiters mit 6 Wochen Urlaubsanspruch pro Jahr ist zu unterscheiden, wie viele Urlaubswochen in welcher der beiden Perioden konsumiert werden.
Unter der Annahme, dass ein Mitarbeiter 3 von 6 Urlaubswochen im Sommer und die anderen 3 Urlaubswochen in der Normalperiode nimmt, ergeben sich je nach vereinbarter Sollwochenarbeitszeit folgende Zeitsalden:

Schichtlänge	8,00 h		
Perioden im Jahr	Normal	Urlaub	Sommer
Dauer	37 Wo	6 Wo	9 Wo
WAZ	33,60 h	-	42,00 h
Ø Einsätze	4,20 /Wo	-	5,25 /Wo

Soll-WAZ	Zeitschulden und -guthaben			Saldo Zeitkonten	Einbring- bzw. Freischichten pro Jahr (gerundet)
	Normal	Urlaub	Sommer		
38,0 h	-162,8 h	0,0 h	36,0 h	-126,8 h	-16 Schichten
37,5 h	-144,3 h	0,0 h	40,5 h	-103,8 h	-13 Schichten
37,0 h	-125,8 h	0,0 h	45,0 h	-80,8 h	-10 Schichten
36,5 h	-107,3 h	0,0 h	49,5 h	-57,8 h	-7 Schichten
36,0 h	-88,8 h	0,0 h	54,0 h	-34,8 h	-4 Schichten
35,5 h	-70,3 h	0,0 h	58,5 h	-11,8 h	-1 Schichten
33,6 h	0,0 h	0,0 h	75,6 h	75,6 h	9 Schichten

Schon sehr früh kann wieder mit der Kennzahl "durchschnittliche Einsätze pro Person und Woche" geprüft werden, ob die Pläne vertretbar oder sehr belastend werden. Die Normalzeit ist unkritisch. Die Sommerbelastung ist mit 5,25 Einsätzen sehr hoch und führt (siehe vollkontinuierliche Pläne mit 4 Gruppen) bereits zu sehr langen Blöcken von Arbeitstagen und wenigen freien Tagen bzw. Wochenenden.

Unterschiedliche Schichtlängen Für die Verkürzung und die Verlängerung von Schichten gelten ähnliche Einschränkungen wie bei der Gleitzeit. Als zusätzliches Gestaltungselement ist noch die Verkürzung bzw. Verlängerung mehrerer Schichten an den Wochenrändern wichtig.

In einem teilkontinuierlichen Plan erfolgt am Freitag ein Übergang von 8 h- auf 6 h-Schichten und damit die Umwandlung einer Nachtschicht in eine "späte" Spätschicht. Da sich nur die Schichtlänge verändert, verändert sich zwar die wöchentliche Arbeitszeit, nicht aber die Zahl der Einsätze pro Woche und Person.

Schichttausch Eine weitere interessante Flexibilitätsform für Beschäftigte ist der Schichttausch zwischen einzelnen Beschäftigten. Hindernisse ergeben sich zum Teil aus administrativen Gründen und bezüglich der Führung sowie aus möglichen Verletzungen der Ruhezeiten.

C.2.6 Arbeitszeitflexibilität über mehrere Wochen bis auf Jahresebene

Allgemeines Es gibt zwei Hauptansätze, die kombiniert werden können, um Arbeitszeitflexibilität auf diesen zeitlichen Gestaltungsebenen in Schichtpläne zu integrieren:

1. Wechsel zwischen Schichtplänen mit unterschiedlichen Wochenarbeitszeiten
2. Schichtpläne mit Zusatzelementen (siehe Unterkapitel C.2.5 "Arbeitszeitflexibilität auf Wochenebene")

Wechsel zwischen Schichtplänen

Bedarf ↑ Plan A | Plan B | Plan A → Zeit

Schichtplan mit Zusatzelementen

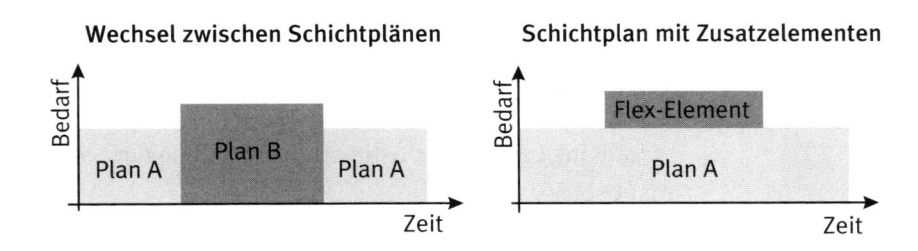

Bedarf ↑ Flex-Element / Plan A → Zeit

Das Bild zeigt eine idealtypische Unterscheidung des Einbaus von Flexibilität in Schichtarbeit. Die Grenzen können fließend sein.

Beispiele für flexible Pläne auf Jahresebene besonders hinsichtlich der Urlaubsplanung finden sich auch in den Unterkapiteln C.1.5 "Wie kann ich den Reservebedarf für Urlaubsperioden planen?" und C.2.8 "Beispiele im vollkontinuierlichen Bereich".

Die feste Einplanung eines Teils des Urlaubs wird auch im Kapitel C.5 "Arbeitszeitverkürzung" behandelt.

Hinweise Zwei Faktoren sind von besonderer Bedeutung für die ergonomische Qualität flexibler Pläne:
1. Der Plan soll auch in den Hochphasen noch ausreichend Freizeit vorsehen (hier hilft wieder die Kennzahl: Einsätze pro Woche und Person).
2. Die Länge der Ankündigungsfrist für Veränderungen soll den Beschäftigten erlauben, die Änderungen in ihrer individuellen Planung zu berücksichtigen.

Eine mögliche Kompromissvariante zwischen dem Interesse des Betriebes an kurzen Ankündigungsfristen und dem Wunsch der Arbeitnehmer nach längeren Fristen sind Regelungen, die z.B. mit unterschiedlichen Zeitzuschlägen, durchschnittlichen Ankündigungsfristen usw. arbeiten. Diese Regelungen sollen möglichst einfach und klar formuliert sein, um die Übersichtlichkeit und den Verwaltungsaufwand zu minimieren.

Verschiebungen mit einer Ankündigungsfrist von mindestens 10 Tagen werden 1:1 abgerechnet, solche von mindestens 48 h mit 1/4 des Zuschlags für Überstunden und solche von weniger als 48 h mit dem vollen Zuschlag für Überstunden.

Die langfristige Planung der Arbeitszeiten und die Abschätzung der zu erwartenden durchschnittlich erforderlichen Arbeitsstunden sind schwierig. Einige mögliche Puffer für das Erreichen oder Halten der Sollwochenarbeitszeit sind:

- Auszahlung bzw. längerfristige Durchrechnung der Salden
- Urlaubsplanung
- Planung längerer Freizeiten
- Insourcing/Outsourcing von bestimmten Arbeiten (z.B. Wartung und Instandhaltung)
- Weiterbildungsmaßnahmen

Wechsel zwischen Schichtplänen

Bei der Entwicklung flexibler Schichtpläne mit Planwechsel zerfällt die Aufgabe in die Erarbeitung zweier unabhängiger Pläne. Oft sind dies Einfache Pläne (siehe Abschnitt B "Grundlagen"). Bei der Planung ist zu beachten:

- Beide Pläne müssen mit der gleichen Personenzahl arbeiten.
- Beide Pläne sollen ähnliche Planstrukturen verwenden, um organisatorische Schwierigkeiten zu reduzieren. Sehr oft bewährt es sich, ausgehend vom "hohen" Plan durch Streichen von Schichten zum Plan für die niedrigere Arbeitszeit zu gelangen.
- Der Übergang muss sorgfältig geplant werden. Zu prüfen ist, an welchen Stellen tatsächlich gewechselt werden kann. Ein besonderes Augenmerk ist dabei auf einen gesundheitlich und rechtlich sauberen Wechsel zu richten. Zudem sollen auch bezüglich der Verteilung der Schichten und der freien Wochenenden (Fairness) sowie der durchschnittlichen Arbeitszeiten (eventuell Ausgleich über Zeitkonten) keine Probleme auftreten.

Berechnungsschema

Das Berechnungsschema für die Abschätzung der Stundenbilanz ist relativ einfach. Für die jeweiligen Teilpläne und Wochenarbeitszeiten sowie die erwartete Anzahl an Wochen, die auf die Hoch-, Mittel- und Tiefphasen fallen, werden die sich daraus ergebenden Salden berechnet.

Gruppenkombination	17 Gruppen
anwesend	4 Gruppen
Schichtlänge	8,00 h

Phase	Dauer	Einsätze	Brutto-BZ	WAZ	Ø Einsätze pro Person	Saldo bei einer Soll-WAZ von 38,50 h	36,00 h	35,00 h
Hoch	30 Wochen	21 Schichten	168,00 h	39,53 h	4,94 /Wo	30,88 h	105,88 h	135,88 h
Mittel	10 Wochen	19 Schichten	152,00 h	35,76 h	4,47 /Wo	-27,35 h	-2,35 h	7,65 h
Tief	12 Wochen	17 Schichten	136,00 h	32,00 h	4,00 /Wo	-78,00 h	-48,00 h	-36,00 h
Summe	**52 Wochen**					-74,47 h	55,53 h	107,53 h

Auch hier erlaubt die Kennzahl Einsätze pro Woche eine schnelle Abschätzung, ob die Planung schwierig wird. Der höchste Wert von 4,97 pro Person und Woche lässt eine nicht zu schwierige Planung und gute Pläne erwarten.

Planung mit Zusatzelementen

Pläne mit Zusatzelementen (Frei- oder Einbringschichten) sind in der Regel einfacher zu handhaben. Es werden in diesen Fällen nur mehr oder weniger Schichten geleistet, aber der grundsätzliche Rhythmus wird nicht verändert. Damit ist ein kurzfristiger Wechsel möglich.

Zusatzelemente können sowohl zur Variation der Besetzungsstärke als auch zur Variation der Betriebszeit verwendet werden.

Die Techniken zur Planung mit Zusatzelementen sind im Unterkapitel C.1.3 "Einplanung von Reserveschichten" beschrieben.

diskontinuierlich
Klassische Gruppen
WAZ min. 32,00 h
WAZ max. 48,00 h
F, S, AF, AS 8,00 h
Zyklus 2 Wo
Eins. min. 4,00 /Wo
Eins. Max 6,00 /Wo

In (Knauth und Hornberger; 1993) wird ein Beispiel gegeben, wie in einem Betrieb je nach Auftragslage bis zu 4 zusätzliche "Absprache"-Schichten pro Woche eingeteilt werden können:

	1 Mo	1 Di	1 Mi	1 Do	1 Fr	1 Sa	1 So
A	F	F	F	F	F	AF	
B	S	S	S	AS	AS	AS	

In diesem Plan kann die Bruttobetriebszeit zwischen 64 h und 96 h variieren. Die Wochenarbeitszeiten bewegen sich zwischen 32 h und 48 h. Die hohe Einsatzzahl in der Hochphase von 6,00 Einsätzen im Schnitt pro Woche deutet darauf hin, dass die Abspracheschichten nur punktuell genutzt werden sollten, weil sonst extrem dichte Pläne (ohne freie Wochenenden) die Folge sind.

Einführung der Modelle

In den überwiegenden Fällen bevorzugen Beschäftigte Stundenguthaben gegenüber Stundendefiziten. In (Kutscher, et al.; 1996) wird daher der Hinweis gegeben, Jahresdurchrechnungsmodelle möglichst so zu starten, dass zuerst Guthaben auf- und dann abgebaut werden. Dies erleichtert zusätzlich den Umgang mit Stundensalden bei Austritten bzw. Kündigungen, da so kaum Stundendefizite auftreten.

C.2.7 Flexibilitätselemente – Übersicht

Flexibilisierung allgemein			
Ansatzpunkt	Formen	Vor- und Nachteile	Anmerkungen
Einsatzflexibilität	Schichteinsätze werden an/von andere/n Organisationseinheiten verliehen/geliehen Gegenseitiger Ausgleich	+ Erhöhung der Flexibilität • Nicht immer möglich • Mischung von Gruppen	Erfordert eventuell Qualifizierungsmaßnahmen
Einkommens-flexibilität	Andere Arbeitszeiten (Teilzeit, leicht reduzierte Arbeitszeit, Überstunden, Mehrarbeit)	+ Andere Arbeitszeiten erweitern oft die Möglichkeiten + Andere Arbeitszeiten sind oft erwünscht • Meist unterschiedliche Mitarbeiterwünsche − Nicht leicht zu ändern	Setzt Rahmen Relativ stabil Umwandlung von Geld- in Zeitzuschläge kann Arbeitsplätze sichern Oft sind mehrere Arbeitszeitangebote erforderlich
Beschäftigungs-flexibilität	Auf- und Abbau von Personal Leasingkräfte usw. Ferienjobs für Schüler bzw. Studierende	+ Flexibilität − Qualifizierung erforderlich − Gefahr des Verlusts von Humankapital − Organisation/Klima	Kann sozial problematisch sein Nur mittelfristig Indirekte Kosten
Flexibilität in der Ablauforganisation	Organisationsstrukturen Qualifikation Lager	+ Geringere Belastung für Beschäftigte − Kosten	Vergleich der Kosten mit Kosten für Zeitzuschläge nötig Modellentwicklung und Pflege abschätzen

Arbeitszeitflexibilisierung			
Ansatzpunkt	Formen	Vor- und Nachteile	Anmerkungen
Tagesebene	Übergabezeiten Gleitzeit		Erlaubt eine Bruttobetriebszeit jenseits der "normalen" Stufen (wie 80 h, 120 h usw.)
Tagesebene bis mehrere Wochen	Schichttausch		Umfeld ist zu gestalten
Wochenebene bis Jahresebene: Frei- und Zusatzschichten	Frei- oder Zusatzschichten in "Löchern" des Schichtplans Variation der Betriebszeit Variation der Besetzungsstärken Mehr- und Überstunden Sommerschichtpläne mit höherer Besetzung	+ Flexibler als Wechsel zwischen Schichtmodellen − Erfordert Mengengerüste − Kosten, falls Zuschläge anfallen	Umfang der Flexibilität meist geringer als bei Wechsel zwischen Schichtmodellen Achtung: Raum im Plan sichern (Zusatzschichten haben nicht immer automatisch Platz – kritisch sind die Übergänge) Erfordert Spielregeln für Ankündigung Sicherstellung des richtigen Qualifikationsmix ist wichtig, aber oft schwierig
Mehrere Wochen bis Jahresebene: Wechsel zwischen Schichtmodellen	Schichtpläne mit niedrigen, (mittleren,) hohen Wochenarbeitszeiten Sommerschichtpläne mit höherer Besetzung	+ Große Kapazitätsschwankungen berücksichtigbar − Erfordert saubere Mengengerüste − Kurzfristige Umstellung schwierig	Für lange Wellen (mehrere Wochen) Änderungen sollten relativ vorhersehbar sein Ideal: fließender Übergang zwischen Modellen
Tagesebene bis Jahresebene: Schichtlänge	Schichtlängen ändern sich nach Bedarf	+ Plan ändert sich nicht − Erfordert Mengengerüste	Bei diskontinuierlichen Plänen sehr flexibel Bei teilkontinuierlichen Plänen nur an den Rändern der Woche möglich – geringere Wirkung Erfordert Spielregeln

C.2.8 Beispiele im vollkontinuierlichen Bereich

Beispiel 1 Kombination von Plänen:

vollkontinuierlich
Klassische Gruppen
WAZ 33,60 h
F, S, N 8,00 h
Brutto-BZ 168,00 h
Zyklus 10 Wo
Einsätze 4,20 /Wo

und

vollkontinuierlich
Klassische Gruppen
WAZ 37,33 h
F, S, N 8,00 h
Brutto-BZ 168,00 h
Zyklus 10 Wo
Einsätze 4,67 /Wo

In diesem Beispiel werden 2 Pläne kombiniert, um Produktionsspitzen und -täler oder Abwesenheiten im Sommer abzufangen (siehe auch das Beispiel im Unterkapitel C.1.5 "Wie kann ich den Reservebedarf für Urlaubsperioden planen?").

In der Tiefphase wird mit der linken Basisfolge gearbeitet und in der Hoch-/Sommerphase mit der rechten Basisfolge. Beide Pläne haben aufgrund der niedrigen Zahl von Einsätzen pro Woche interessante Freizeitblöcke.

A.1	F
A.2	F
A.3	S
A.4	S
A.5	N
A.6	N
A.7	
A.8	
A.9	
A.10	

A.1	F
A.2	F
A.3	S
A.4	S
A.5	N
A.6	N
A.7	
A.8	
A.9	

Beispiel 2 Wechsel zwischen Schichtplänen:

Beim Wechsel zwischen Plänen mit verschiedenen Gruppenanzahlen bzw. Wochenarbeitszeiten gibt es zwei mögliche Vorgehensweisen:
1. Aufteilen von Gruppen
2. Planen mit Spezialschichtfolgen

Aufteilen von Gruppen Die 10. Gruppe kann in der Hoch-/Sommerphase auf die anderen Gruppen verteilt werden, um dort die Gruppenstärke zu erhöhen.

Wesentliche Vor- und Nachteile:
+ einfache Lösung
+ viel Spielraum bei der Verteilung des Urlaubs bzw. der Reserveschichten
• Gruppenmischung
− Bei sehr uneinheitlicher Qualifikationsstruktur innerhalb der Schichtgruppen führt das Aufteilen einer Gruppe auf die anderen Gruppen zu einer ungleichmäßigen Verteilung der Reservekapazitäten.

Planen von Spezialschichtfolgen Eine andere Möglichkeit besteht darin, eine spezielle Folge von Reserveschichten, z.B. die Folge `RRRRR--`, zu entwickeln und diese fair auf alle Gruppen zu verteilen. Diese Schichten können zur Absicherung der Reserve in Hochphasen verwendet oder als "Urlaubsschichten" für eine Sommerregelung interpretiert werden.

In der Art der Verteilung sind zwei Vorgehensweisen zu unterscheiden:

Rotierende Tausch- operationen

Die Folge `RRRRR--` wird so auf die Gruppen verteilt, dass immer jene Gruppe, die gerade ihre Folge an Spezialschichten beendet hat, die Schichtfolge der Gruppe übernimmt, die als nächste für die Folge an Spezialschichten vorgesehen ist:

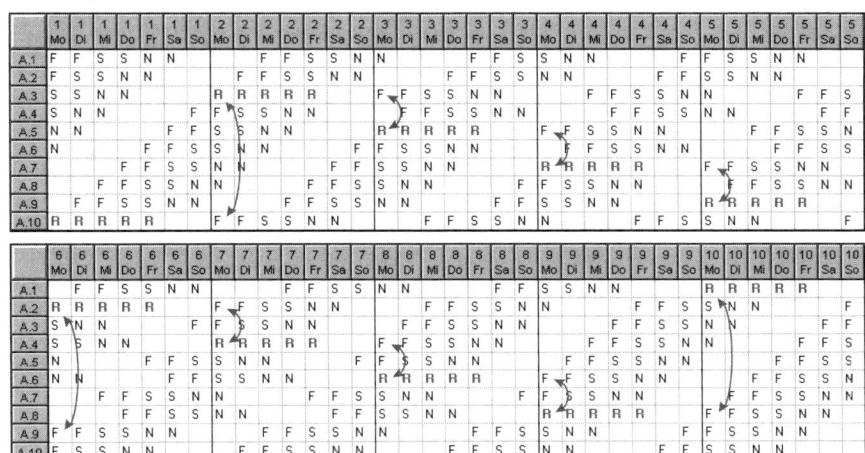

	1 Mo	1 Di	1 Mi	1 Do	1 Fr	1 Sa	1 So	2 Mo	2 Di	2 Mi	2 Do	2 Fr	2 Sa	2 So	3 Mo	3 Di	3 Mi	3 Do	3 Fr	3 Sa	3 So	4 Mo	4 Di	4 Mi	4 Do	4 Fr	4 Sa	4 So	5 Mo	5 Di	5 Mi	5 Do	5 Fr	5 Sa	5 So
A.1	F	F	S	S	N	N				F	F	S	S	N	N				F	F	S	S	N	N				F	F	S	S	N	N		
A.2	F	S	S	N	N				F	F	S	S	N	N				F	F	S	S	N	N				F	F	S	S	N	N			
A.3	S	S	N	N				R	R	R	R	R			F	F	S	S	N	N				F	F	S	S	N	N				F	F	S
A.4	S	N	N					F	F	S	S	N	N				F	F	S	S	N	N				F	F	S	S	N	N			F	F
A.5	N	N				F	F	S	S	N	N				R	R	R	R	R				F	F	S	S	N	N				F	F	S	S
A.6	N				F	F	S	S	N	N				F	F	S	S	N	N				F	F	S	S	N	N				F	F	S	S
A.7				F	F	S	S	N	N				F	F	S	S	N	N				F	F	S	S	N	N			R	R	R	R	R	
A.8			F	F	S	S	N	N				F	F	S	S	N	N				F	F	S	S	N	N				F	F	S	S	N	N
A.9	F	F	S	S	N	N				F	F	S	S	N	N				F	F	S	S	N	N				R	R	R	R	R			
A.10	R	R	R	R	R			F	F	S	S	N	N				F	F	S	S	N	N				F	F	S	S	N	N				F

	6 Mo	6 Di	6 Mi	6 Do	6 Fr	6 Sa	6 So	7 Mo	7 Di	7 Mi	7 Do	7 Fr	7 Sa	7 So	8 Mo	8 Di	8 Mi	8 Do	8 Fr	8 Sa	8 So	9 Mo	9 Di	9 Mi	9 Do	9 Fr	9 Sa	9 So	10 Mo	10 Di	10 Mi	10 Do	10 Fr	10 Sa	10 So
A.1		F	F	S	S	N	N				F	F	S	S	N	N				F	F	S	S	N	N				R	R	R	R	R		
A.2	R	R	R	R	R			F	F	S	S	N	N				F	F	S	S	N	N				F	F	S	S	N	N				F
A.3	S	N	N				F	F	S	S	N	N				F	F	S	S	N	N				F	F	S	S	N	N				F	F
A.4	S	S	N	N				R	R	R	R	R			F	F	S	S	N	N				F	F	S	S	N	N				F	F	S
A.5	N				F	F	S	S	N	N				F	F	S	S	N	N				F	F	S	S	N	N				F	F	S	S
A.6	N	N				F	F	S	S	N	N				R	R	R	R	R				F	F	S	S	N	N				F	F	S	S
A.7		F	F	S	S	N	N				F	F	S	S	N	N				F	F	S	S	N	N				F	F	S	S	N	N	
A.8			F	F	S	S	N	N				F	F	S	S	N	N				R	R	R	R	R			F	F	S	S	N	N		
A.9	F	F	S	S	N	N				F	F	S	S	N	N				F	F	S	S	N	N				F	F	S	S	N	N			
A.10	F	S	S	N	N				F	F	S	S	N	N				F	F	S	S	N	N				F	F	S	S	N	N			

Nach Beendigung der Hoch-/ Sommerphase erfolgt wieder der Übergang zum 10-Gruppen-Plan.

Vor- bzw. Nachteil:
+ Falls die Spezialschichtfolgen zur Erleichterung einer Urlaubsregelung verwendet werden sollen, können die Schichten so eingeplant werden, dass sich für jede Gruppe ein Freizeit-/Urlaubsblock ergibt, der mit einem Wochenende beginnt und mit einem anderen endet.
− Konflikte mit Qualifikationsanforderungen sind möglich (falls die Qualifikationen nicht auf alle Gruppen gleich verteilt sind).

Lokale Tausch- operationen

Das Tauschen von Schichtfolgen (gegen Spezialfolgen) kann auch nur lokal erfolgen, d.h. die 10. Gruppe übernimmt immer die Schichten jener Gruppe, die gerade für die Folge an Spezialschichten vorgesehen ist:

	1 Mo	1 Di	1 Mi	1 Do	1 Fr	1 Sa	1 So	2 Mo	2 Di	2 Mi	2 Do	2 Fr	2 Sa	2 So	3 Mo	3 Di	3 Mi	3 Do	3 Fr	3 Sa	3 So	4 Mo	4 Di	4 Mi	4 Do	4 Fr	4 Sa	4 So	5 Mo	5 Di	5 Mi	5 Do	5 Fr	5 Sa	5 So
A.1	F	F	S	S	N	N				F	F	S	S	N	N				F	F	S	S	N	N				F	F	S	S	N	N		
A.2	F	S	S	N	N				R	R	R	R	R			F	F	S	S	N	N				F	F	S	S	N	N				F	F
A.3	S	S	N	N				F	F	S	S	N	N				R	R	R	R	R			F	F	S	S	N	N				F	F	S
A.4	S	N	N				F	F	S	S	N	N				F	F	S	S	N	N				R	R	R	R	R				F	F	
A.5	N	N				F	F	S	S	N	N				F	F	S	S	N	N				F	F	S	S	N	N				R	R	R
A.6	N				F	F	S	S	N	N				F	F	S	S	N	N				F	F	S	S	N	N				F	F	S	S
A.7				F	F	S	S	N	N				F	F	S	S	N	N				F	F	S	S	N	N				F	F	S	S	N
A.8			F	F	S	S	N	N				F	F	S	S	N	N				F	F	S	S	N	N				F	F	S	S	N	N
A.9		F	F	S	S	N	N				F	F	S	S	N	N				F	F	S	S	N	N				F	F	S	S	N	N	
A.10	R	R	R	R	R			F	F	S	S	N	N				F	F	S	S	N	N				F	F	S	S	N	N				F	S

	6 Mo	6 Di	6 Mi	6 Do	6 Fr	6 Sa	6 So	7 Mo	7 Di	7 Mi	7 Do	7 Fr	7 Sa	7 So	8 Mo	8 Di	8 Mi	8 Do	8 Fr	8 Sa	8 So	9 Mo	9 Di	9 Mi	9 Do	9 Fr	9 Sa	9 So	10 Mo	10 Di	10 Mi	10 Do	10 Fr	10 Sa	10 So
A.1			F	F	S	S	N	N					F	F	S	S	N	N					F	F	S	S	N	N					F	F	S	S	N	N
A.2	F	F	S	S	N	N				F	F	S	S	N	N				F	F	S	S	N	N				F	F	S	S	N	N		
A.3	F	S	S	N	N			F	F	S	S	N	N			F	F	S	S	N	N			F	F	S	S	N	N			F	F	S	S	N	N	
A.4	S	S	N	N			F	F	S	S	N	N			F	F	S	S	N	N			F	F	S	S	N	N			F	F	S	S	N	N		F
A.5	R	R	R			F	F	S	S	N	N			F	F	S	S	N	N			F	F	S	S	N	N			F	F	S	S	N	N		F	F
A.6	N	N			R	R	R	R	R			F	F	S	S	N	N			F	F	S	S	N	N			F	F	S	S	N	N			F	F	S
A.7	N			F	F	S	S	N	N			R	R	R	R	R			F	F	S	S	N	N			F	F	S	S	N	N			F	F	S	S
A.8			F	F	S	S	N	N					F	F	S	S	N	N			R	R	R	R	R			F	F	S	S	N	N		
A.9		F	F	S	S	N	N				F	F	S	S	N	N				F	F	S	S	N	N			R	R	R	R	R		
A.10	S	N	N			F	F	S	S	N	N			F	F	S	S	N	N			F	F	S	S	N	N			F	F	S	S	N	N	

Vor- und Nachteile:

+ Falls die Qualifikationen nicht auf alle Gruppen gleich verteilt sind, muss nur auf das Vorhandensein aller Qualifikationen in der Gruppe A.10 geachtet werden.
- Im Fall einer Urlaubsregelung ergibt sich eine bezüglich der Wochentage ungleichmäßige Verteilung der Freizeitblöcke.
- Die Gruppe A.10 hat eine höhere Wochenarbeitszeit als die Gruppen A.1–A.9.

Hinweise Ähnliche Möglichkeiten ergeben sich z.B. auch beim Wechsel von einem 9:2- zu einem 8:2-Gruppenkombinationsmodell.

Falls Spezialfolgen für Reservekonzepte verwendet werden, ist darauf zu achten, dass die zusätzlichen Besetzungsstärken gemäß den Anforderungen verteilt sind.

In den obigen Beispielplänen ergeben sich in immer wieder 2-tägige Zeiträume, in denen keine Reserveschichten vorgesehen sind. Beim ersten Plan sind dies jeweils Samstag und Sonntag, beim zweiten Plan verschiedene Wochentage.

C.2.9 Beispiele im nicht vollkontinuierlichen Bereich

Bei der Planung flexibler Schichtsysteme sind besonders die Hochphasen kritisch. In diesem Unterkapitel werden Beispiele mit einer extrem hohen Wochenarbeitszeit von 48 h diskutiert, um die zentralen Problemstellungen, die sich bei solch hoher Wochenarbeitszeit über mehrere Wochen ergeben können, herauszuarbeiten.

Beispiel 1

	1 Mo	1 Di	1 Mi	1 Do	1 Fr	1 Sa	1 So
A	F8	F8	F8	F8	F8	F8	

diskontinuierlich
Klassische Gruppen
WAZ   48,00 h
F8   8,00 h
Brutto-BZ   48,00 h
Zyklus   1 Wo
Einsätze   6,00 /Wo

Planbeurteilung:
- Wochenendruhe kaum einzuhalten
- kein freier Samstag – entsprechend der extrem hohen Einsatzzahl

Beispiel 2

	1 Mo	1 Di	1 Mi	1 Do	1 Fr	1 Sa	1 So
A	F9	F9	F9	F9	F9	F9	
B	F9	F9	F9	F9	F9		
C	F9	F9	F9	F9	F9		

diskontinuierlich
Klassische Gruppen
WAZ   48,00 h
F9   9,00 h
Brutto-BZ   54,00 h
Zyklus   3 Wo
Einsätze   5,33 /Wo

Planbeurteilung:
+ 1 kurzes und 2 freie Wochenenden
- Einhaltung von bestimmten Mindestruhezeiten am Wochenende gewährleistet (z.B. Wochenendruhe)?
- Einsatzzahl verbessert, aber nach wie vor hoch.

Beispiel 3

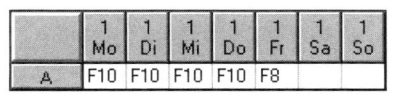

	1 Mo	1 Di	1 Mi	1 Do	1 Fr	1 Sa	1 So
A	F10	F10	F10	F10	F8		

diskontinuierlich
Klassische Gruppen
WAZ   48,00 h
F8   8,00 h
F10   10,00 h
Brutto-BZ   48,00 h
Zyklus   1 Wo
Einsätze   5,00 /Wo

Planbeurteilung:
- Die F8-Verkürzung kann auch anders verteilt werden.
- In Abhängigkeit von Arbeitsbelastung, sehr/zu lange Arbeitseinsätze

Beispiel 4

	1 Mo	1 Di	1 Mi	1 Do	1 Fr	1 Sa	1 So
A	F8	F8	F8	F8	F8	F8	
B	S8	S8	S8	S8	S8	S8	

diskontinuierlich
Klassische Gruppen
WAZ   48,00 h
F8, S8   8,00 h
Brutto-BZ   96,00 h
Zyklus   2 Wo
Einsätze   6,00 /Wo

Planbeurteilung:
- kein freier Samstag – entsprechend der extrem hohen Einsatzzahl
- evtl. Bestimmungen über Mindestruhezeiten am Wochenende (z.B. 36 h Wochenendruhe) verletzt

Beispiel 5

diskontinuierlich
Klassische Gruppen
WAZ   48,00 h
F9, S9   9,00 h
S8   8,00 h
Brutto-BZ   96,00 h
Zyklus   2 Wo
Einsätze   5,50 /Wo

	1 Mo	1 Di	1 Mi	1 Do	1 Fr	1 Sa	1 So
A	F9	F9	F9	F9	F9	F9	
B	S9	S9	S8	S8	S8		

Planbeurteilung:
- 1 kurzes und 1 freies Wochenende (ab Freitag ca. 23:00 frei)
- Mindestruhezeiten am Wochenende meist schwer einzuhalten

Beispiel 6

diskontinuierlich
Klassische Gruppen
WAZ   48,00 h
F10, S10   10,00 h
S9   9,00 h
Brutto-BZ   96,00 h
Zyklus   2 Wo
Einsätze   5,00 /Wo

	1 Mo	1 Di	1 Mi	1 Do	1 Fr	1 Sa	1 So
A	F10	F10	F10	F10	F10		
B	S10	S9	S9	S9	S9		

Planbeurteilung:
+ 2 freie Wochenenden
- Spätschicht endet um ca. 1:00 (von Di–Fr; am Montag sogar um 2:00).
- sehr lange Arbeitseinsätze

Beispiel 7

teilkontinuierlich
Klassische Gruppen
WAZ   48,00 h
F8, S8, N8   8,00 h
Brutto-BZ   144,00 h
Zyklus   3 Wo
Einsätze   6,00 /Wo

	1 Mo	1 Di	1 Mi	1 Do	1 Fr	1 Sa	1 So
A	F8	F8	F8	F8	F8	F8	
B	S8	S8	S8	S8	S8	S8	
C	N8	N8	N8	N8	N8	N8	

Planbeurteilung:
- nur 24 h Ruhezeit beim Wechsel von Nacht- auf Frühschicht (Mindestruhezeiten am Wochenende verletzt?)
- kein freies Wochenende
- kaum Gestaltungsspielraum

Beispiel 8

fast kontinuierlich
Klassische Gruppen
WAZ   46,67 h
F8, S8, N8   8,00 h
F10, N10   10,00 h
Brutto-BZ   140,00 h
Zyklus   3 Wo
Einsätze   5,67 /Wo

	1 Mo	1 Di	1 Mi	1 Do	1 Fr	1 Sa	1 So
A	F8	F8	F8	F8	F8	F10	
B	S8	S8	S8	S8	S8		N10
C	N8	N8	N8	N8	N8		

Planbeurteilung:
- Wenn am Wochenende auch mit 8 h-Schichten gearbeitet wird, beträgt die Wochenarbeitszeit 45,33 h.
- Es gibt 1 freies Wochenende (ab Samstag ca. 6:00 frei), die restlichen sind verkürzt.
- Wenig Freizeit.

C.3 Für welche Organisationsbereiche mache ich eigene Pläne?

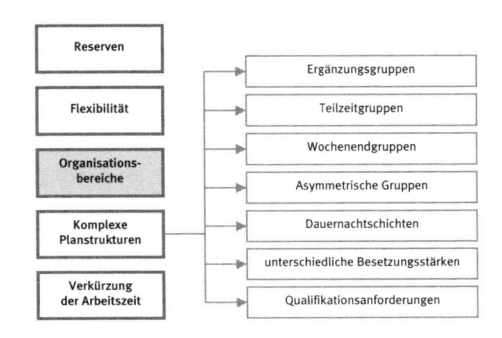

```
Reserven ──────────────► Ergänzungsgruppen
Flexibilität ──────────► Teilzeitgruppen
                    ┌──► Wochenendgruppen
Organisations-      ├──► Asymmetrische Gruppen
bereiche            │
Komplexe ───────────┴──► Dauernachtschichten
Planstrukturen      ┌──► unterschiedliche Besetzungsstärken
Verkürzung          │
der Arbeitszeit ────┴──► Qualifikationsanforderungen
```

Hintergrund Die Frage, für welche Organisationsbereiche getrennte Pläne erstellt werden und für welche Bereiche ein gemeinsamer Plan gilt, ist kritisch. Sie beeinflusst den Gestaltungsspielraum in der Schichtplanung.

Bei der Festlegung der Organisationsbereiche müssen vor allem vier Faktoren berücksichtigt werden:
- Führung und Abläufe
- Verteilung der Qualifikationen
- Reservebildung
- Verbesserungspotentiale durch Trennung bzw. Zusammenführung

Grundsätze Eine Zusammenfassung von Organisationsbereichen eröffnet in der Regel neue Gestaltungsmöglichkeiten und erleichtert die Planung:
- Die Abdeckung der erforderlichen Qualifikationen kann eher sichergestellt werden.
- Die Reservebildung ist für größere Bereiche oft einfacher, da die Gruppen größer bzw. zahlreicher sind. Damit ergeben sich mehr Möglichkeiten bei der Wahl der Planstruktur. Einfachere Pläne werden möglich. Die Rundungsproblematik bei der Gruppenbildung verringert sich.
- Die Belastungen durch Nacht- und Wochenendarbeit können auf einen größeren Personenkreis verteilt und damit für jede einzelne Person verringert werden.

Die Trennung von Organisationsbereichen hinsichtlich der Schichtplanung erlaubt eine stärkere Differenzierung hinsichtlich Qualifikationen, Besetzungsstärken, Arbeitszeiten usw.

Praxis- • In der Industrie hat sich die Verbindung von Schichtarbeit sowie In-
hinweise standhaltungs- und Wartungsarbeit als besonders interessant heraus-
gestellt.
• In vielen Dienstleistungsorganisationen sind zumindest grundlegende Qualifikationen oft breiter anwendbar und erlauben die Verbindung von zwei verwandten Organisationsbereichen. (Z.B. sind die fachlichen Anforderungen an Assistenzdienste im OP deutlich geringer als an Facharztdienste und damit ein übergreifender Einsatz von AssistenzärztInnen oft eher möglich).

Vorgehen In der Kapazitätsbeschreibung sollen Bereiche getrennt dargestellt werden,
Kapazitäts- wenn
beschreibung
• die geplanten Betriebszeiten unterschiedlich sind (z.B. Bereich A: 80 h, Bereich B: 120 h) und/oder
• das Personal nicht gemischt werden kann.

Ferner sollte Folgendes berücksichtigt werden:
• Falls für bestimmte Bereiche unterschiedliche Betriebszeiten erforderlich sind, das Personal aber in beiden Bereichen eingesetzt werden kann, sollte dies gesondert angegeben werden.
• Qualifikationsanforderungen (z.B. Meister, Gruppenleiter usw.) sollten – soweit erforderlich – bei den Schichten detailliert angegeben werden. Zusätzliche Differenzierungen hinsichtlich der Qualifikation machen die Planung schwieriger. Nur das unbedingt Notwendige sollte unterschieden werden.

Plan- Die Möglichkeiten, verschiedene Organisationsbereiche in einen Schicht-
gestaltung plan zu integrieren, sind zahlreich und hängen stark von den betrieblichen Rahmenbedingungen ab.

Beispiel 1 Aufbau von Reservepuffern:
Durch die Mischung von Schichtarbeit mit Werkstattschichten, die nicht zeitkritisch sind, ist es möglich, einen Puffer für Reserven aufzubauen. Wenn Personen krank sind, werden Reserveschichten geleistet. Falls die Reserve nicht benötigt wird, werden Werkstattarbeiten durchgeführt.

Eine ausführliche Darstellung des Beispiels findet sich im Unterkapitel C.1.4 "Beispiele".

Beispiel 2 Anpassung der Wochenarbeitszeit:

vollkontinuierlich
Klassische Gruppen
Instandhaltung
WAZ   37,60 h
F, S, N, Inst   8,00 h
Brutto-BZ 168,00 h
Zyklus   10 Wo
Einsätze   4,70 /Wo

Beim Umstieg von einem Klassischen 4-Gruppen-Plan mit Freischichten auf einen 5-Gruppen-Plan muss eine beachtliche Differenz von Stunden zur Sollwochenarbeitszeit von 38 h abgefangen werden. Dies erfolgt über die Verbindung zu Instandhaltungsarbeiten von Montag bis Freitag. In der Kurzdarstellung sieht der Plan wie folgt aus:

	1 Mo	1 Di	1 Mi	1 Do	1 Fr	1 Sa	1 So	2 Mo	2 Di	2 Mi	2 Do	2 Fr	2 Sa	2 So
A	F	F	S	S	N	N				Inst	F	F	S	S
B	N	N				F	F	S	S	N	N			
C		Inst	F	F	S	S	N	N				Inst	F	F
D	S	S	N	N				Inst	F	F	S	S	N	N
E			Inst	F	F	S	S	N	N					

Wesentliche Vor- und Nachteile:
+ Die damit erreichte Wochenarbeitszeit beträgt bei 8 h-Schichten 37,60 h.
+ Der Anteil an Nacht- und Wochenendarbeit pro Mitarbeiter wurde durch den Umstieg auf einen 5-Gruppen-Plan gesenkt.
• Bei der gewählten Einplanung der Instandhaltungsschichten sind in der einen Woche Di und Do, in der darauf folgenden dann wieder Mo, Mi und Fr abgedeckt. Durch die Kombination von zwei ansonsten völlig unabhängigen Bereichen, die um eine Woche versetzt im Schichtplan eingetragen sind, wäre eine Abdeckung aller Tage mit Instandhaltungsschichten möglich.
• Die Instandhaltungsschichten könnten auch als Reserve für die Frühschicht verwendet werden.
− Es gibt 7-tägige Arbeitsblöcke.

C.4 Komplexe Planstrukturen

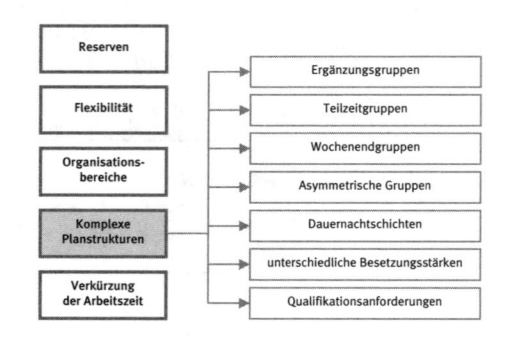

[Diagramm: Organisationsbereiche → Reserven, Flexibilität, Organisationsbereiche, **Komplexe Planstrukturen**, Verkürzung der Arbeitszeit → Ergänzungsgruppen, Teilzeitgruppen, Wochenendgruppen, Asymmetrische Gruppen, Dauernachtschichten, unterschiedliche Besetzungsstärken, Qualifikationsanforderungen]

C.4.1 Übersicht

Zielsetzung Gemeinsames Kennzeichen der Einfachen Planstrukturen ist die Gleichbehandlung aller Schichtgruppen und damit aller Personen. Alle haben die gleiche (Soll-)Wochenarbeitszeit und die gleiche Schichtfolge. Letzteres bedingt, dass die Schichten hinsichtlich Schichtart und Wochentag, an dem sie geleistet werden müssen, völlig gleich verteilt sind.

Bei Komplexen Planstrukturen werden verschiedene Arbeitszeitmodelle und Schichtfolgen in einem Schichtplan verwendet:

- Ergänzungsgruppen
- Teilzeitgruppen
- Wochenendgruppen
- Asymmetrische Gruppen
- Dauernachtschichten

Alle oben genannten Komplexen Planstrukturen verwenden zwei oder mehr unterschiedliche Schichtfolgen und erlauben zusätzlich die Differenzierung der (Soll-)Wochenarbeitszeit.

Damit wird es möglich, z.B. folgende Anforderungen zu berücksichtigen:

- unterschiedliche Besetzungsstärken an verschiedenen Tagen
- unterschiedliche Zuordnung von Schichten zu Personen
- unterschiedliche Wochenarbeitszeiten von Personen
- spezifische Qualifikationsstrukturen

Hinweis Durch die Kombination verschiedener Einfacher und Komplexer Planstrukturen können je nach Aufgabenstellung weitere interessante Lösungen entstehen.

C.4.2 Was sind Ergänzungsgruppen und wie plane ich damit?

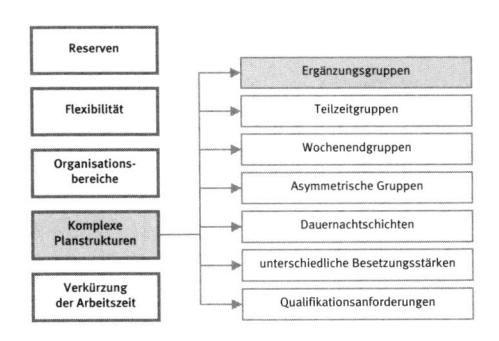

```
Reserven
Flexibilität                    →  Ergänzungsgruppen
                                →  Teilzeitgruppen
Organisations-                  →  Wochenendgruppen
bereiche                        →  Asymmetrische Gruppen
Komplexe
Planstrukturen                  →  Dauernachtschichten
                                →  unterschiedliche Besetzungsstärken
Verkürzung
der Arbeitszeit                 →  Qualifikationsanforderungen
```

Ansatz Zusätzliche Gruppen, die so genannten Ergänzungsgruppen, werden dazu eingesetzt, für die Stammgruppen Planlücken in einem Einfachen Plan zu füllen. Das Konzept der Ergänzungsgruppen ist ähnlich dem von Springern. Der Unterschied besteht darin, dass bereits im Plan fixiert wird, wann sie welche Schichten abdecken sollen.

Die folgende Graphik soll das Grundprinzip der Planstruktur Ergänzungsgruppen verdeutlichen. Die Schichtarten im Beispielplan sind:

    Frühschicht   8 Stunden
    Spätschicht   8 Stunden
    Frei

Die Sollwochenarbeitszeit beträgt:
- *38 h für die Stammgruppen A und B, die nach einem Klassischen Plan mit der Schichtfolge 1 Woche (6 Tage) lang Frühschicht abwechselnd mit 1 Woche (6 Tage) lang Spätschicht arbeiten, wobei zusätzliche Freizeitblöcke eingebaut werden, und*
- *40 h für die Ergänzungsgruppe C, die eingesetzt wird, um die Lücken im Klassischen Plan, die durch die zusätzlichen Freizeitblöcke entstehen, zu füllen.*

Die Besetzungsstärke soll in allen Schichtarten 4 Personen betragen.

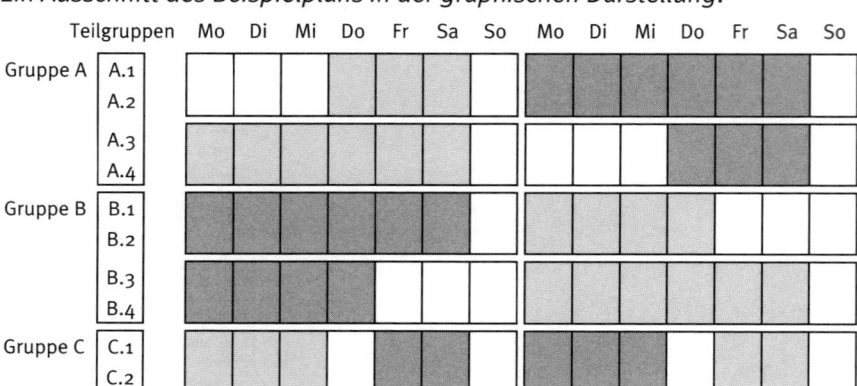

Ein Ausschnitt des Beispielplans in der graphischen Darstellung:

Teilgruppen	Mo	Di	Mi	Do	Fr	Sa	So	Mo	Di	Mi	Do	Fr	Sa	So
Gruppe A A.1														
A.2														
A.3														
A.4														
Gruppe B B.1														
B.2														
B.3														
B.4														
Gruppe C C.1														
C.2														

Die Gruppe C deckt genau jene Bereiche ab, die von A und B nicht aufgefangen werden.

Die Besetzungsstärke und die Sollwochenarbeitszeit werden eingehalten. Insgesamt arbeiten nach diesem Plan:

2 Gruppen * 4 Personen + 1 Gruppe * 2 Personen = 10 Personen

Schichtart	Häufigkeit	*	(Dauer − unbezahlte Pausen)	*	Besetzungsstärke	=	Arbeitsstunden je Schichtart
Frühschicht	6	*	(8,00 h − 0,00 h)	*	4 Personen	=	192,00 h
Spätschicht	6	*	(8,00 h − 0,00 h)	*	4 Personen	=	192,00 h
Arbeitsstunden pro Woche gesamt (Summe)						=	384,00 h
Brutto-BZ =	$\dfrac{\text{Arbeitsstunden pro Woche gesamt}}{\text{Besetzungsstärke}}$					=	96,00 h

Die Bruttobetriebszeit ist um 20 h länger (bezogen auf 38 h Sollwochenarbeitszeit) und es wird mit 2 Personen mehr gearbeitet als beim Klassischen Plan mit 2 Stammgruppen. Die Bruttobetriebszeit ist um 18 h kürzer (bezogen auf 38 h Sollwochenarbeitszeit) und es wird mit 2 Personen weniger gearbeitet als beim Klassischen Plan mit 3 Stammgruppen.

Anwendbarkeit Die Planstruktur Ergänzungsgruppen eignet sich vor allem dann, wenn aufgrund von spezifischen Anforderungen keine der Einfachen Planstrukturen direkt verwendet werden kann.

In einem Betrieb soll eine Bruttobetriebszeit von 96 h bei einer durchschnittlichen Wochenarbeitszeit von 38 h erzielt werden; daher sind Klassische Gruppen nicht anwendbar.

Die Planstruktur Gruppenkombination ist nicht anwendbar, weil die Stammgruppen nicht gemischt werden sollen.

Die Planstruktur Übergroße Gruppen ist nicht anwendbar, weil in jeder Schicht 1 Person mit einer speziellen Qualifikation anwesend sein muss. Da der Erwerb einer solchen Qualifikation mit hohem Zeitaufwand verbunden ist, soll mit einer möglichst geringen Anzahl an Personen, die diese Qualifikation besitzen, ausgekommen werden. (Bei Übergroßen Gruppen müsste es insgesamt 4 solche Personen geben.)

Die obige Graphik zeigt die Struktur eines möglichen Beispielplans, in dem 3 Personen mit dieser speziellen Qualifikation auf die Gruppen A.1, B.1 und C.1 verteilt werden. Für die Gruppe C ergibt sich dadurch eine Wochenarbeitszeit von 40 h.

Hinweise Ergänzungsgruppen können aber auch für andere Zwecke als das Abdecken unbesetzter Schichten eingesetzt werden. Sie können andere Gruppen für spezielle Schichtarten (z.B. für die Weiterbildung oder die Werkstatt) "freispielen". Zwei Ansätze bieten sich an:

- Für die Planung von kürzeren Spezialschichtblöcken empfiehlt sich die Berücksichtigung in der Basisfolge (siehe Unterkapitel C.1.3 "Einplanung von Reserveschichten").
- Bei längeren Spezialschichtblöcken würde diese Technik zu sehr langen Basisfolgen führen. In diesen Fällen ist oft die manuelle Planung mittels Direkter Plangestaltung sinnvoller (siehe Beispiel unten).

Plangestaltung Die Plangestaltung mit Ergänzungsgruppen zählt zu den schwierigsten Planungsproblemen.

Üblicherweise beginnt die Plangestaltung mit der Entwicklung eines Einfachen Plans für die Stammgruppen, der von einer höheren durchschnittlichen Wochenarbeitszeit ausgeht.

Danach werden einzelne Schichten von den Stammgruppen zu den Ergänzungsgruppen verschoben. Dabei sind zwei Aspekte zu beachten:

- Auch für die Ergänzungsgruppen muss eine rechtlich zulässige und ergonomisch sinnvolle Schichtfolge geplant werden. Das Planungsproblem wird umso komplexer, je ähnlicher die Schichtfolge für die Ergänzungsgruppen der Schichtfolge für die Stammgruppen sein soll.
- Die Lücken, die in dem Einfachen Plan für die Stammgruppen erzeugt werden, sollen nicht nur auf gesetzliche Bestimmungen (z.B. Wochenendruhe, Wochenruhe) Rücksicht nehmen, sondern auch auf die Freizeitsituation dieser Gruppen (Vermeidung von 1-tägigen Schichteinsätzen und einzelnen freien Tagen).

Beispiel

vollkontinuierlich
Ergänzungsgruppen
Werkstatt, azyklisch
WAZ 37,45 h
F, S, N, W 8,00 h
Brutto-BZ 176,00 h
Einsätze 4,68 /Wo

In diesem Planbeispiel werden 2 Ergänzungsgruppen (A.10, A.11) dazu verwendet, die anderen Gruppen für Werkstattarbeit "frei zu spielen".

Der Plan soll 2 Personen Besetzungsstärke für den Schichtbetrieb und 1–2 Personen für die Werkstattarbeit (Tagschicht) vorsehen. Die durchschnittliche Wochenarbeitszeit soll ca. 37,5 h betragen.

Der Plan arbeitet mit 9 Stammgruppen A.1–A.9 und 2 Ergänzungsgruppen A.10–A.11 und basiert auf der Basisfolge `FFSSNN---`*, wobei immer ganze Schichtblöcke gegen Werkstattblöcke getauscht und zu den Ergänzungsgruppen verschoben werden. Diese Tauschoperationen sind azyklisch und führen nur über längere Zeiträume zu einer gerechten Verteilung der Schichten. Die folgende Skizze zeigt einen 8-wöchigen Planausschnitt:*

	1 Mo	1 Di	1 Mi	1 Do	1 Fr	1 Sa	1 So	2 Mo	2 Di	2 Mi	2 Do	2 Fr	2 Sa	2 So	3 Mo	3 Di	3 Mi	3 Do	3 Fr	3 Sa	3 So	4 Mo	4 Di	4 Mi	4 Do	4 Fr	4 Sa	4 So
A.1			F	F	S	S	N	N				F	F	S	S	N	N						W	W	W	W	W	W
A.2	F	F	S	S	N	N					W	W	W	W	W	W					F	F	S	S	N	N		
A.3	W	W	W	W	W	W				F	F	S	S	N	N				F	F	S	S	N	N				F
A.4	F	S	S	N	N			F	F	S	S	N	N				F	F	S	S	N	N					F	F
A.5	S	S	N	N			F	F	S	S	N	N				F	F	S	S	N	N					W	W	W
A.6	S	N	N			F	F	S	S	N	N				W	W	W	W	W	W					F	F	S	S
A.7	N	N			W	W	W	W	W	W				F	F	S	S	N	N				F	F	S	S	N	N
A.8	W			F	F	S	S	N	N				F	F	S	S	N	N				F	F	S	S	N	N	
A.9			F	F	S	S	N	N				F	F	S	S	N	N				F	F	S	S	N	N		
A.10	F	F	S	S	N	N				F	F	S	S	N	N					F	F	S	S	N	N			
A.11	N				F	F	S	S	N	N				F	F	S	S	N	N					F	F	S	S	

	5 Mo	5 Di	5 Mi	5 Do	5 Fr	5 Sa	5 So	6 Mo	6 Di	6 Mi	6 Do	6 Fr	6 Sa	6 So	7 Mo	7 Di	7 Mi	7 Do	7 Fr	7 Sa	7 So	8 Mo	8 Di	8 Mi	8 Do	8 Fr	8 Sa	8 So
A.1	W	W	W	W	W	W				F	F	S	S	N	N				F	F	S	S	N	N				
A.2	F	F	S	S	N	N			W	W	W	W	W	W				F	F	S	S	N	N					F
A.3	F	F	S	S	N	N			F	F	S	S	N	N		W	W	W	W	W	W						F	F
A.4	S	S	N	N			F	F	S	S	N	N				F	F	S	S	N	N					W	W	W
A.5	W	W	W				F	F	S	S	N	N				F	F	S	S	N	N				F	F	S	S
A.6	N	N			W	W	W	W	W	W				F	F	S	S	N	N				F	F	S	S	N	N
A.7	N			F	F	S	S	N	N				W	W	W	W	W	W				F	F	S	S	N	N	
A.8			F	F	S	S	N	N				F	F	S	S	N	N				W	W	W	W	W	W		
A.9		F	F	S	S	N	N			F	F	S	S	N	N				F	F	S	S	N	N				
A.10	F	F	S	S	N	N			F	F	S	S	N	N				F	F	S	S	N	N				F	F	S
A.11	S	N	N				F	F	S	S	N	N			F	F	S	S	N	N				F	F	S	S	N	N

Wesentliche Vor- und Nachteile:

+ *Der Plan hat eine einfache Struktur.*

+ *Die Ergänzungsgruppen (A.10, A.11) arbeiten nach ähnlichen Basisfolgen wie die Stammgruppen: Perioden mit* `FFSSNN----` *und* `FFSSNN--` *wechseln sich ab. Dazwischen tritt manchmal die Folge* `FFSSNN---` *auf.*

− *Das Schema für die Eintragung der Werkstattblöcke ist sehr komplex und die Verteilung der Werkstattschichten ist nur über längere Zeiträume gerecht.*

− *Die Besetzungsstärke in den Werkstattschichten, die von der Aufgabenstellung her nicht so kritisch ist, beträgt gerade an den Wochenenden oft 2 Personen.*

Das Verschieben von einzelnen Werkstattschichten kann zu mehr Wochenendfreizeit, aber auch zu weniger 3-tägigen Freizeitblöcken führen.

C.4.3 Wie integriere ich Teilzeitgruppen?

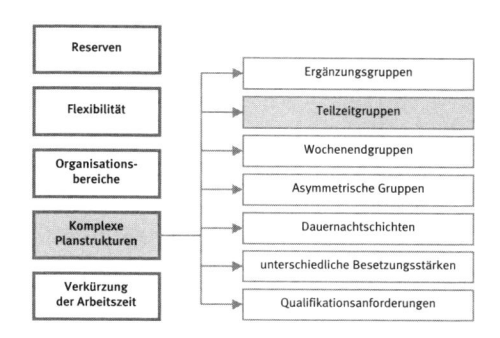

Ansätze Die Planstruktur Teilzeitgruppen bietet vielfältige Möglichkeiten, Personen mit unterschiedlichen Arbeitszeiten in ein Schichtmodell zu integrieren.

Neben der Variation des Beschäftigungsausmaßes kann auch die Planung der Schichteinsätze von teilbeschäftigten Personen unterschiedlich gestaltet werden:

- eigene Schichtbereiche, z.B. Nachmittags-, Wochenendgruppen (siehe Unterkapitel C.4.4 "Wie funktionieren eigene Wochenendgruppen?")
- Substitution, z.B. 2 Teilzeitkräfte ersetzen 1 Vollzeitkraft, 3 Teilzeitkräfte ersetzen 2 Vollzeitkräfte, usw.
- Variation von Besetzungsstärken
- Mischung von Voll- und Teilzeitkräften
- Vollzeitkräfte als Teilzeitkräfte mit Zusatzschichten

Vollzeitäquivalente Bei der Bestimmung des Personalbedarfs muss mit Vollzeitäquivalenten gerechnet werden. Diese sind wie folgt definiert:

$$Vollzeitäquivalente = \frac{gesamte\ Arbeitsstunden\ pro\ Woche}{Soll\text{-}WAZ\ von\ Vollzeitkräften}$$

Hinweis Auch wenn Teilzeitarbeit oft 20 h Soll-WAZ bedeutet und in vielen Beispielen dieser Umfang der Teilzeitarbeit verwendet wird, sollten auch andere Zeiten überlegt werden.

Ein Arbeitsplatz mit 80 h Bruttobetriebszeit wird von 3 Teilzeitkräften abgedeckt, wobei jeweils 1 Person eine Sollwochenarbeitszeit von 35 h, 25 h und 20 h hat.

Teilzeitarbeit aus Sicht des Betriebes

+ häufig (aber nicht immer) höhere Stundenproduktivität
+ Erhöhung des Reserve- und Flexibilitätsspielraums: **Wenn** es keine (zu starken) Beschränkungen bezüglich der Einsatzzeiten gibt, kann z.B. in Spitzenzeiten auf mehr eigenes Personal zurückgegriffen werden.
• Investitionen in Humankapital: Bildungsinvestitionen können nicht immer voll genutzt werden, aber gleichzeitig wird durch die Ausbildung von Teilzeitkräften, und damit von relativ mehr Personen, auch eine Personalreserve geschaffen, die kurzfristig genutzt werden kann. Zum Teil ermöglicht Teilzeit, Personen zu längerfristig ans Unternehmen zu binden, wobei folgende Faktoren zu berücksichtigen sind
– höherer Informations- und Koordinationsaufwand
– höherer Organisationsaufwand
– höhere Verwaltungsaufwendungen und Arbeitsplatzkosten
– evtl. längere Anlauf- und Rüstzeiten

Weitere Vor- und Nachteile werden z.B. in (Ley; 1993), (Bäcker und Stolz-Willig; 1993) diskutiert. In (Gärtner und Feigl; 2001) wird der Frage nachgegangen, warum z.T. Gewerkschaften und Arbeitgeberorganisationen Teilzeit skeptisch gegenüberstehen, und gezeigt, dass betriebswirtschaftlich insbesondere folgende Faktoren von den Kosten her darüber entscheiden, ob Teilzeitarbeit teurer oder günstiger kommt:

1. Fallen hohe Arbeitsplatzkosten an?
2. Fallen zusätzliche hohe Einschulungs-, Such-, Ausbildungskosten an?
3. Wie hoch ist der laufende Koordinations- und Informationsaufwand?
4. Gibt es unterschiedliche Stundenproduktivitäten bei Voll-/Teilzeit?

Von der Arbeitszeitplanung kann Teilzeit die Aufgabe erleichtern (z.B. Spitzen abdeckbar machen, die sonst zu kurze Dienste erfordern würden), aber auch behindern ("alle wollen nur vormittags"). Mathematisch sind in vielen Fällen Modelle um die 25–30 h Soll-WAZ günstig.

Übersicht Die folgenden Graphiken sollen die verschiedenen Gestaltungsmöglichkeiten mit der Planstruktur Teilzeitgruppen verdeutlichen. Die Beispielpläne sind aus folgenden Schichtarten aufgebaut:

▢	Frühschicht	8 Stunden
▣	Spätschicht	8 Stunden
▢	Frühschicht	4 Stunden
▣	Spätschicht	4 Stunden
▢	Frei	

Komplexe Pläne – 205

Die Sollwochenarbeitszeit beträgt:
- 40 h für die Vollzeitgruppen und
- 20 h für die Teilzeitgruppen.

Eigener Schichtbereich Den Teilzeitgruppen werden spezielle Schichtarten, die an bestimmte Tageszeiten oder Wochentage gebunden sind, zugeordnet.

Das folgende Beispiel symbolisiert einen entsprechenden Plan für 1 Vollzeitgruppe A und 1 Teilzeitgruppe B. Das Beispiel in der graphischen Darstellung, wobei die Länge des grau hinterlegten Bereichs die Länge der Schicht symbolisiert:

Kurzbeschreibung Teilpläne

Teilgruppen		Mo	Di	Mi	Do	Fr	Sa	So	Mo	Di	Mi	Do	Fr	Sa	So
Gruppe A	A.1														
	A.2														
Gruppe B	B.1														
	B.2														

diskontinuierlich
Vollzeitgruppe
Eigener Schichtbereich
WAZ: A   40,00 h
F   8,00 h
Brutto-BZ   40,00 h
Zyklus   1 Wo
Einsätze A 5,00 /Wo

Die Sollwochenarbeitszeiten werden eingehalten. Insgesamt arbeiten nach diesem Plan 2 Vollzeit- und 2 Teilzeitkräfte (mit dem halben Stundenausmaß einer Vollzeitkraft), also 3 Vollzeitäquivalente.

diskontinuierlich
Teilzeitgruppe
Eigener Schichtbereich
WAZ: B   20,00 h
S   4,00 h
Brutto-BZ   20,00 h
Zyklus   1 Wo
Einsätze B 5,00 /Wo

Schichtart	Häufigkeit	*	(Dauer –	unbezahlte Pausen)	*	Besetzungsstärke	=	Arbeitsstunden je Schichtart
Frühschicht	5	*	(8,00 h –	0,00 h)	*	2 Personen	=	80,00 h
Spätschicht	5	*	(4,00 h –	0,00 h)	*	2 Personen	=	40,00 h
Arbeitsstunden pro Woche gesamt (Summe)							=	120,00 h
Brutto-BZ =	$\dfrac{\text{Arbeitsstunden pro Woche gesamt}}{\text{Besetzungsstärke}}$						=	60,00 h

Die Bruttobetriebszeit ist um 20 h länger und es wird mit 1/2 Vollzeitäquivalent mehr gearbeitet als beim Klassischen Plan mit 1 Vollzeitgruppe. Die Bruttobetriebszeit ist um 20 h kürzer und es wird mit 1/2 Vollzeitäquivalent weniger gearbeitet als beim Klassischen Plan mit 2 Vollzeitgruppen. Kürzere Schichten bei diesem Umfang der Teilzeitarbeit oder höherer Umfang der Teilzeitarbeit bei dieser Schichtlänge gehen planungstechnisch nicht, weil die Einsätze pro Woche schon der Zahl der Arbeitstage entsprechen.

Teilzeitschichten, die deutlich kürzer als Vollzeitschichten sind, werden oft auch als "Kurzschichten" bezeichnet (siehe (Ley; 1993)). Wenn eine Kurzschicht im Anschluss an eine Vollzeitschicht geplant wird, sprechen (Kilz und Reh; 1996) von "Annexschichten".

Substitution Bei der Substitution ersetzen mehrere Teilzeitkräfte 1 Vollzeitkraft. Der Unterschied zum Job-Sharing liegt darin, dass die Arbeit ausschließlich in zeitlicher Hinsicht, nicht aber in inhaltlicher Hinsicht geteilt wird (siehe auch (Ley; 1993)).

Kurzbeschreibung Teilpläne *Das folgende Beispiel symbolisiert einen entsprechenden Plan für 1 Vollzeitgruppe A und 2 Teilzeitgruppen B und C. Das Beispiel in der graphischen Darstellung, wobei die Länge des grau hinterlegten Bereichs die Länge der Schicht symbolisiert:*

diskontinuierlich Vollzeitgruppe
Substitution
WAZ: A   40,00 h
F, S (lang)   8,00 h
Brutto-BZ   40,00 h
Zyklus   2 Wo
Einsätze A   5,00 /Wo

und

diskontinuierlich Teilzeitgruppen
Substitution
WAZ: B, C   20,00 h
F, S (geteilt,   4,00 h
Brutto-BZ   40,00 h
Zyklus   4 Wo
Eins. B, C   5,00 /Wo

Die Sollwochenarbeitszeiten werden eingehalten. Insgesamt arbeiten nach diesem Plan 2 Vollzeit- und 4 Teilzeitkräfte (mit dem halben Stundenausmaß einer Vollzeitkraft), also 4 Vollzeitäquivalente.

Schichtart	Häufigkeit	*	(Dauer	−	unbezahlte Pausen)	*	Besetzungsstärke	=	Arbeitsstunden je Schichtart
Schichten lang	5	*	(8,00 h	−	0,00 h)	*	2 Personen	=	80,00 h
Schichten geteilt	10	*	(4,00 h	−	0,00 h)	*	2 Personen	=	80,00 h
Arbeitsstunden pro Woche gesamt (Summe)								=	160,00 h
Brutto-BZ =	$\frac{\text{Arbeitsstunden pro Woche gesamt}}{\text{Besetzungsstärke}}$							=	80,00 h

Variation von Besetzungsstärken Teilzeitkräfte können dazu eingesetzt werden, die Besetzungsstärken in bestimmten Schichten zu erhöhen.

Das folgende Beispiel symbolisiert einen entsprechenden Plan für 2 Vollzeitgruppen A und B zu jeweils 2 Personen. Von Mo–Mi wird in der Frühschicht noch eine 3. Person benötigt. Das Beschäftigungsausmaß der Teilzeitkraft C beträgt 60 %. Das Beispiel in der graphischen Darstellung:

Kurzbeschreibung Teilpläne

	Teilgruppen	Mo	Di	Mi	Do	Fr	Sa	So	Mo	Di	Mi	Do	Fr	Sa	So
Gruppe A	A.1								▓	▓	▓	▓	▓		
	A.2														
Gruppe B	B.1	▓	▓	▓	▓	▓									
	B.2														
Gruppe C	C.1	▓	▓	▓					▓	▓					

diskontinuierlich Vollzeitgruppen
Variation Besetzung
WAZ: A,B   40,00 h
F, S   8,00 h
Brutto-BZ   80,00 h
Zyklus   2 Wo
Eins. A,B   5,00 /Wo

Insgesamt arbeiten nach diesem Plan 4,6 Vollzeitäquivalente, wobei die Vollzeitkräfte 5 und die Teilzeitkräfte 3 Einsätze pro Woche haben.

und

diskontinuierlich Teilzeitgruppe
Variation Besetzung
WAZ: C   24,00 h
F   8,00 h
Zyklus   1 Wo
Einsätze B   3,00 /Wo

Schichtart	Häufig-keit	*	(Dauer –	unbezahlte Pausen)	*	Besetzungs-stärke	=	Arbeitsstunden je Schichtart
Frühschicht	3	*	(8,00 h –	0,00 h)	*	3 Personen	=	72,00 h
	2	*	(8,00 h –	0,00 h)	*	2 Personen	=	32,00 h
Spätschicht	5	*	(8,00 h –	0,00 h)	*	2 Personen	=	80,00 h
durchschnittliche Besetzungsstärke							=	2,30 Personen
Arbeitsstunden pro Woche gesamt (Summe)							=	184,00 h
Brutto-BZ =	$\frac{\text{Arbeitsstunden pro Woche gesamt}}{\text{durchschnittliche Besetzungsstärke}}$						=	80,00 h

Mischung von Voll- und Teilzeitkräften

Bei dieser Planstruktur übernehmen die Teilzeitgruppen einzelne Schichten von den Vollzeitgruppen. Bei der Plangestaltung ist zu beachten, dass sich auch für die Teilzeitgruppen eine den rechtlichen Bestimmungen und ergonomischen Anforderungen entsprechende Schichtfolge ergeben muss.

Das folgende Beispiel symbolisiert einen entsprechenden Plan für 5 Vollzeitgruppen A–E und 2 Teilzeitgruppen F und G. Das Beispiel in der graphischen Darstellung:

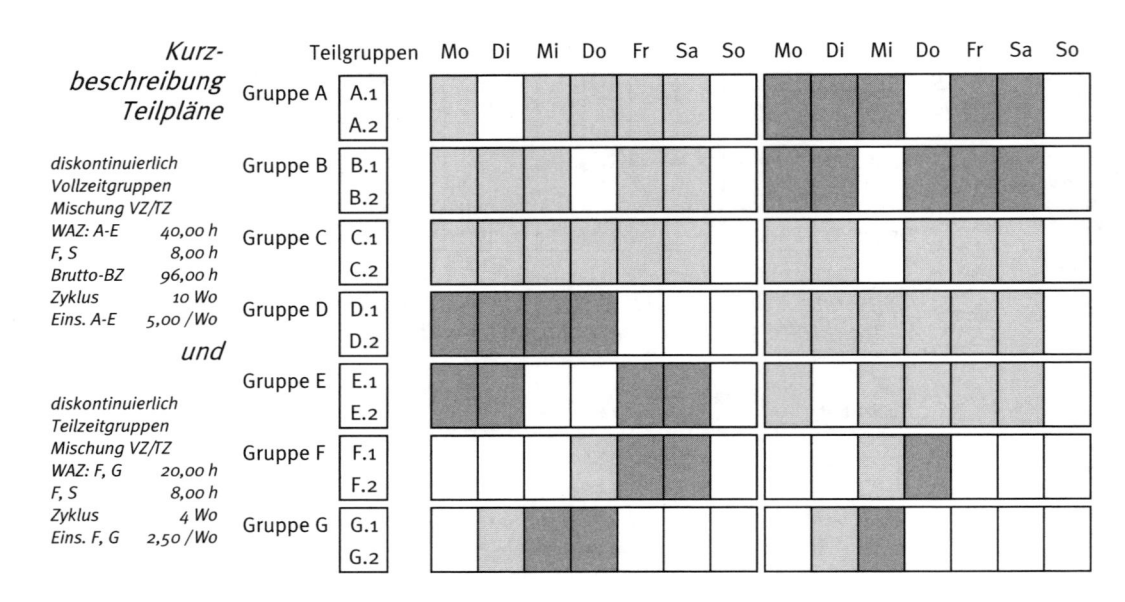

Kurz-beschreibung Teilpläne	Teilgruppen	Mo	Di	Mi	Do	Fr	Sa	So	Mo	Di	Mi	Do	Fr	Sa	So
	Gruppe A	A.1													
		A.2													
diskontinuierlich Vollzeitgruppen Mischung VZ/TZ	Gruppe B	B.1													
WAZ: A-E 40,00 h		B.2													
F, S 8,00 h	Gruppe C	C.1													
Brutto-BZ 96,00 h		C.2													
Zyklus 10 Wo	Gruppe D	D.1													
Eins. A-E 5,00 /Wo		D.2													
und	Gruppe E	E.1													
diskontinuierlich Teilzeitgruppen		E.2													
Mischung VZ/TZ	Gruppe F	F.1													
WAZ: F, G 20,00 h F, S 8,00 h		F.2													
Zyklus 4 Wo	Gruppe G	G.1													
Eins. F, G 2,50 /Wo		G.2													

Die Sollwochenarbeitszeiten werden eingehalten. Insgesamt arbeiten nach diesem Plan 10 Vollzeit- und 4 Teilzeitkräfte (mit dem halben Stundenausmaß einer Vollzeitkraft), also 12 Vollzeitäquivalente.

Schichtart	Häufigkeit	*	(Dauer − unbezahlte Pausen)	*	Besetzungsstärke	=	Arbeitsstunden je Schichtart
Frühschicht	6	*	(8,00 h − 0,00 h)	*	6 Personen	=	288,00 h
Spätschicht	6	*	(8,00 h − 0,00 h)	*	4 Personen	=	192,00 h
durchschnittliche Besetzungsstärke						=	5,00 Personen
Arbeitsstunden pro Woche gesamt (Summe)						=	480,00 h
Brutto-BZ =	Arbeitsstunden pro Woche gesamt / durchschnittliche Besetzungsstärke					=	96,00 h

Diese Planstruktur ist mit jener der Ergänzungsgruppen verwandt. Der Unterschied liegt in der geringeren Wochenarbeitszeit der Teilzeitgruppen, die es erleichtert, eine gute Schichtfolge für diese zu entwickeln.

Vollzeitkräfte als Teilzeitkräfte mit Zusatzschichten

Ein Schichtplan kann auch als eine Art Baukastensystem (Ley; 1993) gesehen werden, aus dem den Beschäftigten je nach Wunsch verschieden viele "Bausteine", also Schichten, zugeteilt werden. Die Grundeinheit entspricht einem Teilzeitmodell und beträgt z.B. durchschnittlich 3 Schichten pro Woche. Auf Wunsch können mehr oder weniger Schichten geleistet werden. Wenn ein Mitarbeiter z.B. durchschnittlich 5 Schichten pro Woche leistet, entspricht dies einer Vollzeitkraft. Diese Planstruktur eignet sich besonders gut für Bandbreitenmodelle. Bei solchen Modellen können die Beschäftigten in einem bestimmten Rhythmus (z.B. jedes Jahr) "ihre Arbeitszeit und davon abhängig ihr Einkommen in gewissen Bandbreiten [...] wählen" (Ley; 1993).

Das folgende Beispiel symbolisiert einen entsprechenden Plan, der auf Teilzeitkräfte ausgelegt ist, die allerdings auf freiwilliger Basis in entsprechendem Ausmaß Zusatzschichten übernehmen können. Der Beispielplan ist aus folgenden Schichtarten aufgebaut:

☐	Frühschicht	8 Stunden
▓	Spätschicht	8 Stunden
Z	Zusatz-Frühschicht	8 Stunden
Z	Zusatz-Spätschicht	8 Stunden
☐	Frei	

Sowohl in der Früh- als auch in der Spätschicht sind immer 3 Teilgruppen anwesend. Zusätzlich leisten jeden Tag 3 Teilgruppen Zusatzschichten (2 Teilgruppen in der Frühschicht und 1 Teilgruppe in der Spätschicht). Das Beschäftigungsausmaß der jeweiligen Teilgruppen beträgt:

 A.1–A.4 . 100 % (Teilzeit mit max. möglichen Zusatzschichten = Vollzeit)
 B.1–B.4 . 75 % (Teilzeit mit der Hälfte der möglichen Zusatzschichten)
 C.1–C.4 . 50 % (Teilzeit)

Die Teilgruppen B.1–B.4 leisten die Zusatzschichten im Schnitt über einen 8-wöchigen Schichtzyklus.

Kurzbeschreibung Teilpläne

Das Beispiel in der graphischen Darstellung:

diskontinuierlich
Vollzeitgruppe
Zusatzschichten
WAZ: A   40,00 h
F, S   8,00 h
Brutto-BZ 80,00 h
Zyklus   4 Wo
Einsätze A 5,00 /Wo

und

diskontinuierlich
Teilzeitgruppe 75%
Zusatzschichten
WAZ: B   30,00 h
F, S   8,00 h
Zyklus   8 Wo
Einsätze A 3,75 /Wo

Teilgruppen		Mo	Di	Mi	Do	Fr	Sa	So	Mo	Di	Mi	Do	Fr	Sa	So
Gruppe A	A.1				Z	Z						Z	Z	Z	
	A.2	Z	Z	Z					Z	Z					
	A.3				Z	Z						Z	Z	Z	
	A.4	Z	Z	Z					Z	Z					
Gruppe B	B.1				Z	Z						Z			
	B.2				Z										
	B.3												Z	Z	
	B.4	Z	Z						Z	Z					
Gruppe C	C.1														
	C.2														
	C.3														
	C.4														

Insgesamt arbeiten nach diesem Plan 9 Vollzeitäquivalente.

und
diskontinuierlich
Teilzeitgruppe 50%
Zusatzschichten
WAZ: B   20,00 h
F, S   8,00 h
Zyklus   8 Wo
Einsätze A 2,50 /Wo

Schichtart	Häufig-keit	*	(Dauer	−	unbezahlte Pausen)	*	Besetzungs-stärke	=	Arbeitsstunden je Schichtart
Frühschicht	5	*	(8,00 h	−	0,00 h)	*	5 Personen	=	200,00 h
Spätschicht	5	*	(8,00 h	−	0,00 h)	*	4 Personen	=	160,00 h
durchschnittliche Besetzungsstärke								=	4,50 Personen
Arbeitsstunden pro Woche gesamt (Summe)								=	360,00 h
Brutto-BZ =	$\dfrac{\text{Arbeitsstunden pro Woche gesamt}}{\text{durchschnittliche Besetzungsstärke}}$							=	80,00 h

Anwendbarkeit Die Planstruktur Teilzeitgruppen mit ihren Variationen eignet sich vor allem dann, wenn den Beschäftigten verschiedene Arbeitszeitmodelle angeboten werden sollen. Durch die Umrechnung von Geld- in Zeitzuschläge lassen sich die Variationsmöglichkeiten noch beträchtlich erweitern (siehe auch die folgenden Beispiele und Kapitel C.5 "Arbeitszeitverkürzung").

Zudem kann die Verwendung von Teilzeitgruppen die Plangestaltung erleichtern, wenn eine Einfache Planstruktur nicht ausreicht.

Plangestaltung mit Teilzeitgruppen Die Plangestaltung mit Teilzeitgruppen richtet sich nach der Vielfalt der möglichen Arbeitszeitmodelle und nach den Möglichkeiten für den zeitlichen Einsatz von teilbeschäftigten Personen.

Üblicherweise werden in Abhängigkeit von der Planstruktur folgende Vorgangsweisen gewählt:

Planstruktur	Vorgehen bei der Plangestaltung
Eigene Schichtbereiche	2 oder mehr Einfache Pläne
Substitution	2 oder mehr Einfache Pläne
Variation von Besetzungsstärken	2 oder mehr Einfache Pläne
Mischung von Voll- und Teilzeitkräften	Direkte Gestaltung
Vollzeitkräfte als Teilzeitkräfte mit Zusatzschichten	Direkte Gestaltung

Da die verschiedenen Voll- und Teilzeitgruppen im gleichen Bereich eingesetzt werden, muss ein gemeinsamer Plan erstellt werden, der sich allerdings aus mehreren Teilplänen zusammensetzen kann. Bei Plänen mit eigenen Schichtbereichen und bei Variation der Besetzungsstärken ist die Trennung in Teilpläne einfach. Falls mit den beiden Einfachen Plänen keine zufrieden stellende Lösung gefunden werden kann, muss die Verteilung der Schichten auf die beiden Pläne überprüft werden.

Bei der Direkten Gestaltung von Plänen, die auf den Planstrukturen Mischung von Voll- und Teilzeitkräften bzw. Vollzeitkräfte als Teilzeitkräfte mit Zusatzschichten aufbauen, empfiehlt es sich oft, von einem Einfachen Plan mit einer hohen Wochenarbeitszeit auszugehen. Die Teilzeitkräfte werden zuerst wie Vollzeitkräfte eingeplant. Danach werden bei den Teilzeitkräften relativ mehr Schichten herausgestrichen als bei den Vollzeitkräften.

Bei der Planentwicklung sind zwei Aspekte zu beachten:
- Auch für die Teilzeitgruppen müssen rechtlich zulässige und ergonomisch sinnvolle Schichtfolgen geplant werden.
- Bei der Planung der Entlastungen der Vollzeitgruppen durch den Einsatz von Teilzeitkräften soll nicht nur auf gesetzliche Bestimmungen (z.B. Wochenendruhe, Wochenruhe) Rücksicht genommen werden, sondern auch auf die Freizeitsituation dieser Gruppen (Vermeidung von 1-tägigen Einsätzen [in einer Schichtart] und einzelnen freien Tagen).

Beispiel 1 *Im teilkontinuierlichen Bereich eignen sich Teilzeitgruppen hervorragend, um problematische Schichtfolgen mit 5 Spät- sowie 4–5 Nachtschichten in Folge, wie sie bei Klassischen Planstrukturen üblich sind, zu "brechen".*

In diesem Beispiel sollen 2 Vollzeitgruppen A und B mit 39 h Sollwochenarbeitszeit und 2 Teilzeitgruppen C und D mit 20 h Sollwochenarbeitszeit eingesetzt werden. Die Schichtlängen sollen jeweils 7,5 h betragen. Die folgende Graphik zeigt den 6-wöchigen Schichtplan:

teilkontinuierlich
Teilzeitgruppen
Mischung
WAZ: A, B   39,00 h
WAZ: C, D   20,00 h
F, S, N   7,50 h
Brutto-BZ   112,50 h
Zyklus   6 Wo
Eins. A,B   5,20 /Wo
Eins. C,D   2,67 /Wo

	1 Mo	1 Di	1 Mi	1 Do	1 Fr	1 Sa	1 So	2 Mo	2 Di	2 Mi	2 Do	2 Fr	2 Sa	2 So	3 Mo	3 Di	3 Mi	3 Do	3 Fr	3 Sa	3 So
A	F	F	S	S	S			S	S	N	N	N			F	F	S	S	S		
B	S	S	N	N	N			F	F	S	S	S			S	S	N	N	N		
C	N	N								F	F	F			N	N					
D			F	F	F			N	N								F	F	F		

	4 Mo	4 Di	4 Mi	4 Do	4 Fr	4 Sa	4 So	5 Mo	5 Di	5 Mi	5 Do	5 Fr	5 Sa	5 So	6 Mo	6 Di	6 Mi	6 Do	6 Fr	6 Sa	6 So
A	S	S	N	N	N			F	F	F	F	F			S	S	N	N	N		
B	F	F	S	S	S			S	S	N	N	N			F	F	F	F	F		
C			F	F	F			N	N								S	S	S		
D	N	N								S	S	S			N	N					

Mit diesem Plan lässt sich die Soll-AZ nicht (ohne fallweise 2 Einsätze pro Tag) erreichen, weil nur an 5 Tagen gearbeitet wird gleichzeitig aber die Einsatzzahl für Vollzeitkräfte über 5 liegen müsste.

Mit der Umrechnung einer 15 %igen Nachtschicht-Geldzulage in eine 15 %ige Nachtschicht-Zeitzulage ergeben sich in der Zykluslänge von 6 Wochen folgende Brutto-Wochenarbeitszeiten und Verteilungen der Schichteinsätze auf die einzelnen Gruppen. Erst durch diese Umrechnung von Geld auf Zeit lassen sich die Soll-AZ erreichen.

	MA	def. WAZ	Netto-WAZ	Brutto-WAZ	Gesamte Einsätze	F	S	N
A	2	39,00	37,500	39,188	30	9	12	9
B	2	39,00	37,500	39,188	30	9	12	9
C	2	20,00	18,750	19,875	15	6	3	6
D	2	20,00	18,750	19,875	15	6	3	6

Soll-WAZ → MA
WAZ ohne Zeitzuschläge → Netto-WAZ
WAZ mit Zeitzuschlägen → Brutto-WAZ

Anzahl der Mitarbeiter pro Gruppe

Verteilung der Einsätze im Zyklus

Planbeurteilung:

+ *Die Nacht- und Spätschichtblöcke dauern maximal 3 Tage.*
• *Die Teilzeitgruppen übernehmen verhältnismäßig mehr Früh- und Nachtschichten. Dieser Effekt kann auch beabsichtigt sein. Über längere Zeiträume kann das Verhältnis ausgeglichen werden.*
• *Die Nachtschichten der Teilzeitkräfte fallen nur auf Montage und Dienstage, die der Vollzeitkräfte nur auf Mittwoche bis Freitage.*

Weitere Alternativen würden sich nur bei weniger Personal und längeren Schichtarten für die Vollzeitkräfte ergeben.

Beispiel 2 Knauth und Hornberger (1994, S. 29) geben ein Beispiel für die Abdeckung eines Teils des Wochenendes mit Teilzeitkräften, die zusätzlich eine Freitag-Frühschicht übernehmen. Die Schichtarten sind wie folgt definiert:

Komplexe Pläne – 213

Kurzbezeichnung der Schichtart

Kurz	Bezeichnung	Beginn	Ende
F1	Frühschicht	06:00	14:00
F2	Frühschicht	06:00	16:00
S1	Spätschicht	14:00	22:00
S2	Spätschicht	16:00	22:00
N1	Nachtschicht	22:00	06:00
N2	Nachtschicht	20:00	06:00

Die folgenden Graphiken zeigen die Kurzdarstellungen der beiden Teilpläne für die Vollzeitgruppen A.1–A.3 und die Teilzeitgruppen B.1 und B.2:

fast kontinuierlich
Teilzeitgruppen
eigene Bereiche
Wochenendgruppe
WAZ: A   36,67 h
WAZ: B   15,00 h
F1, S1, N1   8,00 h
S2   6,00 h
F2, N2   10,00 h
Brutto-BZ   140,00 h
Zyklus   6 Wo
Eins. A   4,67 /Wo
Eins. B   1,50 /Wo

	1 Mo	1 Di	1 Mi	1 Do	1 Fr	1 Sa	1 So
A.1	F1	F1	F1	F1			
A.2	S1	S1	S1	S1	S2		
A.3	N1	N1	N1	N1	N1		

	1 Mo	1 Di	1 Mi	1 Do	1 Fr	1 Sa	1 So
B.1					F2	F2	
B.2							N2

Beispiel 3 Der Plan soll mit 4 Vollzeitgruppen A–D und 2 Teilzeitgruppen E und F arbeiten, wobei
- die Teilzeitgruppe E die kurzen Spätschichten unter der Woche und
- die Teilzeitgruppe F zwei Wochenendschichten übernehmen soll.

Zusätzlich sollen auch am Wochenende 10 h-Schichten eingeplant werden, um die Zahl der Schichteinsätze am Wochenende zu reduzieren.

Die Schichtarten sollen jeweils 5 min Übergabezeit vorsehen und mit Ausnahme der kurzen Spätschichten, die von der Gruppe E übernommen werden, jeweils 15 min unbezahlte Pause (u.P.) enthalten. Sie werden wie folgt festgelegt:

unbezahlte Pause

Kurz	Bezeichnung	Beginn	Ende	u.P.
F	Frühschicht (Mo-Sa)	07:00	17:05	15
S	Teilzeit-Spätschicht (Mo-Fr)	17:00	21:05	0
N	Nachtschicht (So-Fr)	21:00	07:05	15
FSo	Sonntag-Frühschicht	11:00	21:05	15
SSa	Samstag-Spätschicht	17:00	01:05	15
NSa	Samstag-Nachtschicht	01:00	11:05	15

Den Gruppen A–F werden folgende Sollwochenarbeitszeiten und Gruppenstärken (die jeweils der Besetzungsstärke entsprechen) zugeordnet:

Kurzbezeichnung der Gruppe → Kurz
Soll-WAZ → WAZ
Anzahl der Mitarbeiter pro Gruppe → MA

Kurz	Beschäftigungsausmaß	WAZ	MA
A	Vollzeit	38,50	24
B	Vollzeit	38,50	24
C	Vollzeit	38,50	24
D	Vollzeit	38,50	24
E	Teilzeit-Spätschicht	22,00	24
F	Teilzeit-Wochenendschichten	32,00	24

vollkontinuierlich
Teilzeitgruppen
eigene Bereiche
Wochenendgruppe

WAZ: A–D	31,46 h
WAZ: E	20,42 h
WAZ: F	19,67 h
F, N	9h 50'
FSo, NSa	9h 50'
S	4h 5'
SSa	7h 50'
Brutto-BZ	165h 55'
Zyklus	4 Wo
Eins. A	3,25 /Wo
Eins. E	5,00 /Wo
Eins. F	2,00 /Wo

Der Schichtplan besteht aus 3 Teilplänen, deren Kurzdarstellungen jeweils umrandet sind. Der Gesamtzyklus beträgt 4 Wochen. Die folgende Graphik zeigt einen 2-wöchigen Planausschnitt:

	1 Mo	1 Di	1 Mi	1 Do	1 Fr	1 Sa	1 So	2 Mo	2 Di	2 Mi	2 Do	2 Fr	2 Sa	2 So
A	F	F	F			NSa	N				F	F	SSa	
B				F	F	SSa		N	N					
C	N	N								N	N	N		
D				N	N	N		F	F	F			NSa	N
E	S	S	S	S	S			S	S	S	S	S		
F						F	FSo						F	FSo

Folgende Zeitzuschläge wurden vereinbart:

Tage, an denen der Zeitzuschlag gilt
Minuten pro Stunde
Minuten pro Schicht

Schicht	Beginn	Ende	u.P.	Mo	Di	Mi	Do	Fr	Sa	So	Alle	Min/h	Min/Schicht	%
F	07:00	17:05	15						X				10	
S	17:00	21:05	0	X	X	X	X	X					20	
N	21:00	07:05	15	X	X	X	X	X				7		
N	21:00	07:05	15						X					100,00
FSo	11:00	21:05	15							X				100,00
SSa	17:00	01:05	15						X					50,00
NSa	01:00	11:05	15						X					100,00

Damit ergeben sich in der Zykluslänge von 4 Wochen die folgende Brutto-Wochenarbeitszeiten und Verteilungen der Schichteinsätze auf die einzelnen Gruppen:

Komplexe Pläne – 215

MA	def. WAZ	Netto-WAZ	Brutto-WAZ	Gesamte Einsätze	F	S	N	FSo	SSa	NSa
A	24	38,50	31,458	38,788	13	5		6	1	1
B	24	38,50	31,458	38,788	13	5		6	1	1
C	24	38,50	31,458	38,788	13	5		6	1	1
D	24	38,50	31,458	38,788	13	5		6	1	1
E	24	22,00	20,417	22,083	20		20			
F	24	32,00	19,667	31,139	8	4			4	

- Soll-WAZ
- WAZ ohne Zeitzuschläge
- WAZ mit Zeitzuschlägen
- Anzahl der Mitarbeiter pro Gruppe
- Verteilung der Einsätze im Zyklus

Vor- und Nachteile:
+ *Der Plan hat eine einfache Struktur und eine kurze Zykluslänge.*
+ *Die Arbeitsblöcke, insbesondere die Nachtschichtblöcke, dauern maximal 3 Tage.*
+ *Die Vollzeitgruppen A–D haben 1 langen Freizeitblock (7-tägig) in 4 Wochen.*
– *Die Teilzeitgruppe E arbeitet unter der Woche jeden Abend. Dies kann aber z.B. bei der Kinderbetreuung von Vorteil sein, falls die Lebenspartner in Tagschicht arbeiten.*
– *Die Teilzeitgruppe F arbeitet jedes Wochenende. Dies kann aber für Personen, die Zusatzjobs suchen, interessant sein.*
– *Die Verkehrssituation für das Ende der Samstag-Spätschicht bzw. den Beginn der Samstag-Nachtschicht ist eigens zu prüfen.*

Beispiel 4

diskontinuierlich
Teilzeitgruppen
Substitution
WAZ: A 40,00 h
WAZ: B 32,00 h
F, S, N 8,00 h
Brutto-BZ 80,00 h
Zyklus 10 Wo
Eins. A 5,00 /Wo
Eins. B 4,00 /Wo

Der Plan soll 80 h Bruttobetriebszeit mit 2 verschiedenen Arbeitszeitmodellen ermöglichen. Die Modelle sollen sich zwar hinsichtlich der Anzahl der geleisteten Schichten pro Woche, nicht aber hinsichtlich der Dauer der Schichten unterscheiden. Die Vollzeitkräfte sollen 40 h pro Woche arbeiten und die Teilzeitkräfte 32 h im Schnitt.

Die Teilzeitkräfte sollen nach dem Substitutionsprinzip organisiert werden. Dies wird mit Hilfe von Übergroßen Gruppen realisiert.

Die folgende Graphik zeigt den Planausschnitt für die ersten 2 Wochen:

	1 Mo	1 Di	1 Mi	1 Do	1 Fr	1 Sa	1 So	2 Mo	2 Di	2 Mi	2 Do	2 Fr	2 Sa	2 So
A	F	F	F	F	F			S	S	S	S	S		
B.1			S	S	S			F	F	F	F	F		
B.2	S	S		S	S			F	F	F	F	F		
B.3	S	S	S					F	F	F				
B.4	S	S	S	S				F	F		F	F		
B.5	S	S	S	S	S					F	F	F		

Während die Gruppe A mit 4 Personen jeweils von Montag bis Freitag arbeitet, wird immer 1 Person aus der Gruppe B, die 5 Personen umfasst, freigegeben.

Beispiel 5 Der Plan soll als Teilzeitplan auf eine Wochenarbeitszeit von 28 h ausgelegt werden, den Beschäftigten aber die Möglichkeit bieten, durch die Leistung von Zusatzschichten ihre Wochenarbeitszeit zu erhöhen.

Ca. 2/3 des Personals möchten von dieser Möglichkeit Gebrauch machen, wobei

- 1/3 eine Wochenarbeitszeit von 32,7 h und
- 1/3 eine Wochenarbeitszeit von 37,3 h

erreichen möchte. Die Schichtarten werden wie folgt festgelegt:

Kurz	Bezeichnung	Beginn	Ende
F	Frühschicht	06:00	14:00
S	Spätschicht	14:00	22:00
N	Nachtschicht	22:00	06:00
R	Reserve	06:00	14:00

vollkontinuierlich
Teilzeitgruppen
Zusatzschichten
WAZ min.   28,00 h
WAZ max.   37,33 h
F, S, N, R   8,00 h
Brutto-BZ 168,00 h
Zyklus   12 Wo
Eins. Min   3,50 /Wo
Eins. Max 4,67 /Wo

Die folgende Graphik zeigt einen Ausschnitt des 12-wöchigen Schichtplans:

	1 Mo	1 Di	1 Mi	1 Do	1 Fr	1 Sa	1 So	2 Mo	2 Di	2 Mi	2 Do	2 Fr	2 Sa	2 So	3 Mo	3 Di	3 Mi	3 Do	3 Fr	3 Sa	3 So	4 Mo	4 Di	4 Mi	4 Do	4 Fr	4 Sa	4 So
A.1	F	F	S	S		R	R	N	N			F	F	S	S			R	R	N	N			F	F	S	S	
A.2	F	S	S			R	R	N	N		F	F	S	S			R	R	N	N		F	F	S	S			
A.3	S	S			R	R	N	N		F	F	S	S			R	R	N	N		F	F	S	S				R
A.4	S			R	R	N	N		F	F	S	S			R	R	N	N		F	F	S	S				R	R
A.5			R	R	N	N		F	F	S	S			R	R	N	N		F	F	S	S				R	R	N
A.6		R	R	N	N		F	F	S	S			R	R	N	N		F	F	S	S				R	R	N	N
A.7	R	R	N	N		F	F	S	S			R	R	N	N		F	F	S	S				R	R	N	N	
A.8	R	N	N		F	F	S	S			R	R	N	N		F	F	S	S				R	R	N	N		F
A.9	N	N		F	F	S	S			R	R	N	N		F	F	S	S				R	R	N	N		F	F
A.10	N		F	F	S	S			R	R	N	N		F	F	S	S				R	R	N	N		F	F	S
A.11		F	F	S	S			R	R	N	N		F	F	S	S				R	R	N	N		F	F	S	S
A.12	F	F	S	S			R	R	N	N		F	F	S	S				R	R	N	N		F	F	S	S	

Die Besonderheit dieses Plans liegt darin, dass die Personen in die einzelnen Schichtgruppen A.1–A.12 so eingeteilt werden müssen, dass

- *1/3 überhaupt keine Reserveschichten leistet (d.h. die Basisfolge dieser Gruppe ist* `FFSS----NN--`*) und damit eine Wochenarbeitszeit von 28 h erzielt,*
- *1/3 immer nur 1 Reserveschicht vor Beginn des Nachtschichtblocks leistet (d.h. die Basisfolge dieser Gruppe ist* `FFSS---RNN--`*) und eine Wochenarbeitszeit von 32,67 h erzielt und*
- *1/3 immer 2 Reserveschichten vor Beginn des Nachtschichtblocks leistet (d.h. die Basisfolge dieser Gruppe ist* `FFSS--RRNN--`*) und eine Wochenarbeitszeit von 37,33 h erzielt.*

Eine mögliche Verteilung dieser Personen auf die Gruppen wäre z.B.:
    A.1, A.2, A.3, A.4 .... 1 Reserveschicht
    A.5, A.7, A.9, A.11 ...... 2 Reserveschichten
    A.6, A.8, A.10, A.12 .... 0 Reserveschichten
Eine andere mögliche Verteilung besteht darin, jeweils 1/3 der Personen in den einzelnen Gruppen A.1 bis A.12 für 0, 1, 2 Reserveschichten einzuteilen.

Damit ergibt sich von der Personenanzahl her, die pro Tag für die Reserve zur Verfügung steht, ein gleichmäßiges Reserveniveau von 1 Schichtgruppe pro Tag.

Vorteile:

+ *Der Plan bietet die Möglichkeit, 3 verschiedene Arbeitszeitmodelle mit einer sehr einfachen Struktur und einer kurzen Zykluslänge zu realisieren.*
+ *Die Arbeitsblöcke dauern maximal 4 Tage, die Nachtschichtblöcke maximal 2–4 Tage (je nach Verwendung der Reserveschichten).*
+ *Die Zahl der freien Wochenenden variiert zwischen 2 bis 4 in 12 Wochen, je nachdem, welches Arbeitszeitmodell gewählt wurde.*

C.4.4 Wie funktionieren eigene Wochenendgruppen?

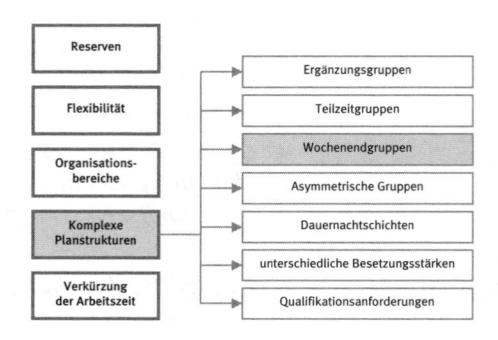

Ansatz Zur Entlastung der Schichtgruppen können eigene Wochenendgruppen eingesetzt werden. Dies stellt in vielen Fällen einen Spezialfall der Planstruktur Teilzeitgruppen dar.

Plangestaltung Grundsätzlich sind zwei Varianten möglich:

Variante A
Wochenendgruppen decken einzelne Schichten ab

Variante B
Wochenendgruppen decken ganze Tage bzw. das ganze Wochenende ab

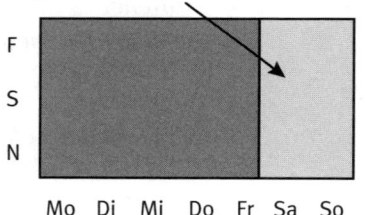

Drei Aspekte machen den massiven Einsatz derartiger Wochenendgruppen schwierig:

1. Personalrekrutierung:

   Die Arbeitszeiten dieser Zusatzgruppen sind in vielen Fällen sehr gering. *Bei zwei 8-stündigen Wochenendschichten pro Gruppe ergeben sich 16 h Wochenarbeitszeit. Damit wären 3 Gruppen mit einer jeweils sehr geringen Wochenarbeitszeit erforderlich, um das Wochenende abzudecken.* Dies bringt häufig Schwierigkeiten bei der Personalrekrutierung und der Qualifizierung mit sich. Auch mit erhöhter Fluktuation ist zu rechnen, da viele Personen nach Vollzeitbeschäftigung streben.

   Eine Verlängerung der Schichten auf 12 h ist nur unter bestimmten Umständen möglich (siehe Kapitel E.6 "Überlegungen zu 12 h-Schichtsystemen").

Komplexe Pläne – 219

2. Eingeschränkte zusätzliche Einsatzmöglichkeiten:

Der zusätzliche Einsatz dieser Gruppen während der Woche – z.B. als Zusatzreserve – ist aus mehreren Gründen nur begrenzt möglich:

- Personen, die solche auf das Wochenende konzentrierten Arbeiten annehmen, suchen oft Zusatzbeschäftigungen und stehen daher unter der Woche nicht zur Verfügung.
- Wegen der Ruhezeitbestimmungen sind Wochenendgruppen an den Tagen vor bzw. nach dem Wochenende nur begrenzt für Zusatz- bzw. Reserveschichten einsetzbar. Wenn eine Gruppe die Wochenend-Frühschicht übernimmt, steht sie nur in der Freitag-Frühschicht für die Reserve zur Verfügung. Gruppen, die am Wochenende in Nachtschichten arbeiten, stehen am Montag nur begrenzt als Reserve zur Verfügung.
  Verstärkt ergeben sich diese Einschränkungen bei 10 h- und bei 12 h-Schichten.
- Auch an Tagen in der Mitte der Woche ergeben sich starke Einschränkungen bei den Einsatzmöglichkeiten, da hier bei geplanten Übergängen vom Nachtschicht- zum Frühschicht-Wochenende freie Tage für den Übergang erforderlich sind.

3. Problematische Schichtfolgen für die anderen Gruppen:

Falls Wochenendgruppen das ganze Wochenende abdecken, ergeben sich für die verbleibenden Gruppen häufig teilkontinuierliche Pläne mit einer Klassischen Planstruktur. Diese weisen dann 5 Spätschichten in Folge sowie ihre 4–5 Nachtschichten in Folge auf.

Beispiel Die 3 Gruppen A.1–A.3 arbeiten nach einem Klassischen Plan, dessen Freitag-Nachtschicht zu den 2 Wochenendgruppen B.1 und B.2 verschoben wurde. Die ersten 3 Wochen des 6-wöchigen Schichtplans:

vollkontinuierlich
Wochenendgruppen
WAZ: A   37,33 h
WAZ: B   28,00 h
F, S, N   8,00 h
FW, NW   12,00 h
Brutto-BZ   168,00 h
Zyklus   6 Wo
Eins. A   4,67 /Wo
Eins. B   2,50 /Wo

	1 Mo	1 Di	1 Mi	1 Do	1 Fr	1 Sa	1 So	2 Mo	2 Di	2 Mi	2 Do	2 Fr	2 Sa	2 So	3 Mo	3 Di	3 Mi	3 Do	3 Fr	3 Sa	3 So
A.1	F	F	F	F				S	S	S	S	S			N	N	N	N			
A.2	S	S	S	S	S			N	N	N	N				F	F	F	F	F		
A.3	N	N	N	N				F	F	F	F	F			S	S	S	S	S		
B.1					FW	FW						N	NW	NW						FW	FW
B.2						N	NW	NW					FW	FW					N	NW	NW

Die durchschnittlichen Wochenarbeitszeiten von A.1–A.3 betragen 37,33 h, die von B.1 und B.2 betragen 28 h.

Planbeurteilung:

- *Die gesamte Wochenendarbeit wurde zu den Gruppen B.1 und B.2 verschoben. Die Nachtschichtblöcke von A.1–A.3 konnten auf 4 Nachtschichten in Folge gekürzt werden.*
- *Die 12 h-Schichten am Wochenende können problematisch sein.*
- *Die Gruppen A.1–A.3 arbeiten immer noch 5 Spätschichten in Folge.*

Hinweise Längere Blöcke von Einsätzen am Wochenende können ergonomisch problematisch sein, erlauben aber höhere Arbeitszeiten.

Die stärkere Berücksichtigung der Wochenendgruppen als Reserve führt meist zu problematischen Plänen.

Der massive Einsatz von Wochenendgruppen führt leicht zu teilkontinuierlichen Plänen für die anderen Gruppen.

Insgesamt wurde der deutlich überwiegende Teil an Wochenendmodellen – der trotz aller Risiken eingeführt wurde – nach einiger Zeit wieder von "normalen" Modellen abgelöst.

C.4.5 Was sind Asymmetrische Gruppen und wie plane ich damit?

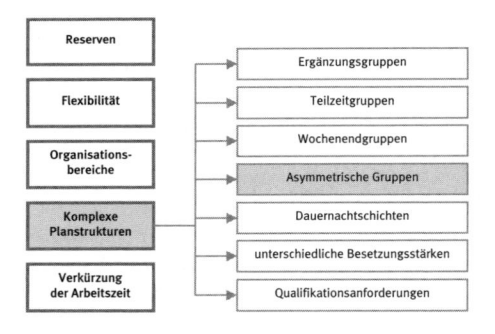

Reserven	→	Ergänzungsgruppen
Flexibilität	→	Teilzeitgruppen
	→	Wochenendgruppen
Organisationsbereiche	→	**Asymmetrische Gruppen**
Komplexe Planstrukturen	→	Dauernachtschichten
	→	unterschiedliche Besetzungsstärken
Verkürzung der Arbeitszeit	→	Qualifikationsanforderungen

Ansatz Die Planstruktur Asymmetrische Gruppen nimmt Rücksicht auf uneinheitliche Anforderungen der Beschäftigten an ein Schichtmodell. Nicht alle Arbeitnehmer übernehmen gleich oft Einsätze in allen Schichtarten. Typische Anwendungsfälle sind:
- Erleichterungen für ältere Arbeitnehmer, z.B. in Form einer stufenweisen Verringerung der Nachtschichteinsätze
- Nachtarbeitsverbote für Frauen und Jugendliche
- Zeitpräferenzen von Mitarbeitern

Die Senkung bzw. Vermeidung von Einsätzen bestimmter Gruppen in gewissen Schichtarten bedeutet meist auch eine Erhöhung bzw. ausschließliche Übernahme der Einsätze in diesen Schichtarten für die anderen Gruppen. Ausnahmen können sich durch genauere Bedarfsanalysen und die Verschiebung von nicht so zeitkritischen Arbeiten in andere Schichtlagen ergeben. Geuenich beschreibt in (2006) wie in einem Teilbereich von BMW Motoren Steyr die Nachtdienste ausgedünnt und etwa 14 % der Arbeitsinhalte in die 1. und 2. Schicht gelegt wurden. Dies erlaubte vor dem Hintergrund einer alternden Belegschaft die Einführung eines 2-Schichtmodells, um 14 % der Mitarbeiter ganz aus der Nachtschicht heraus zu nehmen. Für andere Potentiale durch genauere Bedarfsanalysen in der Industrie siehe (Gärtner und Lennings; 2006).

Die ungleiche Aufteilung der Lasten bzw. Verdienste aus der Schichtarbeit kann zu Unruhe im Betrieb führen. Sie bietet aber auch Chancen, die im Betrieb aufgebaute Erfahrung nicht vorzeitig durch Frühpensionierungen abzubauen, den Arbeitsmarkt auch für andere Bevölkerungsgruppen zu öffnen oder Personen im Betrieb zu halten.

Plangestaltung Die Konzepte aus den Bereichen Teilzeitgruppen mit eigenem Schichtbereich und Mischung von Voll- und Teilzeitkräften können auch hier angewendet werden.

Beispiel

vollkontinuierlich
Asymmetr. Gruppen
WAZ: A   36,00 h
WAZ: B–E   33,00 h
F, S, N   8,00 h
Brutto-BZ   168,00 h
Zyklus   8 Wo
Einsätze: A   4,50 /Wo
Eins.: B–E   4,13 /Wo

Der Plan soll mit 5 Vollzeitgruppen und einer Wochenarbeitszeit von 33–36 h arbeiten, wobei

- *die Gruppe A nur für Früh- und Spätschichten eingesetzt werden soll und*
- *die Gruppen B–E die restlichen Schichteinsätze übernehmen.*

Die Wochenarbeitszeit der Gruppe A soll etwas höher sein als die der anderen Gruppen.

Die folgende Graphik zeigt einen 8-wöchigen Schichtplan, der mit Wochenarbeitszeiten von 36 h für die Gruppe A und von 33 h für die Gruppen B–E operiert:

	1 Mo	1 Di	1 Mi	1 Do	1 Fr	1 Sa	1 So	2 Mo	2 Di	2 Mi	2 Do	2 Fr	2 Sa	2 So	3 Mo	3 Di	3 Mi	3 Do	3 Fr	3 Sa	3 So	4 Mo	4 Di	4 Mi	4 Do	4 Fr	4 Sa	4 So
A	F	F	F	F	F			S	S	S	S				F	F	F	F	F			S	S	S	S			
B	N	N			F	F		N	N	N			F	F	S	S	N	N						F	F	F	N	N
C	S	S	N	N					F	F	F	N						S	S	N	N					F	N	N
D			S	S	N	N	N					F	F	N						S	S	S					S	S
E						S	S					S	S	S	N	N						F	F	N	N	N		F

	5 Mo	5 Di	5 Mi	5 Do	5 Fr	5 Sa	5 So	6 Mo	6 Di	6 Mi	6 Do	6 Fr	6 Sa	6 So	7 Mo	7 Di	7 Mi	7 Do	7 Fr	7 Sa	7 So	8 Mo	8 Di	8 Mi	8 Do	8 Fr	8 Sa	8 So
A	F	F	F	F	F			S	S	S	S				F	F	F	F	F			S	S	S	S			
B		S	S	N	N	N					F	F	N					S	S	S							S	S
C				S	S	S					S	S	S	N	N				F	F		N	N	N			F	F
D	N	N			F	F	N	N	N			F	F	S	S	N	N						F	F	F	N		
E	S	S	N	N					F	F	F	N	N					S	S	N	N	N					F	N

Durch eine entsprechende Umwandlung von Geld- in Zeitzuschläge (z.B. für Nacht- und Wochenendschichten) kann die Arbeitszeit der Gruppen B–E beliebig genau an die gewünschte Wochenarbeitszeit angepasst werden.

Vor- und Nachteile:

+ *Die Nacht- und Spätschichtblöcke dauern maximal 3 Tage.*
• *Die Gruppe A übernimmt weder Nacht- noch Wochenendschichten. Die gesamte Last wird von den Gruppen B–E getragen. Durch die Zeitzuschläge müssen diese Gruppen jedoch real weniger Stunden arbeiten.*
− *Die Gruppen B–E haben einen 6-tägigen Arbeitsblock in 8 Wochen.*

C.4.6 Wie gehe ich mit Dauernachtschichten um?

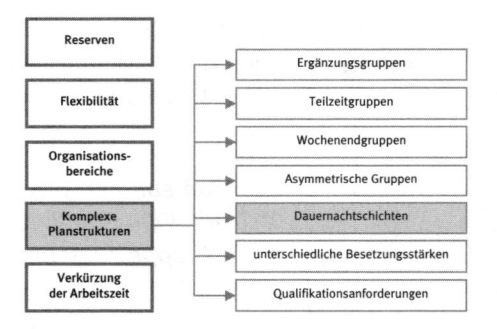

Hintergrund Dauernachtschichten (permanente Nachtschichten) sind besonders in Unternehmen anzutreffen, in denen (in der Vergangenheit) Frauen nicht in der Nacht beschäftigt werden soll(t)en oder dürfen (durften). Sie sind zum Teil überraschend beliebt, obwohl problematisch (siehe Kapitel E.8 "Zur Frage der Dauernachtarbeit").

Starke Gesundheitsprobleme (vor allem bei Älteren) und eventuelle Alkoholprobleme sind in der Nachtschicht nicht selten. Neben dem Problem der andauernden Nachtarbeit ergeben sich plantechnisch auch meist sehr lange Nachtschichtblöcke von 5 oder mehr Tagen, die nicht zerschlagen werden können, ohne vorher die Sollwochenarbeitszeit zu reduzieren.

Auch Dauerspätschichten (permanente Spätschichten) sind problematisch. Hier liegt die zentrale Belastung weniger im Physischen als im Sozialen.

Vorschlag zum Vorgehen bei Dauernachtschichten Aufgrund der Problematik von Dauernachtschichten sollte versucht werden, diese ganz zu vermeiden oder zumindest Optionen für einen vollständigen oder teilweisen Ausstieg zu bieten und zu fördern.

• *Diskussion der Folgen mit Betroffenen, um ein Nachdenken über die Konsequenzen von Dauernachtschicht anzuregen.*

- *Entwicklung eines Schichtplans, in dem Geldzuschläge in Zeit umgerechnet werden. Dies verringert die Anzahl der Nachtschichten auf 3–4 pro Woche und erlaubt wesentlich bessere Pläne.*
- *Den Dauernachtschichtbeschäftigten anbieten, freiwillig auf diesen verbesserten Plan umzusteigen (z.B. durch den Umstieg von Geld- auf Zeitzuschläge).*
- *Teilweise Ausstiegsformen für Ältere überlegen.*
- *Eventuell Mischung mit Tag- oder anderen Systemen, um den Nachtschichtanteil zu reduzieren.*
- *Aktive Suche nach Freiwilligen, die zeitlich begrenzt Dauernachtschichten übernehmen, um den langjährigen Dauernachtschichtlern einen (teilweisen) Ausstieg zu ermöglichen.*

Falls nicht generell ein Abgehen von der Dauernachtschicht möglich ist, sollte zumindest die Alternative, die Sollwochenarbeitszeit zu reduzieren, soweit wie möglich ausgeschöpft werden.

Plangestaltung Die Plangestaltung für die Dauernachtschicht und andere Schichtsysteme erfolgt im Wesentlichen über eine Aufteilung in Einfache Pläne. Bei der teilweisen Auflösung (z.B. Reduzierung des Nachtschichtanteils) sind Techniken der Planung mit Asymmetrischen Gruppen bzw. Techniken für die Planung mit Teilzeitgruppen erforderlich.

Beispiel

vollkontinuierlich Dauernachtschicht
WAZ 34,65 h
F, S, N 7,70 h
Brutto-BZ 168,00 h
Zyklus 6 Wo
Einsätze 4,50 /Wo

Der Plan soll unter der Woche eine Besetzungsstärke von 6 Personen, in der Samstag-Spätschicht 2 Personen und in der Sonntag-Nachtschicht 3 Personen vorsehen. Die Gruppen A.1–A.6 (jeweils 2 Personen) arbeiten nur in der Früh- und in der Spätschicht. Alle Nachtschichteinsätze werden von den Dauernachtschichtgruppen B.1–B.6 (jeweils 1 Person) übernommen. Die Sollwochenarbeitszeit beträgt für alle Gruppen 38,5 h. Die folgende Graphik zeigt die ersten 3 Wochen des 6-wöchigen Schichtplans:

	1 Mo	1 Di	1 Mi	1 Do	1 Fr	1 Sa	1 So	2 Mo	2 Di	2 Mi	2 Do	2 Fr	2 Sa	2 So	3 Mo	3 Di	3 Mi	3 Do	3 Fr	3 Sa	3 So
A.1	F	F	S	S			F	F	S			F	F	S	S			F	F		
A.2	F	S	S			F	F	S	S			F	F	S	S				F	F	S
A.3	S	S			F	F	S	S			F	F	S	S			F	F			
A.4	S			F	F	S	S			F	F	S				F	F	S	S		
A.5		F	F	S				F	F	S	S				F	F	S	S			F
A.6		F	F	S	S			F	F	S	S			F	F	S	S			F	F
B.1	N	N	N	N				N	N				N	N	N	N			N	N	N
B.2	N	N	N		N	N	N	N				N	N	N				N	N	N	N
B.3	N	N			N	N	N				N	N	N	N			N	N	N		
B.4	N			N	N	N				N	N	N	N			N	N	N			
B.5		N	N	N			N	N	N	N					N	N	N				
B.6			N	N	N		N	N	N						N	N	N			N	N

Folgende Zeitzuschläge werden zusätzlich zu Geldzuschlägen für die Sonntag-Nachtschicht vereinbart:

Tage, an denen der Zeitzuschlag gilt

Schicht	Beginn	Ende	u.P.	Mo	Di	Mi	Do	Fr	Sa	So	Alle	%
F	06:00	14:00	18							X		75,00
S	14:00	22:00	18							X		75,00
N	22:00	06:00	18						X			25,00
N	22:00	06:00	18	X	X	X	X	X				10,00

Die Wochenarbeitszeiten bei Berücksichtigung dieser Zeitzuschläge und die Verteilungen der Schichteinsätze auf die einzelnen Gruppen ergeben sich in der Zykluslänge von 6 Wochen zu:

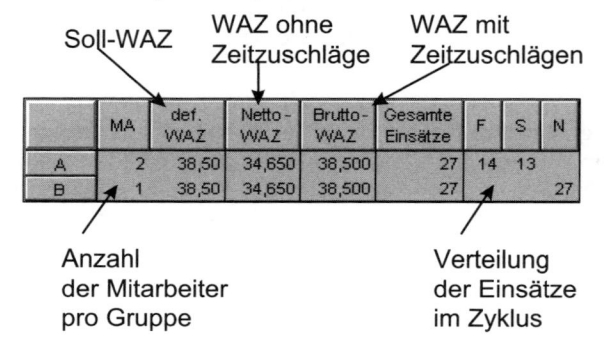

Soll-WAZ — WAZ ohne Zeitzuschläge — WAZ mit Zeitzuschlägen

	MA	def. WAZ	Netto-WAZ	Brutto-WAZ	Gesamte Einsätze	F	S	N
A	2	38,50	34,650	38,500	27	14	13	
B	1	38,50	34,650	38,500	27			27

Anzahl der Mitarbeiter pro Gruppe

Verteilung der Einsätze im Zyklus

C.4.7 Wie berücksichtige ich unterschiedliche Besetzungsstärken?

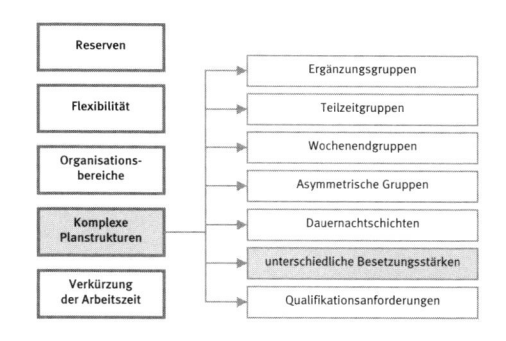

C.4.7.a) Einführung

Hintergrund Die Besetzungsstärken können aus verschiedensten Gründen (z.B. Kapazitätsanforderungen, Wartung, Instandhaltung) und in verschiedener Hinsicht variieren:

- nach Wochentag, Woche oder Periode

  Am Montag werden in der Früh- und in der Spätschicht zusätzlich Verladetätigkeiten übernommen. Die Besetzungsstärke ist in diesen beiden Schichten zu verdoppeln.

  Jede 2. Woche fallen am Samstag in der Frühschicht Wartungsarbeiten an, zu deren Erledigung nur 2/3 der sonst üblichen Besetzungsstärke benötigt werden.

- nach Schichtart

  In den Nachtschichten kann die Besetzungsstärke um 20 % reduziert werden. – Ein sehr interessantes Beispiel wird (Geuenich; 2006) vorgestellt. Eingebettet in eine Vielzahl flexibler Modelle wurde aus Überlegungen zum Älterwerden der Beschäftigten und dem Wissen, dass Nachtschichten zu den belastendsten Zeiten gehören, in einem Teilbereich von BMW Motoren Steyr geprüft, ob es möglich sei, auch bei Gruppenarbeit in der mechanischen Fertigung Nachtdienste auszudünnen. Simulationen ergaben, dass dies auch in Engpassbereichen in erheblichem Umfang (14 %!) möglich war. Eine derartige Differenz der Besetzung zwischen F/S und N erlaubt es entweder die Nachtschichten für alle spürbar zu verringern (im Schnitt rund jede 7. Nachtschicht weniger) oder im Dreischichtbetrieb knapp 14 % der Mitarbeiter ganz aus der Nachtschicht heraus zu nehmen.

  In 12-stündigen Wochenendschichten wird mit der Hälfte der Besetzungsstärke und mit Rufbereitschaft gearbeitet.

- nach Betriebsbereich

Der Produktionsbereich und der Werkstattbereich sollen in einem Plan zusammengefasst werden. Die Beschäftigten sollen regelmäßig in beiden Bereichen arbeiten. In der Werkstatt wird aber nur von Montag bis Freitag, in der Frühschicht, gearbeitet. Dadurch ist diese Schicht stärker besetzt.

In einem Bereich sind 2 Maschinen zu betreuen. Das Bedienungspersonal soll regelmäßig zwischen den beiden Maschinen wechseln. Eine Maschine läuft im vollkontinuierlichen Betrieb, die andere im teilkontinuierlichen.

Plan-strukturen Prinzipiell kann jede der Einfachen und Komplexen Planstrukturen zur Modellierung unterschiedlicher Besetzungsstärken verwendet werden. Allerdings ist nicht jede Planstruktur für jedes Planungsproblem (gleich gut) geeignet.

Klassische Gruppen Klassische Gruppen eignen sich kaum für Pläne mit unterschiedlichen Besetzungsstärken, wenn nicht eine Erweiterung in Richtung Gruppenkombination durchgeführt wird.

In einem vollkontinuierlichen Bereich ist die Frühschicht von Mo–Fr doppelt zu besetzen. Die folgende Graphik zeigt die Kurzdarstellung eines 5-wöchigen Plans, gemäß dem jede Gruppe zuerst 4 Wochen nach einem Klassischen 4-Gruppen-Plan arbeitet, bevor sie 1 Woche (5 Tage) lang Frühschichten übernimmt.

vollkontinuierlich
WAZ 39,00 h
F, S, N 7,50 h
Brutto-BZ 168,00 h
Zyklus 5 Wo
Einsätze 5,20 /Wo

	1 Mo	1 Di	1 Mi	1 Do	1 Fr	1 Sa	1 So
A	F	F	S	S	N	N	N
B			F	F	S	S	S
C	N	N			F	F	F
D	S	S	N	N			
E	F	F	F	F	F		

Gruppen-kombination Die Planstruktur Gruppenkombination ist gut geeignet, um mit unterschiedlichen Besetzungsstärken umzugehen.

Die einzige Einschränkung besteht darin, dass alle Besetzungsstärken durch die Gruppengröße teilbar sein müssen. Jede Besetzungsstärke muss entweder der Gruppengröße entsprechen oder durch die Kombination von 2 oder mehr Gruppen erreicht werden können.

Komplexe Pläne – 227

Beispiel 1 Im folgenden Instandhaltungsplan sind unterschiedliche Besetzungsstärken zu berücksichtigen. Diese schwanken am Wochenende in einem 3-wöchigen Rhythmus. Zusätzlich kann die Besetzungsstärke am Donnerstag und am Freitag um 20 % reduziert werden.

Es werden 3 Gruppen A, B und C mit jeweils 2 Untergruppen gebildet. Am Donnerstag und am Freitag sowie bei den alle 3 Wochen erforderlichen 12 h-Schichten am Samstag sollen diese Untergruppen zusammengehalten werden.

Die folgende Skizze zeigt die ersten 3 Wochen des 18-wöchigen Plans:

diskontinuierlich
Instandhaltung
WAZ   38,81 h
T   8,50 h
F4   4,00 h
F12   11,50 h
Brutto-BZ 58,00 h
Zyklus   18 Wo
Einsätze   4,63 /Wo

	1 Mo	1 Di	1 Mi	1 Do	1 Fr	1 Sa	1 So	2 Mo	2 Di	2 Mi	2 Do	2 Fr	2 Sa	2 So	3 Mo	3 Di	3 Mi	3 Do	3 Fr	3 Sa	3 So
A.1			T	T	T	F12	F4	T	T	T					T	T	T		T	F12	
A.2	T	T		T	T	F12		T	T	T					T	T	T		T	F12	
B.1	T	T	T						T	T	T	F12	F4	T	T	T	T				
B.2	T	T	T					T		T	T	T	F12		T	T	T	T			
C.1	T	T	T	T	T	F4		T	T	T	T	T					T	T	T	F12	F4
C.2	T	T	T	T	T			T	T	T	T	T	F4		T	T		T	T	F12	

Die Planung beginnt mit der Einteilung der Wochenendschichten. Durch Permutation lassen sich alle Wochenenden abdecken.

Beispiel 2 In (Schönfelder; 1992) wird folgendes Beispiel für eine Verringerung der Besetzungsstärke in der Nachtschicht ("Ausdünnung" der Nachtschicht) vorgestellt. Die Früh- und die Spätschicht sind jeweils mit 2 Gruppen besetzt, die Nachtschicht nur mit einer Gruppe. Zusätzlich gibt es am Montag und am Dienstag Zusatzschichten.

fast kontinuierlich
Gruppenkombination
Zusatzschichten
WAZ   40,00 h
F, S, N, Z   8,00 h
Zyklus   6 Wo
Einsätze   5,00 /Wo

	1 Mo	1 Di	1 Mi	1 Do	1 Fr	1 Sa	1 So
A	F	F	F	F	F	F	
B	F	F	F	F	F		
C	S	S	S	S	S	S	
D	S	S	S	S	S		
E	N	N	N	N	N	N	
F	Z	Z					

Dieser Plan ist, wie Schönfelder schreibt, ein "arithmetischer" Schichtplan. Er berücksichtigt noch keine Gestaltungskriterien, sondern resultiert aus dem rechnerisch ermittelten Bedarf an Schichtgruppen:

$$\text{Zahl der Gruppen} = \frac{\text{Arbeitsstunden}}{\text{Soll-WAZ}} = \frac{30 \text{ Schichten pro Woche} * 8,00 \text{ h}}{40,00 \text{ h}} = 6,00 \text{ Gruppen}$$

Solche Pläne dienen als Ausgangspunkte der Schichtplanung. Bei ihrer Erstellung wird hauptsächlich darauf geachtet, ob alle Schichten mit den erforderlichen Personenzahlen besetzt sind. In einem zweiten Schritt empfehlen sich Tauschoperationen, um die ergonomischen Eigenschaften des Plans zu verbessern.

Variante Ein Plan, der den 6-tägigen Nachtschichtblock vermeidet und trotzdem 1 langes Wochenende in 6 Wochen vorsieht, könnte wie folgt aussehen:

	1 Mo	1 Di	1 Mi	1 Do	1 Fr	1 Sa	1 So
A		Z	Z	F	F	F	
B	F	F	F	S	S	S	
C	F	F	F	F	F		
D	S	S	S	S	S		
E	N	N	N				
F	S	S	S	N	N	N	

Der obige Plan wird allerdings nur durch die Verschiebung der Zusatzschichten von Mo+Di auf Di+Mi möglich.

Beispiel 3 In (Knauth; 1996) wird ein anderes Beispiel für die "Ausdünnung" der Nachtschicht angeführt:

teilkontinuierlich
Gruppenkombination
WAZ   36,00 h
F, S, N   8,00 h
Zyklus   6 Wo
Einsätze   4,50 /Wo

	1 Mo	1 Di	1 Mi	1 Do	1 Fr	1 Sa	1 So
A	F	F	F	F	F	F	
B	S	S	S	S	S		
C	N	N	N				
D	F	F	F	F	F	F	
E	S	S	S	S	S		
F						N	N

Variante Je nach Präferenzen der Beschäftigten kann hier noch überlegt werden, ob 2 Spätschichten von der 2. Woche in die 6. verschoben werden sollen.

	1 Mo	1 Di	1 Mi	1 Do	1 Fr	1 Sa	1 So
A	F	F	F	F	F	F	
B			S	S	S		
C	N	N	N				
D	F	F	F	F	F	F	
E	S	S	S	S	S		
F	S	S			N	N	

Durch diesen Plan kann einer der beiden Spätschichtblöcke gebrochen werden, allerdings ergibt sich dadurch ein einzelner freier Tag.

Übergroße Gruppen Übergroße Gruppen eignen sich sehr gut zur Modellierung unterschiedlicher Besetzungsstärken.

Ähnlich wie bei den Gruppenkombinationen besteht eine Einschränkung. Die höchste Besetzungsstärke darf nicht größer als die Übergroße Gruppe sein.

Beispiel Der Beispielplan deckt eine Bruttobetriebszeit von 136 h mit 3 Übergroßen Gruppen A, B und C zu je 6 Teilgruppen A.1–A.6, B.1–B.6 und C.1–C.6 ab, wobei pro Schicht unterschiedlich vielen Personen freigegeben wird. Die erforderlichen Besetzungsstärken sind:

Besetzungsstärken in den einzelnen Schichten   Gesamte Einsätze pro Woche in den einzelnen Schichtarten

Kurz	Bezeichnung	Beginn	Ende	Mo	Di	Mi	Do	Fr	Sa	So	Einsätze
F	Frühschicht	06:00	14:00	5	6	6	6	5	4	/	32
S	Spätschicht	14:00	22:00	6	6	6	6	5	4	/	33
N	Nachtschicht	22:00	06:00	5	5	4	4	4	/	/	22

Der Teilplan für die Gruppe A und ihre Teilgruppen sieht in der Kurzdarstellung wie folgt aus:

teilkontinuierlich
Übergroße Gruppen
WAZ   34,22 h
F, S, N   8,00 h
Zyklus   18 Wo
Einsätze   4,28 / Wo

	1 Mo	1 Di	1 Mi	1 Do	1 Fr	1 Sa	1 So	2 Mo	2 Di	2 Mi	2 Do	2 Fr	2 Sa	2 So	3 Mo	3 Di	3 Mi	3 Do	3 Fr	3 Sa	3 So
A.1	F	F	F	F	F	F		S	S	S	S	S	S				N	N	N		
A.2	F	F	F	F	F	F		S	S	S	S				N	N	N	N	N		
A.3	F	F	F	F				S	S	S	S	S	S		N	N	N				
A.4	F	F	F	F	F			S	S	S	S	S			N	N		N	N		
A.5	F	F	F	F	F			S	S	S	S	S	S		N	N		N	N		
A.6		F	F	F	F	F		S	S	S	S	S			N	N	N				

Wesentliche Vor- und Nachteile:

+ 10 freie Wochenenden in 18 Wochen, davon 4 lange Wochenenden
+ meist 2- und 3-tägige Nachtschichtblöcke
− 1-mal in 18 Wochen ein 5-tägiger Nachtschichtblock
− 7 Arbeitsblöcke in 18 Wochen dauern 6 Tage
− 9 einzelne freie Tage in 18 Wochen (4 beim Übergang zur Spätschichtwoche, 3 beim Übergang zur Nachtschichtwoche, 2 in der Nachtschichtwoche)

Komplexe Plan- strukturen Auch Ergänzungsgruppen und Teilzeitgruppen sind hervorragend zur Modellierung unterschiedlicher Besetzungsstärken geeignet.

Unterschiedliche Besetzungsstärken können auch mit stark überlappenden Schichten, wie sie im Dienstleistungs- und im Gesundheitssektor üblich sind, realisiert werden. Eine interessante Variante hierzu ist die Planung mit kurzen Schichten, z.B. 3 Schichten pro Tag, die jeweils 4 h dauern. Beschäftigte, die länger arbeiten wollen, leisten 2 kurze Schichten hintereinander. Die Zahl der durchschnittlich geleisteten Kurzschichten pro Woche entscheidet über die Wochenarbeitszeit. Dies entspricht der Planstruktur Vollzeitkräfte als Teilzeitkräfte mit Zusatzschichten.

Asymmetrische Gruppen können zur Variation der Besetzungsstärken verwendet werden, allerdings sind die Möglichkeiten nicht so vielfältig wie bei Gruppenkombinationen, Übergroßen Gruppen, Ergänzungsgruppen und Teilzeitgruppen.

Plangestaltung Je regelmäßiger die unterschiedlichen Besetzungsstärken auftreten, desto einfacher ist die Plangestaltung. Je unterschiedlicher die Besetzungsstärken sind, desto komplexer wird die Plangestaltung.
Eine gleichmäßige Verringerung der Besetzungsstärke in allen Nachtschichten erleichtert die Planentwicklung eher.
Eine sehr ungleichmäßige Verringerung der Besetzungsstärke wie z.B.
    in der Montag-Frühschicht   um   1 Person
    in der Mittwoch-Spätschicht   um   3 Personen
    in den Sonntagschichten   um   2 Personen
wird die Planung in der Regel erschweren.

Hinweise Es zahlt sich aus, die Möglichkeiten für eine Verringerung der Besetzungsstärken in bestimmten Schichten, speziell in den Nacht- und Wochenendschichten, zu prüfen. Dies ermöglicht meist bessere Pläne.
Je stärker die Schwankungen in den Besetzungsstärken sind, desto dringlicher wird die Computerunterstützung in der Planentwicklung.
Häufig bewährt sich die Plangestaltung durch eine Veränderung der Problemstellung, sodass zuerst ein Einfacher Plan mit einheitlich hoher Besetzungsstärke entwickelt wird und danach Schichten herausgestrichen werden.

Komplexe Pläne – 231

C.4.7.b) Wie bestimme ich die Bruttobetriebszeit?

Bei einheitlicher Besetzungsstärke wird die Bruttobetriebszeit mittels Division der gesamten Arbeitsstunden durch die Besetzungsstärke ermittelt:

$$\text{Brutto-BZ} = \frac{\text{Arbeitsstunden}}{\text{Besetzungsstärke}}$$

Rechnerische Besetzungsstärke
Auch bei Komplexen Plänen mit unterschiedlichen Besetzungsstärken wird die Bruttobetriebszeit mittels Division der gesamten Arbeitsstunden durch die Besetzungsstärke bestimmt. Da die Besetzungsstärke jedoch schwankt, handelt es sich um eine rechnerische Besetzungsstärke.

$$\text{Brutto-BZ} = \frac{\text{Arbeitsstunden}}{\text{rechnerische Besetzungsstärke}}$$

Ansätze
Mehrere Möglichkeiten zur Bestimmung der rechnerischen Besetzungsstärke sind zu unterscheiden. Hier werden die für die Schichtplanung wichtigen behandelt:
- Berechnung der durchschnittlichen Besetzungsstärke
- Festlegung der Besetzungsstärke auf ein bestimmtes Niveau

Im Folgenden werden diese beiden Konzepte vorgestellt und ihre Vor- und Nachteile diskutiert. Es gibt nicht "die" Betriebszeit. Je nach Planungssituation kann das eine oder das andere der beiden Konzepte sinnvoller anzuwenden sein.

Die Bruttobetriebszeit kann auch noch auf andere Weisen bestimmt werden. In (Bauer, et al.; 1994) werden, basierend auf der Beobachtung überraschend hoher Unterschiede bezüglich erhobener Betriebszeiten, neben anderen das Arbeitsplatz- und das Beschäftigtenkonzept vorgestellt.
Das Arbeitsplatzkonzept zur Bestimmung der Bruttobetriebszeit:

$$\text{Brutto-BZ} = \frac{\text{Arbeitsstunden}}{\text{Zahl der Arbeitsplätze}}$$

Dieses Konzept kann als Sonderfall der Bestimmung der Bruttobetriebszeit über die Festlegung der Besetzungsstärke auf ein bestimmtes Niveau (nämlich auf die Zahl der Arbeitsplätze) verstanden werden.
Beim Beschäftigtenkonzept wird für jede Gruppe von Beschäftigten, die das gleiche Schichtmodell haben, folgende Rechnung durchgeführt: Die Zahl der Beschäftigten in dieser Gruppe wird mit den Bruttobetriebszeitstunden, die

sie gemeinsam abdecken, multipliziert. Danach wird die Summe über alle diese errechneten Zahlen gebildet und durch die Gesamtanzahl der Beschäftigten dividiert.

Dieses Verfahren hat den Nachteil, dass die sich damit ergebende Betriebszeit stark vom gewählten Schichtmodell abhängt. Die Einführung von permanenten Modellen würde z.B. zur Reduzierung dieser Betriebszeit führen. Dafür zeigt dieses Berechnungsverfahren, über welchen Zeitraum pro Woche die Lage der Arbeitszeit der Beschäftigten schwankt. Im Prinzip ist es ein gemischtes Maß für den Umfang der Betriebszeit aus betrieblicher Sicht und den Grad der Verwendung von permanenten Schichtplänen.

Auf diese beiden Verfahren wird nicht weiter eingegangen, da sie für die Schichtplanung von geringer Bedeutung sind.

Durchschnittliche Besetzungsstärke

Zuerst werden die Arbeitsstunden berechnet. Dann wird die Bruttobetriebszeit so bestimmt, dass sie die Summe all jener Stunden umfasst, in denen gearbeitet wird. Pausen bzw. Übergabezeiten sind wieder so wie bei einheitlicher Besetzungsstärke zu berücksichtigen.

Die klassische Formel lautete:

$$\text{Brutto-BZ} = \frac{\text{Arbeitsstunden}}{\text{rechnerische Besetzungsstärke}}$$

Durch Umwandlung dieser Formel lässt sich die rechnerische Besetzungsstärke als die durchschnittliche Besetzungsstärke bestimmen:

$$\text{rechnerische Besetzungsstärke} = \frac{\text{Arbeitsstunden}}{\text{Brutto-BZ}}$$

Gegeben sind folgende Schichtarten und Besetzungsstärken:

Schichtart	Länge	unbezahlte Pausen	Mo	Di	Mi	Do	Fr	Sa	So
Frühschicht	8,00 h	0,50 h	6	6	6	6	6	4	2
Spätschicht	8,00 h	0,50 h	6	6	6	6	6	4	2
Nachtschicht	8,00 h	0,50 h	6	6	6	6	6	4	2

Die Arbeitsstunden berechnen sich nach der klassischen Formel, wobei für jede Schichtart pro Besetzungsstärke eine eigene Zeile verwendet wird:

Schichtart	Häufig-keit	*	(Dauer − unbezahlte Pausen)	*	Besetzungs-stärke	=	Arbeitsstunden je Schichtart
Frühschicht	5	*	(8,00 h − 0,50 h)	*	6 Personen	=	225,00 h
	1	*	(8,00 h − 0,50 h)	*	4 Personen	=	30,00 h
	1	*	(8,00 h − 0,50 h)	*	2 Personen	=	15,00 h
Spätschicht	5	*	(8,00 h − 0,50 h)	*	6 Personen	=	225,00 h
	1	*	(8,00 h − 0,50 h)	*	4 Personen	=	30,00 h
	1	*	(8,00 h − 0,50 h)	*	2 Personen	=	15,00 h
Nachtschicht	5	*	(8,00 h − 0,50 h)	*	6 Personen	=	225,00 h
	1	*	(8,00 h − 0,50 h)	*	4 Personen	=	30,00 h
	1	*	(8,00 h − 0,50 h)	*	2 Personen	=	15,00 h
Arbeitsstunden pro Woche gesamt (Summe)						=	**810,00 h**

Bei der Berechnung der Bruttobetriebszeit wird nur berücksichtigt, wie lange überhaupt gearbeitet wird. Es wird also nur die Häufigkeit der Verwendung der Schichtarten, nicht aber die Besetzungsstärke berücksichtigt.

Schichtart	Häufig-keit	*	(Dauer − unbezahlte Pausen)	=	Arbeitsstunden je Schichtart
Frühschicht	7	*	(8,00 h − 0,50 h)	=	52,50 h
Spätschicht	7	*	(8,00 h − 0,50 h)	=	52,50 h
Nachtschicht	7	*	(8,00 h − 0,50 h)	=	52,50 h
Bruttobetriebszeit gesamt (Summe)					**157,50 h**

Die Anwendung der Formel führt zum Ergebnis:

$$\text{rechnerische Besetzungsstärke} = \frac{\text{Arbeitsstunden}}{\text{Brutto-BZ}} = \frac{810,00\,h}{157,50\,h} = 5,14\,\text{Personen}$$

Festlegung Besetzungs-stärke

Bei der vorherigen Berechnung wurde ein Konzept der Bruttobetriebszeit verwendet, das der intuitiven Vorstellung von Betriebszeit sehr entspricht.

Im obigen Beispiel wird vollkontinuierlich gearbeitet. Die Bruttobetriebszeit von 157,50 h wurde über die Zeiten, in denen gearbeitet wird, berechnet. Die Besetzungsstärke am Wochenende ist geringer. Die durchschnittliche Besetzungsstärke ist somit geringer als die von Montag bis Freitag verwendete.

Bei der Festlegung der Besetzungsstärke auf ein bestimmtes Niveau ist dies nicht mehr der Fall. Anstatt eine durchschnittliche Besetzungsstärke auszurechnen, wird eine Besetzungsstärke verwendet, die plantechnisch nützlich scheint. Bei der Auswahl dieser Besetzungsstärke gibt es zwei Möglichkeiten:

- Es kann die vorherrschende Besetzungsstärke verwendet werden.
  Im obigen Beispiel bietet sich die Wahl von 6 Personen an.
- Es kann eine Besetzungsstärke gewählt werden, welche die Wahl der Gruppenstruktur erleichtert.
  Wird überwiegend mit einer Besetzungsstärke von 6 Personen, in seltenen Fällen aber mit Besetzungsstärken von 5 oder 7 Personen gearbeitet, könnte 7 als rechnerische Besetzungsstärke verwendet werden. Es kann dann die Planstruktur Übergroße Gruppen gewählt und Teilen der Gruppe freigegeben werden.

Die Bruttobetriebszeit verliert damit ihre ursprüngliche Bedeutung. Es ergeben sich völlig andere Werte. Diese entsprechen der Bruttobetriebszeit, mit der bei der festgelegten Besetzungsstärke die angestrebten Arbeitsstunden erzielt werden. Damit sind Werte für die Bruttobetriebszeit möglich, die nicht mehr auf die Planart hinweisen.

Für das obige Beispiel ergibt sich bei der Wahl von 6 Personen als rechnerische Besetzungsstärke eine andere Bruttobetriebszeit:

$$\text{Brutto-BZ} = \frac{\text{Arbeitsstunden}}{\text{rechnerische Besetzungsstärke}} = \frac{810{,}00\ h}{6\ \text{Personen}} = 135{,}00\ h$$

Obwohl es sich um einen vollkontinuierlichen Betrieb handelt, ergibt diese Rechnung eine Bruttobetriebszeit von 135 h. Diese Zahl ist folgendermaßen zu "lesen": Wenn immer 6 Personen anwesend wären, müsste 135 h gearbeitet werden, um so viele Arbeitsstunden zu erzielen, wie ursprünglich definiert wurden.

Vergleich der Ansätze

Durchschnittliche Besetzungsstärke als rechnerische Besetzungsstärke:
+ Die Werte für die Bruttobetriebszeit entsprechen dem intuitiven Verständnis von Betriebszeit.
  Bei einem vollkontinuierlichen Plan ergeben sich Werte um 168 h.
− Die berechnete durchschnittliche Besetzungsstärke hilft wenig bei der Gruppenbildung. Dies gilt besonders für Fälle mit stark variierenden Besetzungsstärken.

Festlegung der rechnerischen Besetzungsstärke auf ein bestimmtes Niveau:
+ Die Gruppenbildung wird in vielen Fällen deutlich erleichtert.
− Die sich daraus ergebende Bruttobetriebszeit entspricht nicht dem normalen Verständnis von Bruttobetriebszeit für die verwendete Planart. Sie zeigt nur die Bruttobetriebszeit, die bei dieser Besetzungsstärke und den jeweiligen Arbeitsstunden anfallen würde.

Spezialfälle   Als Spezialfälle sind zu berücksichtigen:
1. Übergabezeiten
2. Sehr viele, stark überlappende Schichten – vor allem in Dienstleistungsunternehmen sowie im Sozial- und Gesundheitswesen
3. Reserve-, Instandhaltungs- und Werkstattschichten

Bei der Festlegung der Besetzungsstärke auf ein bestimmtes Niveau können bei den Übergabezeiten auch Werte von deutlich mehr als 168 h für kontinuierliche Pläne herauskommen. Noch stärker wäre dies der Fall, wenn es sehr viele Schichten gäbe, die sich stark überlappen, bzw. bei Reserve-, Instandhaltungs- und Werkstattschichten. Die Bruttobetriebszeit würde dann zunehmend ein Hilfskonstrukt für die Planentwicklung, das nur mehr wenig mit der Planart zu tun hätte. Daher wird in den beiden letzten Fällen eher mit dem Konzept der durchschnittlichen Besetzungsstärke gearbeitet.

Hinweis   In diesem Buch wird die Bruttobetriebszeit bei Komplexen Plänen immer über die durchschnittliche Besetzungsstärke bestimmt.

C.4.7.c) Allgemeines Verfahren zur Bestimmung möglicher Gruppenkombinationen bei unterschiedlichen Besetzungsstärken

Anmerkung   Bei uneinheitlicher Besetzungsstärke entstehen leicht komplizierte Planungssituationen. Meist werden kleine und dafür viele Gruppen benötigt, um die verschiedenen Besetzungsstärken modellieren zu können.

	Verfahren	Beispiel
1.	Bestimmung des Personalbedarfs *Beispiel:*	

Schichtart	Häufigkeit	*	(Dauer − unbezahlte Pausen)	*	Besetzungsstärke	=	Arbeitsstunden je Schichtart
Frühschicht	6	*	(8,00 h − 0,50 h)	*	8 Personen	=	360,00 h
Spätschicht	5	*	(8,00 h − 0,50 h)	*	6 Personen	=	225,00 h
Nachtschicht	5	*	(8,00 h − 0,50 h)	*	5 Personen	=	187,50 h
Arbeitsstunden pro Woche gesamt (Summe)						=	772,50 h
Soll-WAZ							38,50 h
Personalbedarf = $\dfrac{\text{Arbeitsstunden pro Woche gesamt}}{\text{Soll-WAZ}}$						=	20,06 Personen

2.	Suche nach zwei Zahlen *a* und *b*, sodass 1. *a* * *b* ≈ Personalbedarf 2. *a* möglichst klein ist 3. *a* Teiler des Personalbedarfs ist 4. *b* Teiler **aller** Besetzungsstärken ist	*Das Zahlenpaar **a** = 20 und **b** = 1 ist die einzig mögliche Lösung, da die Besetzungsstärken von 8, 6 und 5 Personen keinen anderen gemeinsamen Teiler als 1 haben.* *Wären die Besetzungsstärken 8, 6 und 4 und wäre die Sollwochenarbeitszeit etwas niedriger, sodass auch wieder 20 Personen erforderlich wären, könnte **a** = 10 und **b** = 2 verwendet werden, da 2 ein Teiler von 8, 6 und 4 ist.*
	Die Planung erfolgt mit den *a* Schichtgruppen so, dass jede Schicht mit der entsprechenden Besetzungsstärke abgedeckt ist. Die Planlänge ist gleich der Anzahl der Gruppen *a*.	*Planung mit 20 Gruppen*

Hinweise Zur Ermöglichung einer besseren Gruppenbildung kann versucht werden, den Personalbedarf leicht zu erhöhen bzw. zu senken und/oder die Besetzungsstärken anzupassen, sodass *b* größer werden kann.

Die daraus resultierenden Wochenarbeitszeiten können direkt berechnet werden:

$$WAZ = \frac{Arbeitsstunden}{Personen}$$

(Achtung: Bei der Veränderung der Besetzungsstärken müssen die Arbeitsstunden neu berechnet werden!)

Die minimale mögliche Zykluslänge wird aus der Voranalyse bestimmt. Aufgrund der Gruppenbildung kann die tatsächlich erreichbare minimale Zykluslänge ein Vielfaches davon betragen.

Bei der Plangestaltung ist es oft lohnend, den Plan zuerst mit einer einheitlich höheren Besetzungsstärke zu entwickeln und dann einzelne Schichten herauszustreichen. Der Unterschied zur Planung mit Übergroßen Gruppen kann sich hier schnell verwischen.

C.4.7.d) Allgemeines Verfahren zur Bestimmung möglicher Übergroßer Gruppen bei unterschiedlichen Besetzungsstärken

Übergroße Gruppen sind in der Regel nur für kleinere Schwankungen der Besetzungsstärke geeignet.

	Verfahren	Beispiel
1.	Bestimmung des Personalbedarfs	

Beispiel:

Schichtart	Häufigkeit	*	(Dauer −	unbezahlte Pausen)	*	Besetzungsstärke	=	Arbeitsstunden je Schichtart
Frühschicht	5	*	(8,00 h −	0,00 h)	*	7 Personen	=	280,00 h
	1	*	(8,00 h −	0,00 h)	*	4 Personen	=	32,00 h
Spätschicht	5	*	(8,00 h −	0,00 h)	*	6 Personen	=	240,00 h
Nachtschicht	4	*	(8,00 h −	0,00 h)	*	6 Personen	=	192,00 h
	1	*	(8,00 h −	0,00 h)	*	4 Personen	=	32,00 h
Arbeitsstunden pro Woche gesamt (Summe)							=	**744,00 h**
Soll-WAZ								**37,00 h**

$$\text{Personalbedarf} = \frac{\text{Arbeitsstunden pro Woche gesamt}}{\text{Soll-WAZ}} = 20{,}11\ \text{Personen}$$

	Verfahren	Beispiel
2.	Bestimmung der Gruppenanzahl	Da 3 Schichtarten von Mo–Fr/Sa abgedeckt werden müssen, sind 3 Übergroße Gruppen mit jeweils 7 Personen erforderlich. Die Wochenarbeitszeit sinkt daher auf: $$WAZ = \frac{\text{Arbeitsstunden}}{\text{Personen}} = \frac{744{,}00\ h}{21\ \text{Personen}} = 35{,}43\ h$$
3.	Kontrolle, ob die Anzahl der Personen der Übergroßen Gruppe mindestens so hoch ist wie die maximale Besetzungsstärke	Die Gruppenstärke von 7 Personen entspricht der maximalen Besetzungsstärke.

Der Teilplan für die Gruppe A und ihre Teilgruppen A.1–A.7 sieht in der Kurzdarstellung wie folgt aus:

	1 Mo	1 Di	1 Mi	1 Do	1 Fr	1 Sa	1 So	2 Mo	2 Di	2 Mi	2 Do	2 Fr	2 Sa	2 So	3 Mo	3 Di	3 Mi	3 Do	3 Fr	3 Sa	3 So
A.1	F	F	F	F	F				S	S	S				N	N	N	N	N		
A.2	F	F	F	F	F	F		S	S	S	S	S			N	N	N	N			
A.3	F	F	F	F	F	F		S	S						N	N	N	N			
A.4	F	F	F	F	F			S	S	S	S	S				N	N	N			
A.5	F	F	F	F	F			S	S	S	S	S			N	N	N	N	N		
A.6	F	F	F	F	F	F		S	S	S	S	S			N	N					
A.7	F	F	F	F	F			S	S	S	S	S			N	N	N	N	N		

Hinweise   Die minimale mögliche Zykluslänge wird aus der Voranalyse bestimmt. Aufgrund der Gruppenbildung kann die tatsächlich erreichbare minimale Zykluslänge ein Vielfaches davon sein.

Bei der Plangestaltung ist es oft lohnend, den Plan zuerst mit einer einheitlich höheren Besetzungsstärke zu entwickeln und dann einzelne Schichten herauszustreichen.

C.4.8 Wie berücksichtige ich Qualifikationsanforderungen?

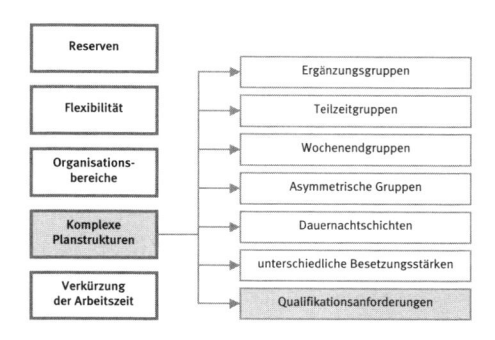

Der Schichtplan muss sicherstellen, dass die erforderlichen Qualifikationen zu allen Zeitpunkten vorhanden sind. Je nach Planstruktur ergeben sich daraus unterschiedlich komplexe Planungsprobleme.

Klassische Gruppen Bei Klassischen Gruppen taucht diese Aufgabe nur im Rahmen der Gruppenbildung auf und ist meist einfach zu bewältigen.

Übergroße Gruppen Auch bei Übergroßen Gruppen reichen in der Regel die üblichen Vertretungsstrukturen und Arten der Reservebildung.

Gruppenkombination Bei Gruppenkombinationen muss sehr sorgfältig darauf geachtet werden, dass die erforderlichen Qualifikationen zu allen Zeitpunkten eingeplant sind. Durch entsprechende Plangestaltung, z.B. durch die richtige Auswahl der Basisfolgen, ist dies in vielen Fällen trotzdem einfach möglich. Der Quotient aus

$$\frac{\text{Anzahl der Gruppen}}{\text{Anzahl gleichzeitig anwesender Gruppen}}$$

wird auf die nächstgrößere ganze Zahl aufgerundet und mit der Zahl der je Schicht erforderlichen Qualifikationen (Meister bzw. Spezialisten) multipliziert.

Bei einem Plan mit einer 13:3-Gruppenkombination, bei dem pro Schicht 2 Personen mit Spezialqualifikation anwesend sein müssen, errechnet sich der Bedarf:

$$\frac{13 \text{ Gruppen}}{3 \text{ Gruppen}} * 2 \text{ Qualifikationen pro Schicht} \sim 9 \text{ Personen mit Qualifikation}$$

Die Qualifikationen müssen so auf die Gruppen verteilt werden, dass immer die entsprechende Anzahl an Personen mit den jeweiligen Qualifikationen anwesend ist.

Beispiel *In einem Betrieb waren bis jetzt die Gruppen A, B, C, D im Einsatz. Es soll auf ein 9:2-Modell umgestellt werden. Die Hälfte der Personen hat die Qualifikation X, die andere Hälfte die Qualifikation Y. Der neue Plan hat die Basisfolge* `FFSSNN---`. *Die folgende Graphik zeigt die ersten 3 Wochen des 9-wöchigen Plans:*

vollkontinuierlich
Gruppenkombination
WAZ 37,33 h
F, S, N 8,00 h
Brutto-BZ 168,00 h
Zyklus 9 Wo
Einsätze 4,67 / Wo

	1 Mo	1 Di	1 Mi	1 Do	1 Fr	1 Sa	1 So	2 Mo	2 Di	2 Mi	2 Do	2 Fr	2 Sa	2 So	3 Mo	3 Di	3 Mi	3 Do	3 Fr	3 Sa	3 So
A.1	F	F	S	S	N	N			F	F	S	S	N	N			F	F	S	S	N
A.2	F	S	S	N	N			F	F	S	S	N	N			F	F	S	S	N	N
B.1	S	S	N	N			F	F	S	S	N	N			F	F	S	S	N		
B.2	S	N	N			F	F	S	S	N	N			F	F	S	S	N	N		
C.1	N	N			F	F	S	S	N	N			F	F	S	S	N	N			
C.2	N			F	F	S	S	N	N			F	F	S	S	N	N				
D.1			F	F	S	S	N	N			F	F	S	S	N	N					
D.2		F	F	S	S	N	N			F	F	S	S	N	N						F
E		F	F	S	S	N	N			F	F	S	S	N	N					F	F

Es werden nun die Personen mit der Qualifikation X den Teilgruppen A.1, B.1, C.1, D.1 zugeordnet. Die Qualifikation Y wird den Teilgruppen A.2, B.2, C.2, D.2 zugeordnet.

Starten die Teilgruppen gemäß oben stehender Planskizze, ist immer sichergestellt, dass beide Qualifikationen eingeplant sind.

Der einzig zu berücksichtigende Sonderfall ist die neue 9. Gruppe, die beide Qualifikationen haben muss.

Komplexe Plan-strukturen

Ergänzungsgruppen müssen die Summe der Qualifikationen jener Stammgruppen haben, die sie zeitweise ersetzen sollen.

Teilzeitgruppen müssen die gesamte Qualifikationsstruktur widerspiegeln. Dies bedeutet, dass die Zahl der erforderlichen Qualifikationen sehr rasch anwachsen kann, wenn massiv auf Teilzeitmodelle zurückgegriffen wird. Gleichzeitig besteht aber mehr Flexibilitätsspielraum.

Asymmetrische Gruppen unterscheiden sich nur durch die Art und Häufigkeit der Schichten, in denen sie eingesetzt werden. Wenn Qualifikationsanforderungen nicht von Schichtart zu Schichtart variieren, muss jede der Asymmetrischen Schichtgruppen ebenfalls die gesamte Qualifikationsstruktur widerspiegeln.

Hinweis Generell erlaubt eine breitere Qualifikation auch mehr Spielraum bei der Plangestaltung bzw. führt zu geringeren Personalerhöhungen, weil die einzelnen Personen mehrere Funktionen übernehmen können.

C.4.8.a) Beispiel 1

Aufgabe[11] In einem vollkontinuierlichen Betrieb sollen die Mitarbeiter auch regelmäßig Werkstattschichten übernehmen, wobei bei diesen Einsätzen immer 2 Personen mit besonderer Qualifikation (z.B. Schweißerprüfung) benötigt werden. Insgesamt sollen 4 Personen in der Werkstatt arbeiten. Die in Schichtarbeit betreuten Bereiche erfordern eine Besetzungsstärke von 3 Personen.

Derzeit arbeiten im Betrieb 8 Personen mit der besonderen Qualifikation und 11 ohne diese Qualifikation. Die Länge der Schichtarten soll jeweils 8 h betragen.

Zusätzlich werden folgende Anforderungen an das Schichtmodell gestellt:
- maximal 37,5 h Wochenarbeitszeit
- möglichst regelmäßige Schichtfolgen
- möglichst ähnliche Schichtfolgen für alle Personen
- nicht mehr als 3 Nachtschichten in Folge

Basisschritte Festlegung der Schichtarten und Besetzungsstärken:

				unbezahlte Pause	Besetzungsstärken in den einzelnen Schichten						
Kurz	Bezeichnung	Beginn	Ende	u.P.	Mo	Di	Mi	Do	Fr	Sa	So
F	Frühschicht	06:00	14:00	0	3	3	3	3	3	3	3
S	Spätschicht	14:00	22:00	0	3	3	3	3	3	3	3
N	Nachtschicht	22:00	06:00	0	3	3	3	3	3	3	3
W	Werkstatt	07:00	15:00	0	2	2	2	2	2	2	2
Wq	Werkstatt-Quallifikation	07:00	15:00	0	2	2	2	2	2	2	2

---

[11] Das Beispiel folgt der Fallstudie in (Wahl und Gärtner; 1998).

Die Bruttobetriebzeit und der Personalbedarf werden über die Arbeitsstunden und die durchschnittliche Besetzungsstärke ermittelt:

Schichtart	Häufigkeit	*	(Dauer − unbezahlte Pausen)	*	Besetzungsstärke	=	Arbeitsstunden je Schichtart
Frühschicht	7	*	(8,00 h − 0,00 h)	*	3 Personen	=	168,00 h
Spätschicht	7	*	(8,00 h − 0,00 h)	*	3 Personen	=	168,00 h
Nachtschicht	7	*	(8,00 h − 0,00 h)	*	3 Personen	=	168,00 h
Werkstatt-Qualifikation	7	*	(8,00 h − 0,00 h)	*	2 Personen	=	112,00 h
Werkstatt	7	*	(8,00 h − 0,00 h)	*	2 Personen	=	112,00 h
durchschnittliche Besetzungsstärke						=	4,33 Personen
Arbeitsstunden pro Woche gesamt (Summe)						=	728,00 h
Brutto-BZ = $\dfrac{\text{Arbeitsstunden pro Woche gesamt}}{\text{durchschnittliche Besetzungsstärke}}$						=	168,00 h
Soll-WAZ							37,50 h
Personalbedarf = $\dfrac{\text{Arbeitsstunden pro Woche gesamt}}{\text{Soll-WAZ}}$						≥	19,41 Personen

Wahl der Planstruktur An jedem Tag sind 5 verschiedene Schichtarten, die sich nicht nur in der Besetzungsstärke, sondern auch in den Qualifikationsanforderungen unterscheiden, zu besetzen.

Da nicht jede Gruppe jeden Tag 1-mal eingeteilt werden kann, sind nicht nur 5, sondern mindestens 6 Gruppen erforderlich.

Die Einfache Planstruktur Klassische Gruppen scheidet aus, da sie mit 7 Gruppen zu je 3 Personen arbeiten müsste. Die Planstruktur Übergroße Gruppen müsste entweder mit 6 Gruppen zu je 4 Personen oder mit 7 Gruppen zu je 3 Personen arbeiten und scheidet daher ebenfalls aus.

Die Planstruktur Gruppenkombination mit 20 Personen, von denen jeweils 3 Personen in den Schichtarten F, S und N sowie jeweils 2 Personen in den Schichtarten Wq und W anwesend sind, ist sehr gut geeignet.

Plangestaltung Der Gesamtplan wird in 2 Einfache Pläne zerlegt, indem die 20 Personen in 2 Gruppen aufgeteilt werden:
Gruppe A ... 8 Personen mit besonderer Qualifikation
Gruppe B ... 12 Personen ohne besondere Qualifikation

Für jede dieser Gruppen wird ein eigener Plan erstellt, wobei darauf zu achten ist, dass im Gesamtplan immer 1 Person aus der Gruppe A und 1 Person aus der Gruppe B pro Schicht anwesend sind. Der Gesamtplan besteht aus:

- Teilplan A für die Personen mit der besonderen Qualifikation, der mit der Basisfolge
  ```
  FFSSNN----FFSSNN----WqWqWqWq--WqWqWqWq--
  ```
  entwickelt wird und zu 35 h Wochenarbeitszeit führt, und

- Teilplan B für die Personen ohne die besondere Qualifikation, der mit der Basisfolge
  ```
  FFSSNN----FFSSNN----FFSSNN--WWWW--FFSSNN--WWWW--
  ```
  entwickelt wird und zu 37,3 h Wochenarbeitszeit führt.

Basisvariante Die folgende Darstellung zeigt einen 8-wöchigen Ausschnitt des Gesamtplans:

Teilplan A

vollkontinuierlich
Gruppenkombination
Werkstatt-Qual.
WAZ   35,00 h
F, S, N, Wq   8,00 h
Brutto-BZ   168,00 h
Zyklus   32 Wo
Einsätze   4,38 / Wo

Teilplan B

vollkontinuierlich
Gruppenkombination
Werkstatt
WAZ   37,33 h
F, S, N, W   8,00 h
Brutto-BZ   168,00 h
Zyklus   48 Wo
Einsätze   4,67 / Wo

	1 Mo	1 Di	1 Mi	1 Do	1 Fr	1 Sa	1 So	2 Mo	2 Di	2 Mi	2 Do	2 Fr	2 Sa	2 So	3 Mo	3 Di	3 Mi	3 Do	3 Fr	3 Sa	3 So	4 Mo	4 Di	4 Mi	4 Do	4 Fr	4 Sa	4 So
A.1	F	F	S	S	N	N					F	F	S	S	N	N									Wq	Wq	Wq	Wq
A.2	N	N					F	F	S	S	N	N							Wq	Wq	Wq	Wq			Wq	Wq	Wq	Wq
A.3			F	F	S	S	N	N							Wq	Wq	Wq	Wq			Wq	Wq	Wq	Wq			F	F	S	S
A.4	S	S	N	N							Wq	Wq	Wq	Wq			Wq	Wq	Wq	Wq			F	F	S	S	N	N
A.5					Wq	Wq	Wq	Wq			Wq	Wq	Wq	Wq			F	F	S	S	N	N					F	F
A.6	Wq	Wq	Wq	Wq			Wq	Wq	Wq	Wq			F	F	S	S	N	N			F	F	S	S	N	N		
A.7			Wq	Wq	Wq	Wq			F	F	S	S	N	N			F	F	S	S	N	N						
A.8	Wq	Wq			F	F	S	S	N	N					F	F	S	S	N	N					Wq	Wq	Wq	Wq
B.1	F	F	S	S	N	N					F	F	S	S	N	N					F	F	S	S	N	N		
B.2	N	N					F	F	S	S	N	N					F	F	S	S	N	N			W	W	W	W
B.3			F	F	S	S	N	N					F	F	S	S	N	N			W	W	W	W			F	F
B.4	S	S	N	N					F	F	S	S	N	N			W	W	W	W			F	F	S	S	N	N
B.5					F	F	S	S	N	N			W	W	W	W			F	F	S	S	N	N			W	W
B.6	F	F	S	S	N	N			W	W	W	W			F	F	S	S	N	N			W	W	W	W		
B.7	N	N			W	W	W	W			F	F	S	S	N	N			W	W	W	W			F	F	S	S
B.8	W	W	W	W			F	F	S	S	N	N			W	W	W	W			F	F	S	S	N	N		
B.9			F	F	S	S	N	N			W	W	W	W			F	F	S	S	N	N					F	F
B.10	S	S	N	N			W	W	W	W			F	F	S	S	N	N					F	F	S	S	N	N
B.11			W	W	W	W			F	F	S	S	N	N					F	F	S	S	N	N				
B.12	W	W			F	F	S	S	N	N					F	F	S	S	N	N					F	F	S	S

	5 Mo	5 Di	5 Mi	5 Do	5 Fr	5 Sa	5 So	6 Mo	6 Di	6 Mi	6 Do	6 Fr	6 Sa	6 So	7 Mo	7 Di	7 Mi	7 Do	7 Fr	7 Sa	7 So	8 Mo	8 Di	8 Mi	8 Do	8 Fr	8 Sa	8 So
A.1	Wq	Wq									F	F	S	S	N	N									Wq	Wq	Wq	Wq
A.2	F	F	S	S	N	N									F	F	S	S	N	N			Wq	Wq	Wq	Wq		
A.3	N	N					F	F	S	S	N	N							Wq	Wq	Wq	Wq			Wq	Wq	Wq	Wq
A.4			F	F	S	S	N	N							Wq	Wq	Wq	Wq			Wq	Wq	Wq	Wq			F	F
A.5	S	S	N	N							Wq	Wq	Wq	Wq			Wq	Wq	Wq	Wq			F	F	S	S		
A.6					Wq	Wq	Wq	Wq			Wq	Wq	Wq	Wq			F	F	S	S	N	N					F	F
A.7	Wq	Wq	Wq	Wq			Wq	Wq	Wq	Wq			F	F	S	S	N	N			F	F	S	S	N	N		
A.8			Wq	Wq	Wq	Wq			F	F	S	S	N	N			F	F	S	S	N	N						
B.1	W	W	W	W			F	F	S	S	N	N			W	W	W	W			F	F	S	S	N	N		
B.2			F	F	S	S	N	N			W	W	W	W			F	F	S	S	N	N					F	F
B.3	S	S	N	N			W	W	W	W			F	F	S	S	N	N					F	F	S	S	N	N
B.4			W	W	W	W			F	F	S	S	N	N					F	F	S	S	N	N				
B.5	W	W			F	F	S	S	N	N					F	F	S	S	N	N					F	F	S	S
B.6	F	F	S	S	N	N					F	F	S	S	N	N					F	F	S	S	N	N		
B.7	N	N					F	F	S	S	N	N					F	F	S	S	N	N			W	W	W	W
B.8			F	F	S	S	N	N					F	F	S	S	N	N			W	W	W	W			F	F
B.9	S	S	N	N					F	F	S	S	N	N			W	W	W	W			F	F	S	S	N	N
B.10					F	F	S	S	N	N			W	W	W	W			F	F	S	S	N	N			W	W
B.11	F	F	S	S	N	N			W	W	W	W			F	F	S	S	N	N			W	W	W	W		
B.12	N	N			W	W	W	W			F	F	S	S	N	N			W	W	W	W			F	F	S	S

Plan-   + Die Wochenarbeitszeit ist in beiden Teilplänen geringer als 37,5 h.
beurteilung   + Der Plan arbeitet mit regelmäßigen Schichtfolgen. Die Arbeitsblöcke sind entweder Schichtblöcke der Form `FFSSNN--` oder 4-tägige Werkstattschichtblöcke.
+ Die Schichtfolgen der Teilpläne A und B sind ähnlich.
+ Die Nachtschichtblöcke dauern maximal 2 Tage.
− Die Zykluslängen des Gesamtplans und der Teilpläne sind beträchtlich:

    Plan A .... 32 Wochen
    Plan B .... 48 Wochen
    Gesamtplan ... 96 Wochen

− Die Gruppen A.1–A.8 haben eine wesentlich geringere Wochenarbeitszeit als die Gruppen B.1–B.12.
− Die Gruppen A.1–A.8 leisten verhältnismäßig mehr Werkstattschichten und dafür weniger Früh-, Spät- und Nachtschichten als die Gruppen B.1–B.12.
− Die Wochenendsituation ist leicht unterschiedlich:

    Gruppe A ... 8 freie Wochenenden in 32 Wochen (24 in 96 Wochen)
    Gruppe B ... 10 freie Wochenenden in 48 Wochen (20 in 96 Wochen)

Verbesserungsmöglichkeit   Wenn die Zahl der Personen mit der besonderen Qualifikation nur leicht erhöht werden kann, nämlich von 8 auf 10 Personen, wird ein viel einfacherer Plan möglich, der die Unterschiede in der Wochenarbeitszeit und der Verteilung von Früh-, Spät- und Nachtschichten zwischen den beiden Qualifikationsgruppen eliminiert.

Die 20 Personen werden nun in 2 Gruppen A und B zu je 10 Personen aufgeteilt, wobei die Gruppe A jene Personen mit besonderer Qualifikation umfasst. Für jede dieser Gruppen wird wiederum ein eigener Plan erstellt.
Der Teilplan A für die Gruppe A wird mit der Basisfolge
    `FFFSSS--NNN---WqWqWqWq--`
entwickelt und der Teilplan B für die Gruppe B mit der Basisfolge
    `FFFSSS--NNN---WWWW--`.
Beide Teilpläne haben eine Zykluslänge von 20 Wochen und führen zu 36,4 h Wochenarbeitszeit.

Teilplan A

vollkontinuierlich
Gruppenkombination
Werkstatt-Qual.
WAZ   36,40 h
F, S, N, Wq   8,00 h
Brutto-BZ   168,00 h
Zyklus   20 Wo
Einsätze   4,55 /Wo

Teilplan B

vollkontinuierlich
Gruppenkombination
Werkstatt
WAZ   36,40 h
F, S, N, W   8,00 h
Brutto-BZ   168,00 h
Zyklus   20 Wo
Einsätze   4,55 /Wo

Die folgende Darstellung zeigt einen 4-wöchigen Ausschnitt des Gesamtplans:

	1 Mo	1 Di	1 Mi	1 Do	1 Fr	1 Sa	1 So	2 Mo	2 Di	2 Mi	2 Do	2 Fr	2 Sa	2 So	3 Mo	3 Di	3 Mi	3 Do	3 Fr	3 Sa	3 So	4 Mo	4 Di	4 Mi	4 Do	4 Fr	4 Sa	4 So
A.1	F	F	F	S	S	S			N	N	N				Wq	Wq	Wq	Wq		F	F	F	S	S	S			
A.2	F		S	S	S			N	N	N						Wq	Wq	Wq	Wq			F	F	F	S	S	S	
A.3	S	S				N	N	N						Wq	Wq	Wq	Wq				F	F	F	S	S	S		
A.4				N	N	N						Wq	Wq	Wq	Wq			F	F	F	S	S	S				N	N
A.5	N	N	N					Wq	Wq	Wq	Wq			F	F	F	S	S	S				N	N	N			Wq	Wq
A.6	N					Wq	Wq	Wq	Wq			F	F	F	S	S	S				N	N	N					Wq	Wq	Wq	Wq
A.7				Wq	Wq	Wq	Wq			F	F	F	S	S	S				N	N	N					Wq	Wq	Wq	Wq
A.8	Wq	Wq	Wq	Wq			F	F	F	S	S	S				N	N	N					Wq	Wq	Wq	Wq			F	F
A.9	Wq	Wq			F	F	F	S	S	S				N	N	N					Wq	Wq	Wq	Wq			F	F	F	S
A.10		F	F	F	S	S	S				N	N	N					Wq	Wq	Wq	Wq			F	F	F	S	S	S
B.1		F	F	F	S	S	S				N	N	N		W	W	W	W			F	F	F	S	S	S			
B.2	F	F	S	S	S				N	N	N				W	W	W	W			F	F	F	S	S	S			N
B.3	S	S	S			N	N	N					W	W	W	W			F	F	F	S	S	S			N	N
B.4	S				N	N	N					W	W	W	W			F	F	F	S	S	S				N	N	N
B.5			N	N	N					W	W	W	W			F	F	F	S	S	S				N	N	N			W
B.6	N	N				W	W	W	W			F	F	F	S	S	S				N	N	N			W	W	W
B.7			W	W	W	W			F	F	F	S	S	S				N	N	N					W	W	W	W
B.8		W	W	W	W			F	F	F	S	S	S				N	N	N				W	W	W	W			F
B.9	W	W			F	F	F	S	S	S				N	N	N					W	W	W	W			F	F	F
B.10	W			F	F	F	S	S	S				N	N	N					W	W	W	W			F	F	S	S

Planbeurteilung

+ Die Wochenarbeitszeit ist in beiden Teilplänen geringer als 37,5 h.
+ Der Plan arbeitet mit regelmäßigen Schichtfolgen. Die Arbeitsblöcke sind entweder Schichtblöcke der Form `FFFSSS--NNN---` oder 4-tägige Werkstattschichtblöcke.
+ Die Schichtfolgen der Teilpläne A und B sind abgesehen von der Qualifikation in der Werkstattschicht gleich.
+ Die Nachtschichtblöcke dauern maximal 3 Tage, allerdings sind sie um einen Tag länger als in der Basisvariante.
+ Die Zykluslängen des Gesamtplans und der Teilpläne sind gleich lang (jeweils 20 Wochen) und wesentlich kürzer als in der Basisvariante.
+ Die Gruppen A und B haben die gleiche Wochenarbeitszeit.
+ Die Gruppen A und B leisten gleich viele Werkstattschichten, die sich nur in der dafür erforderlichen Qualifikation unterscheiden, sowie gleich viele Früh-, Spät- und Nachtschichten.
− Die Wochenendsituation hat sich bei beiden Gruppen leicht verschlechtert, da die Schichtfolgen keine 4-tägigen Freizeitblöcke mehr enthalten. Beide Gruppen haben 4 freie Wochenenden in 20 Wochen.

C.4.8.b) Beispiel 2

Aufgabe In einem Betrieb sollen verschiedene Bereiche, die unterschiedliche Qualifikationen erfordern, in einen Gesamtplan integriert werden:

Produktionsbereich I ..... Qualifikation 1 = Q1, vollkontinuierlicher Betrieb
Produktionsbereich II .... Qualifikation 2 = Q2, vollkontinuierlicher Betrieb
Verladung .... Qualifikation 3 = Q3, diskontinuierlicher Betrieb

Derzeit arbeiten im Betrieb 14 Personen mit folgender Qualifikationsstruktur:

Person	Qualifikationen	Person	Qualifikationen
A	Q1	H	Q2;Q3
B	Q1	I	Q1;Q2
C	Q1	J	Q1;Q2
D	Q1	K	Q1;Q2
E	Q2;Q3	L	Q3
F	Q2;Q3	M	Q3
G	Q2;Q3	N	Q3

Zusätzlich werden folgende Anforderungen an das Schichtmodell gestellt:
- in den beiden Produktionsbereichen 7,5 h-Schichten (da 30 min Pause keine Störung des Betriebsablaufs bedeuten), im Verladungsbereich sind längere Schichten möglich
- ca. 37,5 h Wochenarbeitszeit
- nicht mehr als 3 Nachtschichten in Folge

Basisschritte Die Schichtarten und die erforderlichen Besetzungsstärken für die einzelnen Bereiche sind der folgenden Tabelle zu entnehmen (die Zahl hinter der Bezeichnung der Schichtart bezieht sich auf die erforderliche Qualifikation, z.B. F1 = eine Frühschicht, die mit der Qualifikation Q1 besetzt ist):

Besetzungsstärken
unbezahlte Pause in den einzelnen Schichten

Kurz	Bezeichnung	Beginn	Ende	u.P.	Mo	Di	Mi	Do	Fr	Sa	So
F1	Frühschicht - Produktionsbereich I	06:00	14:00	30	1	1	1	1	1	1	1
S1	Spätschicht - Produktionsbereich I	14:00	22:00	30	1	1	1	1	1	1	1
N1	Nachtschicht - Produktionsbereich	22:00	06:00	30	1	1	1	1	1	1	1
F2	Frühschicht - Produktionsbereich II	06:00	14:00	30	2	2	2	2	2	2	1
S2	Spätschicht - Produktionsbereich II	14:00	22:00	30	2	2	2	2	2	2	1
N2	Nachtschicht - Produktionsbereich	22:00	06:00	30	1	1	1	1	1	1	1
F3	Frühschicht - Verladung	06:00	15:00	30	2	2	2	1	1	1	/
S3	Spätschicht - Verladung	15:00	23:00	30	1	1	2	1	1	/	/

Der Personalbedarf wird gegliedert nach Bereichen errechnet:

Schichtart	Häufigkeit	*	(Dauer − unbezahlte Pausen)	*	Besetzungsstärke	=	Arbeitsstunden je Schichtart	Personalbedarf
F1	7	*	(8,00 h − 0,50 h)	*	1 Personen	=	52,50 h	
S1	7	*	(8,00 h − 0,50 h)	*	1 Personen	=	52,50 h	
N1	7	*	(8,00 h − 0,50 h)	*	1 Personen	=	52,50 h	
Produktionsbereich I							157,50 h	4,20 Personen
F2	6	*	(8,00 h − 0,50 h)	*	2 Personen	=	90,00 h	
F2	1	*	(8,00 h − 0,50 h)	*	1 Personen	=	7,50 h	
S2	6	*	(8,00 h − 0,50 h)	*	2 Personen	=	90,00 h	
S2	1	*	(8,00 h − 0,50 h)	*	1 Personen	=	7,50 h	
N2	7	*	(8,00 h − 0,50 h)	*	1 Personen	=	52,50 h	
Produktionsbereich II							247,50 h	6,60 Personen
F3	3	*	(9,00 h − 0,50 h)	*	2 Personen	=	51,00 h	
F3	3	*	(9,00 h − 0,50 h)	*	1 Personen	=	25,50 h	
S3	1	*	(8,00 h − 0,50 h)	*	2 Personen	=	15,00 h	
S3	4	*	(8,00 h − 0,50 h)	*	1 Personen	=	30,00 h	
Verladung							121,50 h	3,24 Personen
Arbeitsstunden pro Woche gesamt (Summe)						=	526,50 h	
Soll-WAZ							37,50 h	
Personalbedarf = $\dfrac{\text{Arbeitsstunden pro Woche gesamt}}{\text{Soll-WAZ}}$						=		14,04 Personen

Wahl der Planstruktur Da die Besetzungsstärken zwischen 1–2 Personen je Bereich variieren, erübrigt sich die Bildung Klassischer Gruppen. Die einzelnen Personen müssen mittels Gruppenkombination je nach Bereich zu den erforderlichen Besetzungsstärken kombiniert werden. Es wird mit 14 Personen, die den Bereichen wie folgt zugeordnet werden, gearbeitet:

Produktionsbereich I .... 4 Personen

Produktionsbereich II .... 7 Personen

Verladung .... 3 Personen

Fast die Hälfte der Personen besitzt 2 Qualifikationen. Diese Mehrfachqualifikationen erleichtern das planmäßige Aushelfen in anderen Bereichen.

Vorgehen Plangestaltung

Zuerst wird für die den einzelnen Bereichen zugeordnete Personenanzahl eine Schichtfolge entwickelt, die den jeweiligen Bereich möglichst gut abdeckt.

Ferner wird bestimmt, ob ein Bereich planmäßige personelle Unterstützung aus anderen Bereichen benötigt.

Danach werden die Personen den einzelnen Bereichen so zugeordnet, dass die geplanten "Aushilfen" ermöglicht werden.

Beim Verschieben von Schichten aus einem Bereich in einen anderen wird darauf geachtet, dass die Zahl der Nachtschichten möglichst gleichmäßig verteilt ist.

Die Reihenfolge der Planung der einzelnen Bereiche wird so gewählt, dass die kritischen und seltenen Qualifikationen zuerst geplant werden. In diesem Fall beginnt die Planung beim Produktionsbereich I.

Produktionsbereich I

Dieser Bereich soll grundsätzlich mit 4 Personen, welche die Qualifikation 1 aufweisen, abgedeckt werden. Um die Wochenarbeitszeit auf 37,5 h zu senken, werden in einem 8-wöchigen Schichtzyklus insgesamt 8 Nachtschichteinsätze in den Produktionsbereich II, in dem verhältnismäßig weniger Nachtschichten geleistet werden müssen, verschoben. Dadurch müssen die Personen A–D in 8 Wochen jeweils 2 Nachtschichten weniger arbeiten.

Die Kurzdarstellung des Teilplans 1:

vollkontinuierlich
Klassische Gruppen
WAZ 37,50 h
F1, S1, N1 7,50 h
Brutto-BZ 168,00 h
Zyklus 8 Wo
Einsätze 5,00 /Wo

	1 Mo	1 Di	1 Mi	1 Do	1 Fr	1 Sa	1 So	2 Mo	2 Di	2 Mi	2 Do	2 Fr	2 Sa	2 So
A	F1	F1	S1	S1	N1	N1			F1	F1	S1	S1	N1	N1
B		F1	F1	S1	S1	N1	N1			F1	F1	S1	S1	
C	N1	N1			F1	F1	S1	S1	N1	N1			F1	F1
D	S1	S1	N1	N1			F1	F1	S1	S1				

Jede zweite Woche sind am Donnerstag und Freitag keine Nachtschichten eingeplant. Über 8 Wochen werden daher 8 Nachtschichten zusätzlich benötigt.

Produktionsbereich II

Dieser Bereich soll grundsätzlich mit 7 Personen, welche die Qualifikation 2 aufweisen, abgedeckt werden.

Für 4 dieser 7 Personen wird der Teilplan 2a entwickelt. Diese 4 Personen übernehmen jeweils 2-mal in einem 8-wöchigen Schichtzyklus eine Frühschicht im Verladebereich (**F3** jeweils am Mittwoch):

vollkontinuierlich
Klassische Gruppen
WAZ 37,75 h
F2, S2, N2 7,50 h
F3 8,50 h
Brutto-BZ 168,00 h
Zyklus 8 Wo
Einsätze 5,00 /Wo

	1 Mo	1 Di	1 Mi	1 Do	1 Fr	1 Sa	1 So	2 Mo	2 Di	2 Mi	2 Do	2 Fr	2 Sa	2 So
E	F2	F2	F2	S2					F2	F3	S2	S2	N2	N2
F			F3	F2	S2	S2	N2	N2			F2	F2	S2	S2
G	N2	N2			F2	F2	S2	S2	N2	N2			F2	F2
H	S2	S2	N2	N2			F2	F2	S2	S2	N2	N2		

Damit diese 4 Personen nicht eine zu hohe Wochenarbeitszeit erreichen, werden Nachtschichten zu den restlichen 3 Personen, die nach dem Teilplan 2b mit einer Zykluslänge von 6 Wochen arbeiten, verschoben. Gleichzeitig übernehmen diese Personen auch die fehlenden Nachtschichten aus dem Bereich der Produktionsanlage I.

fast kontinuierlich
Klassische Gruppen
WAZ 37,50 h
F2, S2 7,50 h
N1, N2 7,50 h
Brutto-BZ 168,00 h
Einsätze 5,00 /Wo

	1 Mo	1 Di	1 Mi	1 Do	1 Fr	1 Sa	1 So	2 Mo	2 Di	2 Mi	2 Do	2 Fr	2 Sa	2 So
I	F2	F2	S2	S2	N2	N2			F2	F2	F2	F2		
J	S2	S2	S2		F2	F2		S2	S2	S2	N1	N1		
K			F2	F2	S2	S2		F2	F2	F2	S2	S2	S2	

Damit ergeben sich für die Personen, die nach Teilplan 2a arbeiten, 37,75 h Wochenarbeitszeit und für die Personen, die nach Teilplan 2b arbeiten, 37,5 h Wochenarbeitszeit.

Über längere Zeiträume kann ein Wechsel zwischen den Personengruppen aus den Bereichen 2a und 2b organisiert werden, wenn die erforderlichen Qualifikationen vorhanden sind.

Verladung Für diesen Bereich wird ein 3-wöchiger Schichtplan entwickelt, der mit 3 Personen arbeitet. Der Teilplan 3 ergibt 37,67 h Wochenarbeitszeit:

diskontinuierlich
Gruppenkombination
WAZ 37,67 h
F3 8,50 h
S3 7,50 h
Brutto-BZ 168,00 h
Zyklus 3 Wo
Einsätze 4,67 /Wo

	1 Mo	1 Di	1 Mi	1 Do	1 Fr	1 Sa	1 So
L	F3	F3	F3	F3	F3	F3	
M	S3	S3	S3				
N	F3	F3	S3	S3	S3		

Gesamtplan Die folgende Darstellung zeigt einen Ausschnitt des Gesamtplans, der durch die Zusammenführung der einzelnen Teilpläne entsteht. Die Kurzdarstellungen der einzelnen Teilpläne sind dabei umrandet dargestellt:

	1 Mo	1 Di	1 Mi	1 Do	1 Fr	1 Sa	1 So	2 Mo	2 Di	2 Mi	2 Do	2 Fr	2 Sa	2 So	3 Mo	3 Di	3 Mi	3 Do	3 Fr	3 Sa	3 So
A	F1	F1	S1	S1	N1	N1			F1	F1	S1	S1	N1	N1			F1	F1	S1	S1	N1
B		F1	F1	S1	S1	N1	N1			F1	F1	S1	S1	N1	N1			F1	F1	S1
C	N1	N1			F1	F1	S1	S1	N1	N1			F1	F1	S1	S1	N1	N1			F1
D	S1	S1	N1	N1			F1	F1	S1	S1	N1	N1			F1	F1	S1	S1	N1	N1	
E	F2	F2	F2	S2					F2	F3	S2	S2	N2	N2			F3	F2	S2	S2	N2
F			F3	F2	S2	S2	N2	N2			F2	F2	S2	S2	N2	N2			F2	F2	S2
G	N2	N2			F2	F2	S2	S2	N2	N2			F2	F2	S2	S2	N2	N2			F2
H	S2	S2	N2	N2			F2	F2	S2	S2	N2	N2			F2	F2	S2	S2			
I	F2	F2	S2	S2	N2	N2			F2	F2	F2	F2			S2	S2	S2		F2	F2	F2
J	S2	S2	S2		F2	F2		S2	S2	S2	N1	N1					F2	F2	S2	S2	
K			F2	F2	S2	S2		F2	F2	F2	S2	S2	S2		F2	F2	S2	S2	N2	N2	
L	F3	F3	F3	F3	F3	F3			S3	S3	S3				F3	F3	F3	F3	S3	S3	
M	S3	S3	S3					F3	F3	F3	S3	S3			F3	F3	F3	F3	F3	F3	
N	F3	F3	S3	S3	S3			F3	F3	F3	F3	F3	F3		S3	S3	S3				

Teilplan 1 → A, B, C, D
Teilplan 2a → E, F, G, H
Teilplan 2b → I, J, K
Teilplan 3 → L, M, N

Plan-
beurteilung

+ Die Wochenarbeitszeit liegt bei allen Personen nahe bei 37,5 h.
+ Die Nachtschichtblöcke dauern maximal 2, die Spätschichtblöcke maximal 3 Tage.
+ Die Zykluslängen der Teilpläne sind sehr kurz, die Zykluslänge des Gesamtplans ist akzeptabel:

  Plan 1, ... 8 Wochen
  Plan 2a .... 8 Wochen
  Plan 2b .... 6 Wochen
  Plan 3 .... 3 Wochen
  Gesamtplan .... 24 Wochen

− Die Verteilung der Einsätze pro Woche, der Schichtarten (Früh-, Spät- und Nachtschichten) und der freien Wochenenden ist sehr ungleichmäßig. Im Gesamtschichtzyklus von 24 Wochen leisten die Personen folgende Schichten und haben die folgende Anzahl an freien Wochenenden:

Personen	Früh- schichten	Spät- schichten	Nacht- schichten	freie Wochen- enden	Einsätze pro Woche
A–D	42	42	36	3	5,00
E–H	45	39	36	6	5,00
I–K	52	52	16	4	5,00
L–N	64	48		16	4,67

Dies kann sich jedoch auch mit den Wünschen der Beschäftigten treffen.

Um eine weitere Vereinfachung des Plans zu ermöglichen, sind Qualifizierungsmaßnahmen zu treffen.

C.5 Arbeitszeitverkürzung

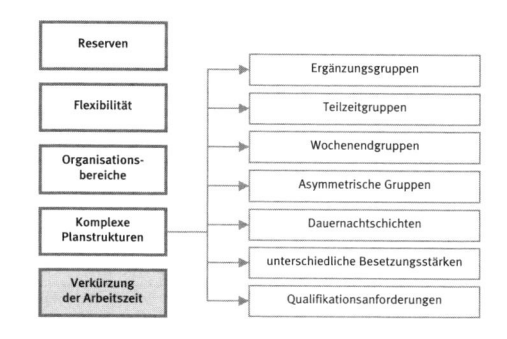

C.5.1 Einleitung

Arbeitszeitverlängerung und Arbeitszeitverkürzung

In Anbetracht zum Teil deutlicher Verlängerungen der Arbeitszeit in Deutschland und der insgesamt eher steigenden Durchschnittsarbeitszeit mag das Thema Arbeitszeitverkürzung überraschen. Aus planungstechnischer Sicht gibt es aber wichtige Mechanismen (auch für Unternehmen!), die eher kurze durchschnittliche Arbeitszeiten nahe legen. Diese sollen hier kurz angeführt werden. Natürlich gibt es auch situationsabhängig Gründe, die Arbeitverkürzung erschweren (Koordinationsaufwand, Qualifizierung) bzw. unmöglich machen (fehlendes Personal). Zu betonen ist, dass kürzere oder längere Arbeitszeiten nicht linear Kosten erhöhen oder reduzieren.

C.5.2 Gründe für eine Arbeitszeitverkürzung

Überproportional bessere Pläne für Beschäftigte

Die Arbeitszeitverkürzung erlaubt es, überproportional bessere Schichtpläne zu entwickeln. Dies gilt besonders für Pläne mit Nachtschichtarbeit. Zur Illustration sollen verschiedene Pläne mit der Basisfolge FFSSNN und danach einigen freien Tagen verwendet werden.

Folge	Länge der Folge	WAZ	Zyklus	Verkürzung
FFSSNN--	8 Tage	42,00 h	8 Wochen	
FFSSNN---	9 Tage	37,33 h	9 Wochen	11,12 %
FFSSNN----	10 Tage	33,60 h	10 Wochen	20,00 %

Folge	Freie Wochenenden pro Zyklus (Samstag und Sonntag ohne Schichtbeginn)	% im Zyklus	Verbesserung
FFSSNN--	1	12,50 %	
FFSSNN---	2	22,22 %	77,78 %
FFSSNN----	3	30,00 %	140,00 %

Folge	Freie Tage pro Woche (ohne Schichtbeginn)	% im Zyklus	Verbesserung
FFSSNN--	1,75 Tage	25,00 %	
FFSSNN---	2,33 Tage	33,33 %	33,33 %
FFSSNN----	2,80 Tage	40,00 %	60,00 %

Aus obigen Tabellen geht hervor, dass z.B. mit 11 % kürzerer Arbeitszeit die Anzahl der freien Wochenenden um 78 % gesteigert wird, bei 20 % sogar um 140 %. Auch bei den freien Tagen kommt es zu überproportionalen Effekten. Wenn berücksichtigt wird, dass der letzte Arbeitstag dieser Basisfolge eine Nachtschicht und daher der Folgetag nicht wirklich frei ist (die Schicht endet erst um 6:00 früh am nächsten Morgen), wirkt sich der Effekt noch dramatischer aus:

Folge	Freie Wochenenden pro Zyklus (Samstag und Sonntag ohne Schichtbeginn und -ende)	% im Zyklus	Verbesserung
FFSSNN--	0	0,00 %	
FFSSNN---	1	11,11 %	+
FFSSNN----	2	20,00 %	+

Folge	Freie Tage pro Woche (ohne Schichtbeginn und -ende)	% im Zyklus	Verbesserung
FFSSNN--	0,88 Tage	12,50 %	
FFSSNN---	1,56 Tage	22,22 %	77,78 %
FFSSNN----	2,10 Tage	30,00 %	140,00 %

Die Auswirkungen einer Arbeitszeitverkürzung hängen natürlich vom konkreten Plan ab. Die Grundrichtung ist aber ähnlich. Nur bei den Plänen, die durch Rückwärtsrotation (z.B. NNSSFF--) einen längeren Freizeitblock bieten, ist der Effekt geringer. Dort ist aber die gesundheitliche Problematik der verkürzten Ruhezeiten der hohe Preis für den längeren Freizeitblock.

Deutlich flexiblere Pläne für das Unternehmen

Sinkt die wöchentliche Arbeitszeit, verändern sich auch andere Kenngrößen. Entweder sinkt die Zahl der durchschnittlichen Einsätze oder es lässt sich die durchschnittliche Schichtlänge absenken. Oft kommt es zu einer Mischung von beiden Effekten.

Im ersteren Fall (Einsatzzahl sinkt) wird eine Zunahme der betrieblichen Flexibilität möglich, ohne dass die Belastung für die Beschäftigten unvertretbar wird und ohne dass die Beschäftigten ihre Soll-Wochenarbeitszeit nicht erreichen.

Ein Beispiel:
- *Die Einsatzzahl betrug in einem Unternehmen vor der Arbeitszeitverkürzung 5,00 pro Woche (z.B. 40 h SOLL-WAZ und 8 h-Schichten). Es schien vertretbar, dass in Spitzenzeiten in jeder 2. Woche 6 Tage gearbeitet wurde. Da in der Hälfte das Jahres möglichst viel und in der anderen Hälfte möglichst wenig gearbeitet werden sollte, ergab sich daraus, dass*
    - *In der Spitzenzeit 44 h im Schnitt gearbeitet wurden.*
    - *In der ruhigen Zeit 36 h im Schnitt gearbeitet wurden (sonst käme man nicht auf einen Durchschnitt von 40 h).*

Die Flexibilität in diesem Beispiel war +/- 10 %, da das Unternehmen die Brutto-BZ um diesen Betrag verändern konnte.
- *Bei einer Absenkung der Arbeitszeit um 10 % (d.h. 4 h) ergaben sich andere Möglichkeiten. Da die Grenze nach oben unverändert bei 5,5 Einsätzen gezogen wurde und sonst die Rahmenbedingungen gleich blieben, lag die Bandbreite für die Mitarbeiter zwischen 44 h und 28 h und die betriebliche Bandbreite betrug +/- 22 %!*

Aus dieser erhöhten Flexibilität lassen sich in entsprechenden Fällen erhebliche Einsparungen erzielen.

Im zweiten Fall (Absenkung der durchschnittlichen Schichtlänge) hängen die tatsächlich erzielbaren Einsparungen natürlich auch sehr stark von den konkreten Umständen ab. Häufig wird aber eine bedarfsgerechtere Ausgestaltung der Schichtarten und Besetzungsstärken möglich (insbesondere bei der Abkehr von der ausschließlichen Verwendung von 12 h-Schichten), die in einzelnen Fällen relevante einstellige, in Sonderfällen sogar zweistellige Prozentsätze an Einsparungen mit sich brachten.

Produktivität	Produktivität und Arbeitszeit hängen zusammen. Vielfach reduzieren längere Arbeitszeiten die Produktivität (es gibt aber auch umgekehrte Zusammenhänge, durch die bei zu kurzer Arbeitszeit der Aufwand für Qualifizierung, Koordinierung, etc.) wieder steigt. Abhängig von der konkreten Arbeitssituation können aber auch hier relevante Einsparungen möglich sein.
Arbeitsmarkt	Arbeitslosigkeit lässt Arbeitszeitverkürzung sowohl zur Sicherung bestehender als auch zum Teil zur Schaffung neuer Arbeitsplätze in Bereichen, in denen die Gewinnung von Personal realistisch ist, sozialpolitisch als interessant erscheinen.
Altersgerechte Arbeitszeiten	Die Reduktion von Belastungen aus der Schichtarbeit ist eine wichtige Komponente bei der Gestaltung altersgerechter Arbeit. Bereits etwas geringere Arbeitszeiten können hier wichtige Beiträge liefern. Beispiele dafür finden sich z.B. in (Karazman und Kloimüller; 2003).
Individuelle Gründe	Mehrere individuelle Faktoren können es wünschenswert machen, die Arbeitszeit zu verkürzen. *Kürzere Arbeitszeiten führen zu einer Verbesserung der Freizeitsituation und erlauben vermehrtes Engagement in privaten Bereichen, z.B. Kindererziehung, Weiterbildung, Vereinsaktivitäten.* *Auch der Wunsch nach Entlastung aus gesundheitlichen Gründen (insbesondere bei älteren Mitarbeitern) beinhaltet oft den Wunsch nach Arbeitszeitverkürzung.*

Nach (Holenweger und Bailloid; 1993) befürwortet in Umfragen eine große Mehrheit eine Arbeitszeitverkürzung ohne Einkommensverluste. Bei ausdrücklicher Erwähnung proportionaler Einkommensverluste sinkt dieser Anteil auf immer noch beachtliche 20–30 %.

C.5.3 Betroffener Personenkreis

Personenkreis	Zu unterscheiden ist, ob die Arbeitszeitverkürzung für alle Beschäftigten in einem bestimmten Bereich gilt, für bestimmte Gruppen (z.B. Ältere) oder ob es sich um individuelle Formen handelt. Dann kommen Pläne mit unterschiedlichen Arbeitszeiten zur Anwendung (Beispiele finden sich im Unterkapitel C.5.4 "Plangestaltung mit unterschiedlichen Arbeitszeiten").

Komplexe Pläne – 255

Abbau Überstunden

Der Abbau von Überstunden kann am besten mit den Techniken erfolgen, die im Kapitel C.2 "Wie baue ich Flexibilität ein?" beschrieben sind. Diese erlauben Überstunden, die sowohl durch längere Betriebszeiten als auch durch die Art der Reservebildung (z.B. Urlaubszeit) verursacht werden, deutlich zu reduzieren.

Umrechnung von Zuschlägen für die Arbeitszeitverkürzung

Die nächste Möglichkeit ist die Umrechnung von bisher in Geld ausbezahlten Zuschlägen in Arbeitszeitverkürzung bzw. die feste Einplanung eines Teils des Urlaubs. Auch wenn die letztgenannte Maßnahme überraschend klingt, gibt es einige Branchen, in denen die feste Einplanung eines Teils des Urlaubs üblich ist. Neben der Arbeitszeitverkürzung für die Mitarbeiter hat dies auch für den Betrieb den Vorteil, dass sich die Reservebildung vereinfacht.

Die folgende Graphik zeigt ein Berechnungsbeispiel:

Schichten pro Woche	21 Schichten
Schichtlänge	7,50 h
Wochen	52 Wochen
Durchschnittslohn	10,00 Euro

	Zuschlagszeiten in h pro Woche	Brutto-Arbeitsstunden pro Jahr	% Verkürzung	Soll-WAZ	Personen pro Arbeitsplatz	Wochenendarbeit
Situation derzeit		8190,00 h		38,50 h	4,091	73,33 %
Wochenendzuschläge						
3 Schichten pro Woche 50,00 %	11,25 h/Woche	8775,00 h	6,67 %	35,93 h	4,383	68,44 %
Geldzuschläge						
7 Schichten pro Woche 1,36 Euro	7,17 h/Woche	9147,63 h	4,07 %	34,47 h	4,569	65,66 %
Feiertagszuschläge						
21 Schichten pro Jahr 50,00 %	1,51 h/Woche	9226,38 h	0,85 %	34,18 h	4,609	65,10 %
Freiwillige individuelle Arbeitszeitverkürzung			3,00 %	33,15 h	4,751	63,14 %
Arbeitswochen Normaljahr	45					
Eingebaute Urlaubswochen	1		2,17 %	32,43 h	4,857	61,77 %

Die Berechnungen folgen den Schemata:

Brutto-Arbeitsstunden pro Jahr und Arbeitsplatz derzeit = 21 Schichten * 7,5 h Schichtlänge * 52 Wochen

$$\% \text{ Verkürzung} = 1 - \frac{\text{Brutto-Arbeitsstunden pro Jahr ohne Zeitzuschlag}}{\text{Brutto-Arbeitsstunden pro Jahr mit Zeitzuschlag}} = 1 - \frac{8190,00 \text{ h}}{8775,00 \text{ h}} = 6,67 \%$$

$$\% \text{ Verkürzung} = 1 - \frac{\text{Brutto-Arbeitsstunden pro Jahr ohne Zeitzuschlag}}{\text{Brutto-Arbeitsstunden pro Jahr mit Zeitzuschlag}} = 1 - \frac{8775,00 \text{ h}}{9147,63 \text{ h}} = 4,07 \%$$

$$\text{Personen pro Arbeitsplatz} = \frac{\text{Brutto-Arbeitsstunden pro Jahr}}{\text{Soll-WAZ}}$$

Unter den getroffenen Annahmen kommt es durch die Umrechnung von 50 % Sonntagszuschlag, der Nachtschichtzulage von 1,36 Euro/h, 50 % Feiertagszuschlag und der eingebauten Urlaubswoche zu einer Arbeitszeitverkürzung auf 32,43 h.

Hinweise Die Rechnung ist etwas trickreich. Die Verkürzungen können nicht einfach addiert werden. Das Berechnungsschema arbeitet mit fiktiven Stunden, die sich aus den einzelnen Bereichen ergeben.

$$\% \ Verkürzung = \frac{(Brutto\text{-}BZ + Nachtzuschlag \ in \ h + ...)}{Brutto\text{-}BZ}$$

Derartige Umrechnungen von Geld in Zeit sind besonders bei Veränderungen der Schichtpläne möglich, die zu einer Erhöhung der Einkommen führen würden (z.B. Übergang zum vollkontinuierlichen Betrieb). Das gewohnte Einkommensniveau wird nicht verändert. Für die Mehrbelastung durch die Veränderung des Schichtbetriebes wird die Arbeitszeit verkürzt.

Direkte Verkürzung Die oben vorgestellte Umrechnung von Geld in Zeit ist eine indirekte Verkürzung der wöchentlichen Arbeitszeit. Die im Wesentlichen gleiche Wirkung kann durch direkte Verkürzung der Sollwochenarbeitszeit (z.B. Übergang von 38 h auf 34 h) erzielt werden.

Neben der Verkürzung der wöchentlichen Arbeitszeit sind auch Verkürzungsformen auf Jahresebene (z.B. längerer Urlaub) oder über längere Zeiträume hinweg interessant.

Manche Unternehmen – auch Industriebetriebe – stellen systematisch Personen mit Arbeitsverträgen leicht unterhalb der Normalarbeitszeit an, um die Vorteile der kürzeren Arbeitszeiten zu sichern.

C.5.4 Finanzielle Auswirkungen

Mit oder ohne Lohnausgleich

Ein zentraler Punkt bei der Arbeitszeitverkürzung ist die Frage, ob dies mit oder ohne Lohnausgleich erfolgt. Beispiele für Ansätze mit Lohnausgleich finden sich u.a. im damals viel diskutierten VW-Modell (Hartz; 1994), (Rosdücher und Seifert; 1994) und in jüngerer Zeit z.B. im Kollektivvertrag im Bereich der Gesundheits- und Sozialberufe (BAGS; 2004).

Zentrale Gründe für Unternehmen, einem derartigen Lohnausgleich zuzustimmen, sind:

- Erhöhung der Flexibilität
- Vermeidung des Verlustes von Humankapital, Erhaltung eingespielter Arbeitsstrukturen
- Erhaltung des betriebspolitischen Klimas bzw. regionalpolitische Verantwortung.

Indirekt werden auch bei einer Arbeitszeitverkürzung ohne Lohnausgleich Kosten verursacht. Diese sind in der Regel allerdings gering, wie z.B. Kosten für die Personalverwaltung und die Infrastruktur (Spind, Bekleidung usw.). Erheblich mehr Kosten können allerdings durch die Schulung der neuen Mitarbeiter und die Reservebildung in Bereichen mit Spezialqualifikationen entstehen, in denen die Zusammenfassung mehrerer Stellenteile zu ganzen Stellen schlecht funktioniert.

Im Bereich altersgerechter Arbeitszeitmodelle kommt es z.T. auch zu Mischformen beim Lohnausgleich (Karazman und Kloimüller; 2003).

Kopfzahläquivalente

In vielen Unternehmen, insbesondere in internationalen Konzernen, werden "Kopfzahlen" sehr genau geplant und kontrolliert. Um trotzdem eine Arbeitszeitverkürzung oder die Einstellung von Teilzeitkräften durchführen zu können, ist ein Übergang von der Berechnung von "Köpfen" zur Berechnung von Vollzeitäquivalenten erforderlich (siehe auch Unterkapitel C.4.3 "Wie integriere ich Teilzeitgruppen?").

5 Personen, die jeweils zu 80 % arbeiten, tauchen in den Kopfzahlen als 5 * 80 % = 4 Personen auf.

Mitarbeiter

Bezüglich des Entgelts sind die lang- und kurzfristigen Konsequenzen zu berücksichtigen. Längerfristig kann eine Arbeitszeitverkürzung ohne vollen oder mit vollem Lohnausgleich zu Veränderungen in einer Reihe von Bereichen führen:

- *Arbeitslosengeld*
- *Pension*
- *Zusatzzahlungen (z.B. Abfertigung in Österreich)*

Bezüglich der kurzfristigen Entgeltveränderung wirkt die Verringerung meist ziemlich linear. Es sind allerdings einige "Spezialitäten" des jeweiligen Steuer- und Sozialversicherungsrechts zu beachten.

Der Nettoverlust ist meist geringer als der Bruttoverlust, da der Progressionseffekt der Steuer den Nettoeffekt dämpft. In (Gutmann; 1996) wird ein Beispiel eines ledigen Arbeiters angeführt (Monatseinkommen ca. € 2.500), der bei einer 10 %igen Verkürzung der Arbeitszeit "nur" einen Nettoverlust von 7,8 % hat.

Sozialversicherungsrechtliche Grenzen können verzerren. War z.B. ein gewisser Teil des Einkommens nicht mehr sozialversicherungspflichtig, wird der Nettoeffekt der Verringerung des Entgelts näher beim Bruttoeffekt liegen.

Auf steuerfreie Zulagen ist zu achten. Vielfach ist eine direkte Arbeitszeitverkürzung in gleicher Größe steuerlich günstiger als die Umrechnung der Zulagen in Zeit, da Zulagen steuerlich begünstigt sind.

Bei gleichzeitiger Verkürzung von Arbeitszeit und Veränderung des Schichtplans hin zu weniger Nacht- oder weniger Sonntagsarbeit ist auch die diesbezügliche Konsequenz für die Veränderung der Zulagen zu berücksichtigen.

C.5.5 Plangestaltung mit unterschiedlichen Arbeitszeiten

Planstruktur   Zur Integration verschiedener Arbeitszeitmodelle in einem Plan bieten sich vor allem die Komplexen Planstrukturen an (siehe auch die Unterkapitel C.4.2 "Was sind Ergänzungsgruppen und wie plane ich damit?", C.4.3 "Wie integriere ich Teilzeitgruppen?" und C.4.5 "Was sind Asymmetrische Gruppen und wie plane ich damit?").

Übergroße Gruppen   Diese Einfache Planstruktur eignet sich dann, wenn einzelnen Untergruppen öfter freigegeben wird als anderen.

Beispiel   *In einem diskontinuierlichen Betrieb sollen die Montag-Frühschicht und die Freitag-Spätschicht schwächer besetzt werden. Gleichzeitig soll 1/5 der Belegschaft die Möglichkeit zur Arbeitszeitverkürzung geboten werden. Die Schichtarten und Besetzungsstärken werden wie folgt festgelegt:*

Besetzungsstärken
in den einzelnen Schichten

Kurz	Bezeichnung	Beginn	Ende	Mo	Di	Mi	Do	Fr	Sa	So
F	Frühschicht	06:30	15:00	4	5	5	5	5	/	/
S	Spätschicht	15:00	22:00	5	5	5	5	4	/	/

Der 2-wöchige Wechselschichtplan basiert auf der Planstruktur Übergroße Gruppen, wobei allerdings immer nur den Gruppen A.5 und B.5 freigegeben wird:

diskontinuierlich
Übergroße Gruppen
Teilzeitgruppen

WAZ: VZ   38,75 h
WAZ: TZ   31,00 h
F   8,50 h
S   7,00 h
Brutto-BZ   77,50 h
Zyklus   2 Wo
Eins. VZ   5,00 /Wo
Eins. TZ   4,00 /Wo

	1 Mo	1 Di	1 Mi	1 Do	1 Fr	1 Sa	1 So	2 Mo	2 Di	2 Mi	2 Do	2 Fr	2 Sa	2 So
A.1	F	F	F	F	F			S	S	S	S	S		
A.2	F	F	F	F	F			S	S	S	S	S		
A.3	F	F	F	F	F			S	S	S	S	S		
A.4	F	F	F	F	F			S	S	S	S	S		
A.5		F	F	F	F			S	S	S	S			
B.1	S	S	S	S	S			F	F	F	F	F		
B.2	S	S	S	S	S			F	F	F	F	F		
B.3	S	S	S	S	S			F	F	F	F	F		
B.4	S	S	S	S	S			F	F	F	F	F		
B.5	S	S	S	S				F	F	F	F			

Ergänzungs-gruppen   Die zusätzlichen Gruppen übernehmen zwar jene Schichten, die in den Schichtplänen der Stammgruppen fehlen, sie leisten aber insgesamt weniger Schichten als die Stammgruppen.

Beispiel   Nach folgendem 3-wöchigen Plan werden 3 Stammgruppen A–C und 1 Ergänzungsgruppe D mit verringerter Sollwochenarbeitszeit eingesetzt, um eine Betriebszeit von 136 h abzudecken:

teilkontinuierlich
Ergänzungsgruppen

WAZ: A–C   37,33 h
WAZ: D   24,00 h
F, S, N   8,00 h
Brutto-BZ   136,00 h
Zyklus   3 Wo
Eins. A–C   4,67 /Wo
Einsätze D   3,00 /Wo

	1 Mo	1 Di	1 Mi	1 Do	1 Fr	1 Sa	1 So	2 Mo	2 Di	2 Mi	2 Do	2 Fr	2 Sa	2 So	3 Mo	3 Di	3 Mi	3 Do	3 Fr	3 Sa	3 So
A	F	F	S	S	S			N	N	N			F	F	S	S	N	N			
B	N	N			F	F		S	S	N	N				F	F	S	S	S		N
C	S	S	N	N				F	F	S	S	S				N	N			F	F
D		F	F	N								F	F	N				F	F	N	

Teilzeit-gruppen   Ein interessantes Beispiel für eine schrittweise Reduktion der Sollwochenarbeitszeit wird in Beispiel 5 aus dem Unterkapitel C.4.3 "Wie integriere ich Teilzeitgruppen?" dargestellt.

Asymmetrische Gruppen

Asymmetrische Gruppen können zur Verringerung des Anteils einer oder mehrerer Gruppen an bestimmten Schichtarten eingesetzt werden. Dabei können Schichten planmäßig getauscht werden.

Eine Gruppe übernimmt weniger Nacht- und dafür mehr Spätschichten.

Zur weiteren Erleichterung kann das Tauschverhältnis auch variiert werden.

Jüngere Mitarbeiter übernehmen freiwillig und planmäßig Nachtschichten von älteren Mitarbeitern in anderen Schichtgruppen.

Beispiel Ein Klassischer 5-Gruppen-Plan arbeitet mit folgender Schichtfolge:

vollkontinuierlich
Asymmetr. Gruppen
WAZ   35,20 h
F, S, N, Z   8,00 h
Brutto-BZ 168,00 h
Zyklus   5 Wo
Einsätze   4,40 /Wo

	1 Mo	1 Di	1 Mi	1 Do	1 Fr	1 Sa	1 So
A	F	F	S	N	N		
B		Z	F	S	S	N	N
C				F	F	S	S
D	N	N				F	F
E	S	S	N				

Die Z-Schicht wird für Schulungs- oder Wartungszwecke verwendet.

Möglichkeit: Schichttausch

1 älterer Mitarbeiter aus der Gruppe D (D.1) möchte weniger Nachtschichten (mit weniger Zulagen) leisten, gleichzeitig will 1 jüngerer Mitarbeiter aus der Gruppe E (E.2) mehr Nachtschichten leisten (mit mehr Zulagen).

vollkontinuierlich
Asymmetr. Gruppen
WAZ   35,20 h
F, S, N, Z   8,00 h
Brutto-BZ 168,00 h
Zyklus   5 Wo
Einsätze   4,40 /Wo

Die beiden tauschen 2 Nachtschichten gegen 2 Spätschichten in 5 Wochen (jeweils in der 1. Woche des 5-wöchigen Zyklus). Der Teilplan sieht dann für die beiden Mitarbeiter in den ersten 3 Wochen des 5-wöchigen Zyklus wie folgt aus:

	1 Mo	1 Di	1 Mi	1 Do	1 Fr	1 Sa	1 So	2 Mo	2 Di	2 Mi	2 Do	2 Fr	2 Sa	2 So	3 Mo	3 Di	3 Mi	3 Do	3 Fr	3 Sa	3 So
A	F	F	S	N	N				Z	F	S	S	N	N				F	F	S	S
B		Z	F	S	S	N	N				F	F	S	S	N	N				F	F
C				F	F	S	S	N	N				F	F	S	S	N				
D.1	S	S				F	F	S	S	N				F	F	S	N	N			
E.2	N	N	N					F	F	S	N	N				Z	F	S	S	N	N

Möglichkeit: Generationshilfe

1 älterer Mitarbeiter aus der Gruppe E (E.4) möchte weniger Schichten, genauer weniger Nachtschichten (mit weniger Lohn), leisten, und gleichzeitig will 1 jüngerer Mitarbeiter aus der Gruppe D (D.3) mehr Schichten, genauer mehr Nachtschichten, leisten (mit mehr Lohn).

Ein jüngerer Mitarbeiter übernimmt vom älteren Mitarbeiter 1 Nachtschicht

vollkontinuierlich
Asymmetr. Gruppen
WAZ: A–E   35,20 h
WAZ: D.3   36,80 h
WAZ: E.4   33,60 h
F, S, N, Z   8,00 h
Brutto-BZ   168,00 h
Zyklus   5 Wo
Eins.: A–E   4,40 /Wo
Eins.: D.3   4,60 /Wo
Eins.: E.4   4,20 /Wo

in 5 Wochen. Der Teilplan sieht dann für die beiden Mitarbeiter in den ersten 3 Wochen des 5-wöchigen Zyklus wie folgt aus:

	1 Mo	1 Di	1 Mi	1 Do	1 Fr	1 Sa	1 So	2 Mo	2 Di	2 Mi	2 Do	2 Fr	2 Sa	2 So	3 Mo	3 Di	3 Mi	3 Do	3 Fr	3 Sa	3 So
A	F	F	S	N	N			Z	F	S	S	N	N					F	F	S	S
B		Z	F	S	S	N	N			F	F	S	S	N	N					F	F
C			F	F	S	S	N	N			F	F	S	S	N						
D.3	N	N	N		F	F	S	S	N			F	F	S	N	N					
E.4	S	S					F	F	S	N	N				Z	F	S	S	N	N	

D Praktische Fragen

D.1 Was muss ich beim betrieblichen Vorgehen berücksichtigen?

D.1.1 Herangehensweise

Grundsätze Die Veränderung von Schichtplänen bietet nicht nur Chancen, sondern sie ist auch mit hohen Risiken für alle Beteiligten verbunden. Es bestehen befürchtete und tatsächliche Risiken von Nachteilen, von zu hoher Komplexität, schwieriger Administration, aber auch Ängste, Kontrolle und Einfluss zu verlieren.

Arbeitszeitveränderungen berühren zentrale betriebliche Strukturen. Daher sind mehrere Punkte im Vorgehen besonders wichtig:
- Der Unterschied zwischen diskutierten Planvarianten und Entscheidungen muss klar herausgearbeitet werden: "Anschauen bzw. Diskutieren heißt nicht Zustimmen." Dieser Grundsatz ist eine Voraussetzung für eine offene Diskussion.
- Es muss klar sein, dass es sich um einen Lernprozess handelt. Verbesserungen und Revisionen sowie die Anpassung an neue Anforderungen sind zu erwarten.
- Neue Pläne im "stillen Kämmerlein" auszuarbeiten kann leicht Misstrauen und Unruhe verursachen. Auf die Bedeutung der Einbindung von Inte-

ressenvertretern, Gruppensprechern und Betroffenen wurde schon im Kapitel A.2 "Vorgehensmodell XIMES" verwiesen.
- Völlig neue Ansätze sollten nicht ohne ausreichende Begleitung im Betrieb "gestreut" werden. Ohne Erklärung und Zusatzinformation sind sonst Missverständnisse zu erwarten.
- Es muss ferner kommuniziert werden, dass die Betroffenen – soweit nicht ohnehin direkt an der Entwicklung beteiligt – vor der Einführung die Möglichkeit haben, die neuen Pläne kennen zu lernen und Kritik anzubringen.
- Es muss kommuniziert werden, dass ein Probebetrieb geplant ist und eventuelle Anpassungen – falls erforderlich – möglich sind.
- Die versuchsweise Einführung sollte begleitet und die Auswirkungen sollten systematisch überprüft werden. Eine Evaluation und eventuelle Korrekturen nach 6–12 Monaten sind wünschenswert.

Je nach Umfang der geplanten Veränderungen können auch Instrumente erforderlich sein, um Mitarbeiterpräferenzen zu erfahren bzw. um Abstimmungen über Alternativen durchzuführen. Hier gibt es inzwischen auch sehr attraktive Software, die die Erstellung von Umfragen über das Internet enorm erleichtert (interessante Beispiele für derartige Werkzeuge finden sich unter www.onlineumfragen.de, www.rogator.de).

Information Das Verstehen neuer Arbeitszeitmodelle erfordert Zeit, sowohl in der Kommunikation als auch in der Verarbeitung und Einschätzung der neuen Modelle. Was auf den ersten Blick auf Ablehnung stößt, kann bei näherer Betrachtung interessant sein. Zu schnelle Planung oder zu kurze Diskussion können interessante Modelle zum Absturz bringen.

Viele Untersuchungen weisen darauf hin, dass neue Schichtmodelle auf erhebliche Skepsis stoßen. Auch daher ist eine breite Diskussion erforderlich.

Die Anforderungen an den neuen Plan können sich von Person zu Person erheblich unterscheiden. Entsprechend unterschiedliche Darstellungen (Kalender, Übersichten nach Schichten und nach Gruppen) können die Diskussion maßgebend erleichtern.

Rahmenbedingungen und Innovationshindernisse Eine Fülle von Rahmenbedingungen, die nicht direkt mit der Arbeit bzw. Arbeitsorganisation verbunden sind, kann die Schichtplanung beeinflussen. Eine sehr umfassende Diskussion von Rahmenbedingungen neuer Arbeitszeitorganisation erfolgt in (Kilz und Reh; 1996).

Externe Faktoren können eine entscheidende Rolle für die Annahme oder Ablehnung von Plänen spielen. Einige Beispiele für solche Faktoren:
- *Öffnungszeiten von Kinderbetreuungseinrichtungen*
- *Fahrzeiten von Werksbussen, soweit nicht vom Betrieb frei veränderbar*
- *Fahrzeiten des öffentlichen Verkehrs*
- *Sicherheitsaspekte: Kommen die Arbeitnehmer (speziell Frauen) nach der Spätschicht unbehelligt nach Hause?*
- *Nebenerwerbstätigkeiten, insbesondere in der Landwirtschaft*
- *Typische Stauzeiten*
- *Unterschiedliche Freizeitgestaltung: Stadt und Land*

Querverbindungen Die Erarbeitung neuer Modelle führt oft dazu, dass nicht nur über das neue Schichtmodell als solches, sondern auch über dessen Rahmenbedingungen nachgedacht werden muss. Veränderungen von Arbeitszeitmodellen sind oft erst in Verbindung mit begleitenden Maßnahmen möglich bzw. sinnvoll. Dies reicht von sehr nahe liegenden bis zu sehr grundsätzlichen Fragen:
- *Arbeitszeitmodelle, in die der konkrete Schichtplan eingebettet ist (z.B. langfristige Zeitkonten)*
- *Infrastruktur (z.B. Kantine)*
- *Arbeitszeitmodelle in Nachbarabteilungen*
- *Zeitaufzeichnung und -erfassung*
- *Regelungsmechanismen für Konflikte bei der Festlegung und der Abrechnung der Arbeitszeiten*
- *Entlohnung (z.B. Umstellung auf Monatslohn)*
- *Qualifizierung*
- *Arbeits- und Organisationsgestaltung, Planungsabläufe*
- *Organisationsentwicklung*
- *Veränderung der Unternehmenskultur insbesondere hinsichtlich Selbstverantwortung und Selbständigkeit*

Die Kombination unterschiedlicher Gestaltungselemente der Arbeitszeit sowie dezentrale Lösungen bieten eine Fülle von Innovationsmöglichkeiten. Ihre Integration muss aber den differenzierten betrieblichen Anforderungen und der Vielfalt der Arbeitszeitwünsche der Mitarbeiter gerecht werden. Neue Arbeitszeitgestaltung kann daher als "komplexe und ganzheitliche betriebliche Innovation" (Holenweger; 1993) verstanden werden.

D.1.2 Mittleres Management

Rolle bei der Einführung
Führungskräften kommt bei der Einführung neuer Modelle eine zentrale Rolle zu. Ohne ihre Information und ihre Unterstützung ist jede Veränderung schwierig. Sie sind zentral für die Kommunikation zwischen den Beschäftigten und dem Planungsteam. Einerseits müssen sie den Beschäftigten das Modell vorstellen und andererseits dem Planungsteam mögliche Vor- und Nachteile sowie mögliche Missverständnisse und Befürchtungen melden.

Veränderte Anforderungen
Auch im laufenden Betrieb bringen neue Schichtmodelle veränderte Anforderungen an mittlere Führungskräfte mit sich. Die Umstellungen sind umso schwieriger durchzuführen, je flexibler und stärker differenziert die Modelle sind. Dies betrifft das eigene Verhalten der Führungskräfte, aber auch ihr Verhältnis zu den von ihnen geführten Mitarbeitern.

Diese Veränderungen können am besten mit der Reorientierung zum "lean management" und zum prozessorientierten Unternehmen begriffen werden. Die Führungsaufgabe erhält verstärkt die Rolle, die Selbstorganisation und Selbstverantwortung der Mitarbeiter zu unterstützen. Entsprechend gewinnen Zielvereinbarung und Delegation bei gleichzeitiger Verringerung der laufenden Kontrolle an Bedeutung.

Entsprechend ihrer zentralen Bedeutung für den Erfolg von Modellen ist die starke Einbindung von mittleren Führungskräften in den Entwicklungsprozess neuer Schichtmodelle unverzichtbar. Begleitung während der Einführung völlig neuer Modelle (z.B. in Form von Coaching) und Unterstützung bei der Entwicklung bzw. Anpassung von Hilfsmitteln erleichtern den Übergang in ihre neue Rolle.

D.1.3 Führung und Organisation

Gruppenbildung
Speziell in Betrieben, in denen Arbeitnehmer über lange Zeiträume in Klassischen Gruppen zusammengearbeitet haben, können Veränderungen der Arbeitszeit auch gruppeninterne Strukturen beeinflussen.

Besonders dramatisch ist die Veränderung beim Übergang von Klassischen Plänen zu Gruppenkombinationen. Dabei werden Schichtgruppen zerrissen, die lange zusammengearbeitet haben. Diese Gruppen sind nicht nur eingespielte Teams in der Arbeit, sondern haben häufig aufgrund der gemeinsamen Freizeitstruktur auch intensive private Verbindungen. Manche Schichtarbeiter sprechen sogar von einer "Zerstörung der Schichtfamilie".

Ein derartiger Übergang muss sorgfältig vorbereitet und begleitet werden. Die Bildung neuer Gruppenstrukturen sollte – wenn möglich durch externe Begleiter – unterstützt werden. Neben der Organisation hinsichtlich der Arbeitsabläufe geht es dabei auch um die Gruppenbildung als solche.

Qualifikation Im Schichtplan muss sichergestellt sein, dass die erforderlichen Qualifikationen zu allen Zeitpunkten vorhanden sind. Bei Klassischen Gruppen taucht diese Aufgabe nur im Rahmen der Gruppenbildung auf und ist daher meist einfach zu bewältigen. Bei Übergroßen Gruppen reichen meist die üblichen Arten der Vertretungs- und Reservebildung. Bei Gruppenkombinationen ist allerdings sehr sorgfältig darauf zu achten, dass die erforderlichen Qualifikationen zu allen Zeitpunkten eingeplant sind (siehe auch Unterkapitel C.4.8 "Wie berücksichtige ich Qualifikationsanforderungen?").

Generell erlaubt eine breitere Qualifikation mehr Spielraum bei der Plangestaltung bzw. sie führt zu geringeren Personalerhöhungen, weil die einzelnen Personen mehrere Funktionen wahrnehmen können.

Schnelles/ langsames Rotieren Schnell rotierende Pläne führen dazu, dass die einzelnen Gruppen in kürzeren Intervallen gleichzeitig mit der Tagschicht anwesend sind. Damit werden viele Verwaltungs- und Kommunikationsaufgaben einfacher.

Im Gegenzug kann es schwieriger werden, längere Schulungsmaßnahmen, Projekte, die mehrere Tage dauern, usw. durchzuführen bzw. einzuplanen.

Gruppenarbeit Für Gruppenarbeit kommen fast nur die Planstrukturen Klassische Gruppen und Übergroße Gruppen in Frage. Gruppenkombinationen mit Teilgruppen, die kleiner sind als die in der Gruppenarbeit vorgesehenen Gruppen, würden diese Teams zerreißen.

Urlaubsplanung Bei der Urlaubsplanung ist besonders hinsichtlich der Gruppenkombinationen darauf zu achten, dass die Koordination zwischen den Vorgesetzten gut funktioniert und unterstützt wird. Hintergrund ist die Tatsache, dass die Mitarbeiter bei vielen Gruppenkombinationen in sehr kurzen Zeitabständen einmal beim einen, einmal beim anderen Vorgesetzten in der Schichtgruppe sind.

Bei einem 9:2-Modell führen 5 Schichtmeister bzw. Vorgesetzte 9 Untergruppen.

Besonders bei kurzfristig vereinbarten Urlauben kann dann das Problem auftauchen, dass Entscheidungen eines Meisters Auswirkungen auf die Arbeit eines anderen Meisters haben.

Mögliche organisatorische Ansätze zur Vereinfachung der Urlaubsplanung sind z.B.:

- Bewußte Übergabezeiten für die Schichtmeister bzw. Vorgesetzten, um diese Angelegenheiten zu koordinieren.
- Urlaubsverantwortliche in den Teilgruppen, die die Koordination für alle Mitarbeiter übernehmen, die in der gleichen Teilgruppe arbeiten.

D.1.4 Wie wird die Arbeitszeit verwaltet?

Allgemeines Die Verwaltung der Arbeitszeiten ist ein wichtiges Element in der Umsetzung von Schichtmodellen. Fehler in der Verwaltung führen leicht zu Spannungen und/oder erheblichen Kosten.

Als Hauptansätze in der Arbeitszeitverwaltung sind folgende Ansätze zu unterscheiden:

- Negativzeiterfassung (nur Abweichungen vom Plan werden erfasst)
- Positivzeiterfassung (alle Arbeitszeiten werden erfasst)

Negativzeiterfassung Die Negativzeiterfassung bringt geringeren Arbeitsaufwand mit sich. Allerdings kommen bei der Negativzeiterfassung oft gravierende Abweichungen vor:

- Schichttausche werden nicht immer eingetragen.
- Änderungen bei den tatsächlichen Arbeitszeiten werden nicht immer gemeldet.
- Zusatzschichten werden nicht immer eingetragen. (Erst bei der Abrechnung kommt es zu Beschwerden.)

Diese praktischen Probleme in der Umsetzung der Negativzeiterfassung bauen oft starken Druck zu Gunsten der Positivzeiterfassung auf.

Positivzeit- Bei der Positivzeiterfassung werden alle Anwesenheitszeiten erhoben. Ent-
erfassung sprechend ist der Grundaufwand erheblich. Gleichzeitig bringt sie, falls sie
sauber eingeführt wird, weniger nachträgliche Probleme mit sich.

Schichttausch Der Tausch von Schichteinsätzen unter Arbeitnehmern ist für diese ein wichtiges Flexibilitätselement und hilft oft beim Umgang mit Arbeitszeit-/Freizeitkonflikten. Die Zeiterfassung sollte derartige Verschiebungen nicht behindern. Spezialisierte Software erleichtert hier die praktische Durchführung enorm.

Gleitzeit in der Die Einführung von Gleitzeit in der Schichtarbeit oder zumindest die Mög-
Schichtarbeit lichkeit der gleitenden Übergabe von einer Schichtgruppe zur nächsten ist formell selten institutionalisiert, erfolgt z.T. aber informell. Sie bleibt ein möglicher Ansatz für Verbesserungen.

D.1.5 Wie erreiche ich Fairness bezüglich Feiertagen?

Feiertage Schichtpläne können dazu führen, dass einzelne Gruppen öfter an Feiertagen arbeiten bzw. freihaben als andere. Über sehr lange Zeiträume gleicht sich dies zwar in der Regel aus, falls jedoch der Planrhythmus genau in den Jahresrhythmus passt (z.B. 13 oder 26 Wochen), kommt es zu erheblichen Unterschieden bezüglich der Anzahl der Feiertage pro Gruppe.

In diesem Fall müssen Elemente in den Plan eingebaut werden, die zu einem Brechen des Rhythmus führen, z.B. indem die Gruppe A in den Rhythmus der Gruppe B wechselt oder indem durch Sonderwochen, in denen der Plan etwas anders gestaltet wird, eine andere Zykluslänge erzielt wird.

Feiertagsarbeit ist bei vielen Arbeitnehmern aufgrund der hohen finanziellen Entschädigung sehr beliebt. Von dieser Seite kann daher der Wunsch nach fairer Verteilung genauso kommen wie der Wunsch, nicht überproportional oft "an Weihnachten arbeiten zu müssen".

Hinweise Wie auch bei Sonntagszuschlägen ist eine Umrechnung von Feiertagszuschlägen in Freizeit (wenn durchgearbeitet wird) überlegenswert. Eine Standardisierung für die Berechnung der durchschnittlich zu erwartenden Zuschläge und der entsprechenden Pauschalen ist nicht immer möglich. Wenn dies aber rechtlich und praktisch sowie betriebspolitisch möglich ist, vereinfacht sich die Administration erheblich.

D.2 Wie sollen Urlaub und Abwesenheit abgerechnet werden?

D.2.1 Hintergrund

Einleitung In Gesetzen, Tarif-, Gesamtarbeits- und Kollektivverträgen sowie im Sozialversicherungsbereich werden Arbeitszeiten, Ansprüche auf Urlaub, Regelungen für Krankenstände usw. fixiert. Ihre Anwendung ist im Rahmen klassischer Vollarbeit mit regelmäßiger Arbeitszeit während der Woche einfach, bzw. wurde im Lauf vieler Jahre geklärt und geregelt.

Komplexere Schichtmodelle und besonders flexible Schichtmodelle werfen neue Fragen auf. Zusätzlich stimmen manche Annahmen, die bestehenden Regelungen zugrunde liegen, mit der aktuellen Praxis nicht mehr überein. *Der Urlaub wird heutzutage z.B. häufig nicht in ganzen Wochen konsumiert.*

In diesem Kapitel werden zentrale Probleme in diesem Bereich und mögliche Ansätze zur Berechnung bzw. Regelung diskutiert. Für eine umfassendere Darstellung der Verfahren siehe (Boonstra-Hörwein; 2003). Ebendort findet sich auch ein Beitrag von Klein zur Abwesenheitsabrechnung im deutschen, österreichischen und schweizerischen Arbeitsrecht. Die rechtliche Zulässigkeit der Anwendung einzelner Techniken ist trotzdem im Einzelfall gesondert zu prüfen, insbesondere auch hinsichtlich der jeweiligen sozialversicherungsrechtlichen Bestimmungen.

Eine detaillierte Diskussion speziell auch rechtlicher Aspekte von Zeitsparmodellen (deutsches Recht), zu denen es besonders bei flexiblen Modellen eine enge Querverbindung gibt, findet sich in (Muhr; 1996).

Ausgangspunkt Am einfachsten ist der Umgang mit Urlauben und Krankenständen in Arbeitszeitmodellen, bei denen die Sollarbeitszeit in jeder Woche mit der Arbeitszeit nach Plan übereinstimmt und immer gleich lange und gleich viele Arbeitseinsätze pro Woche vorgesehen sind.

$$Arbeitszeit\ pro\ Tag = \frac{Sollwochenarbeitszeit}{Zahl\ der\ Arbeitstage\ pro\ Woche}$$

Damit entspricht 1 Tag Abwesenheit (Urlaub oder Krankenstand) 1 Tag Arbeit, d.h. 1 Arbeitseinsatz.

Bei 40 h Sollwochenarbeitszeit, 8 h-Schichten und 5 Arbeitseinsätzen pro Woche werden für 1 Urlaubswoche genau 5 Arbeitstage vom Urlaubskonto abgebucht und dem Arbeitszeitkonto gutgeschrieben.

Gleichfalls ist z.B. bei Krankmeldung bekannt, an welchem Tag wie viele Stunden gearbeitet worden wären und wie viel Zeit daher abzurechnen ist.

	Mo 22.10.01	Di 23.10.01	Mi 24.10.01	Do 25.10.01	Fr 26.10.01	Sa 27.10.01	So 28.10.01	Mo 29.10.01	Di 30.10.01	Mi 31.10.01	Do 1.11.01	Fr 2.11.01	Sa 3.11.01	So 4.11.01
A	09:00 17:00	09:00 17:00	09:00 17:00	09:00 17:00	09:00 17:00			09:00 17:00	09:00 17:00	09:00 17:00	09:00 17:00	09:00 17:00		
			↑Krankmeldung	8 h Entgeltfortzahlung	8 h Feiertagsentgelt			8 h Entgeltfortzahlung	8 h Entgeltfortzahlung	8 h Entgeltfortzahlung	8 h Feiertagsentgelt	8 h Entgeltfortzahlung		

Anmerkung: Der 26.10. und der 1.11. sind Feiertage in Österreich.

Veränderung durch Schichtarbeit

Bei Schichtarbeit kann die Verteilung der Arbeitszeit schwanken:

- Die Schichtlängen sind nicht einheitlich.
- Die Anzahl der Arbeitstage pro Woche variiert.
- Die Wochenarbeitszeit nach Plan schwankt von Woche zu Woche.
- Die Wochenarbeitszeit nach Plan schwankt saisonal.

Trotzdem ist gemäß Schichtplan bekannt, an welchem Tag wie viele Stunden gearbeitet worden wären und wie viel Zeit daher abzurechnen ist. Tage, Wochen, Saisonen werden nur unterschiedlich behandelt.

	Mo 22.10.01	Di 23.10.01	Mi 24.10.01	Do 25.10.01	Fr 26.10.01	Sa 27.10.01	So 28.10.01	Mo 29.10.01	Di 30.10.01	Mi 31.10.01	Do 1.11.01	Fr 2.11.01	Sa 3.11.01	So 4.11.01
A	14:00 22:00	14:00 22:00	14:00 22:00	14:00 22:00				06:00 14:00	06:00 14:00	06:00 14:00	06:00 14:00	06:00 14:00	06:00 14:00	
				↑Krankmeldung 8 h Entgeltfortzahlung				8 h Entgeltfortzahlung	8 h Entgeltfortzahlung	8 h Entgeltfortzahlung	8 h Feiertagsentgelt	8 h Entgeltfortzahlung	8 h Entgeltfortzahlung	

Veränderung durch flexible Schichtarbeit

Bei flexiblen Schichtmodellen schwankt die Verteilung der Arbeitszeit **kurzfristig**. Beispiele sind die Arbeitszeitfestlegung im Zuge einer monatlichen oder 14-tägigen Dienstplanung, der Wechsel zwischen unterschiedlichen Schichtplänen und Schichtmodellen, bei denen sich die Arbeitszeit nach Plan von der Sollarbeitszeit unterscheidet, also Schichtmodelle,

- die auf Einbringschichten basieren (WAZ nach Plan < Soll-WAZ)
- die auf Freischichten basieren (WAZ nach Plan > Soll-WAZ)

Nun stellen Gesetze auf geplante Arbeitszeiten ab. In flexiblen Arbeitszeitmodellen ist die Planung oft (sehr) kurzfristig und es stellt sich die Frage, wie viele Stunden wären geplant worden und sind daher abzurechnen?

	Mo 22.10.01	Di 23.10.01	Mi 24.10.01	Do 25.10.01	Fr 26.10.01	Sa 27.10.01	So 28.10.01	Mo 29.10.01	Di 30.10.01	Mi 31.10.01	Do 1.11.01	Fr 2.11.01	Sa 3.11.01	So 4.11.01
A	09:00 17:00	09:00 17:00	09:00 17:00	11:00 19:20	11:00 19:20	10:00 14:20								

Krankmeldung

Wie viele Stunden wären geplant worden?

Anmerkung: Das Beispiel ist vereinfachend. In der Regel ist mind. 14 Tage im Voraus ein Plan festzulegen.

Bei der Urlaubsplanung sind wiederum folgende Punkte zu berücksichtigen:
1. Es gibt unterschiedliche Zeithorizonte der Festlegung (z.B. wird der Urlaub geplant, wenn der tatsächliche Plan noch nicht feststeht).
2. Wie können bei Plänen mit Einbringschichten bestimmte Zeiten, die im Plan als (noch) frei gekennzeichnet sind, für Urlaub reserviert werden?

Unabhängig von den Gründen für die Abwesenheit (Urlaub, Krankenstand usw.) müssen die Abrechnungsmodalitäten angepasst werden. Ziele der Gestaltung dieser Abrechnung sollten sein:
1. Die Regelung darf weder für Mitarbeiter noch für den Betrieb zu unbegründeten Vor- oder Nachteilen führen.
2. Die Regelung soll einfach zu kommunizieren sein.
3. Die Regelung soll einfach zu handhaben sein.

Übersicht Auf den folgenden Seiten erfolgt eine Vorstellung von den verbreiteten Techniken zur Abwesenheitsabrechnung. Im Umgang mit Flexibilität stellt das eingeschränkte Durchschnittsprinzip die interessanteste, aber nicht die einzige Lösung dar. In Abhängigkeit von der technischen Anwendbarkeit aufgrund des Flexibilitätsgrades des Arbeitszeitmodells (für eine Definition siehe Unterkapitel D.2.2. "Begriffe und Grundlagen") werden folgende Verfahren in den Unterkapiteln D.2.3 bis D.2.7. diskutiert:

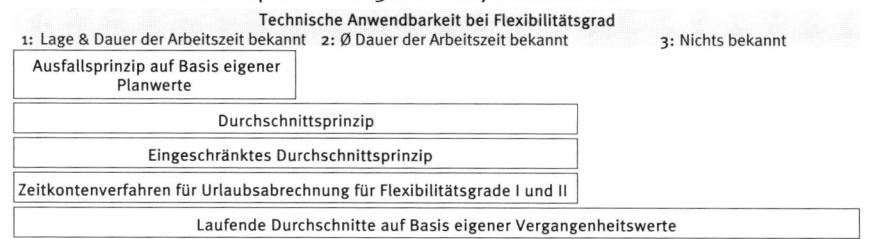

Technische Anwendbarkeit bei Flexibilitätsgrad		
1: Lage & Dauer der Arbeitszeit bekannt	2: Ø Dauer der Arbeitszeit bekannt	3: Nichts bekannt
Ausfallsprinzip auf Basis eigener Planwerte		
Durchschnittsprinzip		
Eingeschränktes Durchschnittsprinzip		
Zeitkontenverfahren für Urlaubsabrechnung für Flexibilitätsgrade I und II		
Laufende Durchschnitte auf Basis eigener Vergangenheitswerte		

D.2.2 Begriffe und Grundlagen

Abwesen- Darunter werden jene Gründe verstanden, aus denen heraus Beschäftigte
heiten zu gewissen Zeiten unter Entgeltfortzahlung nicht arbeiten, obwohl sie das bei Nichtvorliegen des Grundes getan hätten, d.h. Urlaube, Krankenstände, Pflegefreistellung, Kuraufenthalte usw.

Hypothetische Boonstra-Hörwein versteht in (2003) darunter jene Arbeitszeiten, die Be-
Arbeitszeiten schäftigte gearbeitet hätten, wenn sie nicht durch bestimmte (gesetzlich, tarif-, kollektiv- bzw. gesamtarbeitsvertraglich und/oder durch Betriebsvereinbarung festgelegte) Gründe verhindert gewesen wären.

Im Idealfall sollen die bezahlten Abwesenheitszeiten gleich den hypothetischen Arbeitszeiten sein. Dies entspricht dem gesetzlichen Ausfallsprinzip auf Basis eigener Planwerte, nach dem Beschäftigten wegen bestimmter Abwesenheiten weder ein Schaden noch ein Nutzen entstehen soll.

Falls die Arbeitszeit nicht vorgeplant ist, muss die hypothetische Arbeitszeit angenähert werden, z.B. mit dem Durchschnittsprinzip oder Wahrscheinlichkeitsverfahren.

	Mo 22.10.01	Di 23.10.01	Mi 24.10.01	Do 25.10.01	Fr 26.10.01	Sa 27.10.01	So 28.10.01	Mo 29.10.01	Di 30.10.01	Mi 31.10.01	Do 1.11.01	Fr 2.11.01	Sa 3.11.01	So 4.11.01
A	14:00 22:00	14:00 22:00	14:00 22:00	14:00 22:00				06:00 14:00	06:00 14:00	06:00 14:00	06:00 14:00	06:00 14:00	06:00 14:00	

Krankmeldung
Abwesenheit
(Grund)

hypothetische Arbeitszeit
(Was wäre gearbeitet worden? ⇒ lt. Plan 56 h)

8 h Engeltfortzahlung | 8 h Engeltfortzahlung | 8 h Engeltfortzahlung | 8 h Engeltfortzahlung | 8 h Feiertagsentgelt | 8 h Engeltfortzahlung | 8 h Engeltfortzahlung

Abwesenheitszeit
(Was wird bezahlt/gutgeschrieben? ⇒ lt. Verfahren 56 h)

Flexibilitätsgrade In der Literatur findet sich eine Vielzahl von Klassifizierungssystemen der Arbeitszeitflexibilität (vgl. z.B. Bellgardt 1987; Staffelbach 1993). Aus Abrechnungstechnischer Sicht unterscheidet Boonstra-Hörwein in (2003) folgende Grade von Arbeitszeitflexibilität:

Flexibilitätsgrad I (Fixierte Flexibilität)
- Dauer und Lage der Arbeitszeiten (auch der hypothetischen) sind für den auf Basis von Gesetzen und Tarif-/Kollektivverträgen vereinbarten Durchrechnungszeitraum, aber mindestens 26 Wochen, im Voraus bekannt.
- Es gibt keine Abweichungen vom Plan.

Flexibilitätsgrad II (Bekanntes Flexibilitätsvolumen)
- Die hypothetische Arbeitszeit kann auf Basis einer vereinbarten durchschnittlichen Sollwochenarbeitszeit, von Vergangenheitsdaten oder Vergleichsgruppen durch Durchschnittsbildung angenähert werden.
- Die Sollarbeitszeit ist bekannt und wird längerfristig auch erreicht.

Flexibilitätsgrad III
- Das Ausmaß der tatsächlichen Arbeitszeit ist über längere Zeiträume ungewiss.
- Die durchschnittliche Sollwochenarbeitszeit bzw. das Ausmaß des flexiblen Anteils sind nicht bekannt. Die hypothetische Arbeitszeit muss mittels Wahrscheinlichkeitsverfahren angenähert werden.

Schaffen der Berechnungsbasis Manche Bestimmungen beziehen sich auf Zeiteinheiten, die nicht mehr 1:1 auf komplexere Schichtmodelle übertragen werden können.

Die Festlegung des Urlaubsanspruchs erfolgt in Wochen, obwohl die Wochenarbeitszeit nach Plan je nach Saison unterschiedlich ist.

Die Festlegung des Urlaubsanspruchs erfolgt trotz der Verwendung von unterschiedlichen Schichtlängen in Tagen.

Die fixe Festlegung des Urlaubsanspruchs in Tagen nimmt keine Rücksicht auf die Sollarbeitszeit.

Grundvoraussetzung einer fairen Abrechnung der Abwesenheiten ist die Bezugnahme auf eine gemeinsame Berechnungsbasis. Bei einer einheitlichen Schichtlänge können Tage diese Berechnungsbasis sein, sonst muss zu Stunden übergegangen werden, um folgende Verzerrungseffekte zu vermeiden:

- *Bei Schichtlängen, die unter/über der durchschnittlichen Arbeitszeit pro Tag liegen, hätten die Arbeitnehmer weniger/mehr Urlaub, als ihnen eigentlich zusteht. Sie arbeiten nach Plan an anderen Tagen länger/kürzer bzw. an mehr/weniger Tagen, um dieses Stundendefizit einzuholen.*
- *Bei unterschiedlich vielen Schichteinsätzen je Periode und Urlaubsabrechnung in Wochen profitieren die Arbeitnehmer, die ihren Urlaub in den Hochphasen nehmen.*

Beispiele Urlaub Sind die Schichtlängen einheitlich, kann der Urlaubsanspruch zur Vereinfachung direkt in Urlaubsschichten umgerechnet werden.

Bei einer Sollwochenarbeitszeit von 40 h, 8 h-Schichten und 6 Wochen Urlaub beträgt der Urlaubsanspruch 30 Schichten.

$$\frac{40\,h * 6\,Wochen}{8\,h} = 30\,Schichten$$

Bei einer Sollwochenarbeitszeit von 40 h, Schichten, die 9 h 36 min dauern, und 6 Wochen Urlaub beträgt der Urlaubsanspruch 25 Schichten. Sonst würde durch die längeren Schichten eine erhebliche Erhöhung des Urlaubsanspruchs erfolgen.

$$\frac{40\,h * 6\,Wochen}{9{,}6\,h} = 25{,}0\,Schichten$$

Beträgt der Urlaubsanspruch bei 40 h und 8 h-Schichten 30 Arbeitstage und wird die Arbeitszeit verkürzt, ohne die Schichtlänge zu verändern, so muss der Urlaubsanspruch umgerechnet werden, da sich die Zahl der Arbeitstage verringert.

$$\frac{30\ Schichten * 32\ h}{40\ h} = 24\ Schichten$$

Würde die Schichtlänge gekürzt (in diesem Beispiel von 8 h auf 6,4 h), bliebe die Zahl der Urlaubsschichten gleich.

Betriebs- Betriebsurlaube vereinfachen die Abrechnung (und auch die Reserveplanung, siehe Unterkapitel C.1.1 "Ablauf der Reserveplanung und Bestimmung des Reservebedarfs") erheblich und haben aus dieser Sicht große Vorteile.

Bezüglich der Anwendung in der Praxis ist folgende Fallgrube zu beachten: Der Schichtplankalender sollte stehen bleiben, sonst entstehen Verzerrungen bei der Verteilung der Schichten. Das heißt, der Rhythmus nach Plan sollte aussetzen. Sonst würden die Arbeitszeiten, die Verteilung der freien Wochenenden usw. nicht mehr stimmen.

Bei Betriebsurlauben profitieren manche Gruppen davon, dass ein Freizeitblock nach Plan unmittelbar an die Zeit des Betriebsurlaubs anschließt, insgesamt also ein längerer Freizeitbereich erzielt wird. Über mehrere Jahre sollte sich dies aber für alle Gruppen ausgleichen. Falls der Rhythmus zu immer wieder ähnlichen Situationen vor bzw. nach einem Betriebsurlaub führt, sind kleine Planvariationen erforderlich.

Verteilung Nehmen Personen ständig die Nachtschicht als Urlaub, kommt es zu prob-
des Urlaubs lematischen Folgeeffekten. Andere Personen müssen kurzfristig immer in die besonders belastende Nachtschicht einspringen. Alleinstehende Nachtschichten bzw. Nachtschichtblöcke machen ein derartiges Verhalten sehr attraktiv. Gegebenenfalls muss auf eine gerechte Verteilung gesondert geachtet werden.

Subjektive Beschäftigte beziehen meist ihre freien Tage nach Plan in die Urlaubspla-
Verlängerung nung ein. Sie versuchen die Dauer ihres Urlaubs zu maximieren, indem sie
des Urlaubs die freien Tage davor und danach hinzuzählen und den gesamten Freizeitblock als "Urlaub" werten.

Im Anschluss an einen 3-tägigen Freizeitblock (Do–Sa) werden 6 Urlaubstage (So–Fr), an die wieder ein 3-tägiger Freizeitblock (Sa–Mo) anschließt, in Anspruch genommen. Damit ergibt sich insgesamt ein 12-tägiger Freizeitblock, der 6 Urlaubstage "kostet". Wenn vor und nach den 6 Urlaubstagen nur 2-tägige Freizeitblöcke im Plan vorgesehen wären, würde ein "nur" 10-tägiger Freizeitblock genauso viele Urlaubstage "kosten".

Durch die Kombination von Urlaubstagen mit freien Tagen erfolgt die subjektive Verlängerung des Urlaubs.

Bei einer kurzen, eher regelmäßigen Schichtfolge, die über das ganze Jahr verwendet wird, sich innerhalb eines Jahres mehrmals wiederholt und für alle Arbeitnehmer gleich ist, sind die Möglichkeiten für eine subjektive Verlängerung des Urlaubs sowohl über alle Arbeitnehmer als auch über das ganze Jahr relativ gleich verteilt.

Bei langen, eher unregelmäßigen Schichtfolgen und speziell bei flexiblen Schichtmodellen ergeben sich solche Gelegenheiten zur subjektiven Verlängerung des Urlaubs nur zu bestimmten Zeiten im Jahr. Diese fallen oft nicht mit den Zeiten zusammen, in denen die Beschäftigten besonders gerne Urlaub nehmen (z.B. Weihnachten, Sommer).

Der 4-tägige und der 5-tägige Freizeitblock in der 18-wöchigen Schichtfolge, zwischen denen zusätzlich nur ein 3-tägiger Arbeitsblock liegt, fallen für die Gruppe A auf Weihnachten/Neujahr. Die Gruppen B–E müssen von diesen 12 Tagen zumindest 10 Tage arbeiten.

Ein vollkontinuierlicher Betrieb arbeitet 36 Wochen im Jahr nach einem Klassischen 5-Gruppen-Plan (Normalbetrieb), der auf der Basisfolge `FFSSNN----` *beruht. Die restlichen 16 Wochen (Sommerregelung) wird nach einem Klassischen 4-Gruppen-Plan, der auf der Basisfolge* `FFSSNN--` *beruht, gearbeitet. Arbeitnehmer, die in der Normalperiode Urlaub nehmen, brauchen für einen 14-tägigen Freizeitblock 6 Urlaubstage. Im Sommer sind für so einen langen Freizeitblock zumindest 10 Urlaubstage erforderlich.*

Zwar werden die Zahl der Sollarbeitsstunden und der Urlaubsanspruch in Stunden pro Jahr weder durch die Schichtfolge noch durch die Art der Urlaubsplanung verändert, aber der Nutzwert, den die Urlaubstage für den einzelnen Arbeitnehmer haben, ist sowohl hinsichtlich der Arbeitnehmer als auch hinsichtlich der Jahreszeit unterschiedlich. Durch die starke Variation der Schichtlängen und/oder der Zahl der Schichteinsätze pro Woche wird der Urlaub aus der Sicht des einzelnen Arbeitnehmers je nach verwendeter Technik der Abrechnung unterschiedlich teuer.

Urlaubsabrechnung ist oft unkritisch

Urlaubsansprüche sind im Gegensatz zu anderen Ansprüchen auf bezahlte Abwesenheitszeiten (z.B. maximal 8 Wochen Krankenstände pro Jahr oder maximal 10 Tage Pflegefreistellung pro Jahr) nicht nur nach oben, sondern auch nach unten begrenzt (z.B. genau 5 Wochen Urlaub pro Jahr). Damit ist bei den Flexibilitätsgraden I und II die Summe der zu bezahlenden Abwesenheitszeiten festgelegt und kann bei Wahl einer adäquaten Berechnungsbasis durch den Abrechnungsmodus weder erhöht noch verringert werden. Der Modus der Urlaubsinanspruchnahme/-gewährung regelt die Art der "Auszahlung".

Anhand des Zeitkontenverfahrens (siehe Unterkapitel D.2.6.) werden diese Effekte nochmals erläutert.

Bei Arbeitszeitmodellen mit dem Flexibilitätsgrad III, kann die Summe der zu bezahlenden Abwesenheitszeiten für Urlaube (die "Gewinnsumme" bzw. die "Verlustsumme", d.h. die Kosten) für jede/n Beschäftigte/n variieren (z.B. können viele Mehr- und Überstunden in den 13 Wochen vor dem Urlaub bei der Verwendung von laufenden Durchschnitten die Entgeltfortzahlung für den Urlaub erhöhen).

Manipulier- Manipulierbarkeit ist eine der Hauptsorgen bei Diskussionen in Organisati-
barkeit onen. Unabhängig davon, ob dieser Effekt wirklich eintreten würde oder nicht, sind bereits Befürchtungen ernst zu nehmen und durch Rechenbeispiele zu relativieren.

Prinzipiell ist Manipulierbarkeit nur gegeben, wenn eine Person die Handlungsmöglichkeiten, d.h. die Informationen und den Einfluss hat, um das Gesamtergebnis zu beeinflussen. Je nach Art der Abwesenheit kann die Manipulation eines beliebigen Verfahrens daher meist von vornherein aufgrund von fehlender Information und/oder Möglichkeit zur Einflussnahme ausgeschlossen bzw. auf andere Umstände als "Schwächen" des Verfahrens zurückgeführt werden. Insbesondere ist "Krankfeiern" ein Problem der Organisationskultur und nicht des Abrechnungssystems.

D.2.3 Ausfallsprinzip auf Basis eigener Planwerte

Funktion Beim Ausfallsprinzip werden Abwesenheiten in Stunden bzw. Schichten genau nach Plan abgerechnet.

Wenn im Plan ein 9 h-Schichteinsatz vorgesehen ist, werden bei Krankheit genau diese 9 h dem Zeitkonto gutgeschrieben. Auch bei Urlaub werden genau diese 9 h dem Zeitkonto gutgeschrieben und genau 9 h vom Urlaubskonto abgebucht.

Beispiel

	Mo 5.11.01	Di 6.11.01	Mi 7.11.01	Do 8.11.01	Fr 3.11.01	Sa 10.11.01	So 11.11.01	Mo 12.11.01	Di 13.11.01	Mi 14.11.01	Do 15.11.01	Fr 16.11.01	Sa 17.11.01	So 18.11.01
A	06:00 15:00	06:00 15:00	06:00 15:00	06:00 15:00	06:00 15:00	06:00 15:00		15:00 23:00	15:00 23:00	15:00 23:00	15:00 23:00			
B	15:00 23:00	15:00 23:00	15:00 23:00	15:00 23:00				06:00 15:00	06:00 15:00	06:00 15:00	06:00 15:00	06:00 15:00	06:00 15:00	

Person A nimmt Urlaub. Abrechnung 77 h.

Wirkungen
- Das Ausfallsprinzip ist einfach zu kommunizieren und verständlich.
- Der Verwaltungsaufwand ist gering: Im Abwesenheitsfall werden die Planwerte laut Dienstplan verrechnet. Zusätzliche Berechnungen oder die Führung von Zeitkonten sind nicht erforderlich.
- Bei Arbeitszeitschwankungen kann der Urlaub aus Sicht der Beschäftigen als unterschiedlich "teuer" empfunden werden (siehe subjektive Verlängerung des Urlaubs in Unterkapitel D.2.2. "Begriffe und Grundlagen"):

  Beispiel: Plan mit 4 Schichten pro Woche und 20 Einbringschichten pro Jahr, die bei Bedarf festgelegt werden.

  Tief:

	1 Mo	1 Di	1 Mi	1 Do	1 Fr	1 Sa	1 So	2 Mo	2 Di	2 Mi	2 Do	2 Fr	2 Sa	2 So
A	U	U	U	U				S	S	S	S			
B	S	S	S	S				F	F	F	F			

  Hoch:

	1 Mo	1 Di	1 Mi	1 Do	1 Fr	1 Sa	1 So	2 Mo	2 Di	2 Mi	2 Do	2 Fr	2 Sa	2 So
A	U	U	U	U	U	U		S	S	S	S	S		
B	S	S	S	S	S			F	F	F	F	F	F	

  1 freie Woche "kostet": 4 Urlaubstage in Tiefphasen
  6 Urlaubstage in Hochphasen

  Für den Betrieb ist der Urlaubskonsum "neutral" (siehe Unterkapitel D.2.2. "Begriffe und Grundlagen"). Andere Abwesenheiten sind für Beschäftigte "neutral" und für den Betrieb unterschiedlich "teuer" (z.B. sind bei Krankheit in Hochphasen mehr Stunden pro Arbeitstag und/oder mehr Arbeitstage pro Woche gutzuschreiben). Über die gesamte Belegschaft und längere Zeiträume betrachtet, gleichen sich diese Effekte jedoch aus.

- Bei unterschiedlichen Schichtlängen ist der Urlaubsanspruch auf Stunden umzurechnen. Ähnlich wie bei der subjektiven Verlängerung des Urlaubs ist es dann besonders verlockend, an Tagen mit kurzen Schichten frei zu nehmen, da dies weniger Urlaubsverbrauch bezogen auf 1 freien Tag verursacht. Eventuell sind hier Beschränkungen erforderlich (z.B. in der Regel nicht mehr als 7 Urlaubstage am Freitag). Sollte der verstärkte Urlaubsverbrauch an diesen Tagen betrieblich möglich sein, muss zumindest auf eine faire Verteilung geachtet werden. Aus Vereinfachungsgründen wird zum Teil mit ganzen Tagen gerechnet, wenn nur wenige Schichten eine andere Länge haben.
- Der Anwendbarkeit des Ausfallsprinzips sind Grenzen gesetzt, wenn die Planwerte nicht bekannt sind.

Verfeinerungen für Flexibilitätsgrade II und III

Das Ausfallsprinzip basiert auch bei flexiblen Modellen auf der Grundidee, dass Abwesenheitszeiten genauso verrechnet werden, als wären die jeweiligen Arbeitnehmer anwesend.

Wenn also bereits klar ist, wann Zusatzschichten bzw. Freischichten angefallen wären, werden diese als Berechnungsgrundlage für Abwesenheiten und Urlaub herangezogen. Klar ist die Zeitzuordnung jedenfalls, wenn für den betrachteten Zeitraum der konkrete Plan bereits fixiert ist.

Überschreitet die Länge der Abwesenheit diesen Zeitraum, wird es schwieriger.

- Eine mögliche Erweiterung, die allerdings voraussetzt, dass es große stabile Gruppen gibt, bietet die Verrechnung jener Zeiten, in denen der Rest der Gruppe arbeitet. Auf Krankenstände ist die Abrechnungsmethode gut anwendbar.
- Auf Urlaube lässt sich diese Erweiterung nur begrenzt anwenden: Theoretisch könnte dies sonst zur Folge haben, dass sich nach Anmeldung des Urlaubs eine Veränderung der Anzahl der abgebuchten Stunden ergibt.
Als X den Urlaub anmeldete, hatte die Schichtgruppe keine geplanten Einbringschichten zu leisten. Kurz darauf wird aber eine derartige Zusatzschicht fixiert. Dadurch bräuchte X mehr Urlaubsstunden als ursprünglich erwartet.
- Eine weitere mögliche Erweiterung ist folgende: Die vollständigen Urlaubs- oder Krankenstandswochen des Teils der Periode, die noch nicht definiert waren, werden genau mit der Sollwochenarbeitszeit verrechnet. Diese Methode entspricht dem eingeschränkten Durchschnittsprinzip (siehe Unterkapitel D.2.5.)

Bei einer Krankheit von Montag, 4. August, bis Mittwoch, 27. August, soll die Berechnung der Abwesenheitsstunden nach dem Ausfallsprinzip erfolgen. Während es am Anfang noch ganz klar ist, welche Stunden angefallen wären, ist dies am Ende der Periode nicht mehr so klar. Es werden daher die letzten Wochen des Krankenstandes mit der Sollwochenarbeitszeit bewertet. Zum Beispiel werden für die 7-tägigen Perioden vom 14.–20. und vom 21.–27. jeweils die Sollstunden gutgeschrieben. Bis zum 13. wird nach dem Ausfallsprinzip gerechnet, da die Arbeitszeiten für diesen Bereich bereits feststehen. Dass dabei jeweils von Mittwoch bis Mittwoch gerechnet wird, eliminiert die Frage, wie der Wochenanfang vor Wiederbeginn der Arbeit gerechnet wird.

D.2.4 Durchschnittsprinzip

Funktion In (Kutscher, et al.; 1996) wird das Durchschnittsprinzip vorgestellt. Eine andere Bezeichnung dafür ist "Referenzprinzip" nach (Foitl; 1997).

Dieses Durchschnittsprinzip kann sowohl bei nicht flexiblen als auch mit Modifikationen bei flexiblen Modellen angewendet werden. Bei nicht flexiblen Plänen wird allerdings fast nie mit dem Durchschnittsprinzip gearbeitet. Die Anwendung könnte trotzdem sinnvoll sein, wenn das gleiche Abrechnungsmodell für einen flexiblen und einen nicht flexiblen Bereich verwendet werden soll.

Beim Durchschnittsprinzip wird als zentraler Ansatzpunkt die durchschnittliche Arbeitszeit pro Tag für die möglichen Arbeitstage einer Woche, das sind jene Wochentage, an denen im Betrieb gearbeitet wird, berechnet.

$$\text{durchschnittliche Arbeitszeit pro Tag} = \frac{\text{Sollwochenarbeitszeit}}{\text{Zahl der möglichen Arbeitstage pro Woche}}$$

Beispiel 1 In einem diskontinuierlichen Betrieb arbeitet eine Gruppe A mit 38,5 h Sollwochenarbeitszeit nach folgendem Plan. Dabei bezeichnen die ▢-Kästchen Frühschichten. Die Schichtlängen, die je nach Wochentag variieren, sind jeweils extra angegeben:

Mo	Di	Mi	Do	Fr	Sa	So
9 h	9 h	8 h	7 h	5,5 h	kein Arbeitstag	kein Arbeitstag

Wegen der 5 möglichen Arbeitstage pro Woche beträgt die durchschnittlich auf jeden Arbeitstag fallende Arbeitszeit 7,7 h.

Es werden nun für alle Tage, an denen gearbeitet wird, die tatsächlich gearbeiteten Stunden abzüglich der 7,7 h gutgeschrieben. An jenen Tagen innerhalb dieser 5 möglichen Arbeitstage, an denen weniger als 7,7 h gearbeitet wird, wird die Differenz zu den 7,7 h vom Arbeitszeitkonto abgebucht. Bei Anwesenheit beträgt die Differenz über den 1-wöchigen Schichtzyklus hinweg genau 0 h. Die folgende Graphik zeigt die Stundenbuchungen:

Mo	Di	Mi	Do	Fr	Sa	So
9 h − 7,7 h = +1,3 h	9 h − 7,7 h = +1,3 h	8 h − 7,7 h = +0,3 h	7 h − 7,7 h = −0,7 h	5,5 h − 7,7 h = −2,2 h	kein Arbeitstag	kein Arbeitstag

Bei Krankheit an einem der 5 möglichen Arbeitstage (Mo–Fr) werden dem Zeitkonto 7,7 h pro Krankheitstag gutgeschrieben. Der Urlaubsanspruch betrage 6 Wochen; daraus ergibt sich der umgerechnete Urlaubsanspruch:

38,5 h * 6 Wochen = 231 h

Für jeden Urlaubstag werden genau 7,7 h vom Urlaubskonto abgebucht und dem Zeitkonto gutgeschrieben.

Beispiel 2 In einem diskontinuierlichen Betrieb arbeiten 2 Gruppen A und B mit je 36 h Sollwochenarbeitszeit versetzt nach folgendem Plan. Dabei bezeichnen die ▨-Kästchen Frühschichten und die ▰-Kästchen Spätschichten. Die je nach Wochentag variierenden Schichtlängen sind jeweils extra angegeben:

	Mo	Di	Mi	Do	Fr	Sa	So
Woche 1	9 h	9 h	9 h	9 h	8 h	7 h	kein Arbeitstag
Woche 2	7 h	7 h	7 h	frei	frei	frei	kein Arbeitstag

Wegen der 6 möglichen Arbeitstage pro Woche ergibt sich eine durchschnittlich auf jeden Arbeitstag fallende Arbeitszeit von 6 h.

Es werden nun für alle Tage, an denen gearbeitet wird, die tatsächlich gearbeiteten Stunden abzüglich der 6 h gutgeschrieben. Auch an jenen Tagen innerhalb dieser 6 möglichen Arbeitstage, an denen frei ist, werden 6 h abgezogen. Die Differenz über den 2-wöchigen Schichtzyklus hinweg beträgt bei Anwesenheit genau 0 h. Die folgende Graphik zeigt die Stundenbuchungen:

	Mo	Di	Mi	Do	Fr	Sa	So
Woche 1	9 h − 6 h = +3 h	9 h − 6 h = +3 h	9 h − 6 h = +3 h	9 h − 6 h = +3 h	8 h − 6 h = +2 h	7 h − 6 h = +1 h	kein Arbeitstag
Woche 2	7 h − 6 h = +1 h	7 h − 6 h = +1 h	7 h − 6 h = +1 h	0 h − 6 h = −6 h	0 h − 6 h = −6 h	0 h − 6 h = −6 h	kein Arbeitstag

Bei Krankheit an einem der 6 möglichen Arbeitstage (Mo–Sa) werden sowohl in der Früh- als auch in der Spätschichtwoche dem Zeitkonto genau 6 h pro Krankheitstag gutgeschrieben. Der Urlaubsanspruch betrage 6 Wochen; daraus ergibt sich der umgerechnete Urlaubsanspruch:

36 h * 6 Wochen = 216 h

Für jeden Urlaubstag werden genau 6 h vom Urlaubskonto abgebucht und dem Zeitkonto gutgeschrieben.

Wichtig dabei ist, dass auch für die nach Schichtplan freien Tage von Do–Fr in der Woche mit Spätschichten Stunden abgebucht werden müssen. Dies wurde vorher in der Umrechnung berücksichtigt, und die Anzahl der freien Tage (nicht Schichten) ist entsprechend höher. Würden Arbeitnehmer z.B.

6 Wochen Urlaub in einem Stück nehmen, verbrauchten sie genau ihren Urlaubsanspruch.

Wirkungen
- Das Durchschnittsprinzip ist in Organisationen, in denen nicht zumindest schon laufende Durchschnitte für bestimmte Entgeltbestandteile (z.B. 13-Wochen-Schnitt für Akkord bei Entgeltfortzahlung) üblich sind, in der Regel schwieriger zu kommunizieren als das Ausfallprinzip. Das Verständnis kann durch mehrere Rechenbeispiele erleichtert werden. Manchmal ist auch der Vergleich mit der Rolle der fiktiven Normalarbeitszeit in Gleitzeitmodellen hilfreich.
- Der Verwaltungsaufwand ist mittel und umfasst Berechnungen und die Führung eines Zeitkontos.
- Bei Arbeitszeitschwankungen führen Abwesenheiten zu unterschiedlichen Wirkungen auf die Zeitsalden. Dem Zeitkonto werden zwar immer gleich viele Stunden gutgeschrieben, es liegt aber relativ zu Personen, die in diesen Wochen arbeiten, tiefer bzw. höher und muss wiederum ausgeglichen werden.

Beispiel: Hochphase eines Modells mit 86 h Betriebszeit

	Mo 5.11.01	Di 6.11.01	Mi 7.11.01	Do 8.11.01	Fr 9.11.01	Sa 10.11.01	So 11.11.01	Mo 12.11.01	Di 13.11.01	Mi 14.11.01	Do 15.11.01	Fr 16.11.01	Sa 17.11.01	So 18.11.01
A	06:00 15:00	06:00 15:00	06:00 15:00	06:00 15:00	06:00 15:00	06:00 15:00		15:00 23:00	15:00 23:00	15:00 23:00	15:00 23:00			
B	15:00 23:00	15:00 23:00	15:00 23:00	15:00 23:00	*Meldung*			06:00 15:00	06:00 15:00	06:00 15:00	06:00 15:00	06:00 15:00	06:00 15:00	

$$\text{Durchschnittliche Arbeitszeit pro Tag} = \frac{\text{Soll-Wochenarbeitszeit}}{\text{Anzahl der möglichen Arbeitstage pro Woche}} = \frac{38{,}00\,h}{6} = 6{,}33\,h$$

Person A nimmt Urlaub. Abrechnung 6 Tage * 6,33 h = 38 h. Zeitsaldo: 38 h – 54 h = – 16 h

Person B nimmt Urlaub. Abrechnung 6 Tage * 6,33 h = 38 h. Zeitsaldo: 38 h – 32 h = + 6 h

Für den Betrieb sind Abwesenheiten "neutral". Nur wenn die Mitarbeiter alle Krankheitstage melden, egal, ob ein Einsatz geplant war oder nicht, ist das Modell statistisch fair. Wenn das Arbeitsvolumen stark saisonal schwankt und das Durchschnittsprinzip nicht entsprechend angepasst wird, kann es vorkommen, dass Krankenstand in einer Periode zu hohen Zeitschulden bzw. -guthaben führt.

- Der Anwendbarkeit des Durchschnittsprinzips sind Grenzen gesetzt, wenn die Sollwerte nicht bekannt sind.

Unterschiede der Ansätze Der zentrale Unterschied zum Ausfallprinzip besteht darin, dass diese Stundenbuchungen auch an Tagen durchgeführt werden, an denen Arbeitnehmer eigentlich freihaben.

Wenn an mehr als 6 Tagen gearbeitet wird, wie bei einem vollkontinuierlichen Plan, wird entsprechend anders gerechnet.

Bei 7 möglichen Arbeitstagen pro Woche und 35 h Wochenarbeitszeit beträgt die durchschnittliche Arbeitszeit pro Tag 5 h. An den Tagen, an denen gearbeitet wird, fallen dann mehr Plusstunden an, während an den freien Tagen weniger Minusstunden entstehen. Auch hier beträgt der Stundensaldo insgesamt wieder 0 h.

Krankmeldung am Wochenende In manchen Organisationen wird der Durchschnitt auf Montag bis Freitag umgelegt, da z.B. Wochenendarbeit eher als Ausnahme empfunden wird oder es bei Eintritt eines Krankenstandes am Samstag und Ende vor Montag oft schwierig ist, eine Krankenstandsbestätigung vom Arzt zu bekommen. Dabei werden Abwesenheiten nur an Montagen, Dienstagen, ... Freitagen bezahlt, aber mit einem höheren Durchschnittswert. Bei Abwesenheiten am Wochenende werden 0 h berücksichtigt, da das anteilige Entgelt für das Wochenende bereits bei der Durchschnittsberechnung eingeflossen ist.

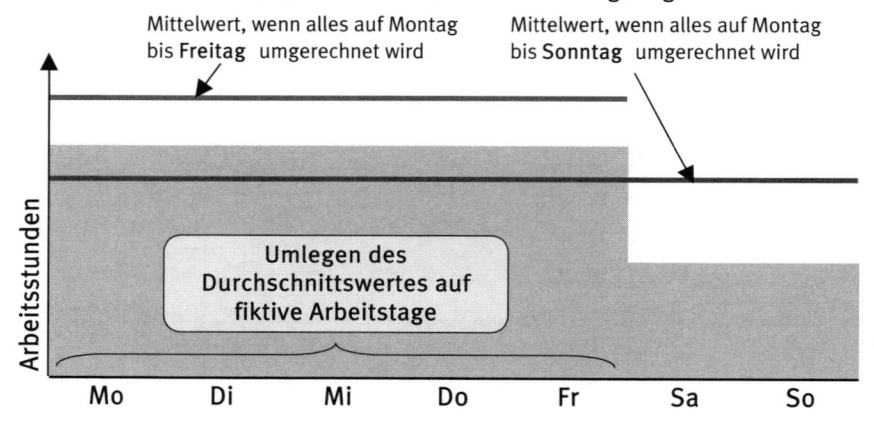

Mittelwert, wenn alles auf Montag bis **Freitag** umgerechnet wird

Mittelwert, wenn alles auf Montag bis **Sonntag** umgerechnet wird

Arbeitsstunden

Umlegen des Durchschnittswertes auf fiktive Arbeitstage

Mo Di Mi Do Fr Sa So

Auswirkungen der Ansätze Falls Abwesenheiten nach dem Ausfallprinzip verrechnet, d.h. Planwerte herangezogen werden, stimmen die Abwesenheitszeiten genau mit den hypothetischen Arbeitszeiten überein. Bei Verwendung des Durchschnittsprinzips kann es in einzelnen Abrechnungsfällen Abweichungen nach oben und unten geben, die umso stärker ausfallen, je höher und länger die Schwankungen dauern. In (Boonstra-Hörwein;2003) findet sich folgende Graphik, die in Abhängigkeit vom Verlauf der Schwankungen die Unterschiede in der Abrechnung illustriert:

Die Unterschiede sind bei Betrachtung eines Einzelfalls erheblich. Über die gesamte Belegschaft und längere Zeiträume betrachtet, gleichen sich die Verschiebungen der Zeitsalden allerdings auch beim Durchschnittsprinzip aus. Der Grund dafür ist das "Empirische Gesetz der großen Zahlen". Dies setzt aber voraus, dass die Mitarbeiter ihre Krankenstände an freien Tagen genauso melden wie an Arbeitstagen.

D.2.5 Eingeschränktes Durchschnittsprinzip

Funktion Da ab dem Flexibilitätsgrad II nur noch Sonderformen des Ausfallprinzips anwendbar sind und das Durchschnittsprinzip zu einem Aufbau von hohen Zeitschulden bzw. -guthaben im Vergleich zu Anwesenden führen kann, wird in der Folge auf eine Verfeinerung des Durchschnittsprinzips, nämlich das eingeschränkte Durchschnittsprinzip (vgl. Boonstra-Hörwein; 2003); näher eingegangen, die in Kombination mit dem Ausfallprinzip verwendet wird. "Dadurch können die Vorteile von beiden Prinzipien kombiniert und die Nachteile vermieden bzw. gedämpft werden.

Die Idee hinter dieser Kombination liegt in der Trennung zwischen

- dem fixierten Anteil der Arbeitszeit und
- dem flexiblen Anteil.

Dabei werden im Plan festgelegte Zeiten nach dem Ausfallprinzip und noch zu planende flexible Elemente nach dem eingeschränkten Durchschnittsprinzip abgerechnet. Bei letzterem werden die durchschnittlichen flexiblen Arbeitszeitanteile jener Arbeitstage, an denen Flexibilität möglich ist, berechnet." (ebenda)

Beispiel *In einem Arbeitszeitmodell mit 38,5 h Sollwochenarbeitszeit, werden*
- *34 h fix von Mo–Do mit je 8,5 h verplant und*
- *im Schnitt an 1 von 2 Freitagen 9 h gearbeitet*

Die durchschnittliche Arbeitszeit pro Freitag beträgt:
9 h / 2 Freitage = 4,5 h pro Freitag

	Mo 5.11.01	Di 6.11.01	Mi 7.11.01	Do 8.11.01	Fr 9.11.01	Sa 10.11.01	So 11.11.01	Mo 12.11.01	Di 13.11.01	Mi 14.11.01	Do 15.11.01	Fr 16.11.01	Sa 17.11.01	So 18.11.01
A	06:00 14:30	06:00 14:30	06:00 14:30	06:00 14:30				14:30 23:00	14:30 23:00	14:30 23:00	14:30 23:00			
B	14:30 23:00	14:30 23:00	14:30 23:00	14:30 23:00				06:00 14:30	06:00 14:30	06:00 14:30	06:00 14:30	06:00 15:00		

*Person A nimmt Urlaub. Abrechnung 2 Wochen * (34 + 4,5) = 77 h.*

Im Vergleich mit dem Ausfalls- und mit dem Durchschnittsprinzip lassen sich dadurch Extremwerte vermeiden:

Saldo nach 2 Wochen Krankenstand	Ausfallsprinzip falls Zusatzdienst		Durchschnittsprinzip	Kombination Ausfall & Durchschnitt
	geplant	nicht geplant		
an Tag mit fix geplantem Dienst	0,0 h	0,0 h	-0,8 h	0,0 h
an freiem Tag bei geleistetem Zusatzdienst	9,0 h	0,0 h	7,7 h	4,5 h
an freiem Tag bei keinem geleisteten Zusatzdienst	0,0 h	-9,0 h	-1,3 h	-4,5 h

Krankenstand	1 Tag	* (7,70 h − 7,70 h) =	0,00 h	1 Tag	* (4,50 h − 4,50 h) =	0,00 h
Geplante Dienste	7 Tage	* (8,50 h − 7,70 h) =	5,60 h	8 Tage	* 0,00 h =	0,00 h
Zusatzdienst	1 Tag	* (9,00 h − 7,70 h) =	1,30 h	1 Tag	* (9,00 h − 4,50 h) =	4,50 h
Freier Tag	1 Tag	* (0,00 h − 7,70 h) =	-7,70 h			
Summe			-0,80 h			4,50 h

Wirkungen
- Das eingeschränkte Durchschnittsprinzip ist einfacher zu kommunizieren als das reine Durchschnittsprinzip, weil Abweichungen zu den hypothetischen Arbeitszeiten geringer sind.
- Der Verwaltungsaufwand ist mittel wie beim Durchschnittsprinzip.
- Die Effekte des Durchschnittsprinzips (Zeitsalden, Meldung an freien Tagen) werden gedämpft.
- Wenn die Durchschnitte für die Stunden, die an den flexiblen Tagen verwendet werden können, sehr gering sind, kann es dazu kommen, dass Flexibilität mit Urlaubsansprüchen kompensiert wird. Falls dies in sehr hohem Umfang auftritt, sind gegebenenfalls Sonderregeln erforderlich. Werden z.B. Freitage und Samstage als flexible Tage verwendet und sind übers Jahr nur wenige Schichten an diesen Tagen zu leisten, dann ist

> *auch die Anzahl der Stunden für Urlaub an diesen Tagen gering. Wäre sie z.B. 2 h pro Tag, könnte eine Person mit 40 h Urlaubsanspruch sicherstellen, dass sie 10 Wochen lang (z.B. im Sommer oder in einer Spitzenperiode) nie für eine derartige Zusatzschicht herangezogen wird.*

- Der Anwendbarkeit sind Grenzen gesetzt, wenn das Ausmaß der flexiblen Anteile der Arbeitszeit nicht bekannt ist.

D.2.6 Zeitkontenverfahren zur Urlaubsabrechnung für Flexibilitätsgrade I und II

Funktion Nachdem Urlaubsansprüche sowohl nach oben als auch nach unten begrenzt sind (vgl. Unterkapitel D.2.2. "Begriffe und Grundlagen") ist es grundsätzlich egal, welcher Verrechnungswert vom Urlaubskonto abgebucht und dem Zeitkonto gutgebucht wird. Wenn zumindest das Ausmaß der durchschnittlichen Arbeitszeit bekannt ist (max. Flexibilitätsgrad II) kann ein beliebiger Schätzwert herangezogen werden.

Beispiele Ein Dienst hätte 7 h gedauert, wurde aber mit 8 h abgerechnet. Das führt zu mehr Urlaubsverbrauch (1 h), aber auch erhöhter Zeitgutschrift (1 h).

Ein Dienst hätte 9 h gedauert, wurde aber mit 8 h abgerechnet. Das führt zu geringerem Urlaubsverbrauch (−1 h), aber geringerer Zeitgutschrift (−1 h).

Die Freizeit bleibt also in Summe gleich.

Wirkungen
- Die Kommunikation des Verfahrens für sich ist eher einfach, allerdings ist die Anwendung nur für die Urlaubsabrechnung möglich. Damit ist zur Abrechnung anderer Abwesenheiten ein zweites Verfahren erforderlich.
- Der Verwaltungsaufwand ist mittel, die Führung eines Zeitkontos erforderlich.
- Wesentlich ist, dass Betrag, der dem Zeitkonto gutgeschrieben wird, im Gegenzug vom Urlaubskonto abgebucht wird.

D.2.7 Laufende Durchschnitte auf Basis eigener Vergangenheitswerte

Funktion In jenen Fällen, in denen Teile der bzw. die gesamte Arbeitszeit weder in ihrer Lage vorplanbar noch in ihrem Umfang bekannt sind (Flexibilitätsgrad III), können die hypothetischen Arbeitszeiten im Abwesenheitsfall nur über wahrscheinliche Werte angenähert werden. Dazu lassen sich eigene Vergangenheitswerte (z.B. die durchschnittliche Arbeitszeit pro Tag in den letzten 3 Monaten) heranziehen. Wie nahe diese Werte bei den hypothetischen Arbeitszeiten liegen, hängt von einem geeigneten Beobachtungszeitraum, vom jeweiligen Modell und dem Umgang mit dem Modell ab.

Beispiel *In einem österreichischen metallverarbeitenden Industriebetrieb werden oft Abwesenheiten durch die Überstunden anderer abgedeckt.*

*Laut Kollektivvertrag fließen die Überstunden und Zulagen gemäß den letzten 13 **abgerechneten** Wochen im Gegensatz zum EFZG, das von letzten 13 voll **gearbeiteten** Wochen spricht, in die Durchschnittsberechnung ein. Zeiten von Abwesenheiten tragen so zu einer wesentlichen Verteuerung anderer Abwesenheiten bei.*

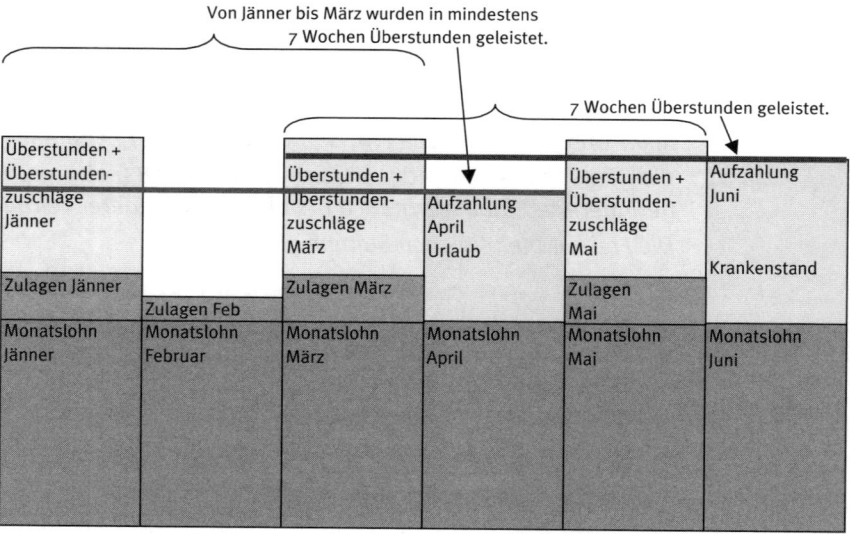

Von Jänner bis März wurden in mindestens 7 Wochen Überstunden geleistet.

7 Wochen Überstunden geleistet.

Überstunden + Überstundenzuschläge Jänner		Überstunden + Überstundenzuschläge März	Aufzahlung April Urlaub	Überstunden + Überstundenzuschläge Mai	Aufzahlung Juni
					Krankenstand
Zulagen Jänner	Zulagen Feb	Zulagen März		Zulagen Mai	
Monatslohn Jänner	Monatslohn Februar	Monatslohn März	Monatslohn April	Monatslohn Mai	Monatslohn Juni

Angesichts der branchenunüblich hohen Krankenstandsquote und der zeitlichen Verteilung von Urlauben und Krankenständen gibt es neben Maßnahmen der Organisationsentwicklung zwei unmittelbare Ansatzpunkte:
- längerer Beobachtungszeitraum, um die Schwankungen des 13-Wochen-Schnitts zu dämpfen.
- Versuch der Gleichverteilung von Überstunden auf Mitarbeiter und Monat

Wirkungen
- Laufende Durchschnitte sind, wenn sie nicht bereits in der Organisation verwendet werden (z.B. 13-Wochen-Schnitt für Akkord bei Entgeltfortzahlung) schwer zu kommunizieren. Das Verständnis kann durch mehrere Rechenbeispiele erleichtert werden.
- Der Verwaltungsaufwand ist hoch, da laufende Durchschnitte pro Person und Abwesenheitstag berechnet werden müssen. Vergangenheitsdaten müssen gut aufbereitet vorliegen und sollten möglichst automatisiert verarbeitet werden.
- Bei Arbeitszeitschwankungen sind Abwesenheiten für Beschäftigte und den Betrieb unterschiedlich "teuer".
- Die Beobachtungszeiträume müssen repräsentativ sein, andernfalls – z.B. weil die Gesamtauslastung langfristig stark hinauf- bzw. hintergeht – kommt es zu hohen Abweichungen von den hypothetischen Arbeitszeiten, d.h. Abwesenheiten würden unter- bzw. überbewertet.
- Abwesenheiten sind auch an dienstfreien Tagen zu melden, wenn diese mögliche Arbeitstage sind.
- Ein Umlegen des laufenden Durchschnittswertes auf fiktive Arbeitstage ist möglich.

D.3 Schichtplanung und Einsatzplanung, freie Planung

Verständnis von Schichtplanung

Die Schichtplanung legt – im Verständnis dieses Buches – Grundmuster von Arbeitszeiten fest. Entsprechend sollen Schichtpläne immer wieder oder zumindest über längere Zeiträume angewendet werden. Der Planungszeitraum umfasst Wochen und Monate. Mit dem Einsatzplan erfolgt dann die konkrete Zuordnung, ab welchem Datum der Schichtplan eingesetzt werden soll, welche Arbeitnehmer in welcher Gruppe arbeiten, und die tagesbezogene Steuerung.

In manchen Betrieben fehlt die Schichtplanung. Es werden nur mittelfristige Einsatzpläne erstellt (z.B. 1 Monat im Voraus). Eine Unterform dieser Planung kommt sogar ohne Schichtarten aus, Beschäftigte können sogar ihre Dienstzeiten selbst festlegen. Mit ausgeklügelten Verfahren erfolgt dann ein möglichst fairer Ausgleich (vgl. z.B. Kreicberg; 2000).

Diese Selbstplanung (typischerweise innerhalb von Grenzen der Minimal- und Maximalbesetzung ist daher klar zu unterscheiden von Betrieben in denen der Schichtplan "nur mehr Papier" ist. Es kommt ununterbrochen zu Verschiebungen. Fehlt der Rahmen für die tagesbezogene Planung, ist nicht selten ein hoher Preis zu zahlen:
- sehr hohe Kommunikations- und Koordinationskosten
- unerwünschte längerfristige Fehlkapazitäten

Reine kurzfristige Einsatzplanung ohne Rahmenpläne (z.B. wenige Tage im Voraus) ist meist problematisch für die Arbeitnehmer und teuer für das Unternehmen.

Ziel der Schichtplanung

Der Schichtplan sollte als "Blaupause" für den längeren/mehrfachen Einsatz verstanden werden. Ein Einsatzplan ist die kurzfristige Vervollständigung bzw. Anpassung.

Ziel der Schichtplanung sollte sein, vorhersehbare Anforderungen daraufhin zu prüfen, ob sie in der Planung berücksichtigt werden müssen, und den Schichtplan entsprechend zu gestalten.
- Wenn z.B. schon bekannt ist, dass zu bestimmten Zeiten immer wieder ein hoher bzw. niedriger Arbeitsanfall auftritt (z.B. für die Wartung), sollte dies in der Schichtplanung berücksichtigt werden.
- Wenn nur die Schwankungen bekannt sind (z.B. sind im Durchschnitt 12 % der Personen abwesend, im Sommer 20 %), sollte auch dieses Wissen in die Planung einfließen.

Vergleich verschiedener Planungen

Z.T. werden Rahmenplanung im Sinne dieses Buches auf der einen Seite und freie Dienstplanung oder Selbstplanung auf der anderen Seite wie völlig verschiedene Ansätze betrachtet. – Unseres Erachtens ist dies falsch. Erstens gibt es viele Gemeinsamkeiten (z.B. im Bereich der Basisschritte). Zweitens gibt es einen fließenden Übergang zwischen den Verfahren:

- POL 1: Starre Schichtplanung
- Schichtplanung mit verschiedenen Plänen für verschiedene Gruppen
- Schichtplanung mit individueller Anpassung
- Schichtplan als Vorschlag für freie Planung
- POL 2: Freie Planung ohne Vorschlag

Im konkreten Fall ist es nicht immer klar, was das bessere Verfahren ist, aber es gibt natürlich Grenzfälle. Je "lockerer" das Planungsproblem ist (z.B. große Bandbreite zwischen Minimal- und Maximalbesetzung, keine besonders schwierigen Planungsaufgaben, nicht zu hohe Zahl an Einsätzen pro Woche), desto eher besteht Wahlfreiheit zwischen den Ansätzen. Bei extrem schwierigen Planungsaufgaben und dem Wunsch nach Fairness durch Lastausgleich geht es eher in Richtung Rahmenpläne, bei unterschiedlichen Präferenzen ist wieder die individuelle Planung stärker attraktiv. Müssen Puffer für sehr kurzfristige Flexibilität gebildet werden, kann Rahmenplanung helfen (weil sie die Komplexität reduziert), aber auch die freie Planung mit bestimmten Mustern kann helfen.

Insgesamt scheint ein pragmatischer Ansatz angemessen, der die Frage: "Was wäre unter den jeweiligen Rahmenbedingungen mit Rahmenplänen und mit freier Planung möglich und was hat welche Vor- und Nachteile?" an den Beginn der Überlegungen stellt. Oft sind Experimente aber auch Mischformen das Ergebnis.

Durchführung der Planungen

Die beiden Planungsbereiche (mittelfristige) Schicht- und (kurzfristige) Einsatzplanung unterscheiden sich in der praktischen Durchführung der Planung. Bei der Schichtplanung können verschiedene betriebliche Gruppen direkt an der Planung beteiligt sein, und ein langfristiger Kompromiss bzw. eine Lösung für unterschiedliche Anforderungen kann angestrebt werden. Die Planung von Grundmustern der Arbeitszeit und damit von Kapazitäten, Reserven und Flexibilitätsspielräumen soll die Fundamente für ein längerfristig anwendbares Modell liefern. Sie erfordert oft Unterstützung durch interne oder externe Planungsspezialisten und die Abstimmung mit anderen Stellen. Arbeitszeit-Controlling unterstützt diese Prozesse.

Bei der Einsatzplanung und auch bei der laufenden Selbstplanung (z.B. von Monat zu Monat) ist dies nicht mehr möglich. Da kurzfristig entschieden werden muss, im Extremfall unmittelbar (z.B. bei Krankheitsausfall und Bedarf nach Ersatz), ist eine systematischere Auseinandersetzung nicht möglich. Diese tagesbezogene Planung erfolgt idealerweise über selbständige Steuerung durch die Betroffenen. Sie erfordert Planung vor Ort im Zusammenspiel mit der Produktionsplanung/Leistungsplanung sowie der Arbeitszeiterfassung.

Diese beiden Planungsprozesse werden oft als unterschiedliche Ansätze verstanden. Das ist eine zu enge Sicht. Schichtpläne sollen und können die Grundlagen für Einsatzpläne liefern.

Planungskosten Der Aufwand für die Schichtplanung ist, auch wenn sie computerunterstützt erfolgt, nicht zu vernachlässigen. Es sind in der Regel einige Planungssitzungen erforderlich. Bei einer Gesamtbetrachtung (siehe Unterkapitel B.4.3 "Beurteilung: Betriebswirtschaftliche Aspekte") sind diesem (seltenen) Aufwand mögliche Einsparungen in folgenden Bereichen gegenüber zu stellen.

- Verringerung direkter Planungskosten
- Verringerung von Unterkapazitäten, die ganz oder zum Teil mit Überstunden kompensiert werden müssen, bzw. von Leerkapazitäten
- Verringerung indirekter Kosten für die betroffenen Arbeitnehmer (Koordination, Information, Umstellung, Planungsunsicherheit usw.) sowie für andere Bereiche des Unternehmens.

Bei überzogener oder fehlerhafter Schichtplanung werden wiederum genau in diesen Bereichen Zusatzkosten verursacht.

Die Einführung neuer Schichtpläne war früher ein seltener, aufwändiger Umstellungsprozess. In Zukunft wird sie noch stärker Teil der laufenden Abstimmung mit veränderten Markt- und Umweltbedingungen werden.

Weitere Überlegungen zur Schnittstelle
- Wo wird durch bürokratische Regelungen, fehlende Reserven zum richtigen Zeitpunkt usw. unnötig Chaos verursacht bzw. wo werden interessante Gestaltungsmöglichkeiten verhindert?
- Wo wird durch den Schichtplan die erforderliche Flexibilität (arbeitgeber- und arbeitnehmerseitig) eingeschränkt?
- Wie ist sichergestellt, dass sich Regeln oder Effekte nicht längerfristig aufschaukeln, z.B.:

  Der Mitarbeiter A wird kurzfristig hereingeholt, weil es einen Krankheitsausfall gibt. Dafür muss erneut Ersatz gesucht werden, weil A nicht in seine normale Schicht gehen kann. Außerdem muss umgeplant werden, um die Wochenruhe zu sichern.

- Ist eine ausreichende Gerechtigkeit bezüglich der Verteilung sehr unangenehmer und angenehmer Schichten im Schichtplan und in der späteren Einsatzplanung gesichert?
- Ist sichergestellt, dass die ergonomische Gestaltung und die Berücksichtigung der Wünsche der Arbeitnehmer nicht durch kurzfristige Flexibilität (zu stark) an den Rand gedrängt werden?

E Ergonomie

E.1 Die Maschine schläft nicht

Gründe für Schichtarbeit

Es gibt im Wesentlichen drei betriebliche Gründe für Schichtarbeit:

1. Soziale Gründe: Die Versorgung, die Betreuung und der Schutz von Menschen erfordern einen Einsatz über 24 h (Spital, Notdienste, Wachdienste, Elektrizitätsversorgung, Verkehr, Fernhandel usw.).
2. Technologische Gründe: Der Produktionsprozess, die Betriebsanlagen oder die Art des Produktes erfordern Betriebsdauern, die über die Tagesarbeitszeit hinausgehen, oder Betriebszeiten, die eine von der Normalarbeitszeit abweichende Lage haben (Hochofenbetrieb, bestimmte chemische Prozesse, Verarbeitung von verderblichen Produkten usw.).
3. Betriebswirtschaftliche Gründe: Eine optimale Ausnutzung der Produktionsmittel und eine bessere Amortisation der Anlagen erfordern die mehrschichtige Arbeitsweise.

Wenngleich die beiden ersten Gründe für einen nicht unerheblichen Anteil der Menschen, die Schicht- und Nachtarbeit leisten, entscheidend sind, ist doch der größte Teil aus betriebswirtschaftlichen Gründen mit abweichenden Arbeitszeiten konfrontiert. Die teuren Anlagen, die stillstehen, obwohl sie es gar nicht müssten, sind Betriebswirtschaftlern ein Dorn im Auge. Wenn eventuell die Konkurrenz mehrschichtig produziert, dann gibt es für die Belegschaft meist gar keine andere Möglichkeit, als einer Ausdehnung der Produktionszeit zuzustimmen.

Lohnt sich Schichtarbeit? Es gibt einige Untersuchungen darüber, wann sich betriebswirtschaftlich die Einführung oder Ausdehnung von Schichtarbeit lohnt. Allerdings wird dabei zumeist von konstanten Rahmenbedingungen ausgegangen, und bestimmte Folgekosten (z.B. zusätzliche Lagerflächen, emissionsmindernde Maßnahmen zur Vermeidung der Ruhestörung von Anrainern) werden oft nicht berücksichtigt. Vor der Einführung oder der Ausdehnung von Schichtarbeit sollten daher alle denkbaren Folgen, die sich kosten- und nutzenseitig ergeben, gründlich erwogen werden. Eine reine Betrachtung der Maschinenkosten ist zu eng (siehe Unterkapitel B.4.3 "Beurteilung: Betriebswirtschaftliche Aspekte").

Neben der betrieblichen Betrachtung sind volkswirtschaftliche und gesellschaftliche Aspekte zu bedenken. Durch Schichtarbeit direkt und indirekt verursachte gesundheitliche und soziale Beeinträchtigungen sowie Kosten für Infrastruktur, Verkehr usw. können erheblich sein, fallen aber nicht oder nur zum Teil im Unternehmen selbst an.

Hinweise Zu bedenken ist auch, dass der Mensch sich von Maschinen in vielerlei Hinsicht unterscheidet. Obwohl auch Maschinen überbeansprucht werden können, ist ihr Einsatz im Allgemeinen nicht an die Tageszeit gebunden. Bei einer Maschine ist bei gleicher durchschnittlicher täglicher Einsatzdauer im Allgemeinen der gleiche Output zu erwarten. Beim Menschen ist das nicht so: Es reicht nicht, wenn Schlaf-, Ruhe- und Esszeiten im Durchschnitt den Sollwert erreichen. Der Mensch muss täglich schlafen, mehrmals Nahrung aufnehmen und Pausen zwischen den Arbeitsperioden machen. Und da der menschliche Organismus eine komplexe zeitliche Organisation hat, kommt erschwerend hinzu, dass es nicht egal ist, wann diese Schlaf-, Ruhe- und Esszeiten in Anspruch genommen werden können.

E.2 Rund um die Uhr

"Innere Uhr" Die Erde führt bei ihrem Lauf um die Sonne auch noch eine Drehung um sich selbst aus. Diese Drehung ist für vielerlei Vorgänge auf der Erde verantwortlich, darunter auch für den Wechsel von Tag und Nacht. Viele Lebewesen und auch der Mensch sind an diesen Wechsel angepasst. Eine Vielzahl biologischer Vorgänge ist so programmiert, dass sie in 24 h einen Zyklus durchlaufen. Dies wird manchmal so ausgedrückt, dass Menschen eine "innere Uhr" haben. Tatsächlich ist der Vorgang, der den Organismus physiologisch auf den 24 h-Tag einstellt, sehr viel komplizierter als eine Uhr.

E.2.1 Der physiologische Tagesrhythmus

Homöostase Die Forschung der letzten hundert Jahre hat gezeigt, in wie wunderbarer Weise der menschliche Organismus in der Lage ist, auch bei stark wechselnden äußeren Umständen das innere "Milieu" konstant zu halten. Ein im Alltag bekanntes Phänomen ist die Konstanthaltung der Körpertemperatur. Nimmt die Körpertemperatur eines Menschen nur um ein Grad zu, dann wird von Fieber gesprochen. Der Mensch fühlt sich subjektiv matt und schwach. Steigt die Temperatur weiter an, fällt jede Bewegung schwer. Bei mehr als 4–5 Grad über der Normaltemperatur kommt es zu Bewusstlosigkeit, bei längerem Anhalten zu irreparablen Schäden, und letztlich tritt der Tod ein. Es ist also lebensnotwendig, dass der Organismus die Körpertemperatur konstant hält. Aber auch viele andere physiologische Funktionen werden in engen Grenzen reguliert. Diesen Vorgang nennt man Homöostase. Als die Wissenschaft schrittweise hinter die Geheimnisse dieser Fähigkeit zur Regulation der Körperfunktionen kam (und sie sind längst nicht alle gelüftet), wurde vor lauter Staunen über diese raffinierten Mechanismen lange Zeit übersehen, dass die meisten Körperfunktionen gar nicht konstant gehalten werden, sondern in einer vorhersagbaren Weise schwanken.

24-Stunden-Rhythmen (Zirkadianperiodik) Viele Körperfunktionen weisen einen Tagesgang mit charakteristischem Verlauf auf. Den Rhythmus, dem diese Funktionen unterliegen, nennt man zirkadian (weil er eine Periodenlänge von zirka einem 24 h-Tag hat). Rhythmen mit längerer Zyklusdauer nennt man infradian (z.B. Menstruationszyklus), solche mit kürzerer Dauer ultradian (z.B. Darmbewegungen).

Endogen oder exogen? Handelt es sich dabei nun um einen direkten Einfluss der Rhythmizität der Außenwelt oder wird der Funktionsverlauf vom Organismus selbst produziert? Diese erste grundlegende Frage der Biorhythmusforschung wurde in den 50er und 60er Jahren intensiv untersucht. In aufwändigen Isolationsexperimenten, bei denen die Probanden zum Teil wochenlang in unterirdischen Containern, Höhlen usw. untergebracht waren, um möglichst alle äußeren Einflüsse auszuschalten, sowie in Experimenten in der Polarnacht konnte ermittelt werden, dass die Zirkadianrhythmen auch unter diesen Bedingungen bestehen bleiben. Allerdings beginnen sie bei Ausschaltung des Einflusses von Zeitgebern (Faktoren, die dem Organismus periodische Informationen über die Phasenlage des Rhythmus der Außenwelt geben) "frei" zu laufen. Sie verlieren allmählich die Phasenkopplung gegenüber der Erdumdrehung und zeigen ihre "Eigenfrequenz". Diese Experimente ergaben auch, dass die endogene Komponente des dominanten Rhythmus eine Zyklusdauer von etwas mehr als 24 h aufweist (durchschnittlich etwa 25 h). Offenbar ist es für den Organismus leichter, einen vollständigen Zyklus abzubremsen, als ihn auszudehnen.

Wo ist die Uhr? Verständlicherweise trat bald die Frage auf, wo denn die Uhr stecke, die dem Organismus diesen endogenen Rhythmus aufprägt. Sorgfältige Untersuchungen konnten aber zeigen, dass es mehrere, voneinander unabhängige Rhythmen gibt, sodass wir die Annahme einer einzigen biologischen Uhr aufgeben müssen. Die Metapher der Uhr ist kaum geeignet, die biologischen Vorgänge adäquat zu beschreiben, obwohl sie in die Alltagssprache eingegangen ist. Die Vorstellung einer Uhr als einer den in Frage stehenden biologischen Funktionen äußerlichen Struktur, die diese Prozesse kontrolliert, ist eben nicht ganz angemessen. Vielmehr wohnt den komplexen, ineinander verzahnten biologischen Regelkreisen eine eigene Zeitstruktur inne. Und dadurch entsteht etwas, das auch den Charakter einer Uhr hat. Technisch gesehen ist die Vorstellung nahe liegend: Viele Geräte werden durch eine Uhr gesteuert; der Gedanke, dass Menschen in ihrem Organismus eine Art Schaltuhr haben, ist daher nachvollziehbar. Dabei wird jedoch vergessen, dass eine Uhr nichts anderes ist als eine Einrichtung, in der periodische Vorgänge ablaufen, die gemäß Übereinkunft auf die Erdumdrehung bezogen werden. Zum Beispiel finden in einem Verbrennungsmotor ebenfalls periodische Vorgänge (die "Takte") statt, allerdings sind diese im Allgemeinen in ihrer Periodendauer nicht konstant und auch nicht auf die Erdumdrehung bezogen. Die Takte des Verbrennungsmotors werden durch die Vorgänge im Motor selbst gesteuert. Bei konstantem Input arbeitet er mit konstanter Drehzahl. Die "Takte" im Organismus sind in ähnlicher Art selbstgesteuert, aber sie sind weit komplizierter, und verschiedene solche Vorgänge sind ineinander verschachtelt bzw. miteinander "verzahnt". Und dann haben sie auch noch eine "vorausplanende" Komponente, das heißt, sie sind so angelegt, als würden sie "wissen", dass der Tag 24 h hat und dass auf den Tag die Nacht folgt. Dazu brauchen sie allerdings keine Uhr, genauso wenig wie der Motor eine Uhr braucht, um die Takte in der richtigen Reihenfolge zu produzieren. Der Organismus produziert eben "Takte", die an den 24 h-Tag angepasst sind. Dieser Unterschied in der Sichtweise kann so auf einen Nenner gebracht werden: Der Organismus hat keine Uhr, er ist eine Uhr.

Bedeutung für die Arbeitsleistung Die Bedeutung des physiologischen Tagesganges wurde zunächst für die Arbeitsleistung ermittelt. Schon 1953 wurde durch die Analyse von Ablesefehlern in einem Gaswerk in Schweden erkannt, dass die Leistung nicht nur von der Arbeitszeit (der Zeit seit Arbeitsbeginn), sondern auch von der Tageszeit abhängt. Die folgende Abbildung zeigt die Abhängigkeit der Zahl der Fehlleistungen von der Tageszeit nach (Bjerner, et al.; 1955).

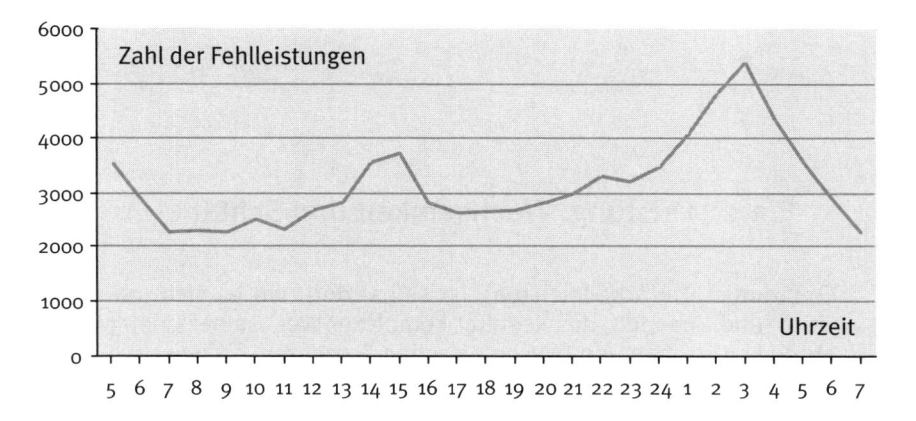

Dieser Tagesgang, der durch eine ansteigende Fehlerquote während des Vormittags, gefolgt von einem leichten Abfall am frühen Nachmittag, einem relativ hohen Wert am späten Nachmittag und in den frühen Abendstunden und einer danach eintretenden Spitze, die zwischen 2:00 und 4:00 den höchsten Wert erreicht, charakterisiert ist, entspricht spiegelbildlich dem Funktionsverlauf vieler physiologischer Funktionen wie der Körpertemperatur, dem Blutdruck, dem Proteingehalt des Serums oder dem Säurewert des Harns. Alle diese rhythmischen Funktionsabläufe sind Ausdruck einer fundamentalen Zeitorganisation: dem Wechsel zwischen der so genannten ergotropen und der trophotropen Phase.

In der ergotropen Phase ist der Organismus auf Tätigkeit und Leistung "programmiert", in der trophotropen auf Erholung und Schlaf.

Die Problematik von Nacht- und Schichtarbeit liegt u.a. darin, dass diese Grundorganisation im Allgemeinen durch Arbeit zu abweichenden Zeiten nicht geändert werden kann. Auch wenn in der Nacht gearbeitet wird, ist der Organismus eigentlich auf Erholung und Schlaf eingerichtet. Unter normalen Umständen findet selbst nach beliebig vielen Nachtschichten hintereinander keine wirkliche Anpassung statt. Einige der Zirkadianrhythmen verflachen nach einigen Tagen Nachtschicht, ohne sich aber vollständig umzukehren. Es kommt daher zu einer Desynchronisation zwischen verschiedenen rhythmischen Funktionen und dem Aktivitätsrhythmus. Dieses Auseinanderklaffen zwischen der biologischen Orientierung des Körpers und dem durch das Arbeitszeitregime geforderten Leistungszyklus ist für eine Reihe von Problemen der Schichtarbeiter verantwortlich. Das bekannteste Problem besteht in Schlafschwierigkeiten.

Hinweise
- Am Tag ist der Organismus auf Leistungsabgabe programmiert und in der Nacht auf Erholung!
- Eine Änderung dieser Grundorganisation findet normalerweise – auch wenn wir in der Nacht arbeiten – nicht statt!

E.2.2 Leistung, Wachsamkeit und Schlaf

Ermüdung und Müdigkeit

Die Arbeitsleistung ist selbst dort, wo es sich um einfache Verrichtungen handelt, das Resultat komplexer Wechselbeziehungen zwischen physiologischen und psychologischen Prozessen, technischen Gegebenheiten, Umgebungsbedingungen und betrieblichen Bedingungen. Ein Jahrhundert Forschung hat gezeigt, dass es nicht nur sehr schwierig ist, die Arbeitsleistung unter gegebenen Rahmenbedingungen vorherzusagen, sondern auch, dass es keinen zentralen Faktor gibt, der sie determiniert. Weit verbreitete Annahmen auf diesem Sektor gehen nicht selten fehl.

Ein Beispiel ist die These, dass die Arbeitsleistung mit fortschreitender Arbeitszeit schlechter wird. Jeder hat schon am eigenen Leib erlebt, dass sich mit fortschreitender Arbeitszeit zunehmend Müdigkeit einstellt. Also liegt die Annahme nahe, dass dieses Gefühl der Müdigkeit eine herabgesetzte Leistungsfähigkeit anzeigt. Nun liegt aber die Arbeitsleistung nur in Ausnahmefällen ständig an der Leistungsgrenze. Ein Marathonläufer würde nicht weit kommen, liefe er zu jedem Zeitpunkt so schnell, wie er im Augenblick laufen könnte. Da also normalerweise eine Leistungsreserve vorhanden ist, kann das einsetzende Gefühl der Müdigkeit eine Mobilisierung dieser Reserven bewirken, was zu einem Anstieg der Leistung führen oder zumindest deren Abfall verhindern kann. Oft ist auch gegen Ende der Arbeitszeit ein Anstieg der Leistung zu verzeichnen, der auf den motivierenden Effekt des erwarteten Arbeitsendes zurückgeführt werden kann.

Ein weiteres Beispiel dafür, dass die Arbeitsleistung nicht einfach nur eine Funktion der bisherigen Beanspruchung ist, liefern die tagesperiodischen Schwankungen der Arbeitsleistung. Dass diese Zusammenhänge größte praktische Bedeutung haben, zeigt sich leider nur zu oft an den negativen

Auswirkungen. Unfälle sind gewissermaßen die Spitze des Eisberges einer die menschlichen Leistungsvoraussetzungen missachtenden technischen Arbeitswelt.

Hinweise
- Die Leistung ist keine einfache Funktion der Arbeitsdauer.
- Die Leistung zeigt Schwankungen im Tagesverlauf, die in Abhängigkeit von der Art der Tätigkeit auftreten, aber weitgehend unabhängig von der Dauer der bereits geleisteten Arbeit sind.

Einfluss der Art der Tätigkeit Die tagesperiodischen Rhythmen sind allerdings nicht für alle Arten der Leistung gleich. Unterscheiden wir zwischen körperlicher, geistiger und sensumotorischer (Beobachtungs- und Steuerungsaufgaben) Leistung, dann können wir unter Zusammenfassung zahlreicher Studien folgende grobe Klassifizierungen vornehmen:

Leistungstyp	Leistung			
	vormittags	nachmittags	abends	nachts
körperlich				
grobmotorisch	sehr gut	gut	mäßig	schlecht
feinmotorisch	gut	sehr gut	mäßig	schlecht
geistig				
Routinetätigkeit	gut	sehr gut	mäßig	schlecht
kreative Tätigkeit	gut	schlecht	gut	sehr gut
sensumotorisch				
Vigilanzaufgaben*	sehr gut	gut	mäßig	schlecht
komplexe Koord.	gut	mäßig	sehr gut	schlecht

* Aufgaben, die Daueraufmerksamkeit bei seltenen Reaktionen erfordern (z.B. Prozeßüberwachung)

Leistung in der Nacht Obwohl im Allgemeinen die Leistungsfähigkeit in der Nachtschicht schlechter ist, muss sich das nicht unmittelbar auf das Ergebnis der Arbeit auswirken. Dafür gibt es zahlreiche Gründe. Unter anderem ist wie erwähnt die Leistung selten an der Grenze der aktuellen Leistungsfähigkeit zu erbringen. Aber auch betriebsbedingte Faktoren wie die Abwesenheit von störenden Einflüssen der Tagbelegschaft haben einen leistungsfördernden Einfluss. Es gibt einige Tätigkeiten, die in der Nacht sogar ein besseres Ergebnis erbringen; dazu gehören hochkomplexe geistige Leistungen wie das Problemlösen sowie kreative und künstlerische Leistungen. Allerdings gilt dies nur dann, wenn diese Leistungen ohne Zeitdruck und Furcht vor Misserfolg erbracht werden können.

Übersicht Das folgende Schema zeigt eine Zusammenfassung der Ergebnisse zur Frage der Determination der Arbeitsleistung:

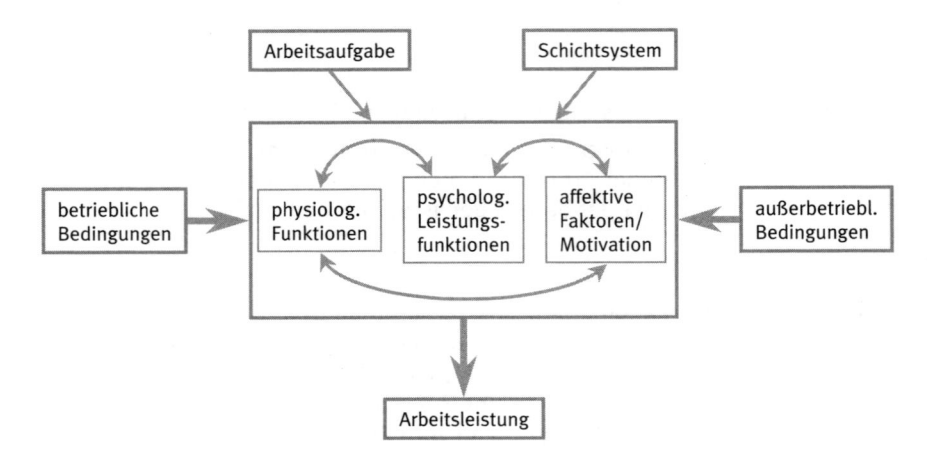

```
                    Arbeitsaufgabe        Schichtsystem
                          │                    │
                          ▼                    ▼
   ┌──────────────┐  ┌──────────┐ ┌──────────┐ ┌──────────┐  ┌──────────────┐
   │ betriebliche │→ │ physiolog.│ │ psycholog.│ │ affektive │← │außerbetriebl.│
   │ Bedingungen  │  │ Funktionen│ │ Leistungs-│ │ Faktoren/ │  │ Bedingungen  │
   └──────────────┘  │          │ │ funktionen│ │ Motivation│  └──────────────┘
                    └──────────┘ └──────────┘ └──────────┘
                                   │
                                   ▼
                            ┌──────────────┐
                            │ Arbeitsleistung│
                            └──────────────┘
```

Zu den wichtigsten außerbetrieblichen Faktoren, die aber direkt vom Arbeitszeitregime abhängig sind, gehören die familiären und sozialen Beziehungen und insbesondere Erholung und Schlaf.

E.3 DESTABILISIERUNG

Mögliche Interessenkonflikte

Mit der Entwicklung eines Schichtplans werden bestimmte Ziele verfolgt:
1. Der Schichtplan soll den betrieblichen Erfordernissen entsprechen.
2. Der Schichtplan soll von den Beschäftigten akzeptiert werden.
3. Die Beschäftigten sollen möglichst keine nachteiligen sozialen, psychischen oder gesundheitlichen Folgen davontragen.

Diese drei Hauptziele erfordern nicht selten unterschiedliche Lösungen. Eine der zentralen Schwierigkeiten bei der Lösung des daraus erwachsenden Optimierungsproblems liegt darin, dass die Folgen von Schicht- und Nachtarbeit zwar einerseits in unmittelbar auftretenden Anpassungsproblemen bestehen, andererseits – in Abhängigkeit vom Schichtplan – in regelmäßig wiederkehrenden Störungen, aber in der Hauptsache in Beeinträchtigungen, die erst nach vielen Jahren deutlich werden. Dadurch kann es nicht nur zu einem Konflikt zwischen den Wünschen der Belegschaft und den betrieblichen Anforderungen kommen, sondern auch zwischen Gestaltungsempfehlungen, welche die langfristige Gesunderhaltung der Arbeitnehmer zum Ziel haben, und den Vorstellungen der Betroffenen selbst. Wie sich in verschiedenen anderen Bereichen gezeigt hat, macht es nicht viel Sinn, den betrieblichen Gesundheitsschutz als "Zwangsbeglückung" zu vollziehen. Den Beschäftigten müssen die verschiedenen Gesichtspunkte deutlich gemacht werden, und sie müssen in die Lage versetzt werden, den vielleicht erzielbaren kurzfristigen Nutzen gegenüber den langfristigen Nachteilen abzuwägen.

Theorie über die Wirkung von Schichtarbeit

Zum Beleg der langfristigen gesundheitlichen Auswirkungen bestimmter Formen von Schichtarbeit gibt es zahlreiche Untersuchungen. Allerdings ist zu berücksichtigen, dass es Tausende von unterschiedlichen Schichtplänen gibt und nicht für alle bereits Untersuchungsergebnisse vorliegen können, schon gar nicht für neue Schichtpläne, die es in dieser Form früher nicht gegeben hat (z.B. die seit etwa 10 Jahren immer häufiger eingesetzten Pläne mit 5 Klassischen Gruppen im kontinuierlichen Betrieb). Solche Schichtpläne haben bisher eine zu kurze Laufzeit, als dass die langfristigen Folgen (dabei handelt es sich um Zeiträume von 20 bis 25 Jahren) ermittelt werden können.

Aus diesen Gründen ist zur Ableitung von Empfehlungen zur Entwicklung und Gestaltung von Schichtplänen eine Theorie darüber, was die Ursachen der Probleme der Schichtarbeiter sind und wie sie sich entwickeln, notwendig.

Drei Theorien Bisher wurden im Wesentlichen drei solche Theorien entwickelt:
- Schichtarbeit als unspezifischer Risikofaktor (Suszeptibilitätstheorie)
- Desynchronisationstheorie
- Destabilisierungstheorie

In der Folge werden zuerst die beiden ersten Konzepte kurz erläutert, und dann wird ausführlich auf die Destabilisierungstheorie eingegangen, weil sie in gewissem Sinn die anderen mit einschließt.

E.3.1 Schichtarbeit als unspezifischer Risikofaktor

Es ist bekannt, dass Schichtarbeiter ein erhöhtes Risiko insbesondere für Magen-Darm- und Herz-Kreislauf-Erkrankungen tragen. Anders ausgedrückt ist Schichtarbeit als Risikofaktor für diese Erkrankungen anzusehen. Nun erhebt sich die Frage, ob Schichtarbeit als solche, d.h. die Tatsache, dass zu wechselnden oder ungewöhnlichen Zeiten gearbeitet wird, für diese erhöhte Erkrankungswahrscheinlichkeit verantwortlich ist. Mit der Auffassung von Schichtarbeit als unspezifischem Risikofaktor ist jedoch gemeint, dass die Schichtarbeit erst in Verbindung mit spezifischen Ursachen die Erkrankung hervorrufen kann.

Beispiel Folgende Befunde können angeführt werden:
Schichtarbeiter müssen ihre Ernährung in gewissem Umfang an ihre Arbeitszeit anpassen. Es ist ferner bekannt, dass Schichtarbeiter sich mehr oder weniger so ernähren wie andere Berufstätige auch. Nun stellt sich die Frage, ob eine Mahlzeit in der Nacht in der gleichen Weise vom Organismus "verarbeitet" wird wie eine, die tagsüber aufgenommen wird. Da das Verdauungssystem zirkadianperiodischen Schwankungen unterliegt, ist dies durchaus nicht selbstverständlich. In der Tat konnte nachgewiesen werden, dass z.B. mit der Nahrung in der Nacht aufgenommenes Fett anders verdaut wird. Es kommt zu einem erhöhten Triglyzeridgehalt im Blut. Ein solcher erhöhter Triglyzeridspiegel ist ein Risikofaktor für Herz-Kreislauf-Erkrankungen. Es kann also gesagt werden, dass Schichtarbeit in Verbindung mit bestimmten Ernährungsgewohnheiten zu Herz-Kreislauf-Erkrankungen führen kann.
Ähnliche Zusammenhänge können auch für Magen-Darm-Erkrankungen konstatiert werden. Schichtarbeit stellt dabei eine wesentliche Begleitursache dar, die dem spezifischen Erkrankungsfaktor eine besondere Brisanz verleiht.

Schwächen der Theorie Diese Konzeption, die zweifellos wesentliche Erkenntnisse beigesteuert hat, versagt bei der Klärung, warum eine Person erkrankt und eine andere nicht. Natürlich könnte das Konzept verfeinert werden, aber der Hauptpunkt liegt darin, dass es zu mechanistisch ist und die kompensatorischen und regulatorischen Mechanismen, über die der menschliche Organismus verfügt, zu wenig beachtet.

E.3.2 Die Desynchronisationstheorie

Die Desynchronisationstheorie baut auf der Tatsache auf, dass die periodischen Funktionsschwankungen des menschlichen Organismus durch wechselnde Arbeitszeiten nur unzureichend zu ändern sind und dass daher verschiedene Rhythmen außer Tritt geraten. Obwohl nicht erwiesen ist, dass das Ausmaß dieser Desynchronisation mit dem Auftreten von gesundheitlichen Beschwerden in Zusammenhang steht, so ist doch gesichert, dass das subjektive Befinden und in gewissem Maß auch Schlafschwierigkeiten von der Stärke der Diskrepanzen zwischen den verschiedenen physiologischen und psychologischen Funktionen untereinander und zum Aktivitätszyklus (Schlaf/Wach-Zyklus) abhängen.

Schlafdefizit Ein chronisches Schlafdefizit erhöht die Unfallgefahr und wirkt sich auf die Verarbeitung von Belastungen aus. In diesem Sinn kann Schichtarbeit als ein Faktor verstanden werden, der die beruflichen Belastungswirkungen verstärkt.

E.3.3 Die Destabilisierungstheorie

Gleichgewicht zwischen Arbeit, Erholung und Sozialbereich Die Destabilisierungstheorie geht von einer ganz anderen Überlegung aus. Sie zieht die Tatsache mit ins Kalkül, dass Schichtarbeit nicht bloß ein Belastungsfaktor ist, der während der Arbeitszeit einwirkt, sondern dass Schichtarbeit den gesamten Lebensrhythmus verändert und damit auch familiäre und soziale Beziehungen beeinflusst. Es ist klar, dass Länge und Lage der Arbeitszeit auch festlegen, wann und wie lange Freizeit in Anspruch genommen werden kann. Das bedeutet, soziale und Erholungszeiten hängen direkt von der Arbeitszeit ab. Ausgangspunkt ist die Annahme, dass zur Aufrechterhaltung der regulatorischen und kompensatorischen Funktionsfähigkeit des menschlichen Organismus ein dynamisches Gleichgewicht zwischen den Bereichen "Arbeit", "Erholung" sowie "familiäre und soziale Beziehungen" bestehen muss. "Dynamisch" besagt, dass das Beziehungsgefüge einer zeitlichen Veränderung unterliegen kann. Sofern im Rahmen dieser Dynamik das Gleichgewicht erhalten bleibt, können nach dieser Auffassung die Belastungen und Risiken der Schichtarbeit weitgehend aufgefangen werden.

Durch verständnisvolle Unterstützung der Familie können nachteilige Auswirkungen von Schlafproblemen verhindert werden, und es gelingt dem Schichtarbeiter dadurch sogar oft, wieder besser zu schlafen.

Dauerndes Ungleichgewicht ist jedoch gleichbedeutend mit einem Zusammenbruch der Kompensationsfähigkeit und führt entweder direkt oder durch Einfluss auf andere Risikofaktoren zu gesundheitlichen Beschwerden und Erkrankungen.

Schichtarbeit stört das Gleichgewicht

Nach dieser Auffassung ist Schichtarbeit nicht bloß ein zu den sonstigen Arbeitsbelastungen hinzutretender Faktor, sondern sie beeinträchtigt darüber hinaus die kompensatorischen Mechanismen, indem sie das Gleichgewicht der Lebensbereiche stört. Demnach ergibt sich ein doppeltes Problem: Schichtarbeit als ein unspezifischer und desynchronisierender Faktor einerseits und andererseits als ein Faktor, der gerade die Möglichkeiten zur Bewältigung dieser Belastungen stört.

Anmerkungen

In einer Gesellschaft, die eine an der Tagarbeitsnorm orientierte Zeitstruktur hat, sind Konflikte zwischen den genannten Lebensbereichen unvermeidlich, solange der Schichtarbeiter noch Beziehungen zur tagarbeitenden Mehrheit aufrecht erhält. Es konnte gezeigt werden, dass Personen, die permanente Nachtarbeit gut vertragen, auch in ihrer Freizeit zeitverschoben leben, dass sie kaum soziale Beziehungen haben und insbesondere auch helles Tageslicht meiden. Natürlich ist es nur ein kleiner Anteil der Schichtarbeiter, die ein derart isoliertes Leben bevorzugen.

Die große Mehrheit der Schichtarbeiter kann Konflikte kaum vermeiden. In welcher Weise Schichtarbeit das Gleichgewicht der Lebensbereiche bedroht, sei an folgendem Beispiel veranschaulicht.

Beispiel Angenommen, ein Schichtarbeiter versucht, sich optimal zu erholen und insbesondere gut mit dem Tagschlaf zurechtzukommen. Dies bedeutet aber, dass die Familie, die ja tagsüber, wenn der Schichtarbeiter schläft, aktiv ist, vernachlässigt werden muss. Die Familienmitglieder sehen sich nur kurz am Abend, und dann verlässt der Schichtarbeiter wieder das Haus, um die

Nachtschicht anzutreten. Gerade die Abend- und frühen Nachtstunden sind sozial besonders akzentuiert. Besuche werden gemacht, Freunde empfangen. Der Schichtarbeiter ist – zumindest in gewissen Phasen des Schichtplans – davon ausgeschlossen. Viele Schichtarbeiter sprechen auch offen über sexuelle Probleme und machen sich Sorgen über die Treue ihrer Partner. Die Vernachlässigung der Familie führt oft zu Konflikten und Streitigkeiten. Aber auch wenn das nicht der Fall ist, hat der Schichtarbeiter zunehmend das Bedürfnis, sich mehr der Familie zu widmen. Nicht zuletzt ist ja die Familie eine unschätzbare Quelle sozialer Unterstützung, die bei der Bewältigung von Belastungen hilft. Will der Schichtarbeiter also mehr gemeinsame Zeit mit der Familie verbringen, geht das nur auf Kosten der Erholung. Viele Schichtarbeiter haben eine Praxis des so genannten "fragmentierten" Tagschlafs. Sie stehen z.B. zu Mittag auf, um gemeinsam mit der Familie zu essen, gehen einkaufen, spielen mit den Kindern oder helfen bei den Schulaufgaben. Das dadurch entstehende Schlafdefizit kann sich ungünstig auf die Arbeitsleistung auswirken, was wiederum zu Konflikten mit Kollegen oder Vorgesetzten führen kann. Diese Probleme am Arbeitsplatz können ihrerseits wieder Konflikte mit der Familie auslösen bzw. zur Einsicht führen, dass sich der Schichtarbeiter mehr der Erholung widmen sollte.

Bei diesem Beispiel wird zwar vor allem auf den männlichen Schichtarbeiter eingegangen, für im Schichtdienst arbeitende Frauen gelten diese Überlegungen aber in ganz analoger Weise; es ist sogar anzunehmen, dass bei Frauen die Konflikte noch stärker ausgeprägt sind (allerdings gibt es dazu noch kaum wissenschaftliche Untersuchungen).

Das obige Beispiel sollte verdeutlichen, wie stark die Lebensbereiche bei Schichtarbeit miteinander vernetzt sind, und auch, dass Konflikte im Grunde unvermeidbar sind. Ob es der Schichtarbeiter schafft, dennoch das Gleichgewicht zwischen den Bereichen Arbeit, Erholung und Familie aufrecht zu erhalten, hängt von gewissen Rahmenbedingungen und nicht zuletzt vom Schichtplan ab.

Schematische Übersicht Das folgende Schema soll die besprochenen Beziehungen veranschaulichen. Die Bereiche Arbeit, Erholung und Familie stehen zueinander in Beziehung und können durch Schichtarbeit aus dem Gleichgewicht gebracht werden. Dabei wird diese destabilisierende Potenz der Schichtarbeit durch Eigenschaften der Person und der Situation beeinflusst. Dadurch kommt es entweder direkt oder indirekt über die Beeinflussung von Risikofaktoren zu einer Beeinträchtigung des Wohlbefindens und der Gesundheit.

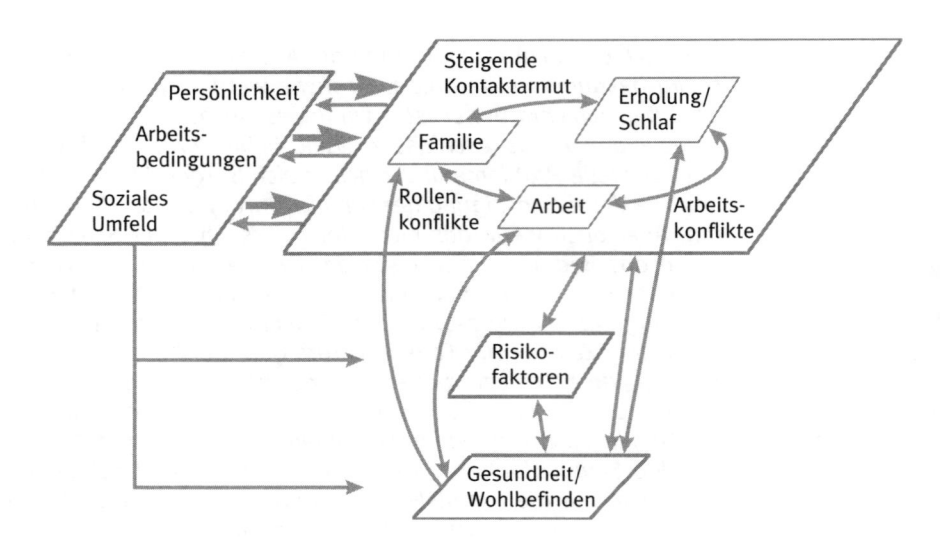

[Diagramm: Persönlichkeit, Arbeitsbedingungen, Soziales Umfeld → Steigende Kontaktarmut, Familie, Rollenkonflikte, Arbeit, Erholung/Schlaf, Arbeitskonflikte → Risikofaktoren → Gesundheit/Wohlbefinden]

Die Kenntnis dieser Mechanismen zusammen mit Erkenntnissen über spezifische Wirkungszusammenhänge erlaubt eine direkte Ableitung von Kriterien zur Gestaltung der Schichtarbeit, zur Verbesserung der Rahmenbedingungen und zur Bewertung von Schichtplänen.

E.3.4 Bewältigung, Nichtbewältigung und Destabilisierung

Gleichgewicht und Bewältigungsmöglichkeiten

Organismen – einschließlich des menschlichen – sind, etwas überspitzt gesagt, "Problemlösungsmaschinen". Gewissermaßen von außen betrachtet kann ihre Aufgabe darin gesehen werden, das Ganze der Natur zu erhalten und fortzuentwickeln. Diese Aufgabe zu erfüllen setzt voraus, dass bestimmte Probleme der inneren Organisation und des Austausches mit der äußeren Umwelt gelöst werden. Dazu hat die Natur die raffiniertesten Mechanismen entwickelt. Der Mensch hat, außer den physiologischen und verhaltensorientierten Mechanismen, die er mit anderen höheren Organismen teilt, die Sprache sowie die soziale, technische und kulturelle Umwelt und die geistigen Fähigkeiten zu ihrer Nutzung als Möglichkeiten zur Problemlösung. Organismen, die keinen Belastungen ausgesetzt werden, verkümmern oder sterben sogar. Ein gewisses Ausmaß an Beanspruchung ist auch für den Menschen notwendig, nicht nur im physiologischen Sinne, sondern auch zur Aufrechterhaltung des Selbstwertgefühls und einer positiven Einstellung zu sich und der Umwelt. Die Meisterung von Aufgaben und Belastungen wird positiv erlebt, während das fortgesetzte Scheitern zu psychischen Problemen führt. Es geht also nicht darum, Belastungen zu vermeiden, sondern um ein optimales Verhältnis zwischen den Anforderungen und den individuellen Fähigkeiten. Die Bewältigung von Anforderungen ist mit einem Verbrauch körperlicher und psychischer Ressourcen verbunden und die Nichtbewältigung zusätzlich mit psychischen Nachwirkungen (und oft weiteren Folgewirkungen wie z.B. Gehaltseinbußen). In extremeren Fällen treten sogar Verschleiß bzw. Schädigungen auf. Jedenfalls ist es notwendig, die verbrauchten Ressourcen wiederherzustellen, eventuelle Funktionsveränderungen zu kompensieren oder die Funktionen neu zu regulieren. Dazu muss dem Organismus Zeit zur effektiven Erholung gegeben werden. Besonders auf dem psychischen Sektor ist soziale Unterstützung etwa durch eine intakte Familie von unschätzbarem Wert. Im Unterkapitel E.3.3 "Die Destabilisierungstheorie" wird nahe gelegt, dass durch eine Destabilisierung des Beziehungsgefüges zwischen Arbeit, Erholung und Familie die Wiederherstellung der Funktionsfähigkeit des Organismus nach Belastungen bedroht ist. Dies kann dazu führen, dass berufliche Belastungen nicht mehr voll ausgeglichen werden. Dadurch kommt es zu einer schleichenden Funktionsminderung und evtl. zu einer zunehmenden Nichtbewältigung von Arbeitsaufgaben, die ihrerseits den Mechanismus der Destabilisierung verstärken kann.

Risikoverhalten Vielfach werden dann Medikamente, Alkohol, Kaffee als Stimulanzien und Zigaretten zur Bekämpfung der Müdigkeit eingesetzt. Diese Verhaltensweisen können nun selber wieder zu einer Erhöhung des Erkrankungsrisikos beitragen.

Gesundheitliche Folgen einer Destabilisierung Bei einer prospektiven Untersuchung (Kundi; 1989) zeigte sich, dass Schichtarbeiter mit geringerer Stabilität in den Bereichen Arbeit, Erholung und Familie unabhängig vom Alter signifikant mehr Gesundheitsprobleme entwickeln. Sie haben auch einen höheren Kaffee- und Zigarettenkonsum und sind häufiger übergewichtig. Weitere die Destabilisierung fördernde Bedingungen sind unter anderem unzureichende Lärmabschirmung der Schlafstelle, Konflikte verstärkende Bedingungen in der Familie (z.B. mehrere Kinder unter 10 Jahren), ungünstige Arbeitsbedingungen (z.B. Lärm, Hitze, Schadstoffe am Arbeitsplatz) und lange Arbeitswege.

Hauptkriterien der Schichtplangestaltung Das Fatale an der Schichtarbeit ist, dass sie die Bewältigung der Belastungen stört, die sie hervorruft. Deshalb sollte die Dosis abweichender Arbeitszeiten pro Person möglichst niedrig gehalten werden, und die Phasen ungünstiger Zeitspannen für die Erholung und die Familie im Schichtzyklus sollten möglichst kurz gehalten und durch günstigere unterbrochen werden.

E.4 Die Phasen der Wirkungen von Schichtarbeit

Phasenmodell Die Auswirkungen der Schichtarbeit hängen nicht nur von den betrieblichen und familiären Rahmenbedingungen ab, sondern auch davon, wie lange Arbeitnehmer schon Schicht arbeiten und von dem Grad der Abweichung von der normalen Tagesarbeitszeit (im Allgemeinen ist diese umso größer, je mehr Nachtschichten pro Zeiteinheit geleistet werden, aber auch manche andere Schichtlagen – z.B. sehr früh beginnende Frühschichten oder spät endende Spätschichten – sind dabei zu berücksichtigen).

Nach dem Phasenmodell verläuft die Auseinandersetzung mit Schichtarbeit in vier Phasen, wobei die Dauer dieser Phasen individuellen Schwankungen unterliegt. Dieses Modell wurde anhand von Untersuchungen kontinuierlicher Schichtarbeit erstellt, es ist aber auch auf andere Schichtarbeitsformen – insbesondere diskontinuierliche mit Nachtschicht – anwendbar.

E.4.1 Die Anpassungsphase

1. bis 5. Jahr Die Anpassungsphase an die Schichtarbeit dauert 1–5 Jahre. In diesem Zeitraum sind zahlreiche Anpassungsleistungen zu erbringen. Zum einen müssen Schichtarbeiter sich an den Arbeitsplatz, die Arbeitsaufgaben, die Kollegen, die Vorgesetzten usw. gewöhnen, zum anderen müssen sie lernen, mit den wechselnden und/oder ungewöhnlichen Arbeitszeiten zurechtzukommen und am Tag zu schlafen. Auch die Familie muss sich darauf einstellen. Dies sind nur einige der Veränderungen, denen sich Schichtarbeiter stellen müssen. Aber auch viele Kleinigkeiten sind zu beachten, wie z.B. die Organisation der Arbeitswege (so ist die Benutzung öffentlicher Verkehrsmittel für Schichtarbeiter oft viel schwieriger) oder die Mahlzeiten (in den meisten Betrieben ist die Kantine in der Nacht geschlossen). Diese Anpassung bewirkt die Mobilisierung von Energieressourcen und erfordert mehr Erholung als nach erfolgter Gewöhnung. Es kommt auch zu überschießenden physiologischen Reaktionen und stärkeren biorhythmischen Verschiebungen.

Anpassungsprobleme, Drop-out In dieser ersten Phase der Anpassung zeigt sich in vielen Fällen, dass der Arbeitnehmer mit der Schichtarbeit nicht zurechtkommt. Die Drop-out-Rate ist hoch, zumindest dort, wo ein Wechsel zur Tagarbeit möglich ist. Dort, wo der Beruf untrennbar mit Schichtarbeit verbunden ist (z.B. Spitalsarzt, Lokführer oder Hochofenarbeiter), der Arbeitnehmer also einen Wechsel zur Tagarbeit praktisch nur durch einen Wechsel des Berufs bewerkstelligen oder wo ein erwünschter Wechsel aus anderen Gründen nicht erfolgen kann, zeigen sich bereits in dieser Phase stärkere gesundheitliche Beeinträchtigungen und gravierende Schlafprobleme.

Arbeitsmedizinische Untersuchung nach ca. 1 Jahr — Es ist deshalb empfehlenswert, nach etwa 1 Jahr Schichtarbeit eine gründliche arbeitsmedizinische Untersuchung durchzuführen, bei der Anpassungsprobleme aufgedeckt werden sollen. Besonders ist dabei auf Ernährung, Schlaf und Kreislaufprobleme zu achten und eine entsprechende Beratung zu geben.

Ratschläge — Da die Anpassungsphase in den meisten Fällen jüngere Arbeitnehmer betrifft, sollten sie auch dahingehend beraten werden, dass zusätzliche Belastungen – z.B. durch schwere Arbeit zu Hause – und Freizeitaktivitäten, die sich ungünstig auf die Schlafbilanz auswirken (z.B. häufiger Diskothekenbesuch), möglichst vermieden werden sollen. Spezielles Augenmerk ist in dieser Phase auch auf die Unfallgefahr auf dem Arbeitsweg zu legen (vor allem bei der Heimfahrt nach der Nachtschicht, bei der möglicherweise übermüdete Schichtarbeiter auf den morgendlichen Berufsverkehr treffen).

E.4.2 Die Sensibilisierungsphase

2./6. bis 15./20. Jahr: Scheinbare Stabilität — Nachdem die Anpassung an die Schichtarbeit einigermaßen gelungen ist, kommt es in der Sensibilisierungsphase zu einer scheinbaren Stabilität. Die Schichtarbeiter haben oft den Eindruck, dass alles bestens läuft, dass sie sich an die Schichtarbeit gewöhnt haben. Auftretende Probleme nehmen sie oft nicht sehr ernst, weil sie inzwischen auch wissen, dass sie als Schichtarbeiter mit gewissen körperlichen Beschwerden rechnen müssen, und auch die immer wieder auftretenden Schlafstörungen beunruhigen sie kaum mehr. Dennoch werden in dieser Sensibilisierungsphase die Grundsteine für spätere gesundheitliche Störungen gelegt. Oft ist diese Phase auch begleitet von einer verstärkten Notwendigkeit zu beruflicher Leistung. Aufstieg und beruflicher Erfolg werden ein wichtiges Thema. Parallel dazu fällt in diese Phase meist auch der Aufbau einer Familie, wodurch auch die finanzielle Belastung zunimmt.

Stabilitätsentscheidende Faktoren

Entscheidend dafür, ob Stabilität erhalten bleibt und damit die Prognose im Hinblick auf gesundheitliche Beschwerden günstig ist, sind zwei Faktoren:

- dass in dieser Phase keine gesundheitlich riskanten Bewältigungsstrategien angewöhnt werden (übermäßiger Konsum von Zigaretten, Alkohol und Kaffee, fettreiche und zu kalorienreiche Ernährung) und
- dass die Schlafprobleme und Beeinträchtigungen des Wohlbefindens (insbesondere Magenschmerzen, Verstopfung, Übelkeit, Schwindel, labiler Blutdruck) nicht bagatellisiert, sondern behandelt werden.

Außerdem ist darauf zu achten, dass Destabilisierungszeichen wie Probleme mit dem Ehepartner, psychische Veränderungen wie Lustlosigkeit, ständige Gereiztheit und Depressivität ernst genommen werden.

Die Sensibilisierungsphase kann 20 Jahre und mehr dauern. Ob sie in die Akkumulations- und Manifestationsphase einmündet, hängt davon ab, inwieweit es gelingt, die genannten Risikofaktoren zu reduzieren und die Stabilität aufrecht zu erhalten.

E.4.3 Die Akkumulationsphase

Nach 15 bis 25 Jahren

In der Akkumulationsphase nach etwa 15–25 Jahren Schichtarbeit kommt es zu einer Anhäufung gesundheitlich relevanter Faktoren. Ein deutliches Zeichen ist, dass Belastungen am Arbeitsplatz plötzlich schlechter vertragen werden. Es kommt auch häufig wieder zu Schlafproblemen (vor allem Durchschlafprobleme und kurzer Tagschlaf). Ferner werden so genannte primäre Risikofaktoren manifest: z.B. Hyperlipidämie (hoher Blutfettgehalt), Hypertonie (Bluthochdruck).

Arbeitsmedizinische Intervention

In dieser Phase müssen einerseits die Risikofaktoren behandelt bzw. durch Änderung der Lebensgewohnheiten (z.B. Ernährung) muss eine weitere Verschlechterung verhindert werden, andererseits ist oft eine gezielte Erholung (z.B. ein Kuraufenthalt) bzw. ein vorübergehender Wechsel zur Tagarbeit zwecks Resynchronisation anzuraten.

Individuelle Arbeitszeitverkürzung

Zur Restabilisierung bzw. zur Verhinderung von ernsten Gesundheitsproblemen ist eine Reihe von weiteren Maßnahmen möglich, worunter als wichtigste die individuelle Arbeitszeitverkürzung (insbesondere für ältere Arbeitnehmer, wobei aber ein gerechtes Rentenmodell vorausgesetzt werden muss) genannt werden soll.

E.4.4 Die Manifestationsphase

Auftreten ernster Gesundheitsprobleme

Wenn die Vorzeichen nicht rechtzeitig erkannt und behandelt werden, dann kommt es in der Manifestationsphase zum Auftreten gravierender gesundheitlicher Probleme. Diese treten oft plötzlich und für die Schichtarbeiter völlig unerwartet auf, glauben sie doch, sich an die Schichtarbeit gewöhnt zu haben. Dennoch sind in vielen Fällen die Vorzeichen, wie in der Sensibilisierungs- und Akkumulationsphase beschrieben, durchaus vorhanden gewesen, aber nicht oder nicht richtig beachtet und gedeutet worden.

Besonders häufig sind in dieser Phase chronische Gastritis und Magen- bzw. Zwölffingerdarmgeschwür, chronische Darmentzündung, ferner Angina pectoris und andere Herz-Kreislauf-Erkrankungen. Es treten auch so genannte affektive Störungen (Antriebslosigkeit und Depressionen) und neurasthenische Symptome auf (Zeichen von psychischer Erschöpfung).

Viele der in dieser Phase auftretenden Erkrankungen sind langwierig und teilweise chronisch. In vielen Fällen ist eine vollständige Heilung nicht mehr möglich, weil bereits irreversible Schäden vorliegen.

E.5 Kriterien zur Gestaltung von Schichtarbeit

Ziele der ergonomischen Arbeitsgestaltung

Das Ziel der ergonomischen Arbeitsgestaltung ist die Herstellung von Bedingungen, die den Kriterien der

- Ausführbarkeit
- Schädigungslosigkeit
- Beeinträchtigungsfreiheit und
- Persönlichkeitsförderlichkeit

genügen. Dabei ist die Gesamtheit der betrieblichen und individuellen Bedingungen zu berücksichtigen.

Tageszeitabhängige Wirkung von Schadstoffen

Bei der Gestaltung der Schichtarbeit und der Bewertung von Schichtplänen sind neben den unten angegebenen Schichtplankriterien auch die Rahmenbedingungen zu berücksichtigen. Es ist denkbar – jedoch liegen in den meisten Fällen dazu keine Untersuchungen vor –, dass Konzentrationen von gesundheitsschädlichen Arbeitsstoffen, die vom Tagarbeitenden toleriert werden, bei Nachtarbeit Schädigungen hervorrufen. Das Forschungsgebiet der Chronotoxikologie befasst sich mit den tageszeitabhängigen Wirkungen von Schadstoffen. Sowohl für Arzneimittel als auch für gesundheitsschädliche Stoffe wurden von der Tageszeit abhängige Aufnahmeraten und Wirkdosen ermittelt. Allerdings sind die Verhältnisse hier so kompliziert, dass keine einheitlichen Empfehlungen abgegeben werden können (z.B. haben manche Schadbedingungen, wenn sie in der Nacht einwirken, geringere Effekte, während andere deutlich stärkere Effekte zeigen). Auch für andere Belastungsfaktoren wie körperliche Schwerarbeit, Lärm, Hitze usw. gelten tageszeitabhängige Wirkungen, sodass die Arbeitsbedingungen bei der Beurteilung von Schichtplänen nicht außer Acht gelassen werden können.

MAK-Werte bezogen auf 8 h

Ein weiteres Problem bietet die Beurteilung von Schadbedingungen und Belastungsfaktoren im Hinblick auf die Schichtlänge. Gewöhnlich werden Grenz- und Richtwerte (z.B. auch die MAK-Werte; MAK = Maximale Arbeitsplatzkonzentrationen) auf eine 8 h-Schicht ausgelegt, sodass diese bei längeren Schichtdauern keine Gültigkeit haben.

Grundprinzipien der Gestaltung

Einmal abgesehen von diesen spezifischen Problemen, muss bei Fragen nach den Kriterien der Schichtplangestaltung und -beurteilung wieder auf die theoretischen Konzepte der Destabilisierungstheorie und der Chronobiologie sowie auf die Kenntnisse über spezifische Belastungskonstellationen zurückgegriffen werden. Daraus ergeben sich zwei zentrale Forderungen:

- Reduktion der "Dosis" abweichender Arbeitszeiten: Vielfach wird wegen der vereinfachten Planung ein System angewandt, das gleiche Besetzungsstärken in allen Schichten vorsieht, obwohl in der Nachtschicht viel weniger zu tun ist. Bei jedem Schichtplan sollte grundsätzlich überlegt werden, ob die Besetzungsstärke in der Nachtschicht nicht reduziert werden kann, selbst dann, wenn dadurch gewisse Gehaltseinbußen in Kauf genommen werden müssen.

- Verkürzung der Phasen abweichender Arbeitszeiten: Früher herrschte die Meinung vor, dass es günstig sei, möglichst viele Nachtschichten hintereinander vorzusehen, damit der Organismus Gelegenheit habe, sich an den verschobenen Rhythmus zu gewöhnen. Inzwischen ist klar, dass im Allgemeinen auch nach vielen Wochen Nachtschicht keine wirkliche Anpassung erfolgt. Daher wird heute gefordert, siehe (Wedderburn; 1991), dass diese Phasen möglichst kurz gehalten werden, sodass in dieser Periode die akuten körperlichen, psychischen und sozialen Probleme nicht übermäßig anwachsen können.

E.5.1 Es gibt keinen idealen Schichtplan

Keine Musterschichtpläne Es soll hier nicht der Anschein erweckt werden, man könne mit einigen wenigen "idealen" Musterschichtplänen auskommen. Im Gegenteil: Es ist sogar höchst wünschenswert, dass für die konkreten betrieblichen Umstände, Präferenzen der Mitarbeiter und Zusammensetzung der Belegschaft "maßgeschneiderte" Schichtpläne entworfen werden. Mit den hier vorgestellten Planungstechniken sollte es sogar möglich sein, für einzelne Unternehmensteile und Arbeitsgruppen (bis hinunter zu einzelnen Mitarbeitern) aufeinander abgestimmte unterschiedliche Schichtpläne zu verwirklichen.

Vielfalt ist wünschenswert Warum ist diese Vielfalt wünschenswert? Das liegt zum einen daran, dass die Belegschaften sehr unterschiedlich zusammengesetzt sein können, zum anderen daran, dass die Arbeitsbedingungen und betrieblichen Erfordernisse stark variieren.

Bei leichter körperlicher Arbeit (z.B. Verpackung) ist es durchaus möglich, 10 h-Spätschichten vorzusehen, was dann erlaubt, die Frühschicht zu kürzen, während bei stärkerer körperlicher Belastung, beim Vorhandensein von Schadbedingungen sowie bei monotonen Tätigkeiten und solchen mit starker psychischer (z.B. Verantwortung, Unfallgefahr) oder informatorischer (z.B. Systemsteuerung) Belastung keine Verlängerung der Schichtdauer erfolgen soll.

Sehr unterschiedlich sind auch die sozialen und familiären Bedingungen bei den Beschäftigten, sodass auch hier unterschiedliche Gewichtungen vorzunehmen sind. Zudem ist der Arbeitsweg zu berücksichtigen und eventuell eine Abstimmung auf die Verkehrsmittel vorzunehmen. Große Unterschiede gibt es auch in den Vorlieben der Mitarbeiter. Viele bevorzugen es, möglichst viele Wochenenden freizuhaben, manche wünschen aber gerade ihre Freischichten unter der Woche, etwa weil dann bestimmte Freizeiteinrichtungen nicht so überlaufen sind. So gibt es zahlreiche Gründe dafür, Schichtpläne maßzuschneidern, die nicht nur im Interesse des Betriebs liegen, sondern auch den Präferenzen der Belegschaft entsprechen.

E.5.2 Die Kriterien und ihr Gewicht

7 arbeitshygienisch-ergonomische Kriterien

Im Folgenden werden aus arbeitshygienisch-ergonomischer Sicht 7 Kriterien zur Gestaltung von Schichtplänen angeführt, die sich im Wesentlichen mit den Vorschlägen des "Scientific Committee: Shiftwork" der International Association on Occupational Health (Übersicht in Rutenfranz und Knauth; 1982) decken. Im Anschluss daran wird die Gewichtung dieser Kriterien diskutiert.

1. Jeder Sequenz von Nachtschichten soll eine arbeitsfreie Zeit von wenigstens 48 h folgen. Diese Empfehlung geht über die übliche Forderung hinaus, wonach im Anschluss an eine Nachtschichtsequenz eine 24-stündige Arbeitsruhe einzuhalten ist. Erstens muss berücksichtigt werden, dass sich Arbeitnehmer nach einer Nachtschichtsequenz (wenn danach nicht wieder Nachtschichten folgen) auf die kommende Schichtlage einstellen müssen. Dazu benötigen sie mehr Zeit als bei anderen Formen des Schichtlagenwechsels, insbesondere weil sie von Tag- auf Nachtschlaf umstellen müssen. Außerdem wären so die Wechsel N-F möglich, die unbedingt vermieden werden müssen, weil dadurch praktisch ein ganzer Schlafzyklus wegfällt.

2. Eine Nachtschichtsequenz sollte nicht mehr als 3 Nachtschichten umfassen. In Ausnahmefällen, z.B. wenn dadurch günstigere Lagen der Freischichten erzielt werden, können auch mehr als 3 Nachtschichten hintereinander zugelassen werden. Ein regelmäßiges Einplanen von mehr als 3 Nachtschichten hintereinander soll aber nicht gestattet werden. Auch bei diskontinuierlichen Schichtplänen, bei denen früher fast ausnahmslos der wöchentliche Schichtwechsel vorgesehen war und somit immer 5–6 Nachtschichten hintereinander geleistet werden mussten, sind heute durch die Verkürzung der Wochenarbeitszeit günstigere Varianten möglich. In Abhängigkeit von der familiären Situation der Mitarbeiter einer Schichtmannschaft müssen auch andere Schichtlagen in die Überlegung eingeschlossen werden. Ist die Mehrzahl der Partner der Schichtarbeiter berufstätig oder haben sie schul-

pflichtige Kinder, dann müssen vom familiären Aspekt her die sonst meist am positivsten beurteilten Spätschichten fast wie Nachtschichten gewertet werden. In diesem Fall gilt: Aus Spät- und Nachtschichten gebildete Sequenzen sollten nicht mehr als 4 und nur in Ausnahmefällen 5 Schichten umfassen (also z.B. SSSNN oder SSNNN). Bei jüngeren Schichtarbeitern, speziell solchen, die Kleinkinder haben, ist auch die Frühschicht – wegen des frühen Aufstehens und weil sie sich wegen der familiären Anforderungen nicht so zeitig, wie es eigentlich für eine ausreichende Schlafdauer notwendig wäre, schlafen legen können – oft besonders belastend. In solchen Fällen gilt: Aus Früh- und Nachtschichten gebildete Sequenzen sollten nicht mehr als 5 und nur in Ausnahmefällen 6 Schichten umfassen (also z.B. FFFNNN oder FFNNNN).

3. Bei der Schichtdauer ist auf die Arbeitsschwere und auf die Arbeitsbedingungen Rücksicht zu nehmen. Bei Vorliegen von erschwerenden Arbeitsbedingungen sollen Schichtdauern unter 8 h angestrebt werden, wobei besonders die Nacht- und die Frühschichtdauer reduziert werden sollten.

   Allerdings ist das für den kontinuierlichen Betrieb meist wegen der dann ungünstigen Schichtwechselzeiten nicht möglich. Eine Verkürzung der Frühschicht auf Kosten der Spätschicht ist aber in manchen Fällen durchaus möglich (z.B. F: 7:00–13:00, S: 13:00–23:00). Bei Tätigkeiten ohne besonders hohe Anforderungen an die körperliche und psychische Leistungsfähigkeit werden heute international 12 h-Schichten vermehrt diskutiert. 12 h-Schichtpläne haben einige Vorteile: Sie ermöglichen günstige Freischichtregelungen, und die Arbeitswege werden um ein Drittel reduziert, was eine Zeitersparnis und eine Reduktion der Unfallgefahr bedeutet.

   Hinsichtlich der Kombination von 12 h- und 8 h-Schichten gilt grundsätzlich: Für den Wechsel von 8 h auf 12 h gelten unverändert die angegeben Kriterien. Für einen Wechsel von 12 h auf 8 h (also z.B. von einer 12 h-Wochenendschicht auf eine 8 h-Schicht am Montag) ist zu berücksichtigen, dass die Erholungszeit und damit die Arbeitsruhe nach einer 12 h-Schicht etwa um ein Drittel länger sein sollten. Sind für die 8 h-Schicht 13 h Arbeitsruhe ausreichend, dann sind nach einer 12 h-Schicht ca. 17 h Arbeitsruhe nötig.

4. Bei den Schichtwechselzeiten ist auf die sozialen Bedürfnisse, den Arbeitsweg und die Schlafgewohnheiten Rücksicht zu nehmen. Im Allgemeinen gelten folgende Faustregeln:
   - Die Frühschicht soll nicht vor 6:00 beginnen.
   - Die Spätschicht soll nicht nach 23:00 enden.
   - Die Nachtschicht soll nicht nach 7:00 enden.
   - Die Nachtschicht soll möglichst vor 23:00 beginnen.

Es ist klar, dass für den Wechselschichtbetrieb nicht alle Forderungen optimiert werden können, weil die Schichtwechselzeiten miteinander verknüpft sind und außerdem die Schichtdauer mit einbezogen werden muss. Deshalb sollten besonders bei diesem Punkt die Arbeitnehmer mit einbezogen werden. Es sollte auch überlegt werden, ob Gleitzeiten (z.B. +/−1 h um die Wechselzeiten) möglich sind. Ferner ist es durchaus wünschenswert, die Schichtwechselzeiten saisonal zu variieren (z.B. im Winter späterer Früh-, im Sommer späterer Nachtschichtbeginn).

5. Die Freischichtblöcke sollen möglichst oft mindestens 1 Tag des Wochenendes einschließen. Die Freizeitgewohnheiten wandeln sich. Heute beginnt das Wochenende praktisch bereits am Freitag Mittag. Der Sonntag hat eine große Bedeutung für die Familie, während der Samstag den höchsten Freizeitwert aufweist.

Da Schichtpläne eine unübersehbare Vielzahl von Verteilungen der Freischichten auf die Wochentage aufweisen, ist es für den Vergleich verschiedener Schichtpläne günstig, eine Punktewertung vorzunehmen. Als Alternative können aber die Freischichten (z.B. pro Jahr) gezählt werden, die auf einen der Tage Mo–Do, auf einen Fr, Sa oder So fallen, sowie solche, die das gesamte Wochenende umfassen. Der Wert der Freizeit wurde in verschiedenen Untersuchungen statistisch sehr genau erfasst (Ernst; 1984). Daher liegt eine recht gute Basis für eine Punktewertung vor. Als Faustregel kann vorläufig folgende Gewichtung vorgenommen werden:

Sonntag	*1,00 Punkte*
Samstag	*1,50 Punkte*
Freitag	*0,75 Punkte*
jeder andere Tag	*0,25 Punkte*
Samstag + Sonntag	*3,00 Punkte*

Somit ergibt sich bei 2 freien Tagen pro Woche ein durchschnittlicher Freizeitwert, der zwischen 0,5 und 3 Punkten liegt. Allerdings ist auch zu berücksichtigen, dass manche Schichtarbeiter, insbesondere solche ohne Kinder und ohne berufstätige Partner, ihre Freischichten gerne unter der Woche nehmen. Auch bei diesem Punkt ist also eine Einbeziehung der Mitarbeiter unbedingt wünschenswert.

Ferner ist zu berücksichtigen, dass hier davon ausgegangen wird, dass die Schicht für den Tag gezählt wird, an dem sie beginnt. Daher ist auch für die Nachtschicht, die am Sonntag um 22:00 beginnt, der Sonntag ein Arbeitstag!

6. Die Anzahl Freischichten darf bei Schichtarbeitern nicht geringer sein als bei Tagarbeitern. Anzustreben sind Werte der Freizeitqualität, die denen der Tagarbeiter nahe kommen. Ein Tagarbeiter, der das Wochenende frei hat und am Freitag nur bis Mittag beschäftigt ist, erhält einen durchschnittlichen Freizeitwert (nach dem obigen Punktesystem) von ca. 3,3 Punkten.
Eine Angestellte im Einzelhandel mit 1 Samstagsdienst und dafür 1 freien

Tag unter der Woche pro Monat kommt auf einen durchschnittlichen Freizeitwert von 2,6 Punkten. Ein Schichtarbeiter im kontinuierlichen Betrieb kommt in der Regel auf nicht mehr als durchschnittlich 0,8–1,5 Punkte.

Eine Angleichung an die Werte der Tagarbeiter würde eine erhebliche Anhebung der Anzahl Freischichten bzw. eine deutliche Arbeitszeitverkürzung bedeuten. Ein besonderes Problem im vollkontinuierlichen Betrieb stellt auch die hohe Anzahl von Feiertagen dar. Hier kann mit einer kurzzeitigen Änderung der Schichtwechselzeiten und der Schichtgruppenzusammensetzung dem besonderen Freizeitbedürfnis Rechnung getragen werden.

7. Bei sonst gleichen Bewertungen sollen Schichtpläne mit einer kurzen Zyklusdauer bevorzugt werden. Generell spielt die Zykluslänge eine untergeordnete Rolle. Abgesehen von Ausnahmefällen sind Schichtpläne mit anderem als wöchentlichem Schichtwechsel praktisch nicht überschaubar. Deswegen haben Schichtarbeiter in der Regel ihren Schichtkalender zur Hand.

Gleichzeitige Erfüllung der Anforderungen schwierig

Es ist ein Charakteristikum der Schichtarbeit, dass es kaum oder gar nicht möglich ist, alle Anforderungen gleichermaßen zu erfüllen. Es wäre z.B. wünschenswert – besonders bei stark belastenden Tätigkeiten –, die Nachtschicht zu verkürzen. Dies lässt sich aber nur dadurch bewerkstelligen, dass die Nachtschicht später beginnt und/oder früher endet. Dies wiederum steht im Widerspruch zur Forderung, dass die Frühschicht nicht zu früh und die Spätschicht nicht zu spät beginnen soll. So lässt sich eine Belastungsreduktion in diesem Fall nur durch arbeitsorganisatorische Maßnahmen erreichen, während der Schichtplan unverändert bleibt.

Gewichtung zu Vergleichszwecken

Für einen Vergleich von Schichtplänen im Hinblick auf gesundheitsrelevante und soziale Aspekte ist eine Gewichtung der einzelnen Elemente des Schichtplans wünschenswert. Es gibt einige solche Vorschläge, die zum Teil sehr detailliert sind (De Vol; 1985). In der Folge wird ein Vorschlag vorgelegt, wie eine solche Gewichtung der zentralen Schichtplaneigenschaften aussehen könnte, wobei vorausgesetzt wird, dass die rechtlichen Gesichtspunkte bereits berücksichtigt wurden. Ein Plan mit hoher Punkteanzahl ist nach diesem Gewichtungsverfahren schlechter als ein Plan mit geringerer Punkteanzahl.

Vorschlag

Vorschlag für eine Gewichtung der ergonomischen Schichtplankriterien		
SCHICHTPLANMERKMAL	AUSPRÄGUNGEN	PUNKTEVORSCHLAG
1. Durchschnittliche Anzahl N-Schichten pro Woche	keine	0
	1	5
	2	7
	mehr als 2	10
2. Anzahl N-Schichten hintereinander	nie mehr als 3	0
	1-mal pro 4 Wochen 4	1
	2-mal pro 4 Wochen 4	2
	1-mal pro 4 Wochen 5	2
	3-mal pro 4 Wochen 4	3
	2-mal pro 4 Wochen 5	3
	immer mehr als 4	5
3. Anzahl hintereinanderliegender Arbeitstage (beurteilt wird die Häufigkeit pro Woche)	nie mehr als 5	0
	6	Hk/W
	7	2*Hk/W
	8	3*Hk/W
	mehr als 8	4*Hk/W
4. Arbeitsfreie Stunden nach einer N-Sequenz (beurteilt wird nur die kürzeste Zeitspanne)	mehr als 48 h	0
	48 h	1
	40–47 h	2
	32–39 h	3
	24–31 h	4
	N-F	5
5. Schichtdauer N (beurteilt wird nur die längste N-Schicht)	7 h oder weniger	0
	8 h	1
	9–10 h	2
	mehr als 10 h	4
6. Schichtdauer F (beurteilt wird nur die längste F-Schicht)	7 h oder weniger	0
	8 h	0,5
	9–10 h	1
	mehr als 10 h	3
7. Frühschichtbeginn	vor 6:00	2
	6:00–7:00	1
	7:00 oder später	0
Spätschichtende	nach 23:00	2
	22:00–23:00	1
	22:00 oder früher	0
	Gleitzeit	−1

8. Anzahl zusammenhängender Freischichten (beurteilt wird die Häufigkeit pro Woche)	keine	3*Hk/W
	1	2*Hk/W
	2	1*Hk/W
	3–4	0
	5	0,5*Hk/W
	mehr als 5	1*Hk/W
9. Durchschnittswert der Freizeitqualität pro Woche (siehe 5)	f = Summe Freizeitpunkte dividiert durch die Wochen	6–2*f
10. Länge des Schichtzyklus	bis 8 Wochen	0
	mehr als 8 Wochen	1
11. Arbeitsruhe (beurteilt wird die Häufigkeit pro Arbeitstag)	weniger als 11 h	2*Hk/d
	11 h	1,5*Hk/d
	12–15 h	0,5*Hk/d
	16 h oder mehr	0
Abkürzungen:	Hk ... Häufigkeit pro Woche d ... Arbeitstag (auf den ein Arbeitstag folgt)	

Beispiel 1 Die Bewertung für das so genannte "metropolitan rota" (auch als 2-2-2-Schichtsystem bezeichnet, vgl. Beispiel 9 im Unterkapitel B.3.2.d) "Beispiele für Klassische Pläne") ergibt für die Schichtarten mit F (6:00–14:00), S (14:00–22:00) und N (22:00–6:00) folgendes Ergebnis:

SCHICHTPLANMERKMAL	AUSPRÄGUNGEN	PUNKTE
1. Durchschnittliche Anzahl N-Schichten pro Woche	14 N in 8 Wochen = 1,75	6
2. Anzahl N-Schichten hintereinander	2	0
3. Anzahl hintereinanderliegender Arbeitstage (beurteilt wird die Häufigkeit pro Woche)	6 Schichten: 7-mal in 8 Wochen	0,875
4. Arbeitsfreie Stunden nach einer N-Sequenz (beurteilt wird nur die kürzeste Zeitspanne)	48 h	1
5. Schichtdauer N (beurteilt wird nur die längste N-Schicht)	8 h	1
6. Schichtdauer F (beurteilt wird nur die längste F-Schicht)	8 h	0,5

7. Frühschichtbeginn Spätschichtende	06:00 22:00	1+1=2
8. Anzahl zusammenhängender Freischichten (beurteilt wird die Häufigkeit pro Woche)	einzelne Freischicht: 2-mal in 8 Wochen 2 zus. häng. Freischichten: 6-mal in 8 Wochen	2*0,25+1*0,75=1,25
9. Durchschnittswert der Freizeitqualität pro Woche (siehe 5)	(1,25+0,5+0,5+0,5+1+2,2+ +5+3)/8=1,125	6−2*1,125=3,75
10. Länge des Schichtzyklus	8 Wochen	0
11. Arbeitsruhe (beurteilt wird die Häufigkeit pro Arbeitstag)	24 h (Vorwärtsrotation!)	0
SUMME		**16,375**

Beispiel 2 Im Vergleich dazu die Bewertung des "continental rota" (2-2-3-System, vgl. Beispiel 5 im Unterkapitel B.3.2.d) "Beispiele für Klassische Pläne") mit den gleichen Schichtwechselzeiten:

SCHICHTPLANMERKMAL	AUSPRÄGUNGEN	PUNKTE
1. Durchschnittliche Anzahl N-Schichten pro Woche	7 N in 4 Wochen = 1,75	6
2. Anzahl N-Schichten hintereinander	2-mal 2 und 1-mal 3	0
3. Anzahl hintereinanderliegender Arbeitstage (beurteilt wird die Häufigkeit pro Woche)	7 Schichten: 3-mal in 4 Wochen	1,5
4. Arbeitsfreie Stunden nach einer N-Sequenz (beurteilt wird nur die kürzeste Zeitspanne)	48 h	1
5. Schichtdauer N (beurteilt wird nur die längste N-Schicht)	8 h	1
6. Schichtdauer F (beurteilt wird nur die längste F-Schicht)	8 h	0,5
7. Frühschichtbeginn Spätschichtende	06:00 22:00	1+1=2

8. Anzahl zusammenhängender Freischichten (beurteilt wird die Häufigkeit pro Woche)	keine Freischicht: 1-mal in 4 Wochen 2 zus. häng. Freischichten: 2-mal in 4 Wochen 3 zus. häng. Freischichten: 1-mal in 4 Wochen	3*0,25+1*0,5+0=1,25
9. Durchschnittswert der Freizeitqualität pro Woche (siehe 5)	(0+0,5+0,5+3,75)/4=1,187	6−2*1,187=3,625
10. Länge des Schichtzyklus	4 Wochen	0
11. Arbeitsruhe (beurteilt wird die Häufigkeit pro Arbeitstag)	24 h (Vorwärtsrotation!)	0
SUMME		16,875

Demnach schneidet das "continental rota" um einen halben Punkt schlechter ab im Vergleich mit dem "metropolitan rota". Trotz der etwas günstigeren durchschnittlichen Freizeitqualität wirkt es sich aus, dass die Anzahl aufeinander folgender Arbeitsschichten 7 statt 6 beträgt.

E.5.3 Bewertung von Schichtplänen

Weitere Beurteilungskriterien
Neben den rechtlichen Aspekten, d.h. der Schichtplan muss den gesetzlichen Vorschriften entsprechen, und den Bewertungsvorschlägen im Unterkapitel E.5.2 "Die Kriterien und ihr Gewicht" muss noch eine Reihe anderer Gesichtspunkte berücksichtigt werden. Wie bei einzelnen Punkten angeführt, sind unter bestimmten Umständen abweichende oder ergänzende Bewertungen angezeigt.

Anfahrtswege
Bei langen Anfahrtswegen und einer körperlich und psychisch gering belastenden Tätigkeit ist die Schichtdauer im Vergleich zu einer möglichen Ersparnis von Arbeitswegen weniger bedeutsam. In manchen Fällen wird daher obiger Bewertungsvorschlag zu modifizieren sein. Diese Modifikation kann in einer Veränderung der zu vergebenden Punkte und/oder in einer Hinzufügung von weiteren Kriterien (z.B. Anzahl Arbeitswege pro Woche) bestehen.

Arbeitsschwere
Weitere Gesichtspunkte sind die Arbeitsschwere und das mögliche Einwirken gesundheitsschädlicher Bedingungen (Schadstoffe, Lärm, Hitze usw.). In diesen Fällen bekommt die Arbeitsruhe wegen der besonders wichtigen

Erholungsfunktion ein besonderes Gewicht, und die Arbeitszeit pro Woche muss in die Bewertung mit aufgenommen werden, weil sie die "Dosis" der Einwirkung bestimmt.

Mitwirkung von Arbeitnehmerschutzexperten
Daher ist bei einer konkreten Bewertung von Schichtplänen immer die Gesamtheit der Rahmenbedingungen, unter denen Schichtarbeit geleistet wird, zu berücksichtigen. Dies ist mit ein Grund dafür, dass in die Entwicklung eines Schichtplans die Experten des Arbeitnehmerschutzes (Arbeitsmediziner, Sicherheitstechniker, Arbeitnehmerschutzbeauftragte) einzubinden sind. Oft wird es auch angezeigt sein, externe Experten hinzuzuziehen.

Mitwirkung der Betroffenen
Es ist auch notwendig, wegen der familiären und sozialen Gesichtspunkte, die eine nicht unbedeutende Rolle spielen, bei der Schichtplanauswahl und Bewertung die Betroffenen einzubeziehen.

E.5.4 Partizipation und Akzeptanz

Eigenschaften der Mitarbeiter
Wie schon mehrfach betont, hängen die Wirkungen der Schichtarbeit von den Bedingungen der Erholung und der familiären Situation ab. Hinzu kommen noch persönliche Eigenschaften der Mitarbeiter. So spielt etwa der so genannte Zirkadiantyp (Morgen-/Abendtyp) eine Rolle dabei, welche Schichten bevorzugt werden.

Individuell unterschiedliche Wirkung
Aus diesen Gründen sind sowohl die Vorliebe für einen Schichtplan und die Ablehnung eines Schichtplans als auch die Wirkung auf Gesundheit und Wohlbefinden individuell verschieden. Darum wird ein Schichtplan nie 100 %ige Zustimmung finden. Letztlich sollten auf die individuellen Wünsche und Voraussetzungen zugeschnittene Schichtpläne erstellt werden, die so differenziert und akkordiert sind, dass die Zusammenarbeit gewährleistet ist, obwohl die einzelnen Arbeitnehmer unterschiedliche Pläne haben. Die Praxis zeigt aber, dass die betrieblichen und individuellen Wünsche nicht immer vollständig aufgehen. Umso wichtiger ist es, dass versucht wird, eine zumindest in hohem Maße akzeptable Lösung zu finden.

Akzeptanz durch Einbindung
Eine wesentliche Voraussetzung der Akzeptanz durch die Mitarbeiter ist deren direkte Einbindung in die Entscheidung. Der Betriebsrat kann zwar die grundlegenden Interessen der Arbeitnehmer wahrnehmen, aber die sich widersprechenden Anforderungen unterschiedlicher Arbeitnehmergruppen nicht einbringen. Dies können nur die Mitarbeiter selbst.

Objektive Methode Eine Abstimmung der unterschiedlichen Vorstellungen und Wünsche der Mitarbeiter ist also unbedingt erforderlich. Wie kann dies vor sich gehen? Die Erfahrung vieler Beratungsprojekte zeigt, dass es nicht zielführend ist, lediglich über die Schichtpläne als solche zu diskutieren und diese einer Abstimmung zu unterziehen. Die Auseinandersetzung muss auf eine objektivierbare Ebene gehoben werden. Dies kann dadurch geschehen, dass jeder Mitarbeiter seine Kriterien zur Beurteilung überlegt und ihnen eine Gewichtung gibt. Dann kann der Computer helfen, alle zur Auswahl stehenden Schichtpläne, im Prinzip für jeden einzelnen Betroffenen getrennt, der Bewertung zu unterziehen. Daraus resultiert dann eine Reihung der vorgeschlagenen Schichtpläne, die auf den Bewertungskriterien der Betroffenen beruht. Diese Reihung kann dann etwa mit derjenigen verglichen werden, die auf der im Unterkapitel E.5.2 "Die Kriterien und ihr Gewicht" vorgeschlagenen Bewertung beruht oder sich aus den Bewertungen der Arbeitsmediziner und Sicherheitsbeauftragten ergibt. Letztlich sollen dann die Betroffenen unter Abwägung dieser Informationen eine Entscheidung treffen. Es hat sich gezeigt, dass Schichtpläne, die von den Arbeitnehmern ausgewählt wurden, eine weit höhere Akzeptanz fanden.

Ausreichende Probezeit Generell ist zu berücksichtigen, dass ein einmal eingeführter Schichtplan, auch wenn er von den Mitarbeitern selbst gewünscht wurde, sich als unzureichend erweisen kann. Es ist nämlich sehr schwer, genau genommen sogar unmöglich, alle Wirkungen eines Schichtplans vorherzusehen. Damit überhaupt beurteilt werden kann, wie der Betrieb und die Beschäftigten mit einem neuen Schichtplan zurechtkommen, ist eine Probezeit von mindestens 6 Monaten vorzusehen. Wenn nach dieser Zeit eine nicht unerhebliche Anzahl von Betroffenen meint, dass der Schichtplan nicht günstig ist, dann sollte ein Modifizierungsschritt unternommen werden. Dieser lässt sich meistens dadurch vereinfachen, dass in der Probezeit klar geworden ist, welche Aspekte ungünstig sind, und nun ein gezielteres Vorgehen bei der Planung möglich ist.

E.5.5 Die Gestaltung der Rahmenbedingungen

Betriebliche Bedingungen Nicht nur der Schichtplan als solcher ist für die Folgewirkungen auf Gesundheit und Wohlbefinden bedeutsam, sondern ebenso die betrieblichen und familiären Rahmenbedingungen. Nachfolgend einige der Punkte, die zu beachten sind:
- Wurden die Sicherheitseinrichtungen auch bei Dunkelheit geprüft (Beleuchtung von Gefahrenstellen), ausreichende Ausleuchtung des Arbeitsfeldes usw.)?

- Ist eine Erste-Hilfe-Versorgung auch in der Nacht gewährleistet?
- Wurden bei leistungsorientierten Löhnen die Leistungskriterien für die einzelnen Schichten getrennt bestimmt?
- Existiert die Möglichkeit, auch in der Nacht eine warme Mahlzeit zuzubereiten?
- Ist die Kantinen- oder Werksküchenverpflegung auf die besonderen Probleme der Ernährung von Schichtarbeitern eingestellt (z.B. fettarme Verpflegung in der Nachtschicht)?
- Gibt es die Möglichkeit – insbesondere für Schichtarbeiter mit Kindern und ältere Schichtarbeiter –, vorübergehend zur Tagarbeit zu wechseln?
- Können die Schichtarbeiter während der Nachtschicht kurze Schlafperioden einlegen (so genanntes "Napping")? Es ist empfehlenswert, offiziell Kurzschlaf von etwa 1/2 h zuzulassen, denn das Ankämpfen gegen die Müdigkeit führt zu einer Erhöhung der Unfallgefahr und zu einer Leistungsverschlechterung.
- Existieren Fahrgemeinschaften, Werkstransporte von/zur Nachtschicht?
- Werden regelmäßige medizinische Untersuchungen der Schichtarbeiter durchgeführt?

Individuelle und familiäre Bedingungen

- Gibt es die Möglichkeit, die Schlafstelle effektiv gegen Lärm von außen und von innerhalb der Wohnung abzuschirmen?
- Ist die Versorgung mit Lebensmitteln usw. gewährleistet? (Selbstversorger haben bei Schichtarbeit besondere Probleme!)
- Erfolgt eine Abstimmung mit dem berufstätigen Partner, wie und wann die gemeinsame Freizeit genutzt wird?
- Wird die Freizeit ausreichend zur Erholung genutzt und werden keine zusätzlichen schweren Arbeiten verrichtet?
- Gibt es einen Arzt des Vertrauens, der die möglichen gesundheitlichen Probleme ernst nimmt?
- Werden übermäßiger Kaffee-, Zigaretten- und Alkoholkonsum vermieden? Selbstverordnete Schlaf- oder Aufputschmittel sollen nicht genommen werden!

Prospektiver Gesundheitsschutz

Wegen der langsamen Entwicklung gesundheitlicher und oft auch familiärer Probleme werden oft die sich nur auf lange Sicht rentierenden Maßnahmen zurückgestellt. Deshalb muss der Betrieb in Wahrung seiner Fürsorgepflicht dem prospektiven Gesundheitsschutz eine hohe Priorität einräumen, auch wenn der Nutzen unmittelbar nicht wahrgenommen werden kann.

E.6 ÜBERLEGUNGEN ZU 12 H-SCHICHTSYSTEMEN

Grundsätzliches

Generell ist bei jeder Planung und Bewertung eines Schichtsystems davon auszugehen, dass es Schadwirkungen im Hinblick auf Gesundheit und soziale Beziehungen entfalten kann. Wie jede andere Schadbedingung (z.B. Exposition gegenüber Lösungsmitteln, Lärm, Heben und Tragen schwerer Lasten) muss daher die Arbeitsdauer als ein die Dosis bestimmender Faktor angesehen werden, der bei der Planung zur Disposition steht.

Da die Arbeitszeit und die Freizeit in einem komplementären Verhältnis zueinander stehen, kann die Arbeitszeit nicht isoliert betrachtet werden. Es ist auch immer die Frage der Erholung und der sozialen und familiären Beziehungen mit einzubeziehen.

Darüber hinaus ist es von größter Wichtigkeit, dass die Gesamtheit der belastenden Bedingungen sowie das Unfallrisiko in die Überlegungen zur Länge (und Lage) der Arbeitsschichten einbezogen werden.

Beliebtheit von 12 h-Schichten

12 h-Schichtsysteme erfreuen sich bei Unternehmen und Arbeitnehmern teilweise großer und wachsender Beliebtheit (Kundi; 1995). Welche Gründe gibt es dafür?

- Sie sind plantechnisch einfach zu realisieren.
- Sie lassen sich gut mit anderen Systemen kombinieren.
- Einzelne oder alle Nachtschichten können problemlos weggelassen werden, und trotzdem ist die Betriebszeit pro Tag um 1/3 länger.
- Es sind um 1/3 weniger Arbeitswege notwendig.
- Es lassen sich lange Freizeitblöcke erreichen.

Nachteile

- Die Unfallgefahr steigt nachweislich.
- Bei aufeinander folgenden gleichlagigen Schichten beträgt die Arbeitsruhe nur 12 h, was nicht ausreichend sein kann, um sich von der Arbeit zu erholen.
- Es besteht die Tendenz zur Verdichtung der Arbeitsperioden, um besonders lange Freizeitblöcke zu erzielen (z.B. sechs 12 h-Schichten hintereinander und dann 8 Tage frei), was zu einer ganzen Reihe von Problemen führt: z.B. schwiriger Wiedereinstieg in die Arbeitstätigkeit nach einem langen Freizeitblock, Ausübung eines "Zweitjobs".
- Ein einmal eingeführter 12 h-Schichtplan lässt sich nur schwer wieder zurücknehmen, auch dann, wenn sich z.B. die Arbeitsbelastungen geändert haben.
- Die Dauer und die Lage der Pausenzeiten müssen sehr gut geplant werden.

- Die sozialen und familiären Nachteile sind oft gravierend, weil neben der Zeit für Erholung und Schlaf kaum noch Zeit für die Familie und Freunde übrig bleibt.
- Die Arbeitsleistung ist oft geringer (wegen der verstärkten arbeitsbedingten Ermüdung).

Wann sollten 12 h-Schichten nicht eingeführt werden?

Die folgende Liste enthält Bedingungen, unter denen von 12 h-Schichten abzuraten ist:

- Körperlich oder geistig belastende Tätigkeiten
- Monotone Tätigkeiten
- Tätigkeiten mit Daueraufmerksamkeit
- Tätigkeiten mit/an gefährlichen Gütern
- Tätigkeiten mit hohem Unfallrisiko
- Tätigkeiten, die lang dauerndes Stehen erfordern
- Tätigkeiten, die rasche und ständig wiederkehrende Bewegungen beinhalten
- Bei Expositionen gegenüber gesundheitsgefährdenden Schadstoffen, Lärm, Vibrationen, ionisierender Strahlung usw. (die Expositionsstandards sind in der Regel auf 8 h-Schichten bezogen!)
- Isolierte und exponierte Arbeiten (z.B. Kranführer)

E.7 Lange Dienste

Grundsätzliches
Ebenso wie bei 12 h-Schichten im kontinuierlichen Schichtdienst ist auch bei nicht-kontinuierlicher Betriebszeit eine Tendenz zu langen Diensten zu beobachten.

Die Vorteile für den Arbeitgeber liegen auf der Hand: Die Arbeitsmittel können effektiver genutzt werden, Kunden länger betreut, Produktionszyklen leichter organisiert werden usw.

Aber auch für Arbeitnehmer/innen können sich Vorteile ergeben, wobei insbesondere die längeren Freizeitblöcke und die geringere Zahl von Arbeitswegen zu nennen sind.

Im Wesentlichen gelten aber für lange Dienste dieselben grundsätzlichen Einwände wie für 12 h-Dienste.

Nachteile
- Die Unfallgefahr steigt.
- Bei körperlich beanspruchenden Tätigkeiten kann es zu Überbeanspruchungen kommen (übersteigt die Arbeitsleistung einen bestimmten Grad, dann lässt sich bei einer Arbeitszeit über 8 h in manchen Fällen gar kein Pausenregime mehr finden, das nicht zu einer Überschreitung der Dauerleistungsgrenze führt).
- Auch bei der Einwirkung physikalischer und chemischer Schadbedingungen kann eine Überschreitung von 8 h zu Problemen führen.
- Bei Beanspruchungen durch Daueraufmerksamkeit, monotone Arbeitsabläufe etc. ist eine Überschreitung der Normalarbeitszeit ebenfalls problematisch.
- Die Planung der Dauer und Lage der Pausenzeiten wird erheblich schwieriger.
- Die Arbeitsleistung ist oft geringer (wegen der verstärkten arbeitsbedingten Ermüdung).

Wann sollten lange Dienste nicht eingeführt werden?
- Bei Belastungen durch Lärm, Hitze, Kälte, Vibrationen ist eine Überschreitung von 8 h Arbeitszeit nur in bestimmten im Einzelfall arbeitsmedizinisch zu beurteilenden Fällen denkbar.
- Das Gleiche gilt für Arbeitsplätze, an denen Schadstoffe einwirken.
- Tätigkeiten mit besonderer psychomentaler oder emotionaler Beanspruchung sind ebenfalls speziell zu beurteilen, wenn 8 h Arbeitszeit überschritten werden.
- Tätigkeiten mit hohem Unfallrisiko
- Tätigkeiten, die lang dauerndes Stehen erfordern

- Tätigkeiten, die rasche und ständig wiederkehrende Bewegungen beinhalten
- Isolierte und exponierte Arbeiten (z.B. Kranführer)

Checkliste Knauth (2007) hat folgende Checkliste für die Einführung langer Dienste vorgeschlagen:
- Ist die Tätigkeit hinsichtlich Arbeitsbelastung und individueller Ressourcen der Arbeitnehmer für lange Dienste geeignet? (Ist die körperliche Belastung hoch, sind die Umgebungsbedingungen beanspruchend oder gefährlich, ist die Arbeitsorganisation durch z.B. schnelles Arbeitstempo nicht belastend, dann ist von langen Diensten abzuraten.)
- Sind ausreichende Arbeitspausen vorgesehen? (Je schwerer die Arbeit und je geringer die Kompensationsmöglichkeiten der Arbeitnehmer – z.B. aufgrund höheren Alters – umso mehr Pausen sollten geplant werden.)
- Ist die Arbeitszeitorganisation darauf ausgerichtet, die Akkumulation von Müdigkeit zu minimieren?
- Sind die Mannschaftsstärken ausreichend, um Fehlzeiten von Kollegen auszugleichen? (Ist das nicht der Fall, kommt es zu einer Kombination langer Dienste und Überstunden.)
- Liegt die Exposition gegenüber Schadstoffen deutlich unter dem zulässigen Niveau?
- Können Arbeitnehmer/innen sich nach der Arbeit ausreichend erholen? (Das schließt Überlegungen zu den familiären und Wohnbedingungen ein!)
- Gibt es eine geeignete Überwachung der Gesundheit und der Arbeitssicherheit, um frühzeitig nachteilige Auswirkungen langer Dienste zu entdecken?
- Ist in der Region eine Überalterung der Arbeitnehmer zu erwarten? (Zunehmendes Alter kann zu einem Ansteigen gesundheitlicher Probleme bei langen Diensten führen.)

E.8 ZUR FRAGE DER DAUERNACHTARBEIT

Gründe für Dauernachtarbeit

In manchen Bereichen war es wegen des Nachtarbeitsverbots für Frauen üblich, dass die Früh- und die Spätschicht von Frauen und die Nachtschicht von Männern übernommen wurde. Ferner gab und gibt es Tätigkeiten, die hauptsächlich in der Nacht ausgeübt werden (z.B. Überwachungsdienste). Heute wird eine Reihe von Tätigkeiten in die Nachtstunden verlagert, um Tagaktivitäten nicht zu stören (z.B. Reparaturarbeiten an Geleisen).

Folgen für die Arbeitnehmer

Ein kleiner Teil der Dauernachtarbeiter scheint an die verschobene Lebensweise gut angepasst zu sein. Es gibt sogar einen gewissen Anteil darunter, der eine ausgesprochene Vorliebe für die Nachtarbeit hat. Allerdings sind das zumeist Menschen, die keine oder kaum Kontakte mit tagarbeitenden Menschen pflegen. Nach unseren Untersuchungen (Koller, et al.; 1994) handelt es sich dabei um Personen, die ein isoliertes Leben führen, die an ihren freien Tagen ebenso in der Nacht aktiv sind wie an den Arbeitstagen, die sich überhaupt erst in den Abendstunden wohl fühlen und die helles Tageslicht meiden. Für Dauernachtarbeiter, die diese Eigenschaften nicht haben – und das ist jedenfalls die Mehrheit – ergibt sich eine Reihe gravierender Probleme:

- Ständige Anpassungsprobleme an die Nachtarbeit und den Tagschlaf
- Sie erleben die gesundheitlichen Auswirkungen früher und stärker als "normale" Schichtarbeiter
- Soziale und familiäre Probleme in verstärktem Ausmaß
- Oft chronische Müdigkeit, Niedergeschlagenheit, "Ausgebranntsein"
- Ernährungsprobleme (Essenspausen unregelmäßig und zu ungünstigen Zeitpunkten)

Maßnahmen

Wegen der gravierenden Probleme, die mit Dauernachtarbeit verbunden sind, sollte diese auf ein Mindestmaß beschränkt werden. Folgendes sollte beachtet werden:

- Die Arbeitszeit sollte generell kürzer sein.
- Ausreichende Pausen sind einzuplanen.
- Dauernachtarbeit sollte nur während kürzerer Phasen des Arbeitslebens geleistet werden.
- Gesundheits- und Sicherheitsaspekte sollen bei der Einschulung speziell berücksichtigt werden.

E.9 Das Problem Arbeitspausen

Wozu Pausen? Keine Tätigkeit kann ununterbrochen ausgeübt werden. Irgendwann tritt unweigerlich Erschöpfung ein, die nichts anderes darstellt als eine vom Organismus selbst erzwungene Pause. Der Zeitpunkt, wann Erschöpfung eintritt, hängt von der Art und der Intensität der Belastung ab. Wünschen wir uns ein langes Arbeitsleben und wollen dabei die Gesundheit aufrecht erhalten, dann soll es nicht ständig zu Belastungen kommen, die bis zur Erschöpfung reichen. Der Zweck der Pause ist, die Erschöpfung des Organismus, einzelner Körperteile, Sinnessysteme oder psychischer Funktionen zu verhüten. **Der Zweck von Arbeitspausen ist daher die Verhütung von Überbeanspruchung und Ermüdung!**

Pausen willkürlich zu nehmen ist oft ungünstig Die Erforschung der Wirkung von Pausen hat vor allem durch die Verbreitung von Fließbandarbeit nach dem 2. Weltkrieg stark zugenommen. Da bei solchen Tätigkeiten die Arbeitsleistung in engen Grenzen durch die Maschine bestimmt wird, hat man sich gefragt, wie Pausenregelungen zu gestalten sind, die sowohl die Leistung als auch die Zufriedenheit der Arbeitnehmer/innen günstig beeinflussen. Dabei zeigte sich, dass es ungünstig ist, den Zeitpunkt und das Ausmaß der Pausen nach dem Gefühl der Arbeitnehmer/innen zu bestimmen. Wenn es uns freigestellt ist, den Zeitpunkt einer Pause zu bestimmen, dann nehmen wir die Pause, sobald wir fühlen, dass die Ermüdung ein bestimmtes Ausmaß erreicht hat. Das macht jedoch den Zweck der Pause zunichte. Sie soll ja gerade die arbeitsbedingte Ermüdung verhindern oder zumindest hinauszögern. Es konnte gezeigt werden, dass bei Tätigkeiten mit relativ kurzen Arbeitszyklen die Arbeitsleistung in Qualität und Quantität deutlich zunimmt, wenn Arbeitspausen in Abhängigkeit vom Ausmaß der Leistung fix in relativ kurzen Abständen eingeplant werden.

Pausenparadoxon Für Menschen mit technischem Sachverstand ist es ein Paradoxon, dass bei menschlicher Arbeit trotz der durch Pausen verkürzten reinen Arbeitszeit die Arbeitsleistung besser und höher ist als bei kontinuierlicher Tätigkeit.

Beanspruchung hängt multiplikativ von Belastungshöhe und -dauer ab Man muss sich klar machen, dass (in gewissen Grenzen) die Gesamtbeanspruchung durch eine Tätigkeit multiplikativ von der Belastungshöhe und der Belastungsdauer abhängt. Um die Beanspruchung konstant zu halten, muss daher die Arbeitszeit reduziert (d.h. die Pausenzeit erhöht) werden, wenn die Belastungsintensität zunimmt. Die psycho-physiologisch effektive Intensität und Dauer ergibt sich oft nach einem Potenzgesetz: d.h. die effektive Belastungshöhe H ergibt sich aus der physikalischen Belastungshöhe S (z.B. dynamische Muskelarbeit in Watt) gemäß H=a*S^b. Daher wird die Beanspruchung B sich folgendermaßen aus Höhe S und Dauer T der Belastung ergeben: B=a*S^b*T^c

Ermittlung der Erholungszeit

Für manche Tätigkeiten, wie etwa schwere körperliche Arbeit, gibt es umfangreiche Regelwerke zur Ermittlung der notwendigen Pausenzeiten. Bei körperlicher Arbeit ist dies auch relativ einfach, weil man dabei den Energieverbrauch der einzelnen Arbeitsvorgänge ermitteln und anhand der Dauerleistungsgrenze die Arbeitszeit bestimmen kann. Daraus ergibt sich dann unmittelbar die notwendige Pausenzeit.

Beispielsweise ergibt sich bei dynamischer Muskelarbeit, wenn die effektive Arbeitsleistung S_{eff} einer bestimmten Tätigkeit oberhalb der individuellen Dauerleistungsgrenze S_{DLG} liegt, die Erholungszeit in % der Arbeitszeit gemäß folgender Formel.

$$EZ[\%] = 190 \cdot T^{0,145} \cdot \left(\frac{S_{eff}}{S_{DLG}} - 1\right)^{1,4}$$

Ähnliche Berechnungsmöglichkeiten gibt es auch für statische Muskelarbeit und sogar für geistige Arbeit.

Bildschirmpausen

Bei Bildschirmarbeit ist aufgrund der Kombination von Belastung des Augenapparates, des Bewegungs- und Stützapparates (Zwangshaltungen) sowie der kognitiven Funktionen eine Pause von 10 Minuten pro Stunde oder 20 Minuten pro zwei Stunden erforderlich.

Verteilung der Erholungszeiten

Im Allgemeinen gilt der Grundsatz, dass mehrere kürzere Pausen besser sind als wenige lange Pausen.

Weiter ist zu beachten, dass Pausen vorhersehbar sein sollen. Andernfalls ist ihr Erholungswert deutlich herabgesetzt. Arbeitspausen, die z.B. aufgrund eines Maschinenschadens erzwungen werden, stellen sogar eine zusätzliche Belastung dar, weil der Arbeitnehmer später die Leistung in kürzerer Zeit erbringen und evtl. sogar auf vorgesehene Pausen verzichten muss. Darüber hinaus ist das Ende solcher erzwungener Pausen oft nicht abschätzbar, sodass die Pause nicht zur Erholung genutzt werden kann, sondern ein bloßes Warten darstellt.

E.10 Bereitschaftsdienst

Was ist Bereitschaftsdienst?

Gemäß europäischem Recht zählen Zeiten des Bereitschaftsdienstes zur Arbeitszeit. Dies ist jedoch noch nicht in allen Ländern in die Arbeitszeitgesetzgebung umgesetzt.

Bereitschaftsdienst (in der Schweiz "Pikettdienst") ist eine Zeitspanne, während der der Arbeitnehmer zwar nicht unmittelbar am Arbeitsplatz anwesend sein muss, sich aber an einer vom Arbeitgeber bestimmten Stelle innerhalb oder außerhalb des Betriebes aufzuhalten hat, damit er erforderlichenfalls seine volle Arbeitstätigkeit sofort oder in kurzer Zeit aufnehmen kann.

Bereitschaftsdienst muss von der Rufbereitschaft abgegrenzt werden, bei der der Arbeitnehmer an einem selbst gewählten Ort, aber erreichbar (z.B. über Pager oder Telefon) bleiben muss.

Bereitschaftszeiten fehlen die Merkmale der Freizeit

Die Problematik von Bereitschaftsdiensten liegt in folgenden Aspekten:

- Bzgl. der sozialen Nutzbarkeit sind Zeiten des Bereitschaftsdienstes wie Arbeitszeit zu werten
- Da bei Bereitschaftsdienst der Arbeitseinsatz jederzeit und unvorhergesehen notwendig werden kann, ist er auch für Erholungszwecke wenig geeignet

Es ist deshalb folgerichtig, dass Bereitschaftszeiten als Arbeitszeit angesehen werden. Denn es fehlen alle wesentlichen Merkmale der Freizeit.

Leistungslimit darf bei Bereitschaftsdiensten etwas höher sein

Bereitschaftszeiten sind hinsichtlich der zeitlichen Beanspruchung zwar wie Arbeitszeiten, hinsichtlich der Intensität der Beanspruchung aber günstiger bzgl. der Gesamtbeanspruchung zu werten. Fällt bei einer bestimmten Tätigkeit im Durchschnitt ein gegebener Prozentsatz auf Bereitschaftszeiten, dann kann die Leistung während der Tätigkeit deutlich (aber nicht im vollen Umfang des Bereitschaftszeitanteils!) erhöht werden, weil die Bereitschaftszeiten einen partiellen Erholungseffekt besitzen. Das gilt insbesondere für körperliche Beanspruchungen und Tätigkeiten unter Belastung mit physikalischen (Lärm, Erschütterungen) und manchen chemischen Schadfaktoren (solchen mit kurzer Halbwertszeit) am Arbeitsplatz.

E.11 Unfallgefahr und Arbeitszeit

Unfälle sind zwar erfreulicherweise seltene Ereignisse, wegen der manchmal verheerenden Konsequenzen aber von größter Bedeutung. Eine Analyse katastrophaler Unfälle, wie des Reaktorunfalls von Tschernobyl, des Zusammenstoßes zweier Flugzeuge über Süddeutschland, des Three-Mile-Island-Unfalls, des Unfalls von Bhopal, der Havarie der Exxon Valdez usw. ergab klar, dass es sich um ein Zusammentreffen von extremen Arbeitszeitbedingungen und gefährlichen technischen Umständen handelte.

Aber auch viel weniger spektakuläre Unfälle alltäglichen Ausmaßes lassen Zusammenhänge mit der Arbeitszeit erkennen.

Faktoren, die das Unfallrisiko bestimmen
Unfälle sind zwar zufallsbedingt, aber dennoch risikodeterminiert. Wie kann dieser scheinbare Widerspruch erklärt werden? Es gibt bestimmte Faktoren, die das Risiko eines Unfalls erhöhen. Diese Faktoren bestimmen die Wahrscheinlichkeit des Eintretens eines Unfalls. Ob dann tatsächlich ein Unfall auftritt, ist allerdings vom Zufall abhängig. Z.B. nimmt das Unfallrisiko zu, wenn man alkoholisiert mit dem Auto fährt. Ob bei einer bestimmten Fahrt aber tatsächlich ein Unfall auftritt, lässt sich nicht vorhersagen. Der Unfalleintritt ist ein Zufallsereignis, bei dem man sich aber auf den Zufall nicht ausreden kann, wenn man das Risiko willentlich und wissentlich erhöht hat.

Im Zusammenhang mit Arbeitstätigkeiten gibt es grundsätzlich vier Gruppen von Faktoren, die das Unfallrisiko bestimmen:

- Tätigkeitsspezifische Faktoren: Tätigkeiten unterscheiden sich darin, wie viele Möglichkeiten eines Unfalles sie bergen. Tätigkeiten mit vielen Unfallsmöglichkeiten bergen ein höheres Risiko. Weiter unterscheiden sich Tätigkeiten im Gefährdungsgrad (z.B. wie nah an rotierenden Maschinenteilen man arbeitet).
- Umgebungsfaktoren: Dabei handelt es sich um nicht unmittelbar mit der Tätigkeit und den Arbeitsobjekten zusammenhängende also unspezifische Umgebungsbedingungen. (Nässe, Dunkelheit, Winddruck, Verkehrsdichte usw.)
- Personenspezifische Faktoren: Obwohl es keine Unfallpersönlichkeit gibt, unterscheiden sich Personen darin, welches Ausmaß an Risiko sie eingehen, wie groß ihre Erfahrung im Umgang mit Risiken ist usw. – also in mehr oder weniger zeitlich stabilen Dispositionen. Schließlich sind der Augenblickliche Grad der Ermüdung, das Arbeitstempo usw., also zeitlich variable Personenmerkmale, von Bedeutung.
- Arbeitszeitfaktoren: Die Lage und Länge der Arbeitszeit, die Zahl der bereits geleisteten Arbeitsstunden, die Pausen usw.

Arbeitszeit- Es wird oft angenommen, dass die Unfallgefahr mit zunehmender Ermüdung
faktoren und damit mit zunehmender Arbeitszeit steigt. Das ist jedoch falsch. Auch wird oft angenommen, dass in der Nacht generell die Unfallgefahr höher ist. Auch das ist nur mit Einschränkungen richtig. Im Folgenden geben wir einen kurzen Überblick über die wichtigsten mit der Arbeitszeit zusammenhängenden Bedingungen, die das Unfallrisiko erhöhen. Zur Frage des Unfallrisikos bei langen Diensten und Überstunden siehe (Dembe, et al.; 2005). Eine Übersicht über Unfälle im Zusammenhang mit Schicht- und Nachtarbeit geben (Folkard und Tucker; 2003).

- Das Unfallrisiko ist am Beginn der Arbeitsschicht und nach einer längeren Arbeitspause sowie nach einer oder mehreren Freischichten erhöht.
- Das Unfallrisiko ist am frühen Nachmittag, am sehr frühen Morgen (vor ca. 6 Uhr) und in der Nacht erhöht (sofern die anderen Risikofaktoren gleich bleiben, was aber nicht immer der Fall ist!)
- Das Unfallrisiko nimmt gegen Ende der Arbeitsschicht zu.
- Das Unfallrisiko nimmt bei langen Arbeitszeiten zu.
- Das Unfallrisiko ist im zweiten Drittel der Arbeitsschicht am geringsten.
- Das Unfallrisiko ist bei Überstunden erhöht.
- Das Unfallrisiko nimmt mit der Anzahl bereits hintereinander geleisteter Arbeitsschichten zu.
- Das Unfallrisiko nimmt mit der Zeitdauer seit der letzten Pause zu.

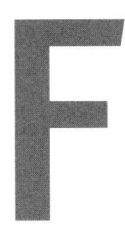

F Literatur

Ackermann, Karl-Friedrich, und Mathias Hofmann, (Hrsg.). *Innovatives Arbeitszeit- und Betriebszeitmanagement*. Frankfurt/Main: Campus, 1990.

Bäcker, Gerhard, und Brigitte Stolz-Willig. "Teilzeitarbeit – Probleme und Gestaltungschancen." *WSI Mitteilungen*, Nr. 9 (1993): 545 – 553.

BAGS. Kollektivvertrag. Wien, Bundesarbeitsgemeinschaft Gesundheits- und Sozialberufe, 2004.

Baillod, Jürg. "Samstags-, Sonntags- und Wochenendarbeit." In *Handbuch Arbeitszeit – Perspektiven, Probleme, Praxisbeispiele*, Herausgeber Jürg Baillod, Toni Holenweger, Katharina Ley und Peter Saxenhofer. Zürich: Verlag der Fachvereine, 1993: 269 – 277.

Bauer, Frank, Hermann Groß, und Frank Stille. "Große Unterschiede in der Ermittlung von Betriebszeiten." *WSI Mitteilungen*, Nr. 1 (1994): 43 – 50.

Beermann, Beate. *Bilanzierung arbeitswissenschaftlicher Erkenntnisse zur Nacht- und Schichtarbeit*: Amtliche Mitteilungen der Bundesanstalt für Arbeitsschutz, 1996.

Bellgardt, Peter. "Ansatzmöglichkeiten des Arbeits- und Betriebszeitmanagements." In *Innovatives Arbeitszeit- und Betriebszeitmanagement*, Herausgeber Karl-Friedrich Ackermann und Mathias Hofmann. Frankfurt/Main: Campus, 1990.

Bellgardt, Peter. *Flexible Arbeitszeitsysteme: Entwicklung und Einführung*. Heidelberg: I. H. Sauer-Verlag GmbH, 1987.

Bjerner, B., A. Holm, und A. Swensson. "Study on three-shift workers." *Brit. J. Ind. Med.* 12 (1955): 133 – 188.

Bohle, P., und A. J. Tilley. "Predicting mood change on night shift." *Ergonomics* 36 (1993): 125 – 133.

Boonstra-Hörwein, Karin. *Abwesenheitsabrechnung bei flexiblen Arbeitszeitmodellen.* Zürich: vdf Hochschulverlag an der ETH Zürich, 2003.

Büker, Christa. *Dienstplanung leicht gemacht - Wege zu einer erfolgreichen Arbeitsorganisation.* Stuttgart: W. Kohlhammer, 2006.

Costa, G., G. Cesana, K. Kogi, und A. Wedderburn, (Hrsg.). *Shiftwork: Health, Sleep and Performance.* Frankfurt/Main: Peter Lang – Europäischer Verlag der Wissenschaften, 1989.

Deelen van, H. "Betriebszeitoptimierung." In *Innovatives Arbeitszeit- und Betriebszeitmanagement*, Herausgeber Karl-Friedrich Ackermann und Mathias Hofmann, 277 – 293. Frankfurt/Main: Campus, 1990.

Dembe, A. E., J. B. Erickson, et al. "The impact of overtime and long work hours on occupational injuries and illnesses: new evidence from the United States." *Occup Environ Med* 62(2005): 588 – 597.

DeVol, D., W. Ottmann, P. Schwarzenau, H. Kyllan, P. Knauth, F. Klimmer, W. Bopp, und J. Rutenfranz. "Überlegungen zu einer ausgleichsorientierten Schichtplanung bei Tätigkeiten mit unregelmäßigem Dienst: Vorschläge für eine computergestützte Personaldisposition." *Zeitschrift für Arbeitswissenschaften* 39, Nr. 3 (1985): 157 – 161.

Ernst, G. *Die Interferenz von Arbeit und Freizeit bei verschiedenen Arbeitszeitsystemen.* Frankfurt/Main: Peter Lang – Europäischer Verlag der Wissenschaften, 1984.

Folkard, S., und T. Monk, (Hrsg.). *Hours of Work: Temporal Factors in Work Scheduling.* Chichester: Wiley, 1985.

Folkard, S., und Ph. Tucker. "Shiftwork, safety and productivity." *Occup Med* 53(2003): 95 – 101.

Foitl, Johannes. "Flexible Arbeitszeiten – ein Weg zur Sicherung von Arbeitsplätzen." In *Flexibilisierung der Arbeit – Chancen und Modelle für eine Mobilisierung der Arbeitsgesellschaft*, Herausgeber Joachim Gutmann. Stuttgart: Schäffer-Poeschl, 1997: 161 – 170.

Gärtner, Johannes. "Implications for the design of rotas by the representation chosen." Vortrag auf dem XIII. Internationational Symposium on Night and Shiftwork, Majvik, Finnland 1997.

Gärtner, Johannes, Karin Hörwein, et al. "Betriebszeitanalyse & Arbeitszeiten." *Leistung & Lohn - Bundesvereinigung der Deutschen Arbeitgeberverbände*: 1 – 45, 2001.

Gärtner, Johannes, Susanne Feigl, et al. "Teilzeitarbeit." Wien, Stadt Wien MA 57 – Frauenförderung und Koordination von Frauenangelegenheiten, 2001.

Gärtner, Johannes. *Realistisches Projektdesign – Projektarbeit in einer wenig berechenbaren Welt.* Zürich: vdf Hochschulverlag an der ETH Zürich, 2004.

Gärtner, Johannes. "Conflicts Between Employee Preferences and Ergonomic Recommendations in Shift Scheduling: Regulation based on consent is not sufficient." *Revista de Saúde Pública (Journal of Public Health)* (38 (supl)): 65 – 71, 2004a.

Gärtner, Johannes und Michael Kundi. "The length of shifts in the service sector - its relation to scheduling working days." *Ergonomia: An International Journal of Ergonomics and Human Factors*, 2005.

Gärtner, Johannes und Frank Lennings. "Neue Ansätze der Arbeitszeitgestaltung in der Industrie." *angew. Arbeitswissenschaft* (189): 1 – 22, 2006.

Gärtner, Johannes. *Observations of high variance of actual staffing and workload within(!) shift systems*. 18th International Symposium on Shiftwork and Working Time - Ageing and working hours: Creating safe environments, Yeppoon/Australia, Working Time Society, 2007.

Geuenich, B.: "Fünf Gänge für mehr Flexibilität – Arbeitszeitmodelle bei BMW Motoren Steyr." In *Personalmanager* (4): 14–15, 2006.

Grabmaier, Sebastian J. *Insolvenzschutz von Arbeitszeitkonten durch Anlage der Wertguthaben in Investmentfonds – Ein praxisfähiges Modell zur Flexibilisierung der Lebensarbeitszeit*. München: C.H. Beck, 2006.

Grawert, Achim. "Implementation flexibler und individueller Arbeitszeiten." In *Arbeitszeitmodelle*, Herausgeber Dieter Wagner. Göttingen: Verlag für Angewandte Psychologie, 1995.

Gutmann, Joachim, (Hrsg.). *Flexibilisierung der Arbeit – Chancen und Modelle für eine Mobilisierung der Arbeitsgesellschaft*. Stuttgart: Schäffer-Poeschel, 1996.

Haider, M., M. Koller, und R. Cervinka, (Hrsg.). *Night and Shiftwork: Longterm Effects and their Prevention*. Frankfurt/Main: Peter Lang – Europäischer Verlag der Wissenschaften, 1985.

Hartz, Peter. *Jeder Arbeitsplatz hat ein Gesicht – Die Volkswagen-Lösung*. Frankfurt, New York: Campus, 1994.

Herber, Gregor and Johannes Gärtner. "Moderne Software für optimale Betriebszeiten und maßgeschneiderte Schichten." *angew. Arbeitswissenschaft* 170: 51 – 70, 2001.

Hoff, Andreas, H. Knebel, und R. Schwedes, (Hrsg.). *Flexible Arbeitszeit. Loseblatt-Handbuch*. Freiburg i.Br., 1987.

Hofmann, M. "Arbeits- und Betriebszeitmanagement mit SYMPAZ." In *Innovatives Arbeitszeit- und Betriebszeitmanagement*, Herausgeber Karl-Friedrich Ackermann und Mathias Hofmann, 213 – 233. Frankfurt/Main: Campus, 1990.

Holenweger, Toni. "Arbeitszeitgestaltung als betriebliche Innovation." In *Handbuch Arbeitszeit – Perspektiven, Probleme, Praxisbeispiele*, Herausgeber Jürg Bailloid, Toni Holenweger, Katharina Ley und Peter Saxenhofer. Zürich: Verlag der Fachvereine, 1993: 469 – 495.

Holenweger, Toni, und Jürg Bailloid. "Die Arbeitszeit zwischen Verkürzung und Flexibilisierung oder Arbeitszeit als soziales Problem." In *Handbuch Arbeitszeit – Perspektiven, Probleme, Praxisbeispiele*, Herausgeber Jürg Bailloid, Toni Holenweger, Katharina Ley und Peter Saxenhofer. Zürich: Verlag der Fachvereine, 1993: 19 – 36.

Jansen, Ben. "The Rota-Risk-Profile-Analysis." *Le Traivail Humain* 53, Nr. 2 (1990): 31 – 37.

Jansen, Ben, und Hans Kroon. "Rota-Risk-Profile-Analysis." Vortrag auf dem XI. International Symposium on Night and Shiftwork, 1994, Melbourne.

Karazman, Rudolf, Irene Kloimüller, et al. *Age-Adjusted Shift Time Reform in Industrial Workers in two Chemical Plants*. IEA 2003 Seoul, Korea, Seoul, Korea, 2003.

Kilz, Gerhard, und Dirk A. Reh. *Die Neugestaltung der Arbeitszeit als Gegenstand des betrieblichen Innovationsmanagements*. Baden-Baden: Nomos Verlagsgesellschaft, 1996.

Knauth, Peter. "Erfahrungen mit einer flexiblen Arbeitszeitregelung bei Dreischichtarbeitern." *Zeitschrift für Arbeitswissenschaften* 41, Nr. 4 (1984): 221 – 226.

Knauth, Peter. "Möglichkeiten computergestützter Verfahren zur Schichtplangestaltung." In *Schichtarbeit und Gesundheit*, Herausgeber Dorothea Broessler. Wien: Institut für Gesellschaftspolitik, 1986: 73 – 89.

Knauth, Peter. "Schichtarbeit." In *Arbeitsmedizin aktuell*, Herausgeber Florin, H.-J., et al. Stuttgart: G.Fischer, 1992.

Knauth, Peter, und Eva Schönfelder. "Gestaltung diskontinuierlicher Schichtpläne für die Metall- und Elektro-Industrie unter Berücksichtigung arbeitswissenschaftlicher Erkenntnisse." *Angewandte Arbeitswissenschaft*, Nr. 132 (1992): 1 – 31.

Knauth, Peter, und Sonia Hornberger. "Schichtpläne mit einer durchschnittlichen Arbeitszeit von 36 Stunden pro Woche und einer Betriebszeit zwischen 80 und 144 Stunden pro Woche." *Angewandte Arbeitswissenschaft*, Nr. 135 (1993): 23 – 48.

Knauth, Peter. "Design of Shiftwork Systems." In *Shiftwork – Problems and Solutions*, Herausgeber Peter W. Colquhoun, Giovanni Costa, Simon Folkard und Peter Knauth. Frankfurt/Main: Peter Lang – Europäischer Verlag der Wissenschaften, 1996.

Knauth, Peter und Sonia Hornberger. *Gesundheitliche Belastungen und flexible Arbeitszeiten. Vertrauensarbeitszeit, Arbeitszeitkonten, Flexi-Modelle*. Frank Lorenz und Günter Schneider. Hamburg: VSA-Verlag, 2005.

Knauth, P. "Extended work periods." *Industrial Health* 45 (2007): 125 – 136.

Koller, M., M. Haider, M. Kundi, und R. Cervinka. "Gesundheitsrisiken durch Langzeitbelastungen – Aufgezeigt am Beispiel Nachtschichtarbeit." *Zbl. Bakt. Hyg., I.Abt. Orig. B* 180 (1985): 548 – 566.

Koller, M., M. Härmä, J. Laitinen, M. Kundi, B. Piegler, und M. Haider. "Different patterns of light exposure in relation to melatonin and cortisol rhythms and sleep of night workers." *J. Pineal. Res.* 16 (1994): 127 – 135.

Kramer, U., und F. Hegner. "Die Implementation beweglicher Zeitmuster: sachbezogene und sozialpsychologische Aspekte." In *Innovatives Arbeitszeit- und Betriebszeitmanagement*, Herausgeber Karl-Friedrich Ackermann und Mathias Hofmann. Frankfurt/Main: Campus, 1990: 313 – 339.

Kreicbergs, Andris. Timecare, 2000.

Kundi, Michael. "A destabilization theory on health impairments by night- and shift work – Some tests about its predictive value." *Zbl. Hyg. Umweltmed.* 189 (1989): 248 – 265.

Kundi, M., H. Stefan, L. Lehner, S. Kaindlsdorfer, S. Rottenbücher, und M. Koller. "Attitudes of nurses towards 8-h and 12-h shift systems." *Work Stress* 9, Nr. 2/3 (1995): 134 – 139.

Kundi, M. "Ergonomic criteria for the evaluation of shift schedules." *Theor. Issues in Ergon. Sci.* 4 (2003): 1 – 16.

Kutscher, Jan, Michael Weidinger, und Andreas Hoff. *Flexible Arbeitszeitgestaltung – Praxis-Handbuch zur Einführung innovativer Arbeitszeitmodelle*. Wiesbaden: Gabler, 1996.

Kutscher, Jan, und Michael Weidinger. "Fehlzeiten reduzieren durch Arbeitszeitgestaltung." In *Das flexible Unternehmen – Arbeitszeit, Gruppenarbeit, Entlohnung*, Herausgeber J. Kutscher, E. Eyer und C. Antoni. Wiesbaden: Gabler, 1997.

Kümmerle, Katrin, Andreas Buttler, et al. *Betriebliche Zeitwertkonten - Einführung und Gestaltung in der Praxis*. Heidelberg: Rehm, 2006.

Ley, Katharina. "Teilzeitarbeit." In *Handbuch Arbeitszeit – Perspektiven, Probleme, Praxisbeispiele*, Herausgeber Jürg Bailloid, Toni Holenweger, Katharina Ley und Peter Saxenhofer. Zürich: Verlag der Fachvereine, 1993: 97 – 106.

Muhr, Martin. *Zeitsparmodelle in der Industrie – Grundlagen und betriebswirtschaftliche Bedeutung mehrjähriger Arbeitszeitkonten*. Herausgeber Walther Busse con Colbe, Werner H. Engelhardt, Roland Gabriel, Karl-Hans Hartwig und Arno Jaeger. Nr. 50, *Bochumer Beiträge zur Unternehmensführung und Unternehmensforschung*. Bochum: Institut für Unternehmensführung und Unternehmensforschung der Ruhr-Universität Bochum, 1996.

Musliu, Nysret, Andreas Schaerf, et al. "Local search for shift design." *EJOR*, 2002.

Müller-Seitz, Peter. *Erfolgsfaktor Schichtarbeit? – Optimale Gestaltung der Schichtarbeit, Wirtschaftlichkeitsanalyse, Auswirkungen auf Mensch und Betrieb*. Köln: Verlag TÜV Rheinland, 1991.

Nachreiner, F. , Ling Qin, H. Grzech, und I. Hedden. "Computer aided design of shift schedules." *Ergonomics* 36, Nr. 1 – 3 (1993): 77 – 83.

Rosdücher, Jörg, und Hartmut Seifert. *Die Einführung der "4-Tage-Woche" in der Volkswagen AG – Modell für eine beschäftigungssichernde Arbeitszeitpolitik, Expertise im Auftrag der Berliner Senatsverwaltung*. Berlin: Berliner Senatsverwaltung, 1994.

Rose, Hartmut. "Das neue 'Vollkontinuierliche Arbeitszeitsystem' der Bayer AG." In *Arbeitszeitmodelle*, Herausgeber Dieter Wagner. Göttingen: Verlag für Angewandte Psychologie, 1995: 165 – 172.

Rutenfranz, J., und P. Knauth. "Organisatorische Probleme der Schichtarbeit aus arbeitsmedizinischer Sicht." *wT – Zeitschrift Industrielle Fertigung*. Nr. 71 (1981): 297 – 302.

Rutenfranz, J. , und P. Knauth. *Schichtarbeit und Nachtarbeit. Probleme – Formen – Empfehlungen*. Bayrisches Staatsministerium für Arbeit und Sozialordnung, 1982.

Schlüter, Wilfried und Alfons Nickels. *Flexible Dienstzeitmodelle – Bausteine zukunftsorientierter Führungsarbeit in der Pflege*. München: Urban und Fischer, 2006.

Schönfelder, Eva. *Entwicklung eines Verfahrens zur Bewertung von Schichtsystemen nach arbeitswissenschaftlichen Kriterien, Arbeitswissenschaft in der betrieblichen Praxis – 3*. Auflage. Frankfurt/Main: Peter Lang – Europäischer Verlag der Wissenschaften, 1992.

Smith, Lawrence und Irena Iskra-Golec. "Internal locus of control and shiftwork effects." *Theoretical Issues in Ergonomic Science* 4 (3–4): 327 – 339, 2003.

Staffelbach, Bruno. "Arbeitszeitflexibilisierung aus betriebswirtschaftlicher Sicht." *Die Unternehmung*, Nr. 3 (1993): 257 – 268.

Tondorf, Bettina und Wolfgang Plaute. Projekt "Dienstplangestaltung in einer stationären Wohneinrichtung" – Die Entwicklung von Rahmendienstplänen im Team. In *Handbuch Sozialmanagement*. Berlin: Raabe Verlag, 2003.

Tüchsen, F. "Working hours and ischemic heart disease in Danish men: a 4-year cohort study of hospitalization." *Int. J. Epidemiol.* 22 (1993): 215 – 221.

Wahl, Sabine, und Johannes Gärtner. "A technique to take leave into account in shift-rota-design." *Scandinavian Journal of Work, Environment & Health*, in Druck (1998).

Wedderburn, Alexander, (Hrsg.). *Leitlinien für Schichtarbeiter.* Nr. 3, *BEST – Bulletin für europäische Schichtarbeitsfragen*. Dublin: Europäische Stiftung zur Verbesserung der Lebens- und Arbeitsbedingungen, 1991.

Wedderburn, Alexander, (Hrsg.). *Komprimierte Arbeitszeit.* Nr. 10, *BEST – Bulletin für europäische Schichtarbeitsfragen*. Dublin: Europäische Stiftung zur Verbesserung der Lebens- und Arbeitsbedingungen, 1997.

G Index

12h-Schichten 30, 317, 327, 329
    Bedingungen für Vermeidung 328, 329
    Beliebtheit 327
    Nachteile 327, 329

2-2-2-Schichtsystem 321
2-2-3-Schichtsystem 322
24 h-Rhythmen 297

Abende (freie) 177
Abfertigung 257
Abspracheschichten 187
Abwesenheiten 113
    Berechnung 151
    Gleichmäßig verteilte 157
    Spitzen und Täler 155, 176
    Steuerbare 123
    Verteilung 155
Abwesenheitsabrechnung
    Ausfallsprinzip *Siehe* Ausfallsprinzip
    Berechnungsbasis 273, 274
    Durchschnittsprinzip *Siehe* Durchschnittsprinzip
    Grundlagen 273
    Hintergrund 270
    Referenzprinzip *Siehe* Referenzprinzip
    Techniken für nicht flexible Schichtmodelle 278, 281, 285, 287, 288
    Übersicht 272
    Ziele der Gestaltung 272
Abwesenheitsfaktor
    Berechnung auf Belegschaftsebene 152
    Berechnung auf Personenebene 151
Akkumulationsphase 312
Aktivitätsrhythmus 299
Aktivitätszyklus 305
Akzeptanz 324, 325
Alkohol 222, 309, 312, 326
Altersgerechte Arbeitszeitgestaltung 254, 257
Ankündigungsfristen 177, 185
    Durchschnittliche 185
    Mit unterschiedlichen Zeitzuschlägen 185
Annexschichten 205
Anpassungsphase 310
Anpassungsphase 311
Anpassungsproblem I 97
Anpassungsproblem II 98
Antriebslosigkeit 313

Arbeit
  Bedeutung in der Destabilisierungstheorie 305, 307
Arbeitnehmer
  Ältere 220, 222, 254, 312
  Ehemalige 172
  Familiäre Situation 316
  Finanzielle Belastung 311
  Interessen 324
  Jüngere 311
  Präferenzen 315
  Zeitersparnis 317
  Zeitpräferenzen 220
Arbeitnehmerschutzexperten 324
Arbeitsbedingungen 309, 315, 317
Arbeitsbelastungen 121
  Geistige 328
  Informatorische 315
  Körperliche 315, 328
  Notwendige 308
  Psychische 315
  Schichtarbeit 305
  Sonstige 306
  Soziale 222
  Spezifische Konstellationen 314
  Verträglichkeit 312
Arbeitsbereitschaft
  Ruhezeiten 109
Arbeitsblöcke (Länge) 63, 80, 109, 121
Arbeitsdauer 301, 327
Arbeitsdruck 177
Arbeitsgestaltung 265
  Ausführbarkeit 314
  Beeinträchtigungsfreiheit 314
  Ergonomische Ziele 314
  Persönlichkeitsförderlichkeit 314
  Schädigungslosigkeit 314
Arbeitshygienisch-ergonomische Kriterien 316, 319
Arbeitsleistung 299, 300, 327, 329
  Determination 302
  Geistige 301
  In der Nacht 301
  Körperliche 301
  Sensumotorische 301
  Tagesperiodische Schwankungen 300
  Verschlechterung 325
Arbeitslosengeld 257
Arbeitsmedizinische Untersuchungen
  Nach ca. 1 Jahr 311
  Regelmäßige 325
Arbeitsplätze 188, 253, 254
Arbeitsruhe 319, 323, 327
  Nach 12 h-Schichten 317
  Nach Nachtschichtblöcken 316
Arbeitsschwere 317, 323
Arbeitsstoffe (Gesundheitsschädliche) 314
Arbeitsstunden 15, 31
Arbeitstage (Anzahl hintereinander) 319
Arbeitswege 264, 309, 310, 315, 317, 323, 327
Arbeitszeit-/Freizeitkonflikte 269
Arbeitszeiten 327
  Differenzierung 195
  Gleitzeit *Siehe* Gleitzeit
  In einzelnen Wochen 14
  Negativzeiterfassung *Siehe* Negativzeiterfassung
  Positivzeiterfassung *Siehe* Positivzeiterfassung
  Schichttausch *Siehe* Schichttausch
  Verwaltung 268
Arbeitszeitflexibilität 173
  Auf Tagesebene 179
  Auf Wochenebene 180
  Basisdimension 173
  Beispiele im nicht vollkontinuierlichen Bereich 192
  Beispiele im vollkontinuierlichen Bereich 190
  Berechnungsschema für die Abschätzung der Stundenbilanz 186
  Dezentralisierung 175
  Differenzierungsgrad 174
  Dimensionen der Implementierung 174
  Dimensionen der Veränderung 174
  Einführung der Modelle 187
  Ergonomische Qualität flexibler Pläne 185
  Flexible Lage der Arbeitszeit 174
  Gestaltung flexibler Modelle 175
  Gleitzeit *Siehe* Gleitzeit

Individualisierung 174
Planung mit Zusatzelementen 180
Planung von Spezialschichtfolgen 190
Selbstbestimmte 177, 179
Über mehrere Wochen bis auf Jahresebene 184
Übergabezeiten *Siehe* Übergabezeiten
Variierungsgrad 174
Vollständig geplante Schwankungen 180
Zeitliche Gestaltungsebenen 173, 176

Arbeitszeitkonten 163, 175
Arbeitszeitmanagement
Ebenen des 26
Arbeitszeitmodelle 265
Ausgleichsmechanismen 176
Dezentralisierung 175
Differenzierungsgrad 174
Gestaltung flexibler Modelle 175
In Nachbarabteilungen 265
Individualisierung 174
Kombination 78
Lage der Arbeitszeit 174
Unterschiedliche 198, 210
Variierungsgrad 174
Zeitliche Gestaltungsebenen 173
Arbeitszeitverkürzung 117, 222, 251, 318
Abbau von Überstunden 255
Betroffener Personenkreis 254
Brutto- und Nettoverlust 257
Direkte 256
Einkommensverluste 254
Finanzielle Auswirkungen für Mitarbeiter 257
Formen auf Jahresebene 256
Gründe 251
Indirekte 256
Individuelle 177, 254, 312
Kopfzahläquivalente 257
Lohnausgleich 257
Möglichkeiten 254
Progressionseffekt der Steuer 257
Steuerfreie Zulagen 257
Überproportional bessere Pläne 251
Umrechnung von Zuschlägen 255
Arbeitszeitverlängerung 251

Arzt des Vertrauens 326
Asymmetrische Gruppen 223
Begriff 220
Plangestaltung 221
Qualifikationsanforderungen 240
Unterschiedliche Arbeitszeiten 260
Unterschiedliche Besetzungsstärken 230
Aufputschmittel 326
Ausgebranntsein 331

Bandbreitenmodelle 208
Basisfolgen
Begriff 11, 45
Darstellung 46
Eigenschaften 48
Entwicklung 45
Länge 45
Muster 45
Planbeurteilung 48, 49
Spaltendarstellung 45, 46
Wochenendoptimierung 48
Zeilendarstellung 45, 46
Basisschritte 18
Begriff 19
Einfluß auf die Planstruktur 96
Elemente 23
Feinanpassungen der Gruppenanzahl 98
Zusammenhänge 26
Baukastensystem 208
Belegschaft (Zusammensetzung) 315
Bereitschaftsanteile 109
Berufstätige Partner 318, 326
Besetzungsstärken
Begriff 10
Differenzierung 195
Einheitliche 11, 42, 48, 59
Festlegung 19, 31
In der Nachtschicht 314
Querverbindungen 33
Rechnerische 231, 232
Unterschiedliche 11, 15, 30, 49, 62, 76, 77, 187, 198, 206, 225, 231, 235, 237
Betriebsrat 324

Betriebsurlaube 152, 276
Betriebszeiten 6
   Längere 255, 327
   Querverbindung zu Fixkosten 111
   Unterschiedliche 187, 196
Bewertungskriterien (der Betroffenen) 325
Beziehungen
   Familiäre 305
   Soziale 305
Biologische Orientierung des Körpers 299
Biorhythmische Verschiebungen 310
Blutdruck 312
Blutfettgehalt (hoher) 312
Bruttobetriebszeiten 4, 19, 31, 113
   Begriff 15
   Berechnung bei einheitlicher Besetzungsstärke 231
   Berechnung mit durchschnittlicher Besetzungsstärke 232
   Berechnung mit rechnerischer Besetzungsstärke 231
   Berechnung mittels Festlegung der Besetzungsstärke 233
   Berechnung nach dem Arbeitsplatzkonzept 231
   Berechnung nach dem Beschäftigtenkonzept 231
   Berechnungsschema 33
   Querverbindungen 12, 33, 92
   Querverbindungen zu Gruppenanzahl und Soll-WAZ 99
   Querverbindungen zu WAZ und Planstruktur 91, 96
   Spezialfälle bei der Berechnung 235
   Vergleich der Berechnungsansätze 234

Chronobiologie 314
Chronologie 174
Chronometrie 174
Chronotoxikologie 314
Continental rota 322

Dauernachtschichten 12, 222, 331, 332, 334, 335
   Ausstiegsformen für Ältere 222
   Folgen für die Arbeitnehmer 331
   Gründe 331, 332

   Maßnahmen 331
   Plangestaltung 223
   Vorschlag zum Vorgehen 222
Dauerspätschichten 222
Depressionen 312, 313
Destabilisierung 303, 308, 309, 312
Destabilisierungstheorie 305, 314
Desynchronisation 299
Desynchronisationstheorie 305
Dienstleistungssektor 11, 230
Dienstplanung 290
Diskontinuierliche Pläne 12
Drop-out 310
Durchschlafprobleme 312
Durchschnittsprinzip
   Begriff 281

Einbringschichten 160, 180, 181, 187
   Abwesenheitsabrechnung 272
   Anzahl 182
   Planungsrichtlinien 181
   Spielregeln 160
   Urlaubsabrechnung 272
Einsätze pro Person
   Einflussfaktoren 24
   und freie Tage 24
   Warum so wichtig 25
Einsätze pro Woche 15, 118
   Reservestrukturen 158
Einsatzplanung 290
   Praktische Durchführung 291
   Schnittstelle zur Schichtplanung 292
Entlohnung 181, 265, 325
   Stundenbezogene Abrechnung 123
Ergänzungsgruppen 62, 92, 199
   Anwendbarkeit 200
   Begriff 199
   Plangestaltung 201
   Qualifikationsanforderungen 240
   Unterschiedliche Arbeitszeiten 259
   Unterschiedliche Besetzungsstärken 230
Ergonomieberatung 311
Ergotrope Phase 299

Erholung 302, 310, 326, 327
  Bedeutung in der Destabilisierungstheorie 305, 307
  Gezielte 312
  Zeitraum zwischen Schichteinsätzen 118
Erkrankungen 305
Erkrankungsrisiko 304, 309
Ermüdung 300, 327, 329
Ernährung 311, 312, 331
Erste-Hilfe-Versorgung 325

Fahrtzeiten *Siehe* Arbeitswege
Familie 305, 309, 311, 318, 327
  Bedeutung in der Destabilisierungstheorie 307
Fast kontinuierliche Pläne 12
Fehlleistungen 299
Fehlzeiten 204
Feiertage 318
  Faire Verteilung 269
Ferialpraktikanten 158
Flexibilität 11, 30, 33, 35, 44, 62, 80, 92, 95
  Abwesenheitsabrechnung 272
  Arbeitszeitflexibilität *Siehe* Arbeitszeitflexibilität
  Arten 171
  Auslöser des betrieblichen Bedarfs 170
  Beschäftigungsflexibilität 172
  Durchrechnung der Stunden 123
  Einkommensflexibilität 172
  Einsatzflexibilität 171
  Flexibilitätselemente – Übersicht 188
  Folgeflexibilität 170
  In der Ablauforganisation 173
  Integration in Schichtpläne 170
  Querverbindung zur Reserveplanung 148, 155
  Spielraum 204
  Urlaubsabrechnung 272
  Verwaltung 123
Flexibilitätsbedarf
  Analyse 176
  Betrieblicher 176
  Konjunkturelle Entwicklung 176
  Kurzfristige Schwankungen 176
  Saisonale Schwankungen 176

  Von Beschäftigten 177
Flexible Planelemente 167
Fluktuation 218
Frauen 220, 222, 264
Freie Dienstplanung 290
Freie Tage
  Erholungswert 120
  Vor und nach Feiertagen 177
Freie Tage pro Woche 118
Freischichtblöcke
  Einbeziehung der Mitarbeiter 318
  Punktewertung 318
  Wochenende 318
Freischichten 160, 180, 187
  Abwesenheitsabrechnung 272
  Anzahl 182, 318
  Anzahl zusammenhängender 319
  Faire Verteilung 181, 182
  Günstige Lagen 316, 317
  Nutzbarkeit 182
  Spielregeln 160
  Unter der Woche 315
  Urlaubsabrechnung 272
Freizeit 327
  Zusammenhängende Mindestfreizeit 109
Freizeitbelastungen 311
Freizeitblöcke
  Lange 327
  Längere 185
Freizeitgestaltung 264
Freizeitgewohnheiten 318
Freizeitqualität 318
  Durchschnittswert pro Woche 319
Freizeitsituation (Verbesserung) 254
Freizeitstruktur (gemeinsame) 266
Freizeitwert 318
Freunde 327
Frühschichtblöcke (Länge) 316
Frühschichten
  Beginn 122, 310, 317, 319
  Länge 317, 319
Führung 266, 267
Funktionsminderung (schleichende) 308

Fürsorgepflicht 326

Gereiztheit (ständige) 312
Gesundheit 307
Gesundheitliche Beeinträchtigungen 305, 310, 311, 312, 331
Gesundheitliche Entlastung 254
Gesundheitsprobleme 222, 309, 313, 326
   Irreversible Schäden 313
   Verhinderung 312
Gesundheitsschutz
   Betrieblicher 303
   Langfristiger 303
   Prospektiver 326
Gesundheitssektor 230
Gleichgewicht zwischen Arbeit, Erholung und Sozialbereich 305
Gleitzeit 174, 175, 179, 269, 317
Granularität 173
Gruppenarbeit 267
Gruppenbildung
   Arten 19
   Führung und Organisation 266
   Qualifikationen 267
   Rundungsproblematik 195
Gruppenkombinationen
   Anwendbarkeit 60
   Begriff 39, 59
   Darstellung 60
   Eigenschaften 60
   Grobanpassungen der Gruppenanzahl 100
   Gruppenarbeit 267
   Kurzbezeichnung 59
   Mögliche 74, 75
   Mögliche bei unterschiedlichen Besetzungsstärken 235
   Mögliche Besetzungsstärken 60
   Mögliche Bruttobetriebszeiten 60
   Plangestaltung – Abwandlung Klassischer Pläne 63
   Plangestaltung – Basisfolgen 65
   Plangestaltung – Direkte 66
   Plangestaltung – Grundlagen 63
   Qualifikationsanforderungen 239, 267

Soll-WAZ zu Bruttobetriebszeiten 61
Unterschiedliche Besetzungsstärken 226
Urlaubsplanung 267
Verteilung der Qualifikationen 60

Heimfahrt nach der Nachtschicht 311
Herz-Kreislauf-Erkrankungen 304, 313
Hitze 309, 323
Homöostase 297
Hyperlipidämie 312
Hypertonie 312

In- und Outsourcing 173, 185
Informationsfluß 123
Infrastruktur 265
Innere Uhr 297
Instandhaltungsarbeiten 196, 197, 225
Instandhaltungsschichten 235

Job-Sharing 206
Jugendliche 220

Kaffee 309, 312, 326
Kantine 265, 325
Kapazitätsbedarf 31, 176
   Berechnung des vorhersehbaren Reservebedarfs 148
   Durchschnittsbedarf 176
   Spitzen und Täler 176
   Unterschiedliche Anforderungen 225
   Vorgehen bei der Beschreibung 196
Kapazitätsberechnung 15
Karenz 177
Kennzahl
   Einsätze pro Person 23
   Einsätze pro Woche 26, 118
   Freie Tage pro Woche 26
Kinder 177, 254, 264, 309, 316, 318, 325
Klassische Gruppen
   Anwendbarkeit 43
   Begriff 37, 42
   Berechnung der Brutto-BZ 44
   Eigenschaften 43
   Feinabstimmung der Wochenarbeitszeit 43

Gruppenarbeit 267
Mögliche Bruttobetriebszeiten 43
Plangestaltung – Basisfolgen 45
Plangestaltung – Direkte 51
Plangestaltung – Grundlagen 45
Qualifikationsanforderungen 239, 267
Soll-WAZ zu Bruttobetriebszeiten 43
Unterschiedliche Besetzungsstärken 226
Klassische Pläne 12, 52
Kombination von 12 h- und 8 h-Schichten 317
Kombinationspläne 12, 60, 66
Kommunikationsaufgaben 267
Kompensatorische Funktionsfähigkeit 305, 306
Komplexe Planstrukturen
Ergänzungsgruppen *Siehe* Ergänzungsgruppen
Teilzeitgruppen *Siehe* Teilzeitgruppen
Konflikte zwischen Lebensbereichen 306
Kopfzahläquivalente 257
Körperfunktionen 297
Kosten
Anlauf- und Rüstzeiten 204
Arbeitszeitverkürzung ohne Lohnausgleich 257
Berechnungsbeispiel 113
Bruttobetriebszeiten 113
Durchrechnungsmodelle 181
Indirekt verursachte 116
Infrastruktur 116, 257
Instandhaltung 115
Investitionskosten pro Arbeitsplatz 170
Leerkapazitäten 292
Nicht-substituierbare Fixkosten 111
Nutzung der Anlagen 170
Organisations- und Informationsaufwand 204
Personal 113
Personalverwaltung 257
Planung 292
Qualifizierungsmaßnahmen 113
Qualitative Aspekte 116
Reserveplanung 257
Schulungen 257
Substituierbare Fixkosten 111
Überstunden 292
Unterkapazitäten 292

Verwaltung des Schichtmodells 116
Krankenstände 177
Kreislaufprobleme 311
Kuraufenthalte 312
Kurzschichten 205, 230
Kurzschlaf (offizieller) 325

Landwirtschaft 264
Lärm 309, 323, 326, 327, 328
Lärmabschirmung der Schlafstelle 309
Leasingkräfte 158, 172
Lebensgewohnheiten 312, 331
Lebensrhythmus 305
Leistung *Siehe* **Arbeitsleistung**
Leistungsstunden 15, 31
Leistungszyklus 299
Lustlosigkeit 312

Magen-Darm-Erkrankungen 304
Mahlzeiten 310, 325
MAK-Werte 314
Manifestationsphase 313
Maximale Arbeitsplatzkonzentrationen 314
Medikamente 309
Mehrstunden 172, 181
Metropolitan rota 321
Mitarbeiter *Siehe* **Arbeitnehmer**
Mittleres Management (Rolle bei der Einführung neuer Modelle) 266
Monatslohn 123, 265
Monatsplanung 290
Monotone Tätigkeiten 315, 328
Morgen-/Abendtyp 324
Müdigkeit 300, 325
Bekämpfung 309
Chronische 331

Nachtarbeit
Dauernachtarbeit 331, 332, 334, 335
Kosten 111
Verteilung der Belastungen 195
Vorliebe für 331
Nachtschichtanteil 222
Nachtschichtarbeiter (Begünstigungen) 110

Nachtschichtblöcke
    Arbeitsfreie Stunden danach 319
    Länge 63, 118, 222, 316
Nachtschichten
    Anteil 110
    Anzahl hintereinander 314, 319
    Beginn 317
    Durchschnittliche Anzahl pro Woche 319
    Ende 317
    Fett- und ballaststoffarme Verpflegung 325
    Länge 121, 317, 319
    Permanente 222
Nachtschlaf 316
Napping 325
Nebenberufe *Siehe* **Nebenerwerbstätigkeiten**
Nebenerwerbstätigkeiten 181, 218, 264, 327
Negativzeiterfassung 268
Nettobetriebszeiten (BZ) 15, 31, 113
Niedergeschlagenheit 331

Organisationsbereiche 33, 195
    Festlegung für die Schichtplanung 195
    Gestaltungsmöglichkeiten 195
    Plangestaltung 196
Organismus als Innere Uhr 298

Partizipation 324
Partner der Schichtarbeiter 316
Pausen
    Bezahlte 15, 113
    Dauer 327, 329
    Essenspausen 331
    Lage 327, 329
    Unbezahlte 15, 31, 113
    Versetzte 113
Pensionsregelungen 110, 177, 257, 312
Personalbedarf 15
    Berechnung 19, 31, 34, 176
    Berechnungsschema 34
    Bestimmung 203
    Durchschnittsbedarf 176
    Rundung 34
Personaleinsatzplanung 290

Personalrekrutierung 218
Personalreserve 204
Phasenmodell 310
    Akkumulationsphase *Siehe* Akkumulationsphase
    Anpassungsphase *Siehe* Anpassungsphase
    Manifestationsphase *Siehe* Manifestationsphase
    Sensibilisierungsphase *Siehe* Sensibilisierungsphase
Physiologische Funktionen 297, 305
Physiologischer Tagesrhythmus 297
    Bedeutung für die Arbeitsleistung 299
    Endogene Komponente 298
    Exogene Komponente 298
Planarten 4, 12
    Diskontinuierliche Pläne *Siehe* Diskontinuierliche Pläne
    Fast kontinuierliche Pläne *Siehe* Fast kontinuierliche Pläne
    Teilkontinuierliche Pläne *Siehe* Teilkontinuierliche Pläne
    Vollkontinuierliche Pläne *Siehe* Vollkontinuierliche Pläne
Planbeurteilung 18, 103, 314
    Anzahl der Arbeits- und Freizeitblöcke im Zyklus 49
    Anzahl der freien Wochenenden im Zyklus 49
    Anzahl der Nachtschichten in Folge 49
    Begriff 19
    Betriebswirtschaftliche Aspekte 111
    Ergonomie 117, 314
    Freie Tage im Zyklus 49
    Kurzübersicht 124
    Länge der Arbeitsblöcke 49
    Länge der Freizeitblöcke 49
    Nicht kompensatorische Eigenschaften 104
    Praktische Fragen 106, 123
    Problemstellung 104
    Recht 107
    Relativität 20
    Ruhezeit *Siehe* Ruhezeiten
    Schwere der Arbeit 117
    Tägliche Ruhezeiten 49
    Verringerung des Beurteilungsaufwandes 106
    Verteilung der freien Wochenenden im Zyklus 49

Wochenendarbeit 95
Zykluslänge 49
Planbündel 106
Plandarstellungen 13, 264
    Als Kalender 264
    Basisfolgen 48, 50
    Klassische Pläne 42
    Kurzdarstellung 13, 47, 50, 51, 60, 77
    Langdarstellung 13, 50, 77
    Nach Gruppen 264
    Nach Schichten 264
Planeigenschaften 18
    Arten 96
    Basisschritte zu Planstruktur 96
    Gewichtung der zentralen 319
Plangestaltung 18
    Abwandlung Klassischer Pläne 63, 80
    Basisfolgen 45, 65, 82
    Begriff 13, 19
    Direkte 51, 66, 210
    Eigenschaften der Mitarbeiter 324
    Eintragen der einzelnen Schichten 51
    Ergonomische Kriterien 30, 117, 315
    Grundprinzipien 314
    Hauptkriterien 309
    Mögliche Interessenkonflikte 303
    Optimierungsproblem 303
    Querverbindungen 12
    Spielraum 241, 267
    Unterschiedliche Arbeitszeiten 258
    Vielfalt ist wünschenswert 315
    Wochenendfreizeit 51, 66, 80
Planstrukturen 4
    Arten 36
    Auswahl 18, 19, 35, 36, 90
    Begriff 12
    Bezeichnung 12
    Einfluß der Basisschritte 96
    Für Einfache Pläne 36, 37
    Grobanpassungen der Gruppenanzahl 100
    Kombination 198
    Komplexe 198
    Mögliche 32

Mögliche Brutto-BZ 44
Querverbindungen 91, 92, 96
Wahlmöglichkeiten 96, 195
Planungsunsicherheit 181
Positivzeiterfassung 269
Probleme
    Körperliche 314
    Mit dem Partner 312
    Psychische 308, 314
    Soziale 314
Psychische Erschöpfung 313

Qualifikationen
    Differenzierung 195
    Einheitliche 11
    Führung und Organisation 267
    Spezielle 257
    Spezifische Strukturen 198
    Unterschiedliche 11
    Verteilung 195
Qualifikationsanforderungen 30, 33, 35, 158, 196
    Asymmetrische Gruppen 240
    Berücksichtigung 239
    Ergänzungsgruppen 240
    Gruppenkombinationen 239, 267
    Klassische Gruppen 239, 267
    Teilzeitgruppen 240
    Übergroße Gruppen 239, 267
Qualifikationsniveau 171
Qualifizierung 148, 154, 218, 265, 267

Referenzprinzip 281
Regulatorische Funktionsfähigkeit 305
Rentenmodell *Siehe* **Pensionsregelungen**
Reservebedarf 31, 148, 152, 155
    Saisonalität 155
Reserveplanung 11, 30, 33, 35, 44, 62, 80, 92, 95, 123, 148, 195
    Ablauf 148
    Anpassung der Betriebszeiten 157
    Bei großen Gruppen 157
    Beispiele 164
    Bereichsübergreifende 153, 158

Betriebsurlaube *Siehe* Betriebsurlaube
Einbringschichten *Siehe* Einbringschichten
Einfache Pläne 32
Erleichterungen 156
Ferialpraktikanten *Siehe* Ferialpraktikanten
Freischichten *Siehe* Freischichten
Für Urlaubsperioden *Siehe* Urlaubsplanung
Gleichmäßig verteilte Abwesenheiten 157
Grundsätze 148
In kleinen Bereichen 158
Keine Reserve 11
Kosten 257
kurzfristiger Reservebedarg 157
Mit Zusatzelementen 180
Produktionsspitzen 158
Querverbindung zu Flexibilität 148, 155
Querverbindung zu Größe der Einheit 154
Schlüsselqualifikationen 148, 153
Seltene Spitzen 163
Sommer 158
Spielraum 204
Vereinfachung 255
Vorgehen 150
Zusatzreserve 218

Reservepuffer 196
Reserveschichten 35, 95, 161, 218, 235
Einplanung 163
Planung in Schichtfolgen 163
Planung nach Bedarf 163

Reservestrukturen 157
Eigene Reservegruppen 158
Einsätze pro Woche 158
Erhöhung der Gruppengröße 157
Externe Reserve 158
Keine Reserve 161
Kombination 161, 167
Verteilte Reserveschichten *Siehe* Reserveschichten
Weitere 157

Restabilisierung 312
Resynchronisation 312
Risikofaktoren 305, 312
Beeinflussung 307

Behandlung 312
Primäre 312
Unspezifische 304

Risikoverhalten 309
Rotation
Führung und Organisation 267
Rückwärtsrotation 118, 122
Vorwärtsrotation 45, 63, 118, 122

Ruhepausen
Unbezahlte 30

Ruhezeiten 218
Ergonomische 118
Mögliche Verletzungen 184
Rechtliche 108

Sabbatical 174, 177
Samstage (Berechnung der freien) 119
Samstagsarbeit 95, 174
Schadbedingungen 314, 315, 327
Schadstoffe 309, 323, 328
Aufnahmeraten 314
Tageszeitabhängige Wirkung 314
Wirkdosen 314

Schichtarbeit
1. bis 5. Jahr 310
2./6. bis 15./20. Jahr: Scheinbare Stabilität 311
Als Belastungsfaktor 305
Als Störung des Gleichgewichts der Lebensbereiche 306
Als unspezifischer Risikofaktor 304
Anpassung an 310, 311
Aufteilung der Lasten bzw. Verdienste 220
Auswirkungen 310
Betriebswirtschaftlicher Nutzen 296
Bewältigung 308
Destabilisierende Potenz 307
Gründe 295
Kriterien zur Gestaltung 307, 314
Nach 15 bis 25 Jahren 312
Nichtbewältigung 308
Phasen der Wirkungen 310
Riskante Bewältigungsstrategien 312
Stabilitätsentscheidende Faktoren 312

Theorien über die Wirkung 303
Schichtarbeit
   Akkumulationsphase *Siehe* Akkumulationsphase
Schichtarbeit
   Anpassungsphase *Siehe* Anpassungsphase
Schichtarbeit
   Manifestationsphase *Siehe* Manifestationsphase
Schichtarbeit
   Phasenmodell *Siehe* Phasenmodell
Schichtarbeit
   Sensibilisierungsphase *Siehe* Sensibilisierungsphase
Schichtarbeiter
   Ältere 325
   Jüngere 316
Schichtarten
   Beginnzeiten 179
   Begriff 10
   Design von 28
   Faire Verteilung 93
   Festlegung 19, 27, 31
   Klassische Fehler Design von 29
   Länge 109
   Länge von 28
   Länge zu Arbeitslast 121
   Spezielle 205
   Wechsel zwischen 122
Schichteinsätze
   Anzahl 30, 31
   Faire Verteilung 93
   Übergänge 108
Schichten 4
   Abgesagte *Siehe* Freischichten
   Begriff 10
   Pro Woche 91
   Sonderschichten 43
   Stark überlappende 235
   Wegfall einzelner Schichten 43
Schichtfamilie 266
Schichtfolgen
   Begriff 10
   Darstellung 46
   Einheitliche 13, 48

   Problematische 218
   Regelmäßigkeit 122
   Übergänge 108
   Unterschiedliche 198
   Versetzte Beginnpunkte 13, 48, 77
   Zuordnung von Schichtgruppen 13
Schichtgruppen
   Anpassung der Anzahl 98
   Anzahl 12, 45, 96
   Ausdünnen 180
   Begriff 11
   Berechnung der Anzahl 97
   Gleichbehandlung 198
   Größe 11, 12, 42, 59, 76
   Mischung 59, 60, 78, 157, 196
   Nicht ganzzahliger Bedarf 97, 100
   Querverbindungen der Anzahl zu Brutto-BZ und Soll-WAZ 99
   Rechnerischer Bedarf 98
   Zuordnung von Schichtfolgen 13
Schichtkalender 122, 123, 319
Schichtlagen 310, 327
Schichtlagenwechsel 316
Schichtlängen 30, 31, 95, 327
   An den Wochenrändern 184
   Anpassung 43
   Beurteilung von Schadbedingungen und Belastungsfaktoren 314
   Ergonomische 317
   Querverbindung zu Schichtwechselzeiten 317
   Unterschiedliche 184, 271
   Veränderung 179, 180
   Verlängerung 315
Schichtmodelle (Begriff) 11
Schichtpläne
   Ablehnung 264
   Abstimmungen über Alternativen 263
   Arbeitnehmerpräferenzen 263
   Ausreichende Probezeit 325
   Auswahl 324, 325
   Bauelemente 11, 45
   Begriff 10
   Bewertung 117, 307, 314, 323, 324

Bezeichnung 12
Diskussionen 263, 264
Eigenschaften 16
Einbindung von Betroffenen 263
Einfache Pläne 2, 11, 17
Einführung neuer Pläne 266, 292
Entwicklung *Siehe* Schichtplanung
Evaluation 263
Individuell unterschiedliche Wirkung 324
Kombination von Plänen 11, 210
Kommunikation 122, 263, 266
Komplexe Pläne 2, 11, 147
Kosten *Siehe* Kosten
Kurzfristiger Wechsel 187
Langsam rotierende Pläne 267
Lernprozesse 263
Maßschneidern 315
Mit Zusatzelementen 167, 180, 184, 187
Objektive Methode zur Bewertung 325
Plankurzcharakteristik 4
Probebetrieb 263
Schnell rotierende Pläne 267
Überproportionale Verbesserungen 117, 251
Veränderte Anforderungen 266
Veränderung 263
Verbesserungen 263
Vergleich 318, 319
Wechsel zwischen Plänen 167, 184, 186
Zykluslänge 319

Schichtplanung
Ablauf 6, 18
Begleitende Maßnahmen 265
Begriff 1
Betriebliche Voranalyse 6
Betriebliches Vorgehen 263
Computerunterstützung 7, 230, 292
Gestaltung der Rahmenbedingungen 325
Grundlagen 2, 17
Grundlegenden Definitionen *Siehe* Basisschritte
Grundregeln 8
Grundsätze 263
Information 264
Innovationshindernisse 264

Komplexe Pläne 2
Kontraindikationen zur Planung in Gruppen 8
Mitwirkung der Betroffenen 324
Mögliche Einsparungen 292
Partizipation *Siehe* Partizipation
Planungskosten 292
Planungstips für Einfache Pläne 101
Praktische Durchführung 291
Praktische Fragen 263
Rahmenbedingungen 264
Rücksprünge 18, 19, 101
Schlüsselfragen 6, 16, 106
Schnittstelle zur Einsatzplanung 292
Vertiefungen 3
Vorgehensmodell des Arbeitszeitlabors 5
Vorteile der Planung in Gruppen 7
Workshops 6, 7
Ziel 290
Zusatzkosten 292

Schichtsysteme
Einteilung 12
Geteilte Schichten 12
Mit Schichtwechsel 12
Ohne Schichtwechsel 12
Permanente 12, 80

Schichttausch 180, 184, 260, 268, 269

Schichtwechsel
Problematische 181
Wöchentliche 316

Schichtwechselzeiten
Ergonomische 317
Saisonale Variation 317
Ungünstige 317

Schlaf 300, 302, 327
Schlaf/Wach-Zyklus 305
Schlafbilanz 311
Schlafdauer (ausreichende) 316
Schlafdefizit (chronisches) 305
Schlafgewohnheiten 317
Schlafmittel 326
Schlafprobleme 299, 305, 310, 311, 312
Schlafstelle 326
Schlafstörungen 311

Schlafzyklus 316
Schwindel 312
Selbstorganisation 266
Selbstverantwortung 266
Selbstwertgefühl 308
Sensibilisierungsphase 311
Sicherheitsaspekte 264
Sicherheitseinrichtungen 325
Soll-WAZ 14
Sollwochenarbeitszeiten
    Begriff 14
    Differenzierung 198
    Direkte Verkürzung 256
    Einheitliche 11, 48
    Festlegung 19
    Puffer für das Erreichen oder Halten 185
    Querverbindungen 92
    Querverbindungen zu Gruppenanzahl und Brutto-BZ 99
    Unterschiedliche 11, 49, 203
Sommerregelungen 182, 290
Sonntage
    Bedeutung für die Familie 318
    Berechnung der freien 119
Sonntag-Nachtschichten 109
Sonntagsarbeit 95
Sozialbereich (Bedeutung in der Destabilisierungstheorie) 305
Soziale Bedürfnisse 317
Soziale und familiäre Bedingungen 315
Soziale und familiäre Beziehungen 327
Soziale und familiäre Probleme 331
Spätschichtblöcke (Länge) 63, 316
Spätschichten
    Ende 310, 317, 319
    Permanente 222
Stammgruppen 199
Stauzeiten 264
Stimulans 309
Strahlung (ionisierende) 328
Stundenaufzeichnungen 123
Subjektives Befinden 305
Suszeptibilitätstheorie 304

Tagarbeit
    Wechsel zur 325
Tagarbeit (Wechsel zur) 310, 312
Tagarbeitsnorm 306
Tage ohne Schichtbeginn 120
Tage, an denen weder eine Schicht beginnt noch endet 120
Tagesgang 297
Tageszeit und Anzahl der Fehlleistungen 299
Tagschlaf 310
    Kurzer 312
Tauschoperationen innerhalb der Spalten 119
Teilkontinuierliche Pläne 12
Teilpläne 210
Teilzeitgruppen 35, 44, 62, 80, 92, 203, 223
    Ansätze zur Plangestaltung 203
    Anwendbarkeit 210
    Aus Sicht des Betriebes 204
    Eigene Schichtbereiche 205, 210, 221
    Mischung von Voll- und Teilzeitkräften 207, 210, 221
    Plangestaltung 210
    Qualifikationsanforderungen 240
    Spezialfall 218
    Substitution 206
    Unterschiedliche Arbeitszeiten 259
    Unterschiedliche Besetzungsstärken 230
    Variation der Besetzungsstärken 206, 210
    Vollzeitkräfte als Teilzeitkräfte mit Zusatzschichten 208, 210, 230
Teilzeitmodelle 174
Teilzeitschichten 205
Transparenz 123
Trophotrope Phase 299

Übelkeit 312
Übergabezeiten 15, 30, 31, 113, 179, 235
    Für Vorgesetzte 267
Übergewicht 309
Übergroße Gruppen
    Anwendbarkeit 77
    Begriff 40, 76
    Berechnung der Brutto-BZ 79

Brutto-BZ zu Besetzungsstärken 79
Darstellung 77
Eigenschaften 78
Grobanpassungen der Gruppenanzahl 100
Gruppenarbeit 267
Kurzbezeichnung 77
Mögliche bei unterschiedlichen Besetzungsstärken 237
Mögliche Besetzungsstärken 78, 79
Mögliche Bruttobetriebszeiten 78
Mögliche Gruppengrößen 88, 89
Plangestaltung – Abwandlung Klassischer Pläne 80
Plangestaltung – Basisfolgen 82
Plangestaltung – Grundlagen 80
Qualifikationsanforderungen 239, 267
Querverbindung zu Gruppenkombinationen 82
Soll-WAZ zu Bruttobetriebszeiten 78
Teilgruppen 76
Unterschiedliche Arbeitszeiten 258
Unterschiedliche Besetzungsstärken 228
Verteilung der Qualifikationen 78

Übergroße Pläne 12
Beispiele 83
Zykluslänge 82

Übersicht – Gleichgewicht der Lebensbereiche 307

Überstunden 43, 160, 172, 177, 181, 292
Abbau 255

Umwandlung von Geld- in Zeitzuschläge 117, 210, 222, 255, 256

Unfallgefahr 305, 311, 317, 325, 327, 328, 329

Urlaub
Faire Verteilung 276
Feste Einplanung eines Teils 255
Subjektive Verlängerung 276

Urlaubsabrechnung
Ausfallsprinzip *Siehe* Ausfallsprinzip
Berechnungsbasis 273, 274
Betriebsurlaube *Siehe* Betriebsurlaube
Durchschnittsprinzip *Siehe* Durchschnittsprinzip
Grundlagen 273
Hintergrund 270
Referenzprinzip *Siehe* Referenzprinzip

Techniken für nicht flexible Schichtmodelle 278, 281, 285, 287, 288
Übersicht 272
Ziele der Gestaltung 272

Urlaubsplanung 166, 185
Ansätze 166
Führung und Organisation 267
Vereinfachung 267
Vorgehen 167

Urlaubstage
Nutzwert für den einzelnen Arbeitnehmer 276

Urlaubsverantwortliche 267

Verdichtung der Arbeitsperioden 327

Verkehrsmittel
Abstimmung auf 315
Öffentliche 264, 310
Werkstransporte 264, 325

Verteilungen von Arbeit und Freizeit 121

Verwaltungsaufgaben 267

Vibrationen 328

Vollkontinuierliche Pläne 12

Vollzeitäquivalente 203, *Siehe* **Kopfzahläquivalente**

Vollzeitbeschäftigung 218

Vorwärtswechsel *Siehe* **Vorwärtsrotation**

Wachsamkeit 300

Wartungsarbeiten 196, 225

Wartungsschichten 35, 95

WAZ 14

Wechselschichtbetrieb 317

Weiterbildung 175, 177, 185, 254

Werksküche *Siehe* **Kantine**

Werkstattschichten 196, 235

Wochenarbeitszeiten 4
Anpassung 197
Begriff 14
Berechnung 91
Differenzierung 198
Durchschnittliche 14
Jahresbetrachtung 182
Querverbindungen zu Brutto-BZ und Planstruktur 91, 96

Unterschiedliche 271
Wochenendarbeit
    Durchschnittliche Belastung 95
    Faire Verteilung 94
    Verteilung der Belastungen 195
Wochenenden
    Anzahl der freien 119, 121, 122
    Berechnung der freien 119
    Bewertung 120
    Freie 177, 315
    Optimierung der freien 119
    Praktischer Beginn 318
    Verteilung der freien 119
Wochenendgruppen
    Idee 218
    Plangestaltung 218
Wochenendruhe 108
Wochenruhe 109
    Durchrechnungszeiträume 109
Wöchentliche Höchstarbeitszeit 109
Wohlbefinden 307, 312

Zeiterfassung 265, 269

Zeitgeber 298
Zeitguthaben 187
    Abbau 182
Zeitkonten
    Auszahlung 185
    Bei Austritten 175, 187
    Kurzfristige 175
    Langfristige 175, 265
    Saldierung 174, 176, 181, 185
Zeitschulden 187
    Abbau 181
Zeitstruktur 306
Zigaretten 309, 312, 326
Zirkadianperiodik 297
Zirkadiantyp 324
Zusatzschichten 160, 181, 218, 268
Zusatzurlaub 110
Zykluslänge 4, 319
    Begriff 13
    Bei Basisfolgen 45
    Faire Verteilung der Schichteinsätze 93
    Minimale 19, 93
    Veränderung 95

Stephan Zinser, Dieter Boch (Hrsg.)

Flexible Arbeitswelten – so gehts!
DO's and DON'Ts aus dem Flexible-Office-Netzwerk

Flexible Arbeitswelten sind keine Modeerscheinung mehr: Sie sind eine Notwendigkeit zum Überleben der Unternehmen in den Industrieländern. Mehr als zwei Drittel der Wertschöpfung werden an Büroarbeitsplätzen erbracht, die gezielt geplant und entsprechend den Anforderungen der Arbeitsprozesse und den Bedürfnissen der Menschen – sie sollten immer gefragt werden – gestaltet werden.

Die Vielfalt der dargestellten Lösungen in den 20 aktuellen Beiträgen spiegelt dabei die unterschiedlichen Anforderungen und Ansprüche wider. Diese Vielfalt zu dokumentieren und für andere als Lernfeld aufzuarbeiten, hat sich das Flexible-Office-Netzwerk mit diesem zweiten Band zum Ziel gesetzt.

Mensch – Technik – Organisation, Bd. 42
2007, 288 Seiten, zahlr. Abb.,
Format 17 x 24 cm, gebunden
ISBN 978-3-7281-3075-4

Sigrun Fritz

Ökonomischer Nutzen «weicher» Kennzahlen
(Geld-)Wert von Arbeitszufriedenheit und Gesundheit

Leicht fassbare Kennzahlen wie Krankenstand und Unfallquote bilden Erfolge von Massnahmen der betrieblichen Gesundheitsförderung nur unzureichend ab. Sollen auch Veränderungen bei so genannten «weichen Kennzahlen» wie Arbeitszufriedenheit, Gesundheit, Teilnahme am KVP u.Ä. einbezogen werden, so bietet sich die Nutzung der erweiterten Kosten-Nutzen-Analyse an. So gelingt es, den erreichten Effekten einen Geldwert zuzuordnen und damit in die Sprache der Entscheider zu übertragen.

In Kombination mit einer Methode zur Akzeptanzerfassung ist es möglich, Empfehlungen für die Fortführung/Veränderung von Einzelmassnahmen zu geben.

Das Vorgehen wird leicht verständlich begründet und erklärt. Anhand einer dreijährigen Untersuchung von 12 Einzelmassnahmen in einem Unternehmen der Papierindustrie werden Chancen und Risiken der Anwendung dargestellt.

Mensch – Technik – Organisation, Bd. 38
2., korrigierte Auflage 2006,
224 Seiten, zahlr. Darst.,
Format 16 x 23 cm, broschiert
ISBN 978-3-7281-3053-2

v/d|f

vdf Hochschulverlag AG an der ETH Zürich, VOB D, Volstastrasse 24, 8092 Zürich
Tel. 044 632 42 42, Fax 044 632 12 32, E-Mail: verlag@vdf.ethz.ch, Internet: www.vdf.ethz.ch

Heiner Dunckel, Cordula Pleiss (Hrsg.)

Kontrastive Aufgabenanalyse
Grundlagen, Entwicklungen und Anwendungsverfahren

Mit der Kontrastiven Aufgabenanalyse (KABA) liegt ein bewährtes psychologisches Arbeitsanalyseverfahren vor, dessen vorrangige Anwendungsfelder die Analyse und Gestaltung der Arbeitsorganisation, die Technikfolgenabschätzung sowie der Gesundheitsschutz sind.

Das KABA-Verfahren zielt darauf ab, die Angemessenheit der Arbeitsorganisation hinsichtlich Kriterien menschengerechter Arbeitsgestaltung – so genannter Humankriterien – zu beurteilen. Besonders berücksichtigt werden dabei die Auswirkungen eingesetzter oder geplanter Hardware, Software und Kommunikationsmittel.

Ursprünglich bezog sich das KABA-Verfahren auf die Analyse und Gestaltung von Arbeitsaufgaben in Büro und Verwaltung. Mit der vorliegenden Version kann das KABA-Verfahren auch in anderen (Dienstleistungs-)Bereichen eingesetzt werden.

*Mensch – Technik – Organisation, Bd. 41 mit CD-ROM
2007, 240 Seiten, zahlr. Abb.,
Format 16 x 23 cm, broschiert
ISBN 978-3-7281-3078-5*

Institut für Arbeitsforschung und Organisationsberatung iafob (Hrsg.)

Unternehmensgestaltung
im Spannungsfeld von Stabilität und Wandel

Das vorliegende Buch beinhaltet eine ausgewählte Bilanz der Arbeit des iafob in Forschung und Beratung seit seiner Gründung vor 10 Jahren. Der thematische Bogen erstreckt sich über relevante Fragen der Strategieklärung und -definition, der Arbeits- und Organisationsgestaltung, der Führungsentwicklung, des Human Resource Management, der Raum- und Infrastrukturgestaltung, des Gesundheitsmanagement bis hin zu Fragen der Konzeption und Gestaltung von Veränderungsprozessen in Unternehmen.

Das Buch richtet sich an Wissenschaftlerinnen und Wissenschaftler, Beraterinnen und Berater sowie Praktikerinnen und Praktiker, die mit der Erforschung oder Umsetzung innovativer Formen der Unternehmensgestaltung beauftragt sind.

*Mensch – Technik – Organisation, Bd. 43
2008, 472 Seiten, zahlr. Abb.,
Grafiken und Tabellen,
Format 17 x 24 cm, gebunden
ISBN 978-3-7281-3186-7*

vdf

vdf Hochschulverlag AG an der ETH Zürich, VOB D, Volstastrasse 24, 8092 Zürich
Tel. 044 632 42 42, Fax 044 632 12 32, E-Mail: verlag@vdf.ethz.ch, Internet: www.vdf.ethz.ch

Christof Baitsch, Christian Katz

Arbeit bewerten – Personal beurteilen
Lohnsysteme mit Abakaba: Grundlagen – Anwendung – Praxisberichte

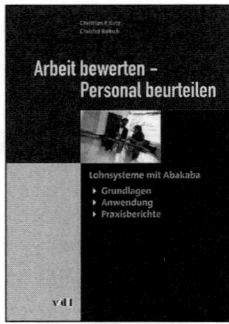

Arbeitswelt, Bd. 23
2006, 160 Seiten, zahlr.
Darst., Format 16 x 23 cm, br.
ISBN 978-3-7281-3052-5

Vor zehn Jahren wurde das Funktionsbewertungsverfahren Abakaba (Analytische Bewertung von Arbeitstätigkeiten nach Katz und Baitsch). Mittlerweile wurde Abakaba in der Praxis angewendet, weiterentwickelt und ergänzt durch Abakaba.Person, ein System zur Beurteilung der individuellen Arbeitsqualität (Leistungsbeurteilung). Allein mit der fachlichen Begleitung der Autoren wurden in verschiedenen Organisationen über 3000 verschiedene Funktionen mit Abakaba analysiert und bewertet. Nach wie vor besteht ein grosses Interesse an Abakaba. So drängte sich bereits seit längerem eine Neufassung der Publikation auf. Diese enthält viele Ergänzungen und Veränderungen sowie eine Reihe von Berichten aus der Praxis, sodass die neue Publikation nicht nur für jene attraktiv ist, die kein Exemplar der vergriffenen Auflagen mehr erhalten konnten, sondern auch für alle, die sich darüber informieren möchten, was seit der ersten Publikation mit Abakaba geschehen ist.

Wilfried Pesch

Rezepte für Manager
und die, die es werden woll(t)en

vdf Management
2008, 160 Seiten, zahlr. Abb.,
Format 17 x 24 cm, gebunden
ISBN 978-3-7281-3181-2

Dieses Buch bietet Rezepte in zweierlei Hinsicht: zum einen im Sinn von Empfehlungen eines erfahrenen Praktikers für den Management-Alltag, zum andern auf kulinarischer Ebene. Passend zu sämtlichen Geschäftsprozessen (z.B. Führung, Personalwesen, Innovation, Produktion) serviert der Autor dem Leser seine Menüvorschläge: zum Kapitel Management-Moden die Lammkeule, zu «Entdecken Sie Ihr Showtalent!» einen Sommersalat, zu «Betriebsrat-Managementveranstaltungen» Grillgemüse. Weitere Gerichte sind u.a.: Tomatensuppe rapido («Das Wir-Gefühl»), Ossobuco und Ochsenschwanz («Der Umgang mit Beratern»), Speckböhnchen («Entwicklungsräume»), Schmorapfel («Das Problem mit den Prozessen»).

Diese Rezepte sind praxiserprobt und wirklich gut und es gilt: Geringer Aufwand, grosser Effekt!»

v/d/f

vdf Hochschulverlag AG an der ETH Zürich, VOB D, Volstastrasse 24, 8092 Zürich
Tel. 044 632 42 42, Fax 044 632 12 32, E-Mail: verlag@vdf.ethz.ch, Internet: www.vdf.ethz.ch